实用主义与美国思想文化研究

丛书主编　刘放桐　陈亚军

实用主义的研究历程

刘放桐　著

復旦大學出版社

国家出版基金
上海市新闻出版专项资金
资助出版

2012年国家社会科学基金重大项目"杜威研究与《杜威全集》翻译"
（项目批准号：12&ZD123）成果之一

总 序

刘放桐　陈亚军

在西方传入中国的诸多哲学思潮中,若论影响之巨大,经历之坎坷,除马克思主义外,大概没有哪一个可以和实用主义相比。从一百年前的热捧,到二十世纪五十年代的鞭笞,再到近二三十年来的正视,中国思想学术界对待实用主义的姿态,经历了令人晕眩的大转变,其中折射出国人对待实用主义的复杂心态。不久前《杜威全集》(38 卷)中文版的问世,向人们传递出这样一个消息:经过老一辈学者的筚路蓝缕、几代学人的不懈努力,中国学界对于实用主义的译介已经取得了令人瞩目的成就,实用主义研究正在进入一个新的历史时期。

值此时刻,人们自然会问,如此关注实用主义,意义何在? 我们的回答是:

首先,实用主义乃美国思想文化的理论基础。从开国元勋到民主、共和两党领袖,从心系国家大事的硕学鸿儒到只关心衣食住行的贩夫走卒,美国人所奉行的基本哲学,归根结底,是实用主义。可以说,要弄清当今美国的社会、思想、文化,乃至政治、法律、外交等等,离开对实用主义的深入理解,只能停留在皮毛。欲了解美国,不能不了解实用主义。

其次,实用主义乃现代西方哲学转型的先驱。西方哲学从古典到现代的转向,说到底,就是理性主义传统向实践主义传统的转向,知识论传统向生存论传统的转向。二元式的思维方式被整体论的思维方式所取代,对超验世界的眷恋被对生活世界的关注所取代。在这一转向中,实用主义和马克思、维特根斯坦、海德格尔等相互呼应、殊途同归。理解现代西方哲学的基本精神,从研究实用主义入手,不失为一条可行的路径。

再次,实用主义乃中国传统哲学的知音。与西方哲学传统不同,中国哲学从来没有产生出建立在二元思维方式基础上的基础主义、本质主义、表象主义。中国哲学传统所关注的天人合一、生活世界及伦理实践出发点，与实用主义有着极其相近的旨趣和追求。研究实用主义与中国传统哲学的异同，既有助于增强中国哲学的自信，也有助于改进中国哲学的缺憾。

最后，实用主义乃马克思主义的最佳对话者。同为现代哲学转型的典范，实用主义与马克思主义在一系列基本问题上有着大体相似的主张。它们从同一个方向批判西方哲学传统，又从同一个方向为未来哲学的发展指明了道路。虽然途径有差别，话语有不同，观点也不无分歧，但它们的基本精神是相通的。研究实用主义不仅有助于理解马克思主义的深刻内涵，同时也有助于看清马克思主义的学术生命力，并为其进一步发展提供可能的思想资源。

与绝大多数其他西方哲学形态不同，实用主义从来就不是一种学院派哲学。这不仅表现在实用主义者们拒斥哲学与社会生活的割裂，而且也表现在实用主义深深影响了美国社会文化各个层面的事实。杜威在这一方面堪称表率。他的哲学早已越过学院围墙，渗透到美国文化土壤的方方面面。实用主义与美国思想文化紧密相连，唇齿相依。一方面，固然可以说，理解美国思想文化不能不理解实用主义；而另一方面，也必须说，理解实用主义不能不理解美国思想文化。因此，我们认为，研究实用主义不可与研究美国思想文化脱钩。正是基于这一考虑，本研究系列的视野，比起一般的实用主义研究，要更加开阔：实用主义是这一视野的焦点，而美国思想文化则构成了这一焦点的"穗边"。

或许应该说明的是，作为一种哲学思维方式，实用主义虽然起源于美国，但绝不限于美国。早在二十世纪初，尼采就已经被称作"德国第一位实用主义者"，而法国的柏格森与实用主义者的思想上的相近，也在他与詹姆斯的相互欣赏中表露无遗。再后来，无论是英国的维特根斯坦，还是德国的海德格尔、哈贝马斯、阿佩尔、伽达默尔，或是法国的福柯、德里达，无不透露出浓重的实用主义气息。称不称他们为实用主义者，其实无关紧要。实用主义早已存在"在那里"，对于它的"在那里"的研究，同样是本系列所欲涵盖的。

本研究系列旨在全面展示我国学术界实用主义乃至美国思想文化的研究成果,为进一步的对话与交流、切磋与互动,提供一个良好的平台。感谢复旦大学出版社和复旦大学哲学学院的大力支持,没有这些支持,就不会有本系列研究成果的及时问世。

最后,我们也期待着学术界各位同仁的鼎力相助。让我们共同努力,将我国的实用主义研究提升到一个新的水平。

目 录

001 / 序言

第一编　在传统批判框架内恢复对实用主义的研究

002 / 引言

005 / 第一章　实用主义的产生和流传状况

037 / 第二章　实用主义的实践观和方法论

065 / 第三章　实用主义的社会历史观

102 / 第四章　实用主义对马克思主义的攻击：胡克评传

第二编　循序渐进，迈向求实研究

148 / 引言

152 / 第五章　皮尔士评传

186 / 第六章　詹姆士评传

224 / 第七章　杜威评传

257 / 第八章　米德评传

269 / 第九章　重新评价实用主义

289 / 第十章 《重新研究实用主义》引言和序

300 / 第十一章 实用主义研究的六十年轮回

315 / 第十二章 重新认识和评价杜威

第三编 实用主义与西方近现代哲学转型

324 / 引言

328 / 第十三章 西方哲学的近现代转型与马克思主义哲学和当代中国哲学的发展道路

344 / 第十四章 对西方哲学近现代转型的历史和理论分析

370 / 第十五章 美国哲学发展的特殊性及其近代变更

385 / 第十六章 从美国哲学的形成和发展看其近代转型

398 / 第十七章 皮尔士与美国哲学的现代转型

421 / 第十八章 再论重新评价实用主义

序　言

我对实用主义的关注较早。受到 1955 年开始进行的那场从上到下的批判实用主义的运动的触动,我当时就有过弄清楚究竟什么是实用主义的想法。除了阅读了一些实用主义的材料外,还阅读了一些更为广泛的西方哲学的材料。当时的主客观条件都使我不可能对实用主义有合乎实际的了解,但却由此对西方哲学产生了兴趣。1956 年,党的八大提出了向科学进军的口号,教育领域尝试恢复学位制度。中国科学院和少数重点大学按照苏联模式尝试招收副博士研究生,我由此考入中国人民大学哲学系作西方哲学专业的副博士研究生。我大学本科学的是政治经济学专业,转入西方哲学专业后,我需要补哲学基础课程、特别是西方哲学的基础课程。在后来的许多年内,我并没有多少时间去专门研究实用主义。在"左"的政治和意识形态环境下,现代西方哲学研究几乎被全盘否定。实用主义在中国的政治敏感性又最强,我自然也不敢多涉及实用主义。直到改革开放以后,现代西方哲学研究得到恢复。我个人在研究中感到,从马克思主义来评价现代西方哲学的角度说,实用主义也许最具有典型意义。因此,从 20 世纪 70 年代后期到 80 年代的十多年中,我一直把实用主义作为研究的重点之一。

我在自己的研究中总是力图能有某些创新和超前意识,但又不敢贸然超越国内总的政治和意识形态环境的底线。在 20 世纪 70 年代后期到 80 年代初期,我对实用主义的研究基本上是在当时仍居支配地位的"左"的批判框架下进行的,但又力图尽可能使之具有某些求实的内容,肯定它在某些方面的合理性。当时发表的一些关于实用主义的论文以及 1983 年出版(1981 年成稿)的《实用主义述评》都是如此。到 20 世纪 80 年代中期,我仍然没有摆脱传统的批判框架,但又在尝试能否在某些方面有所突破。当时为了编写皮尔士、詹姆士、杜威、胡克的评传,我又重新阅读了实用主义哲学家、特别是杜威的原著,深感旧的批判框架与杜威等人的理论的实际所是相差甚远。如果坚持马克思主义的实事求是的原则,就应当对实用主义重新进行评价。在写这些评传时虽然仍未敢摆脱旧的批判框架,但一直在从事这方面的思考,特别是材料上的准备,想望在时机成熟时能实现某些突破。经过几年的酝酿,我在1986年终于写成了《重新评价实用主义》一文。该文以分节标题的醒目的方式("不能把实用主义归结为帝国主义反动哲学""实用主义不是十足的主观唯心主义""不能把实用主义归结为市侩哲学""不能把实用主义归结为诡辩论")对在国内外马克思主义学界流行了半个多世纪、被认为不可动摇的权威论断作了公开和全面的否定。为了尽可能避免政治和意识形态上的麻烦,我当时还只是想在同行专家的小范围内试水,不愿有过多张扬,因此将此文发表在中国现代外国哲学学会以书代刊的《现代外国哲学》(1987年出的第10辑)上。也许我的这种观点体现了同行专家的共同心声,发表后引起了他们的广泛共鸣。中国现代外国哲学学会趁势于1988年在成都举行了第一次全国实用主义讨论会,我的见解与许多同行专家的观点不谋而合,并为他们进一步论证和发挥,大体上成了我国研究现代西方哲学的大部分学者的共识。这次全国讨论会事实上成了我国实用主义研究的一个重要转折点,由此使这方面的研究进入了一个求实评价的新时期。

从20世纪90年代起,我致力于把重新评价实用主义的基本观点扩大到重新评价整个现代西方哲学。又是经过几年的酝酿,我在1996年发表了《西方哲学的近现代转型与马克思主义哲学和当代中国哲学的发展道路(论纲)》,其中明确提出了如下两个观点:第一,由西方近代哲学转向现代哲学不是由进步转向反动、由唯物主义转向唯心主义,而是具有划时代意义的哲学思维方式的重要转型,它标志着西方哲学的发展上升到一个新的、更高的阶段;第二,这一转型与马克思在哲学上的革命变革虽有原则区别,但在超越西方近代哲学存在的种种局限性、建立现代哲学思维方式上二者殊途同归。后来陆续发表了十余篇有关论文(大都由《新华文摘》转载),出版了《马克思主义与西方哲学的现当代走向》(人民出版社2002年)、《中国的现代哲学历程:西方哲学与马克思主义》(美国RVP英文版2004年)、《哲学上的革命变更和现代转型:马克思主义和现代西方哲学比较研究》(人民出版社2009年)、《探索、沟通和超越:现代西方哲学与马克思主义哲学比较研究》(北京师范大学出版社2010年)、《马克思主义哲学与现代西方哲学研究》(北京师范大学出版社2012年),从不同角度对上述观点作了进一步论证和发挥。这两个观点同样是对国内外马克思主义阵营长期流行的权威观点的否定,它们的提出对后来在我国兴起的马哲西哲比较研究也起了一定的激进作用。

从21世纪起,在继续从事马克思主义哲学与现代西方哲学比较研究的同时,我又把比较研究的成果运用于对实用主义,特别是杜威哲学的现代意义的研究。在我的倡议下,2004年在复旦大学成立了杜威与美国哲学研究中心。其第一个特大型课题是组织国内著名专家参与翻译37卷本《杜威全集》(外加1卷索引和1卷补遗),为深入地研究杜威各方面的理论提供全面、可靠的文本。与此同时,我们已开始对杜威哲学的重新研究。又是经过多年酝酿,我在2005年发表了《杜威哲学的现代意义》一文。该文把杜威哲学的现代意义概括为如下三点:第一,杜威哲学的根本意义是对现实生活和实践的强调;第二,杜威的哲学的改造适应了西方哲学现代变革的潮流;第三,杜威的哲学的改造与马克思的哲学变革殊途同归。这种提法不仅从根本上改变了以往对杜威哲学的简单否定的评价,而且对杜威哲学作为在一定程度上体现了现当代哲学发展趋势的哲学而作了高度肯定。特别是指出它与马克思主义哲学虽有原则区别,但在体现现代哲学思维方式上有着重要的共同之处。此文还只是我们的重新研究的开始,我们将与杜威全集的翻译相结合,开展深入具体的研究。最近两年来,我又陆续写了几篇有关杜威的文章。新近完成的《再论重新评价实用主义》进一步将对杜威等人实用主义的研究与马克思主义哲学和现代西方哲学的比较研究结合起来,提出了实践的转向是现当代哲学的根本性的转向,马克思主义和实用主义的对立统一是当代哲学发展的主要趋势等新观点。

在中国从事杜威和实用主义的研究必须将其置于中国的现实的政治和文化背景下，揭示其与中国传统文化和中国特色的马克思主义哲学的联系。由此进一步揭示其在中国发生过和可能发生的影响。关于杜威和实用主义过去发生过的影响，国内已有一些专家作过富有成果的研究，我个人从20世纪80年代起就已开始这方面的研究，近年来还陆续发表了几篇文章。至于如何估计杜威和实用主义未来在中国可能发生的影响，除了准确地认识当代中国的现实政治和文化发展背景外，最要紧的还是进一步研究杜威哲学和实用主义的现代意义，特别是它们在什么程度上和以什么样的方式体现现当代哲学发展的趋势。我们已经从事过、还将继续从事这方面的研究，希望能取得较好的成果。

《实用主义的研究历程》书稿大体编辑完成了。从构成说，它是由不同时期独立成篇的论文汇集而成，但它又是一个统一的整体，其中各篇章之间有着一定内在联系。在一定意义上它也可算是一部相对完整的专著。它体现了改革开放以来我对实用主义的研究和认识的发展历程。尽管我个人的研究和认识存在着很大局限性，只是我国学界在这方面的研究和认识的全豹之一斑。但从这一斑在一定程度上也能看出这一时期我国实用主义研究的曲折而又毕竟存在的进步。这也正是本书可能存在的价值。

刘放桐
2014年5月25日

第一编
在传统批判框架内恢复现代西方哲学研究

引 言

自 20 世纪 50 年代中期那场批判实用主义的运动以来,实用主义一直被归结为"帝国主义反动哲学""主观唯心主义哲学""诡辩哲学""市侩哲学"。虽然这并不意味着在学界没有人怀疑,但由于这种定性具有强烈的政治和意识形态的权威意义,因此几乎没有人公开提出异议。改革开放初期,中国在理论领域可谓是百废待兴,居于核心地位的是在对马克思主义的意义本身的理解上拨乱反正,特别是纠正"四人帮"对马克思主义的明目张胆和篡改以及"凡是派"在真理标准问题上的教条主义扭曲,关于实践是检验真理的标准的讨论由此而受到高度重视。至于其他领域,都只能在服从真理的实践标准的讨论的前提下开展一些初步的恢复和准备工作。在外国哲学研究领域也是如此。1978 年和 1979 年分别在芜湖和太原举行关于西方哲学史和现代外国哲学研究的学术讨论会在我国都是第一次,它们对在我国恢复西方哲学史和现代外国哲学研究具有重要的标志性意义。一些专家甚至在会议上建议对长期在我国哲学史领域中占支配地位的所谓斯大林—日丹诺夫哲学史定义重新加以认识,克服它的不当之处,并要求重新讨论和确定哲学史的定义,以便更好地开展这方面的研究。但是,这种建议毕竟还是较温和的。一涉及对西方哲学、特别是现代西方哲学的具体评价,大家还不得不有所克制,因为在这方面当时的禁忌还很多。就对实用主义的具体评价来说,情况更为困难。这大概与当时对"四人帮"的哲学基础的批判有关。

"四人帮"覆灭后,哲学界许多人纷纷就他们的哲学基础提出种种看法。其中得到认同最多、在哲学界谈论得也最多的是认为"四人帮"的哲学基础是资产阶级实用主义。有的专家还从张春桥和姚文元在 20 世纪 50

引 言

年代参加过对实用主义的批判、对实用主义有所了解来作为他们自觉地贩卖资产阶级实用主义的根据。当然也有其他一些提法,例如有的人认为"四人帮"的理论基础是唯意志主义。不过总的说来,认为是实用主义的占明显优势。有的专家还写过这方面的著作。从以往人们对实用主义所作的解释来说,这些专家把实用主义看作是"四人帮"哲学的理论基础未尝没有道理。问题在于以往对实用主义的解释是否客观和准确以及"四人帮"是否对实用主义实际所是作过研究或者至少是否有较多了解。这不是按照传统理论模式写几篇文章所能讲清的,应当对实用主义的实际所是重新作出研究,这在当时是相当困难的。事实上,当时发表的一些阐释实用主义的文章着重点还在延续以往的批判。根据对实用主义的重新研究、并对之作出新的解释的文章很难找到。

我个人对实用主义的研究起步算是较早的。20世纪50年代我就已开始接触实用主义的原著,对当时的一些批判文章不敢苟同。虽然还没有按实用主义的实际所是对之作出较为客观的解释的能力,更没有提出不同意见的勇气,但当时想到过以较"合法"的形式尽可能对实用主义作出一些相对客观的阐释。由于在"文革"前我在复旦大学曾以"现代外国资产阶级哲学批判"的名义开设过现代西方哲学课程,并写成了相当部分流派的讲义。"文革"期间停顿。"文革"后我立即有了重新把讲义写完的打算,争取能成为一部教材。在当时大批判的氛围尚未有大的改变的情况下,我当然只能按照旧的批判模式来写,如果能在某些方面突破简单的批判模式而能容纳一些实用主义等哲学流派的实际内容,我自己就会感到有几分满足了。这倒不是为自己无能作辩护,在当时的情况下,无论从个人的能力来说还是思想文化环境来说,我最多也只能做到如此地步。要写出现代西方哲学教材,实用主义当然是一道绕不过去的难题。它一直到改革开放初期仍被简单否定,它之被当作"四人帮"的哲学基础更增加了对它作出客观评价的困难。我当时的想法是对实用主义同样暂时沿用传统的批判模式,尽可能列出一些关于实用主义的实际所是的内容,在能够作出某种肯定而又不致存在风险的地方对它们作出某些肯定。这样既可不被那些坚持旧的批判模式的人士指责为离经叛道，又可适当提出一些有关实用主义的较新的内容。与同时期那些批判"四人帮"实用主义哲学基础的论著比，我的论述也许算是最开放的了。但采用的毕竟还是一种仍有较大保守性的批判模式，这对我个人当然是一种悲哀，在一定程度上毋宁说也是一种历史的悲哀。

从"十年动乱"结束到20世纪80年代初，我陆续发表了《实用主义的真理论批判》(《复旦学报》)、《实用主义的形而上学批判》(《文科教学》)、《实用主义的实践观述评》(《现代外国哲学》)、《论詹姆士的激进经验主义》(《外国哲学》)、《实用主义的天才论述评》(《现代外国哲学论集》)、《辩证唯物主义还是实用主义——胡克哲学述评》(《复旦学报》增刊)等论文。这些论义谈论的其实都是我当时撰写的论著《实用主义述评》的内容(《述评》出版于1983年，但成稿是1981年，出版前只作过少量修改)。考虑到《述评》中对有关问题的交代较为清楚，因此我在本书中选用了《述评》中的四章：第一章，实用主义的产生和流传状况；第三章，实用主义的实践观和方法论；第五章，实用主义的社会历史观；第六章，实用主义对马克思主义的歪曲和攻击(其中最后一部分取自我后来写的胡克评传)。该书中的经验论和真理论两章更为重要，因下一部分中选用的皮尔士、詹姆士和杜威评传中对这方面有更为具体的论述，这里就从略了。

《述评》和上述论文都是在旧的批判框架下写出的。这与我1981年出版的《现代西方哲学》大体一致。其中所表达的观点与我后来在经过对马克思主义哲学和现代西方哲学重新研究以后得出的观点自然有很大差别，其中不少观点正是我后来力图超越和克服的。无论对我个人或我国哲学界而言，这些观点大都已过时。但是，它们不仅体现了我个人对实用主义研究的一个阶段，在一定程度上大概也体现了我国哲学界在那个阶段对实用主义研究的大体方向。对年轻读者来说，了解那个阶段的状况也许是有益的。

第一章

实用主义的产生和流传状况

实用主义是现代西方流传最广的资产阶级唯心主义哲学流派之一。它于19世纪70年代在美国露头,19世纪末20世纪初正式形成为一个受到美国资产阶级格外青睐和竭力扶持的哲学流派。在美国各派资产阶级哲学中,实用主义很快取得了主导地位,这种地位一直延续了约半个世纪。后来,它在哲学论坛和讲台上的地位虽有所下降,但它的实际影响并未衰退。它已成了资产阶级的各个阶层,特别是垄断资产阶级的思想和行动的准则。实用主义也受到了其他资本主义国家资产阶级的赏识,为他们所广泛宣扬。一些殖民地、半殖民地国家的资产阶级也竭力在本国推销实用主义。在旧中国,思想文化领域就曾受到实用主义的严重侵蚀。在当代资产阶级与无产阶级的哲学斗争中,实用主义一直是资产阶级用来反对马克思主义哲学的主要武器。工人运动的叛徒们以及各种形式的假马克思主义者在修正、歪曲和攻击马克思主义哲学时,往往效法实用主义。许多抱着资产阶级世界观或受资产阶级世界观影响较多的人,包括无产阶级革命队伍中受到资产阶级思想侵袭的人,在他们的思想和行动中也经常自觉或不自觉地接受实用主义的原则。总之,在当代各种资产阶级唯心主义哲学流派中,实用主义的实际影响最大、流毒最广。

实用主义是一个哲学流派的总称。在它演化的不同阶段以及它的各个代表人物之间都存在着某些差异。于是它就获得了其他一些名称,例如实效主义(pragmaticism,又译实用化主义)、人本主义(humanism)、实验主义(experimentalism)、工具主义(instrumentalism)。但是,它们的基本思想倾向则又是一致的。当代美国实用主义的主要代表胡克供认:"满可以把实用主义、工具主义或实验主义这三个名词当作同义语。"①

一、现代西方哲学中的两种主要思潮

实用主义作为现代西方资产阶级哲学的主要流派之一,它的形成和流传同整个现代西方资产阶级哲学演化的总潮流有着紧密的联系。为了便于了解实用主义的思想倾向及其在现代西方哲学中的地位,我们有必要首先回顾一下现代西方资产阶级哲学的形成和演化情况。

1. 19世纪中期以后西方资产阶级哲学发展的转折

在西方资产阶级哲学的发展中,19世纪中期是一个重要的转折点。在此以前,西方资产阶级总的说来是一个反封建的、革命的阶级,他们在哲学上也总是把斗争的锋芒指向维护封建秩序的宗教神学和经院哲学,因而在不同程度上倾向于唯物主义或者辩证法。例如在17世纪的英国,出现过培根、霍布斯、洛克等人的唯物主义;在18世纪的法国,出现过拉·美特里、爱尔维修、狄德罗、霍尔巴赫等人的唯物主义;在18世纪末和19世纪初的德国出现过康德、特别是黑格尔的唯心主义辩证法和费尔巴哈的唯物主义。然而,从19世纪中期起,西方资产阶级哲学的这种进步传统越来越趋向终结。自此以后,资产阶级哲学总的说来越来越转到了唯心主义和形而上学方面。资产阶级哲学发展中的这个重大转折,是随着当时西欧各国资产阶级日益转化为反动阶级,无产阶级作为一支独立的政治力量走上历史舞台,特别是随着马克思主义的产生而出现的。

19世纪中期的西欧各国,资本主义经济尚处于上升时期。但是,英法等国资产阶级已经取得并巩固了自己的统治,他们的反封建的革命性业已消失。后进的德国资产阶级的革命性本来就不强,他们害怕无产阶级更甚于封建贵族,企图在封建贵族的庇护下求得自己的发展。1848年革命失

---

① 胡克:参见《实用主义的形而上学》引论,1927年芝加哥英文版。

败后，德国资产阶级更加与容克贵族妥协，到了19世纪70年代，由于同封建贵族分享了政权而最终完全失去了革命性。总之，19世纪中期以后，西方各国资产阶级已经不像过去那样联合无产阶级、农民和其他劳动人民去进行反封建的斗争，而是竭力联合封建残余势力去镇压无产阶级及其他劳动人民反对资本主义以及一切剥削和压迫制度的斗争。资产阶级的反动性越来越明显了。

与此同时，无产阶级反对剥削和压迫的斗争大大加强了。他们已从一个不成熟的、不发展的"自在阶级"成长为一个为着本阶级以及一切劳动群众的解放而斗争的"自为阶级"。他们不仅要求实现彻底的反封建的革命，也越来越把斗争的重点转向资本主义制度和资产阶级的统治。尚在19世纪上半期，英法两国已分别爆发了大规模的工人起义；1848年德法等国的革命就带有明显的反资本主义性质。1871年，法国无产阶级在巴黎发动了起义，建立了第一个无产阶级专政的政权——巴黎公社，它标志着无产阶级进入了推翻资本主义制度和一切剥削、压迫制度、建立社会主义和共产主义制度的新时期。

随着无产阶级革命运动的开展，作为无产阶级革命世界观的马克思主义哲学在19世纪40年代就已产生并在工人运动中迅速传播。无产阶级的伟大导师马克思和恩格斯总结了工人运动的经验和自然科学的成就，批判地吸取了以往哲学的优秀遗产，创立了辩证唯物主义和历史唯物主义，实现了哲学发展中最伟大的革命变革。

马克思主义哲学的产生大大地推进了无产阶级的革命运动。在马克思主义的指导下，无产阶级的斗争愈来愈有组织，愈来愈有明确的纲领，而无产阶级的革命斗争，又大大地丰富和发展了马克思主义。在无产阶级的革命斗争中，马克思主义哲学愈来愈为群众所掌握，愈来愈显示出它是无产阶级摧毁旧的资本主义制度及其意识形态的唯一有效的、不可战胜的思想武器。

正是由于上述社会历史条件的变化，促使资产阶级哲学转向唯心主义和形而上学。这是因为，当资产阶级在政治上成了反动阶级的时候，为了维护他们的统治,麻痹广大人民群众,特别是为了阻挠和破坏无产阶级按照社会历史的客观规律而进行的革命斗争,他们往往不敢正视客观现实,需要否定和抹杀现实世界的发展规律性,需要按照他们自己的利益去歪曲现实。因此,他们往往摒弃同现实相吻合的唯物主义和辩证法的学说,鼓吹和利用唯心主义和形而上学。

在英法两国,由于资产阶级取得政权的年代较早,无产阶级形成为与资产阶级对抗的独立的阶级力量较早,资产阶级在哲学上的腐朽和蜕化也就开始得较早。在英国,早在18世纪就出现了臭名昭著的贝克莱的主观唯心主义和休谟的不可知论,这种哲学倾向后来曾长期支配着英国资产阶级哲学的发展。在法国,18世纪资产阶级革命以后,百科全书派的战斗唯物主义和无神论被抛弃了,代之而起的是德·麦斯特尔(Joseph Marie de Mestre 1753—1821)等人公开的天主教哲学,孟·德·比朗(Maine de Biran 1766—1824)为首的唯灵论,维克多·库然(Victor Cousin 1792—1867)为代表的折中主义,以及影响更大、流毒更广的孔德(Auguste Comte 1798—1857)的实证主义。马克思在讲到19世纪30年代英法两国资产阶级意识形态的状况时说:"法国和英国的资产阶级夺得了政权。从那时起,阶级斗争在实践方面和理论方面采取了日益鲜明的和带有威胁性的形式。……现在问题不再是这个或那个原理是否正确,方便还是不方便,而是它对资本有利还是有害,违背警章还是不违背警章。"①事实上,从19世纪30年代以后,英法两国的资产阶级在哲学上就已经抛弃了唯物主义和辩证法,而倒向了唯心主义和形而上学。在资产阶级掌权较迟的德国,资产阶级在哲学上的蜕化也较晚。1848年资产阶级革命失败以后,特别是在19世纪70年代德国资产阶级分享了政权以后,他们在哲学上也走上了英法资产阶级同样的道路。恩格斯描绘1848年以后的德国资产阶级哲学的状况时说:"1848年在德国什么都没有完成,只是在哲学领域中引起了完全的变革。……从此以后,在公众当中流行的一方面是叔本华的、后来

---

① 《马克思恩格斯全集》第23卷,人民出版社1972年版,第17页。

第一章 实用主义的产生和流传状况

甚至是哈特曼的适合于庸人的浅薄思想,另一方面是福格特和毕希纳之流的庸俗的巡回传教士的唯物主义。大学里有各式各样的折中主义互相竞争,它们只在一点上是一致的,即它们都只是由已经过时的哲学的残渣杂凑而成,而且全都同样是形而上学的。从古典哲学的残余中保留下来的只有一种新康德主义,这种新康德主义的最高成就是那永远不可知的自在之物,即康德哲学中最不值得保存的那一部分。"①

尽管西方各国资产阶级哲学开始腐朽和蜕化的时期有先后的不同,但是,在19世纪中期以后都越来越转向唯心主义和形而上学方面。

当然,也不能笼统地认为19世纪中期以后的西方资产阶级哲学是清一色的唯心主义和形而上学,全都是腐朽和反动的。首先,在资产阶级内部是划分为阶层的,即使在资产阶级成了统治阶级的时代,甚至在帝国主义时代,资产阶级的内部也往往存在某些要求进步和改革的阶层或力量,他们在哲学上与资产阶级的反动阶层必有所不同。在西方资本主义漫长发展过程中的某些时期和某些国家,资产阶级仍可表现出一定的活力,对推动社会生产和历史的发展仍能起某些积极作用,他们在哲学上也必有某种积极的表现。其次,像任何时代的哲学一样,现代西方资产阶级哲学除了社会阶级根源外,还有认识论根源。现代资产阶级作为腐朽和反动阶级,必然要歪曲违背他们阶级利益的客观规律,但他们毕竟生活在现实社会中,在他们的哲学里,也必然包含着对现实的认识的内容,不过这些认识往往被他们歪曲了,片面化了。正如列宁指出的,"哲学唯心主义是把认识的某一个特征、方面、部分片面地、夸大地……发展(膨胀、扩大)为脱离了物质、脱离了自然的、神化了的绝对"②。现代西方资产阶级的哲学唯心主义也是如此。它们如同一切唯心主义一样"无疑地是一朵不结果实的花,然而却是生长在活生生的、结果实的、真实的、强大的、全能的、客观的、绝

---

① 恩格斯:《自然辩证法》,人民出版社1971年版,第29页。
② 《列宁选集》第2卷,人民出版社1959年版,第715页。

对的人类认识这棵活生生的树上的一朵不结果实的花"①。特别值得注意的是：现代西方哲学与现代自然科学的发展有着密切的联系,有的哲学流派的产生与发展,甚至往往与自然科学某一部门的发展直接相关,它们企图给自然科学的发展作出总结,为自然科学的研究提供方法论,其中往往包括某些积极的、合理的因素。

总之,19世纪中期以来的现代西方资产阶级哲学,从整体上说是唯心主义和形而上学的东西,是与马克思主义哲学针锋相对的,是腐朽反动的。但在某些特定的情况下,或者从某一局部来说,现代西方资产阶级哲学仍包含着某些唯物主义和辩证法的内容,具有某种积极意义。因此,对包括实用主义在内的现代西方资产阶级哲学,我们既要坚持哲学中的阶级性和党性的原则,又不能简单化,不分青红皂白地一概加以否定,而要作具体的、实事求是的分析。……

2. 实用主义以前的现代西方哲学的演化

从19世纪中期以后到19世纪末、20世纪初实用主义产生以前,在西方资本主义国家出现了不少唯心主义哲学流派,其中流传较广、影响较大的有实证主义、唯意志主义、新康德主义、新黑格尔主义、马赫主义以及生命哲学,它们在不同程度上都是实用主义的理论来源。

实证主义是这一时期最早形成和流传的唯心主义哲学流派之一。它在19世纪30到40年代即已在法、英两国同时出现。法国的孔德被公认为实证主义的创始人,英国的约翰·穆勒(John Mill 1806—1873)是英国实证主义的最早代表。从19世纪50年代起,实证主义在英法两国已经流传很广。后来,英国资产阶级哲学家斯宾塞(Herbert Spencer 1820—1903)为实证主义创立了一个庞大的理论体系,即他所谓综合哲学体系,企图把实证主义理论应用到关于社会和自然的知识的几乎一切方面。

从思想渊源来说,实证主义是直接从贝克莱的主观唯心主义和休谟的

---

① 《列宁选集》第2卷,人民出版社1959年版,第715页。

第一章 实用主义的产生和流传状况

不可知论演化而来的。不过,实证主义者在宣扬唯心主义时采取了比较狡猾隐晦的手法。他们不像贝克莱那样公开把世界的一切归结为人的感觉经验、公开宣称"存在就是被感知"。他们认为哲学不应当去研究世界万物的始因、基础、本质是什么这类"形而上学"的问题,就是说不要去回答物质第一性还是精神第一性的问题,因为这些问题是人的认识能力所无法解决的。他们打着当时已有较大发展的实证科学的招牌,认为哲学所应当研究的正是实证科学所研究的那些事实、现象,而哲学无非就是关于这些事实与现象之间的关系和联系的学问。所以,真正的哲学应当是实证哲学。孔德说,实证主义的"一切本质属性都概括在实证这个词中"①,接着他把"实证"一词解释为"实在""有用""确定""精确""有机""相对"等意义。因此,他宣布实证主义就是向人们提供关于实在、有用、确定、精确的知识的哲学,它摒弃了一切传统的唯物主义和唯心主义的"形而上学","它满足并且调和了唯物主义和唯灵主义的敌对主张中的一切站得住脚的东西,而它在这样做时,就把二者均废弃了"②。斯宾塞对实证主义也作了类似的论证。不过,他较多地利用了生物学的材料。总之,实证主义者都企图在尊重"事实""证据",追求"有用""精确"等烟幕下,把实证主义伪装为一种超出唯物主义和唯心主义范围的"新哲学"。其实,由于他们不承认客观世界是不以人的意识为转移而存在的,他们所谓的"事实""证据"等,就仍然不过是由人的感觉经验所构成的。在他们之中,有的人(例如穆勒、斯宾塞)更直接把一切事物均归结为感觉经验(或感觉的恒久可能性)。这种感觉经验不是客观对象的主观映象,而它本身就是"实在""事实"。因此,他们归根到底没有越出主观唯心主义经验主义的范围。

实证主义也是一种鼓吹反辩证法的形而上学的哲学。但是,由于自然科学的发展揭示了自然界发展的辩证法,特别是由于 19 世纪 40 年代唯物辩证法的形成,使旧的形而上学观点遭到了破产,于是实证主义者在宣扬

---

① 孔德:《实证主义概论》,J. H. 布里奇斯 1865 年伦敦英译本,第 62 页。
② 同上书,第 56 页。

形而上学观点时，也采取了不同于17—18世纪形而上学者的手法。他们打着当时在自然科学中已有重大影响的生物进化论的旗号，表面上也承认事物的运动、变化和发展，但否定了事物运动、变化和发展的辩证性质。例如，否认运动变化的动力是事物内部的矛盾，把事物的运动变化归结为量的渐进而否认质的飞跃，把自然科学的进化论变成了庸俗进化论。同时，他们往往把这种庸俗进化论当作自己的社会政治理论的根据，标榜进步和改革，却又反对革命。毛泽东指出，当马克思主义的唯物辩证法产生以后，"在资产阶级那里，除了公开的极端露骨的反动的唯心论之外，还出现了庸俗的进化论，出来对抗唯物辩证法"①。实证主义者正是这样的庸俗进化论者。

实证主义（特别是穆勒和斯宾塞的实证主义）对实用主义的形成发生过很大的影响，它们许多观点、特别是它的经验论和庸俗进化论，成了美国实用主义的有关理论的直接来源。唯意志主义是与实证主义大体上同时出现和流行的一个重要的唯心主义哲学流派，它以德国为中心。它的主要代表人德国的叔本华（Authur Schopenhauer 1788—1860）的哲学理论早在19世纪20年代即已提出了，但直到1848年德国资产阶级革命失败后才盛行起来。1871年，德国实现了统一，走上了军国主义的资本主义发展道路并从自由资本主义转向帝国主义，这时，另一个德国反动哲学家尼采（Friedrich Wilhelm Nietzsche 1844—1900）把唯意志主义"改造"，为适合于垄断资产阶级需要的哲学。在英法和北欧等国唯意志主义也颇有影响。例如，英国的卡莱尔（Thomas Carlyle 1745—1881）法国的居约（Jean-Marie Guyau 1854—1888）丹麦的克尔凯郭尔（Soren Kierkegaard 1813—1855）等人都以各自不同的方式宣扬唯意志主义。

唯意志主义者标榜他们根本改变了西方哲学研究的方向。他们不仅反对主张物质第一性的唯物主义，也不同意传统的经验派和理性派唯心主义者分别把世界归结为感觉经验和理性概念的观点。他们认为，无论是感

---

① 《毛泽东选集》第一卷，人民出版社1951年版，第275页。

觉经验或理性概念都是某种被接受的东西,都以主体和对象的分裂和对立为前提,都会把人引向外在的东西,受外在的东西制约,使人看不到自己的内在的本质,从而也使人不能进一步看到世界万物的真正本质。他们认为,人的真正本质应当从人的内心深处去寻找,在此人们所发现的是情感意志和下意识的心理本能冲动。它们不是作为实体而存在,而是作为倾向、活动而存在。他们认为只有这种情感意志的活动才是真正属于人自己的、作为人的本质的东西。不同的唯意志主义者对这种内在的东西的解释有所不同。叔本华认为是生命意志,尼采认为是权力意志,但他们都企图从这种情感意志出发来解释整个世界。

在认识论上,唯意志主义者不仅攻击唯物主义的反映论,也不同意传统的经验派和理性派唯心主义者把感觉经验或理性思维绝对化,当作是唯一可靠的知识的论点。他们认为,为了认识实在,即认识作为真正内在的、本质的东西的情感意志,只有依靠内心的直觉。感觉、概念等都是外在的、僵固的东西,只有使用的价值,没有任何实在的价值。它们只能作为意志的工具,都要服从于直觉并以直觉为出发点。这是一种典型的反理性主义,因而唯意志主义往往又被称为反理性主义。

唯意志主义者是辩证法的反对者。他们表面上也承认甚至强调世界的运动变化,但他们把运动和静止、质变和量变等完全割裂开来。只讲运动,不承认静止,只强调质变,却否定量变。这样,他们就否定和抹杀了运动变化的辩证规律,把运动变化当作纯粹偶然的、相对的、不可捉摸的东西。因此,在反对唯物辩证法上,他们与鼓吹庸俗进化论的实证主义者能够殊途同归。

在社会政治观方面,唯意志主义者大都抛弃实证主义者惯于披上的主张进步、自由之类的虚伪面纱,公开站在保守、反动势力一方。他们公开敌视人民群众、敌视一切社会改革,公开为反动阶级对人民的最野蛮的掠夺、压迫进行辩护。尼采就被公认为法西斯的思想先驱。

唯意志主义对包括实用主义在内的后来许多西方资产阶级哲学流派产生过颇大影响。由唯意志主义者所系统论证的反理性主义以及作为情感意志的主体的创造作用的观点,是实用主义者这方面的观点的重要思想来源之一。

恩格斯曾经谈到的1848年革命后在德国出现的新康德主义,是一个与实证主义很接近的唯心主义流派。新康德主义正式出笼于19世纪60年代。早期的主要代表是朗格(Friederick Albert Lange 1828—1875)和李普曼(Otto Liebman 1840—1912)。其中朗格的影响较大。他的特点是歪曲感官生理学的成就用以论证康德的主观唯心主义。70年代以后新康德主义又演变出许多支派。其中,主要有以柯亨(Hermann Cohen 1842—1918)为首的马堡学派和以文德尔班(Wilhelm Windelband 1848—1915)为首的弗莱堡学派(又叫巴登学派或西南学派),前者主要是通过歪曲物理学、数学的成就来谈论认识论问题;后者着重于研究社会历史和文化问题。各派新康德主义具有如下的共同特征:在"回到康德那里去"的口号下,抛弃康德对自在之物客观存在的承认,竭力宣扬康德关于自在之物不可知的理论以及康德的信仰主义伦理学,把康德置于贝克莱和休谟之下,从而鼓吹纯粹的主观唯心主义和不可知论以至信仰主义。

在具体阐述对哲学基本问题的看法时,新康德主义者把对世界的本质和基础的认识和研究斥之为"形而上学""令人厌烦的中世纪的遗物",认为它们属于不可知的领域。他们认为哲学的根本任务是制定科学认识的逻辑和方法论,而这是在思维范围之内进行的。在他们看来,认识的主体与对象,思维与存在的区别只是思维内部的区别,一切都是出于纯粹思维的"自由创造"。正像实证主义者把感觉经验的主体当作世界的创造者一样,新康德主义者也把思维的主体当作世界的创造者。新康德主义关于作为纯粹思维的主体创造自己的对象的观点,后来成了实用主义(特别是杜威的实用主义)认识论的重要思想来源之一。他们有的人供认自己的理论正是从新康德主义的这一理论出发的。

新康德主义者把康德信仰主义伦理学当作解释一切社会历史问题的理论依据,把社会历史问题当作是纯粹的道德价值问题,把对于社会历史问题的研究归结为对于具体的历史事件的道德估价,以致完全否定了社会历史的规律性。他们还由此提出了所谓伦理学的社会主义,把社会主义当作是在现实世界中永远达不到的道德理想。

与新康德主义在德国兴起的同时,在复兴黑格尔的旗帜下,英美等国出现了新黑格尔主义运动。1865年,苏格兰人斯特林(J. H. Stirling 1820—1909)的《黑格尔的秘密》的出版,是英国新黑格尔主义发轫的标志。19世纪70年代至20世纪初,英国哲学家格林(T. H. Green 1836—1882),布拉德雷(F. H. Bradley 1846—1924)和鲍桑奎(B. Bosanguet 1848—1923)等人对他的理论作了发挥,使之一度在英国哲学界占居了统治地位。美国在19世纪60年代,形成了以哈利斯(W. T. Harris 1835—1909)为代表的复活黑格尔哲学的思潮——圣路易学派。到19世纪末,又出现了以罗伊斯(J. Royce 1855—1916)为主要代表的新黑格尔主义。英美新黑格尔主义又叫绝对唯心主义,它往往成了实用主义的对立面。许多实用主义者(例如杜威)最早曾信奉新黑格尔主义,后来通过否定新黑格尔主义而走向实用主义。在德、意、法等国,新黑格尔主义也曾流行,不过那主要是在实用主义业已形成以后的事。

新黑格尔主义并不是一个完全统一的哲学流派。不同的新黑格尔主义者的哲学观点和政治立场,均有不少的差异,但他们毕竟具有一些共同特征。这首先是指,他们都是公开的唯心主义者。他们利用黑格尔以绝对观念为基础的唯心主义来反对唯物主义,同时也反对伪装中立的实证主义以及传统的经验主义。但他们往往又把黑格尔的客观唯心主义置于康德以至贝克莱的主观唯心主义之下。

在认识论方面,新黑格尔主义者大都转向反理性主义。他们认为理性不能认识实在,运用理性思维所获得的科学知识没有实在性,不是客观真理;为了达到实在,获得真理,只有依靠非理性的本能和直觉。这使他们倒向了不可知论和信仰主义。

新黑格尔主义者大都自称为辩证法家。他们抓住了旧的形而上学观点的一些片面性,并作过一些批判。但总的说来,他们是从反理性主义方面发挥了黑格尔辩证法的唯心主义,并利用黑格尔辩证法的不彻底性,把辩证法变成了诡辩。在社会历史问题上,新黑格尔主义者抛弃了黑格尔国家和社会学说要求进步和改革的积极方面,而发挥了其反动方面,使之适应帝国主义时代垄断资产阶级的需要。

由奥地利物理学家和哲学家马赫(Ernst Mach 1838—1916)以及长期在瑞士任教的德国哲学家阿芬那留斯(Richard Avenarius 1843—1896)所"首创"的马赫主义(经验批判主义)也是一个由康德倒退到贝克莱、休谟的主观唯心主义和不可知论哲学流派,是实证主义的第二代。马赫供认,康德的"批判唯心主义"是他的"一切批判思想的出发点"。但是,他没有停留于康德,而"很快就接近于贝克莱的见解",并"达到了近似于休谟的观点"①。马赫主义者也同实证主义者一样,打着反对"形而上学"的旗号,竭力伪装自己,置身于唯物主义和唯心主义斗争之外。他们与老实证主义的区别主要在于:他们不像孔德、斯宾塞等人那样把物质第一性还是意识第一性的问题当作人的认识能力无法解决的问题,认为这样仍将陷入"形而上学"的境地;而是声称由于他们根据自然科学的最新"发现",提出了一种能够调和物质和精神的对立的"要素论"或"中立一元论",从而也就取消了唯物主义和唯心主义的对立。然而,马赫主义者所谓"要素"指的是颜色、声音、味道等感觉。他们说世界万物由要素构成,也就是说世界是由感觉所构成,这正是贝克莱的"存在就是被感知"的翻版。

马赫主义者在宣扬其唯心主义时,歪曲地利用了19世纪后期以来自然科学的革命成果。当时,物理学的新发现推翻了古典物理学关于物质结构的概念,这说明这些概念并不是永恒真理、终极真理,而带有相对的性质。马赫等唯心主义者抓住并歪曲这一事实,他们由科学概念的相对性而否认它们具有客观的内容,是客观世界的反映,进而否定客观物质世界的存在,宣称"物质消灭了",剩下的只有运动。马赫主义这种歪曲地利用自然科学来宣扬唯心主义的倾向,正是许多现代资产阶级准心主义流派的共同倾向。

---

① 马赫:《感觉的分析》,商务印书馆1986年版,第283页。

第一章 实用主义的产生和流传状况

欧洲的马赫主义与美国的实用主义有着极为密切的思想联系。二者的一些主要观点是一致的。詹姆士等美国实用主义者也往往径直援引马赫主义来作为自己的理论根据。从某种意义上可以说,实用主义是被移植到美国的马赫主义。不过,实用主义具有比马赫主义明显得多的唯意志主义和反理性主义倾向。

19世纪末产生并在西欧各国广泛流行的所谓生命哲学思潮,是叔本华、尼采的唯意志主义和反理性主义的继续。从某种意义上说,唯意志主义和生命哲学这两个名称有时是同义的、可以把叔本华、尼采等唯意志主义者叫做生命哲学家,而生命哲学家也可以归属于唯意志主义者行列。狭义的生命哲学是指19世纪末20世纪初以德国哲学家狄尔泰(W. Dilthey 1833—1911)、齐美尔(G. Simmel 1858—1918)以及法国哲学家柏格森(Henri Bergson 1859—1941)为主要代表的哲学。其中柏格森的哲学在生命哲学中最有代表性,对实用主义的影响也最大。

在对哲学基本问题的回答上,柏格森认为第一性的东西是某种创造意志、非理性的心理体验、生命冲动(生命之流),有时他也称这些东西为绵延、真正的时间、超意识。不过,柏格森特别强调不能把这种第一性的东西当作传统哲学所了解的精神实体,而只能把它当作是一种倾向、活动性。这种观点同叔本华、尼采等人的观点是完全一致的。柏格森哲学的重要特色之一是他对叔本华、尼采等人的相对主义和诡辩论,特别是反理性的直觉主义进一步作了发挥。

柏格森表面上十分强调运动变化,反对机械论,但却又否认运动是物质存在的形式。他把物质和运动完全割裂开来,认为物质本身根本不可能运动,而运动则根本排斥物质。在他看来,在运动着——这就够了。运动就是一切,运动本身就是最高的实在。这同马赫主义者所鼓吹的物质消灭了,剩下只有运动的观点完全一致。不过,柏格森比马赫主义者更加具体地从诡辩和相对主义的立场,来歪曲运动的本质。他否认运动是时间和空间的不间断性和间断性的统一,是矛盾,是矛盾的统一;认为运动排斥空间而等同于时间,只有连续性而没有间断性。他否认运动和静止是对立的统一,认为运动就只是运动,运动中不可能有相对静止。他否认运动变化的过程是量变和质变的对立统一过程,只承认质变,而不承认量变。

柏格森采用相对主义和诡辩的手法对唯物主义的反映论,以至对一切肯定人的理性认识能力的理论,都露骨地加以攻击。他认为,一切理智的认识形式(感觉、概念、判断)和理智的认识方法(分析、综合、抽象、概括等)都是绝对僵固的、静止不变的,而实在(即生命之流)则是没有任何相对静止的运动本身,不可能设想用绝对不动的东西来认识绝对运动的东西。他得出的结论是:对于认识实在来说,理性是无能的,一切理性的知识都是不可靠的,不能够反映实在,而仅只是一些人为的符号,没有实在的意义,只能是人们作为自己行为的工具而任意构造出来的。为了认识实在,只能依靠直觉。所谓直觉,他指的是一种既排斥感性经验,又排斥理性思维,更排斥实践的认识,是超出于现实的主体和现实的对象之外的认识,是"超越于人类条件的努力"①。这显然只能是一种神秘而又神秘的认识。这种认识不是一般人所能达到的,它"只能借助于天才之力"②。于是,柏格森由神秘主义的直觉主义直接导致了反动的天才论。

柏格森与美国实用主义的真正奠基人詹姆士大体上是在同一时期活动的,他的反理性主义对詹姆士发生了强烈的影响。詹姆士著名的"意识流"(即"纯粹经验""主观生活之流")学说在一定意义上导源于柏格森关于生命之流("生命冲动")的学说。实用主义之受唯意志主义的影响在很大程度上也是以柏格森为中介的。

通过对以上几个唯心主义哲学流派的简单介绍,人们可以从中看出,从 19 世纪中期以来,在西方资产阶级哲学的演化中存在着两种主要思潮。一种是由实证主义所开创、而由马赫主义所发挥的唯心主义的经验主义倾向。它标榜经验、事实,但对经验、事实作了主观唯心主义的解释;它标榜科学,却又否定了科学真理的客观性,它标榜自己反对"形而上学",超出于

---

① 柏格森:《形而上学导言》,商务印书馆 1963 年版,第 34 页。
② 同上书,第 33 页。

唯物主义和唯心主义之外,创立了哲学上的"中立"的路线,实际上仍然是站在唯心主义方面来反对唯物主义。因此,它是一种隐蔽的唯心主义。在社会历史领域内,这种倾向的哲学家往往也伪装进步。实际上以改良主义来反对无产阶级的革命斗争。这种思潮是贝克莱主观唯心主义的经验主义和休谟的不可知论路线在现代条件下的继续。从主要方面说,新康德主义也属于这种思潮。另一种主要思潮是由唯意志主义和生命哲学所代表的反理性主义。这种思潮的代表人物在宣扬唯心主义时往往比较露骨,他们在认识论上也公开否定理性,否定科学,否定一切关于自然和社会规律性的知识,公开鼓吹神秘的直觉主义。在社会历史问题上,他们也往往公开站在腐朽反动势力一方。从一定意义上来说,新黑格尔主义比较接近于这种思潮。当然,上述这两种思潮的划分,只有相对的意义,它们在许多问题上是彼此渗透的。例如,新康德主义在不少方面同反理性主义思潮就很接近。

当实用主义者制定自己的理论体系时,上述这两种思潮都曾在不同程度上被他们所承袭。

二、实用主义的社会历史根源和理论特征

实用主义是19世纪中期以后西方资产阶级哲学的总的潮流中的一个流派,它的产生和流传的社会历史根源与这一时期其他现代资产阶级哲学流派基本上是一致的。它所反映的同样是成了统治阶级的资产阶级的利益和要求,特别是反映了垄断资产阶级的利益和要求,但是实用主义的产生和流传也有其特殊性。它比这一时期其他唯心主义和形而上学的哲学流派更为突出、更为集中、更为直接地体现了资产阶级的利己主义的阶级本性以及被当作现金买卖关系的资本主义的社会关系。资产阶级从来都是一个唯利是图的阶级,从来都是把"人不为己,天诛地灭"当作座右铭。为了追逐个人私利,满足个人贪欲,资产阶级可以使用各种最卑鄙的伎俩、施展各种狡诈的阴谋,不惜背弃一切信义,出卖任何原则,敢于践踏任何法

规,甘冒任何风险。资产阶级所担心的只是没有利润,只要有利可图,他们什么手段都可以使出来。资产阶级的这种世界观早已由他们的思想家用哲学理论作了论证。功用、效果、利益,这些正是早期资产阶级哲学家所鼓吹和倡导的东西。资产阶级的一切私利和贪欲,集中地表现为对金钱、财富的贪欲,因为在资本主义制度下,金钱被认为是万能的。

在历史上,当资产阶级尚是一个反封建的革命阶级的时候,他们在哲学上总的说来是倾向于唯物主义。当他们说人的知识和行动要以是否能取得实际效果、功用、利益为标准时,往往也同时肯定它们必须符合客观实际,必须遵循客观规律性。例如培根就大声疾呼哲学、科学以及人的一切认识都必须面向自然,面向实际,掌握自然的规律。他们一般是站在唯物主义的反映论立场来反对天启论之类唯心主义的先验论的。当资产阶级取得了反封建革命的胜利,在政治上成了统治阶级的时候,他们在哲学上便转向了唯心主义。这时,他们在讲人们的认识和行动要以功用、效果等为标准时,便不再问及这种认识和行动是否符合客观实际了。只要对他们有利、有用,即使它完全违背客观实际,他们也要宣称它是真理、是"善"。例如资产阶级功利主义伦理学的奠基人边沁(Jeremy Bentham 1748—1832)提出"效用"是一切社会生活和道德的最高原则,认为人类一切行为的目的都是满足个人欲望,为个人谋幸福(趋乐避苦)。在他看来,是否增进个人幸福,使个人得到成功,就是评价人们的行为的标准。诚然,他们还需要利用自然科学,但也只是承认自然科学的作业价值,而不承认它们是客观真理的表现。到了帝国主义时代,资产阶级攫取最大限度利润的贪欲、争夺世界的野心,都空前膨胀起来了。而为了满足这种贪欲和野心(这也正是他们所追求的功利),他们更加不择手段,他们在认识和行动中更是不顾起码的客观准则了。因此,在这个时期,必然出现以唯心主义为理论基础来论证资产阶级所要求的反动利益、效用的哲学。事实上,许多唯心主义哲学流派都在不同程度上作了这种论证。例如,唯意志主义者尼采、生命哲学家柏格森都认为科学知识并不反映客观实在,而是人们的意志、情感的工具,它们的标准只在于是否符合主体的需要。马赫主义者更是明

第一章　实用主义的产生和流传状况

确提出科学定理、学说不过是一些实用的处方,是人们为了达到某种目的而任意制造出来的工具。边沁的功利主义被帝国主义时代的许多资产阶级思想家所继承和发展了。它已不只是作为一种伦理学说,而被当作是一种普通的哲学原则。当然,最为系统地论证这种原则、并把它当作哲学体系的基础和核心的,则是实用主义。

从思想理论特征来说,实用主义与19世纪中期以后产生和流传的其他资产阶级哲学流派是一脉相承的。我们在上面曾指出,在实用主义产生以前出现的许多哲学流派,从不同方面、在不同程度上对实用主义发生了影响。实用主义者把经验当作世界的基础,并企图借助玩弄经验概念来回避思维和存在的关系这个哲学基本问题。然而,他们又把经验归结为主体的创造,从而实际上倒向了主观唯心主义。他们表面上尊重科学,反对盲从和迷信,主张认识为实践服务,甚至大谈"实践"在认识中的决定作用,实际上则是否定客观真理,鼓吹认识和真理问题上的主观主义和相对主义,并由此而鼓吹不可知论和信仰主义。他们吹嘘自己提倡社会的进步和改革,实际上是以资产阶级改良主义来扼杀无产阶级的革命斗争。实用主义的这些特点,同实证主义、新康德主义、马赫主义等极为相似。詹姆士一再承认自己的理论来自英国实证主义。他在《实用主义》一书中给英国实证主义者约翰·穆勒的"献词"中说:"我是从他那里,最早懂得实用主义的思想的开朗性;要是他现在还在世的话,我极愿把他当作我们的领导者。"[①]杜威则宣称他与新康德主义有着师承关系。他说:"我自己以及和我共同提出工具主义的人是从作为新康德派开始的。"[②]列宁指出,实用主义同马赫主义只是大同小异。他说:"从唯物主义的观点看来,马赫主义和实用主义之间的差别,就象经验批判主义和经验一元论之间的差别一样,是微不足道的和极不重要的。"[③]在一定意义上可以说实用主义是一个属于实证

[①] 詹姆士:《实用主义》,陈羽纶译,商务印书馆1979年版,第2页。
[②] 杜威:《美国实用主义的发展》,引自伦斯编:《二十世纪的哲学》,1941年纽约英文版,第464页。
[③]《列宁全集》第14卷,人民出版社1957年版,第361页。

主义思潮的唯心主义哲学流派,是实证主义的一个变种。

实用主义同现代资产阶级哲学中的另一种主要思潮——反理性主义思潮也有着极为密切的联系。这突出地表现在他们对经验概念作了反理性主义的解释,把一切下意识的神秘的情感、体验均当作是经验。在认识论上,他们否认理性思维可以认识事物的本质,而认为它们不过是意志的工具,理性服从情感、意志。他们的这种观点正是承袭了叔本华、尼采、柏格森等人的衣钵。实用主义的一些主要代表也公开承认他们对尼采、柏格森等人的师承关系。例如詹姆士对柏格森的反理性主义就赞扬备至,说"阅读他的著作使我有了勇气"①。

总之,实用主义承袭并集中了它以前的唯心主义哲学流派的许多观点。美国实用主义的奠基人詹姆士承认实用主义是"一些旧思想方法的新名称"。实用主义把不同的唯心主义哲学流派的观点糅合在一起,像变色虫一样根据不同的环境变换自己的颜色。实用主义是现代资产阶级哲学中一个最典型的折中主义哲学流派。

但是,与上述其他唯心主义哲学相比,实用主义在思想理论上也有某些"独特的风格"。这主要表现在它强调要立足于现实生活,把确定信念当作出发点,把采取行动当作主要手段,把获得效果当作最高目的。实用主义者特别强调实践、行动在他们的哲学中具有决定性的意义。美国实用主义者莫利斯说:"对于实用主义者来说,人类行为肯定是他们所关注的核心论题。"②实用主义者甚至标榜自己的哲学是一种"实践哲学""行动哲学"。"实用主义"的英文原名为 pragmatism,源出希腊文 pragma,原意就是行为、行动。但是,实用主义者所谓现实生活不是指客观实际,而是指资产阶级的直接的实际利益和要求。所谓信念不是从客观实际出发所制订的计划、目标,而是个人的主观愿望。所谓行动、实践,不是指改造自然和社会

---

① 詹姆士:《多元的宇宙》,1912年纽约英文版,第214页。
② Charles Morris, *The Pragmatic Movement in American Philosophy*, New York: George Braziller, 1970, p. 10.

的社会实践,而是个人为达到自己的目的所进行的活动。所谓效果就是个人所追求的利益、功效。总之,实用主义者对生活、行动、实践、信念、效果等往往是从资产阶级的利己主义、市侩主义出发来作出种种解释的。有的实用主义者甚至直接把资产阶级的处世原则(例如,以为人生的目的就在于取得个人最大限度的利益和成功)当作普遍的认识和行为准则,把人与人之间的一切关系统统都归结为个人利害关系,用利益、报酬、兑现价值、信用、作业价值等资本主义商场和交易所的行话,来补充甚至取代传统的唯物主义和唯心主义的哲学范畴。这使他们的实用主义往往表现为投机商、交易所经纪人的哲学,表现为不讲原则、只讲实利的市侩哲学,表现为冒险家、阴谋家、野心家的哲学。

实用主义者在鼓吹他们这种市侩哲学时并不都是直截了当的,同实证主义的其他一些变种一样,他们往往企图给自己的这种理论作出似乎合乎科学的论证,涂上科学的色彩,宣称它是近代科学发展的产物,因而是一种科学哲学。例如莫利斯认为实用主义的理论来源有四个,即:"1. 科学方法在 19 世纪所享有的威望;2. 当代哲学中经验主义的力量相应的上升;3. 生物进化论的流行;4. 美国民主制理想的流行。"[①]这里第 1、2、3 三个来源都是有关自然科学的。他认为,实用主义创始人皮尔士的实用主义就是将科学方法推广于哲学。其他实用主义者也推崇科学方法,因此,莫利斯宣称:"对科学方法的高度评价是所有美国主要实用主义者的基本思想的一部分。"[②]至于以达尔文为代表的生物进化论,更被实用主义者用来当作自己的主要的科学根据。他还说:"主要的实用主义者都接受这样一种观点:人是作为处于长期进化过程中的一种生物而产生的。实用主义无疑是达尔文主义以后的哲学。它的经验主义是朝生物学方向演变的经验主义。"[③]"怎样从进化论的观点来解释人心、人的认识、人的自我、人的道德,

---

[①] Charles Morris, *The Pragmatic Movement in American Philosophy*, New York: George Braziller, 1970, p. 5.
[②] Ibid., p. 6.
[③] Ibid., p. 7.

这是实用主义者的最重要的问题。"①莫利斯的这种论述代表了几乎所有实用主义者的观点。在分析实用主义的思想特征时,显然不应当忽视它与自然科学的联系。实用主义者援引自然科学,一方面表现了现代资产阶级企图歪曲自然科学,利用被歪曲了的自然科学来宣扬唯心主义,反对唯物主义;另一方面也表现了他们仍需要利用自然科学发展生产,因而也需要对自然科学给予哲学的解释,为自然科学提供方法论。

三、美国是实用主义的发源地和活动中心

实用主义作为一个有极大影响的资产阶级哲学流派,发源于美国,它的活动中心也一直在美国。1908年,当实用主义刚刚出笼不久,列宁就指出:"在最新的美国哲学中,'最时髦的东西'可以说是'实用主义'了……在哲学杂志上谈论得最多的恐怕也要算是实用主义了。"②自实用主义形成后,几十年来它一直被当作美国资产阶级思想方式的象征,实质上被当作美国资产阶级的国家哲学。实用主义在美国具有如此重要的地位,是由美国资本主义的发展,特别是美国从自由资本主义向垄断资本主义转化的特点所决定的。

当北美大陆被欧洲殖民者发现后,欧洲移民纷至沓来。他们中不少人是受封建的天主教迫害的加尔文教徒和清教徒,是资本主义制度的支持者。他们的到来,一方面是为了逃避欧洲封建统治者的迫害,另一方面则是为了在这块"自由"的土地上攫取物质财富,特别是黄金,以增殖资本。他们用火和剑对印第安人等美洲土著民族进行了种族灭绝的屠杀,却又把在欧洲已形成的先进的资本主义生产方式带到了这个落后的新大陆。与欧洲各国相比,美国资本主义是在未遇到强大的封建势力阻挠的情况下较

---

① Charles Morris, *The Pragmatic Movement in American Philosophy*, New York: George Braziller, p. 8.
②《列宁全集》第14卷,人民出版社1957年版,第361页。

为顺利地发展起来的。在独立战争和南北战争后,美国资本主义发展的障碍进一步扫除了。美国资产阶级似乎是在毫无约束地、毫无顾忌地从事资本主义的商业和产业竞争,扩张自己的地盘。正像美国实用主义的一个重要代表米德所描绘的:"美国的开辟者在精神上毫无束缚地从事于一个大陆的物质征服和一个民主社会的形成。"①米德所谓"物质的征服"实际上是指资产阶级在美国建立资本主义的经济制度,所谓"民主社会"指的是资产阶级专政的社会。在美国,资本主义的经济制度建立得最纯粹,资产阶级的自由、民主之类政治制度也建立得最完备,从而资产阶级个人主义、利己主义也表现得更为直接、更为露骨、更为突出。他们不必考虑受国家、君主、教皇以及一切超乎个人之上的力量的限制和旧的传统的束缚,可以自由放任地去争取个人的发展,追逐个人的"成功""利益"。他们把人与人之间的一切交往都看作是谋取个人私利的手段,把人与人之间的关系、人对社会的关系以至人对上帝的关系,都看作是利害和买卖关系。米德供认:美国资产阶级的个人主义"是这样一种个人主义,它使灵魂面对着'创造主',开辟者面对着社会,经纪人面对着市场,它们之间的关系都是契约的"②。上述这种情况使美国资产阶级的哲学在反映资产阶级利己主义的世界观上较欧洲资产阶级哲学更为直接和露骨。这突出地表现在如下两点上。

首先,在美国,强调个人服从社会、国家和某种绝对权威的哲学(它们往往表现为客观唯心主义)没有得到多大发展,而把个人放在突出地位的主观唯心主义则相当盛行。甚至直接同宗教融合在一起的唯心主义也要用某种方式强调"个性",才能顺利地找到市场。在实用主义出笼以前就曾占据美国资产阶级哲学重要阵地的人格主义、新黑格尔主义,其思想来源起自欧洲,开始时也有较强的客观唯心主义倾向。然而当它们在美国生了

---

① 米德:《从美国的背景中来看罗伊斯、詹姆士和杜威的哲学》,引自《哲学资料》编辑部:《资产阶级哲学资料选辑》第二辑,上海人民出版社 1965 年版,第 75 页。
② 同上书,第 75 页。

根,成了道地的美国哲学以后,就越来越倾向主观唯心主义了。它们所鼓吹的"绝对""上帝"与资产阶级所鼓吹的个人合而为一了。

其次,在美国资产阶级哲学和整个思想文化中,虽然也有不少高谈天国幸福、脱离现实生活、玩弄抽象概念的正统的天主教教义和经院哲学之类的东西,但是更多的则是强调尘世生活,强调直接的、现实的利益的东西。美国资产阶级所关心的是如何在商业投机、产业竞争中获得成功、取得实利,从而美国资产阶级的哲学家们所注意的不是去创造什么抽象的理论体系,而是去为美国资产阶级的直接的、实际的利益作论证,换言之,去论证能使资产阶级获得成功的手段和方法。他们的哲学很像恩格斯所指出的1848年以后的德国资产阶级那样,是"不动脑筋的折中主义,是对职位和收入的担忧,直到极其卑劣的向上爬的思想"①。

美国资产阶级哲学发展的上述两个特点,在实用主义中得到了集中的表现。实用主义所以能产生于美国,并在美国各派哲学中占有特殊地位,正与它能够适应这两个特点密切相关。

实用主义是美国资产阶级各个阶层都能普遍接受的哲学。毫无疑问,它也完全适合于美国中小资产阶级的胃口。因为他们的理想就是在企业、事业、商业投机中以及他们所从事的其他事业中获得"成功",取得尽可能多的"报酬""利益"。然而,在帝国主义时代,中小资产阶级经不起垄断资产阶级的打击,在竞争中总是失败,以致越来越走向破产。这样一来,他们就很难把实用主义当作自己得心应手的工具了。

实用主义和美国垄断资产阶级的联系则与此大不相同。从19世纪末叶起,美国资本主义开始向帝国主义转化,尽管它与英、法等老牌资本主义国家相比要晚得多、但它不仅很快赶上,而且大大超过了这些国家。第一次世界大战后,美国已成了最强大的帝国主义国家。第二次世界大战后,它更成了西方资本主义世界的霸主。

总之,在19世纪末20世纪初以来的几十年内,美国垄断资产阶级无

---

① 恩格斯:《路德维希·费尔巴哈和德国古典哲学的终结》,人民出版社1972年版,第49页。

论在国内增殖资本,或是在国外从事扩张,都可谓是得心应手,为所欲为。他们的许多信念、计划、行动,往往获得了"成功",取得了"效果"。在美国垄断资产阶级很中,他们的一切有"报酬""效果"的活动,都是完全符合实用主义的理论原则的。正是实用主义哲学教他们如何去取得"成功"。因而,实用主义自然就被崇奉为最好的哲学了。

四、实用主义的历史演化和流传概况

美国实用主义发轫于1871—1874年间在哈佛大学所建立的以皮尔士为首的"形而上学俱乐部"。俱乐部的主要参加者有后来成了实用主义的最主要代表之一的詹姆士,以及哲学家、心理学家赖特(C. Wright 1830—1875),律师霍尔姆斯(O. W. Holmes 1841—1935)、历史学家费斯克(J. Fiske 1842—1901),法官华尔纳(J. Warner),法学家格林(N. J. Green)等人。他们各在自己的专攻领域表述过实用主义的思想。例如,赖特在其1878年出版的书信集中提出了实用主义的一些基本原则。

在"形而上学俱乐部"的成员中,皮尔士(Charles Sanders Peirce 1839—1914)是一位有着多方面才能的学者。他在数学、逻辑学、化学、科学史等方面均有较高造诣。他在自然科学研究中往往自发地站在唯物主义立场上。他对自然科学的方法的论述也有不少合理之处。但在论述哲学问题时,则陷入了唯心主义。1872年,皮尔士在"形而上学俱乐部"作了一个"学术"报告。1877年,他把这个报告整理成为《信念的确定》和《怎样使我们的观念清楚明白》两文,分载于《通俗科学月刊》(1877年11月号和1878年1月号)。这两篇文章是皮尔士实用主义的代表作,也是美国实用主义最早的纲领性著作。

皮尔士哲学是适应着从美国自由资本主义向垄断资本主义转化时期资产阶级的需要而提出的。他虽然阐述了实用主义的根本原则,却没有来得及把它应用于社会生活的各个方面。在当时人们的心目中,皮尔士主要是一个数学家和逻辑学家,声名也并不显赫,他的个人生活甚至不怎么得意。他在《通俗科学月刊》上发表的那两篇文章,在当时并未引起人们注意,一直到20年后的19世纪末,也就是当美国变成了一个帝国主义国家以后,通过受到当时已负盛名的詹姆士的赞赏,才重新受到人们的注意。皮尔士的著作大都是在他死后发表的。1931—1935年,出版了六卷本的《皮尔士文集》,到1958年《文集》又增加了两卷,共八卷。自此以后,他的声名却大大显赫起来了。他不仅被当作实用主义的创始人,也被当作是继实用主义之后,在美国流传的其他一些哲学流派(例如新实在论、逻辑实证主义、语义哲学、现象学)的先驱。有关论述皮尔士哲学的论著,也越来越多起来了。

美国实用主义之所以能获得较系统、完整的理论形式,正式形成为一个哲学流派,并在美国垄断资产阶级的哲学、以至整个精神文化中发生几乎是占统治地位的影响,主要仰赖于实用主义的奠基者和最主要的代表人物詹姆士和杜威。

詹姆士(William James 1842—1910)是美国垄断资产阶级在思想理论界最引人注目的代表人物。他出生于资产阶级家庭。祖父由爱尔兰移居纽约州,经商致富。父继祖业,并热中于神学和唯心主义哲学,是一个宗教神秘主义教派斯威登堡派的信徒。本人虽无甚名望,但与当时英国著名的唯心主义哲学家卡莱尔、美国著名唯心主义哲学家爱默生(R. W. Emersen 1803—1882)交往甚密。他的家成了当时一些著名的美国唯心主义思想家的集会场所。因此,詹姆士从小就受到了宗教神学和唯心主义哲学的熏陶。为了求知,詹姆士除了在美国转读许多学校外,还到过欧洲的许多地方(巴黎、波恩、维也纳、日内瓦等),学习了多种学科。这使他不仅熟悉美国,也熟悉整个西方资本主义世界的状况。在哲学上,他热衷于当时欧洲和美国流行的唯心主义。柏格森的直觉主义,雷诺维叶(C. Renovier 1815—1903)的唯意志主义、赫尔姆霍茨(H. L. F. Helmhotz 1821—1894)的不可知论以及休谟、康德等资产阶级早期唯心主义思想都对他产生了很大的影响。他在文学艺术方面的造诣也颇得学术界的赏识,他甚至一度打算使自己成为一个艺术家。后来,他到美国哈佛大学学习化学和生理学,继而改攻医学,1869年获医学博士学位。自1872年起,他在哈佛大学任教,起初教生理学和心理学,后来教哲学,1897年起任专职哲学教授,直至1907年退休。

詹姆士在实用主义发展中的作用就在于他把皮尔士还只是抽象地论述的实用主义的方法论原则发展成为一个比较系统的实用主义理论体系,并用它来分析各种具体问题。杜威在比较詹姆士和皮尔士的特点时说:"导致詹姆士赋予实用主义方法以一种新的色彩的主要理由,是他全神贯注于应用这个方法来确定哲学上的各种问题的意义,尤其是他要把神学或宗教性质的哲学概念提出来加以检验。他希望建立这样一个标准:可以使人们能够决定一个特定的哲学问题是真正重要的;还是相反地,是微不足道的,纯粹是口头上的。"[1]杜威的意思是说,詹姆士企图把实用主义当作一种解决一切哲学问题和宗教问题的方法,从而也是一种系统的哲学理论。

詹姆士从事哲学活动的年代,正是美国垄断资产阶级得心应手地、顺利地进行扩张的年代,他们在国内外都没有碰到特别大的威胁,这使他们目空一切、横行无忌。作为他们这种心理的反映,詹姆士在论述其哲学观点时,也往往具有直言不讳的特点。例如他公开用实用主义来论证宗教神学。詹姆士早期主要著作是他积九年之功精心写作的《心理学原理》(1890),其中不仅论述了心理学,也论述了哲学。由于他打着科学的旗号,引用了大量自然科学材料,加上詹姆士的流畅的文笔,使这部书在学界和知识分子中获得了大量读者,从而使詹姆士一下子声名显赫。例如英国著名哲学家罗素(B. Russell 1872—1970)称这部书"优秀无比"[2],美国著名哲学家桑塔亚那(G. Santayana 1863—1952)称这部书是詹姆士的"最大成就"[3]。詹姆士在1897年出版的《信仰意志和通俗哲学论文集》,收集了到

---

[1] 杜威:《美国实用主义的发展》,引自伦斯编:《二十世纪的哲学》,第456—457页。
[2] 罗素:《西方哲学史》下卷,商务印书馆1976年版,第368页。
[3] 桑塔亚那:《美国的人物和意见》,第3章。

1896年为止的他早期的一些哲学讲演,也是一部较集中地阐述他的实用主义理论的主要著作。1898年,他作了一篇题为《哲学概念与实际的结果》的演说,杜威称这篇演说"开创了实用主义的运动"①。1907年,他出版了《实用主义——一些旧思想方法的新名称》,它是对《信仰意志》一书的补充。这本书系统地阐述了实用主义哲学的基本概念,是整个实用主义流派的一部最有代表性的著作。它使詹姆士在美国资产阶级学术界中的声望达到了顶点。詹姆士的其他主要著作有:《多元的宇宙》(1909)、《宗教经验的类型》(1902)、《真理的意义》(1909)以及在他死后出版的由1905年以后的部分论文编成的《彻底经验主义论文集》(1912)。

在论证和传播实用主义方面,杜威(John Dewey 1859—1952)所起的作用更甚于詹姆士。杜威出生于佛蒙特州布灵顿一个杂货店商人家庭。1875年入佛蒙特大学,1882年转入霍普金斯大学,1884年写成《康德的心理学》学位论文,获哲学博士学位。在这个时期,他接触了德国唯心主义哲学,并深受英国新黑格尔派的影响。1884—1894年,杜威任教于密歇根大学,这时,他主要倾向于新黑格尔主义。1894—1904年,他任芝加哥大学哲学系主任。这时,他已越来越转向实用主义。1903年他和芝加哥大学哲学系的一些同道者合著的《逻辑理论研究》的出版,是他明确地抛弃原来信奉的唯心主义而完全转到实用主义方面的标志。他的一些著作受到詹姆士的赏识,他很快就成了美国资产阶级哲学界中的一个风云人物。他和自己的一些同道一起组成了实用主义中的所谓芝加哥学派。1905年起杜威任教于哥伦比亚大学,直至1929年以名誉教授身份退休为止。在这期间他曾到中国讲学两年(1919.5—1921.7)。退休以后仍留在纽约继续从事哲学和政治活动。

与詹姆士相比,杜威的特点是竭力使实用主义更具有科学的色彩,企图使它与科学对自然界的研究以及科学的方法论相一致,于是,他把实用主义称为经验自然主义、工具主义。他还把实用主义的一般原则推广到政

---

① 杜威:《美国实用主义的发展》,引自伦斯编:《二十世纪的哲学》,第455页。

治、教育、宗教、道德等各个领域。他不仅是一个哲学家,也是一个非常活跃的政论家。他通过大学讲坛和许多论著,竭力宣扬资产阶级的虚伪的民主、自由,宣扬改良主义,反对革命,并多方为美国统治集团的内外政策出谋献策。他还建立了一套教育理论,是最有影响的帝国主义教育家。由于杜威的学说非常适合美国垄断资产阶级能需要,因此赢得了他们的赏识。他被捧为使"'西方文明'摆脱'无神论、唯物主义、共产主义'的精神上的拯救者和保卫者"、"美国人民的意向、导师和良心"、"美国哲学界中最杰出的人物"。在他生前,美国学术界就已发表或出版了大量关于他的纪念文章或文集。例如,他七十诞辰时出版了《约翰·杜威纪念文集》(1929),八十诞辰时出版了《人类的哲学家》论文集(1940),九十诞辰时出版了《约翰·杜威的哲学》论文集(1949)。在他死后,美国许多报刊发表了大量赞扬他的文章,有的还出版了专号。直到现在,杜威仍被美国学术界尊崇为美国20世纪头号哲学家。

杜威一生写了三十多本著作,近千篇论文。其中最能体现他的哲学观点的是《我们怎样思维》(1910)、《实验逻辑论文集》(1916)、《哲学的光复》(1917)、《哲学的改造》(1920)、《经验与自然》(1929)、《人性和行为》(1929)、《确定性的寻求》(1929)、《逻辑:探索的理论》(1933)、论文集《人的问题》(1946)以及同本特雷(A. Bentley)合著的《认知与所知》(1949)等书。

皮尔士、詹姆士、杜威是美国实用主义的最主要人物。在他们周围和在他们影响下,还有不少实用主义者,他们各从不同的方面对实用主义作了发挥。其中影响最大的是米德、刘易斯。

米德(George Herbert Mead 1863—1931)早年在哈佛大学学习哲学和心理学,是著名新黑格尔主义者罗伊斯和人格主义的创始人鲍恩(B. P. Bowne 1847—1910)的学生。1888—1891年到柏林留学,研究生理学和心理学。回国后,在密歇根大学教哲学和心理学,是杜威的密友。杜威任芝加哥大学哲学系主任后,米德不久也到该校任教,1907年升任教授。他是杜威所领导的实用主义运动中所谓芝加哥学派的主要代表。他着重用心理学来论证实用主义的基本原则,并把这种原则运用于分析社会历史问题。米德提出的所谓社会行为主义,被资产阶级哲学家当作是他对实用主义理论的贡献。这种理论认为作为心理意识的心灵和自我不是物质的产物,而是社会行为的产物,而社会行为又被他归结为生物有机体与其周围环境的相互作用。这种理论外表上承认自我、个性的活动要受社会环境的约束,并强调个人的行为要包含于广泛的社会行为之中,而社会行为则超出个人行为的界限。其实,由于他对个人和社会的解释并未脱离实用主义范围,因此,他所谓个人服从社会并未使他避免主观唯心主义。他的主要著作有《当代哲学》(1932)、《心灵、自我和社会》(1934)、《行动哲学》(1938),这些都是在他死后由别人根据他的学生笔记和速记稿编辑、整理出版的。

刘易斯(Clarence Irving Lewis 1883—1964)1910年毕业于实用主义的诞生地哈佛大学,自1920年起在该校任教。他是美国著名的逻辑学家,他的《符号逻辑概论》(1918)是美国最早出版的关于符号逻辑史的著作。他的哲学的特点是,把实用主义同逻辑实证主义的某些观点糅合在一起,提出了所谓"概念的实用主义"(他自称为"异端的实用主义")。他抹杀逻辑的客观基础,否认逻辑是关于思维形式及其规律的科学,认为逻辑无非是"经济而方便"地组织理智经验的方法或工具。这实际上是把马赫主义的思维经济原则与杜威的工具主义混杂起来。刘易斯还接受了康德的先验论,把逻辑系统当作是先验的系统,认为逻辑的真理是纯粹由概念分析而来。正像康德认为后天的经验要经过先天的范畴整理一样,刘易斯认为人们的实际经验要经过这种逻辑系统的概念来进行分析,才有明确的意义。但是,与康德承认经验由自在之物作用引起不同,刘易斯对经验作了纯粹唯心主义的解释,而他所谓先天的逻辑系统也要以其对经验的效用为标准。换言之,用什么样的概念系统来分析经验,要以它们对经验分析的功用、效果为根据。因此概念系统是工具性的。这实际上就是将康德的先验唯心主义置于实用主义的主观唯心主义的经验主义之下。刘易斯还接受了康德的信仰主义的伦理学(特别是康德关于绝对命令、善良意志的理论),将它同边沁、穆勒的功利主义凑杂在一起,提出了一套伦理道德理论。刘易斯的重要著作还有《知识中的实用主义因素》(1926)、《对知识和价值的分析》(1946)、《心灵和世界秩序》(1956)《我们的社会遗产》(1957)、《价值和命令》(1968)等。

在美国实用主义的演化中,还出现了直接用实用主义来修正和取代马克思主义的倾向,当代美国实用主义者胡克(Sidney Hook 1902—1989)就是这种倾向的最大代表。

第二次世界大战结束以来,特别是在杜威死后,美国实用主义在外表上有被一些发源于欧洲的唯心主义哲学流派(例如逻辑实证主义、语言分析哲学、现象学、存在主义)挤到后台的趋势。在第二次世界大战中,许多欧洲著名的资产阶级哲学家移居美国或在美国长期讲学。他们在美国获得了大量的信奉者,把持了不少哲学刊物,占据了不少哲学讲坛。相比之下,在杜威死后,美国实用主义倒没有出现过什么显赫人物。但是,这并不意味着实用主义在美国已经衰落了,而只是意味着它在理论上的发展已趋终结。实用主义的一些基本原则,已被美国资产阶级及他们的各种代表人物当作指导自己的思想和行动的理所当然的准则。至于上述后起的新的哲学流派,它们的影响主要限于学术界,即使是像在法国素有"街头哲学"之称的存在主义,在美国主要也只是在"有教养"的阶层中流行。因此,从实际的影响说,它们远非实用主义可比。而且,这些流派与实用主义在理论上有许多共同之处。它们用不同方式、从不同方面论证实用主义曾经论证过的问题。当代美国实用主义者莫利斯说,逻辑实证主义、英国语言分析派、现象学、存在主义同实用主义"在性质上是协同一致的",前四种哲学"每一种所强调的,实际上是实用主义运动作为一个整体范围之内的中心问题之一"。"维也纳学派的逻辑经验主义和实用主义(特别是皮尔士)共同一致地强调形式逻辑以及科学上有意义的概念和假设的经验标准。英国分析哲学中的维特根斯坦语言哲学在意义和行动的结合问题上与实用主义大体一致。至于现象学,在皮尔士和詹姆士那里就已具有明确的地位。米德的许多著作(例如《当代哲学》)在性质上是现象学的。存在主义者以非常不同的形式所关注的适应现代人的生活态度和生活方式问题,也是所有实用主义者、特别是詹姆士和杜威的基本问题。所以,这四种运动各自表现的关注,实用主义者都分担了。"①莫利斯的这番议论并非夸张。第二次世界大战以后在美国流行的许多"新"的唯心主义哲学流派,同实用主义的确是一丘之貉。

作为实用主义和其他"时髦"哲学流派合流的一个例证,我们在此简单提一下存在主义者怎样和实用主义攀亲认戚。当代美国存在主义主要代表之一蒂利希(P.J. Tillich 1886—1965)说,在把实在归结为主观的经验、以及否定理性主义上,存在主义同实用主义是一致的。他认为,在真理观上所表现出来的"实用主义的相对主义原则"与存在主义"极相吻合"②。另一个当代美国存在主义的代表巴雷特(W. Barrett 1913—)甚至认为实用主义的奠基人詹姆士与其说是实用主义者,还不如说是存在主义者。他说:"在所有的非欧洲哲学家中,威廉·詹姆士也许最配贴上存在主义者的标签。……更确切地说,与其称詹姆士为实用主义者莫如称他为存在主义者。"③"把詹姆士列入存在主义者之列,这不只是语气问题,而且是原则问题。"④巴雷特认为实用主义的另一主要代表杜威(特别是其后期)也接近于存在主义。他说:"杜威坚持现代哲学家必须与一切传统思想决裂,而这就是向现代哲学的存在主义的总方向运动。"⑤

实用主义的流传不限于美国。它在西方各资本主义国家几乎都有流传。例如在英国,尽管新黑格尔主义、新实在主义、逻辑实证主义等流派先后占据了大学的哲学讲坛,在 20 世纪初,仍出现了以席勒(F. C. S. Schiller 1864—1937)为代表的实用主义思潮。席勒是詹姆士的崇拜者,1913 年,他正式宣布信奉詹姆士的实用主义。他的理论与詹姆士几乎完

---

① Charles Morris, *The Pragmatic Movement in American Philosophy*, New York: George Braziller, 1970, p. 148 - 149.
② 参见蒂利希:《系统神学》第 1 卷,1959 年芝加哥英文版,第 88 页。
③ 巴雷特:《非理性的人》,1961 年伦敦英文版,第 16 页。
④ 同上书,第 17 页。
⑤ 同上。

全一致。据他自己说,当他第一次会见詹姆士时,"仅仅五分钟之后,我就发觉自己好像是和我终生所了解的人一样在和他说话了","他是正合我的心意的人"①。但是席勒嫌"实用主义"这个名称对个人强调不够,因此,他建议改名为《人本主义》(Humanism)。另外,詹姆士把实用主义说成是一种方法论和真理论,超出唯物主义和唯心主义范围之外;席勒则宣扬更为公开的主观唯心主义。例如他承袭并发挥了古希腊智者派普罗塔哥拉的著名的主观唯心主义公式,认为人不仅是世界万物存在的尺度,也是世界万物的创造者。他宣称,人们生活于其中的世界就是经验,这种经验不是由经验以外的其他什么东西构成的。那么,经验是什么呢?席勒公开说,它是主体的各种体验的总和,其中包括了幻梦、错觉、幻想,而这些东西具有与其他东西同样的现实性。他公开支持唯我论说:"对经验作唯我论的解释不是不可能的,在理论上也不是不真实的。"②

在意大利,20 世纪初也出现了喧嚣一时的实用主义思潮,其中又分为两个支派。一派是以卓瓦尼·瓦拉蒂(Giovanni Vailati 1863—1909)、马里奥·卡德诺尼(Mario Calderoni 1879—1914)为代表的所谓"学院派"实用主义。他们比较注意逻辑和方法论以及语言的应用问题,强调语言和词的分析的意义。他们与美国实用主义的创始人皮尔士的观点较为接近。另一派以卓瓦尼·帕比尼(Giovanni Papinni 1886—1956)为代表。他们的观点并未脱离美英实用主义、特别是詹姆士的实用主义的窠臼,詹姆士称帕比尼是"一个才华横溢的、幽默的和机智的作家",帕比尼则称詹姆士为实用主义的"大师",并全盘承袭了詹姆士的信仰意志论。但是,帕比尼等人则打着"更新"意大利文化并使之"现代化"以及创立"新的""行动"哲学之类虚伪的口号。

在法、德、奥等国,实用主义也给自己找到了市场。仅仅由于这些国家在这个时期已存在着一些与实用主义极为接近的哲学流派(例如德、奥流

---

① 席勒:《威廉·詹姆士与实用主义的创立》。
② 席勒:《人本主义研究》,1912 年纽约英文版,第 473 页。

行的新康德主义、马赫主义,法国流行的柏格森主义等),它们贩卖与实用主义基本一致的哲学思想,而它们与本国的传统文化有着更密切的联系,又在一定程度上掩盖了实用主义那种粗鄙庸俗的外表,因此这些国家的资产阶级感到利用这些流派比公开的实用主义更为"方便"、更为"有效"。所以在这些国家,外表上没有产生引人注目的实用主义运动。

实用主义在一些受帝国主义,特别是受美帝国主义奴役和控制的殖民地、半殖民地国家中也有流传。这些国家一般都有一个买办资产阶级,他们不仅在政治和经济上是帝国主义的附庸,在思想上、哲学上也是帝国主义的附庸,实用主义则是他们贩卖得最多的哲学流派。例如在旧中国,后来成了官僚买办资产阶级的思想代表的胡适,就是实用主义的忠实门徒。他几乎毕生以实用主义来对抗马克思主义。

第二章

实用主义的实践观和方法论

实用主义的基本理论立场与马克思主义是完全对立的。但是,实用主义者所使用的某些概念以及所提出的某些命题,在外表上与马克思主义哲学的有关概念和命题有类似之处,这最突出地表现在实用主义的实践观和方法论上。实用主义者标榜反对脱离实际的思辨哲学,强调认识和实践的统一,标榜反对消极无为的机械论、直观论,主张发挥人的认识和实践的能动作用,肯定人们通过自己的行动和实践能够积极影响和改造世界,使之符合自己的需要和目的。他们认为,哲学的任务就是指导人们进行试验和探索,帮助人们确定实践和行动的方法,以便取得有利于人生的实际效果。任何认识都是为实践服务的,任何观念、理论都是人们在实践中取得成效的工具。实用主义者由此声称他们的哲学是一种实践哲学、行动哲学、生活哲学,是一种摒弃抽象理论而专务实际效果的实效主义。实用主义者的这些议论与马克思主义认识论之强调实践在认识中的地位和作用的学说,在外表上的确有某些类似。实用主义者正是据此来用他们的理论取代马克思主义理论,一些属于其他哲学流派的哲学家也往往以这种类似来混淆实用主义和马克思主义的界限。在这方面,实用主义者胡克的言论最为典型和突出,我们将在评论胡克的专章中另行评述。另一个美国实用主义者柯尔克也声称,在人类实践的性质和作用问题上,马克思的理论和杜威的理论"实际上是同一的"[①]。著名英国哲学家罗素认为马克思在《关于费尔巴哈的提纲》第一、二、十一条中所表达的观点同杜威的工具主义观点完全一致。他说:"尽管在措词上有些不同,马克思这个学说实质上同工具主义

[①] 柯尔克:《杜威:科学与自由的哲学家》,1950年纽约英文版,第340页。

简直不可分别。"①另一著名的英国哲学家波普尔称马克思是"最早发挥了后来称为'实用主义'的观点的哲学家之一"②。逻辑实证主义的主要代表之一佛朗克也认为马克思的实践观"同美国的实用主义联系在一起"③。

在实践观和方法论问题上,混淆了马克思主义和实用主义的这种界限,就会把马克思主义歪曲为实用主义,把实用主义当作马克思主义。实用主义等西方资产阶级唯心主义哲学家常常利用这种混淆来作为反对马克思主义的一个重要手段。那些外表上打着马克思主义旗号、实质上奉行实用主义的人更是热衷于玩弄这种伎俩。许多没有真正掌握马克思主义、而对实用主义的实质又没有具体了解的人,由于认识论上的原因,也往往可能会犯把实用主义的实践观和方法论当作马克思主义的错误。其实,只要对实用主义的这些理论加以具体剖析,就可以发觉它与马克思主义的理论有着本质的区别。

一、实用主义对实践和认识概念的解释

实用主义者对实践和认识的解释与他们对经验概念的解释是一致的。按照他们的观点,在经验中不仅包含了感性知觉,也包含了概念、判断、推理等一切理性认识的形式,包含了它们之间的各种关系,这样,认识论就被统摄和归结为经验论。上面我们曾提到,他们要求取消传统哲学的认识论,而仅仅谈论经验。在他们那里,实践也被当作是经验,他们有时甚至把二者当作同义语。他们的实践观也同样可归结为经验论。上面曾谈到,实用主义者认为他们的经验论与传统哲学的经验论的根本区别,主要就在于不把经验看作是知识,而看作是生活、行动,即实践(因为生活、行动就是实践)。杜威说,和以往哲学不同,在实用主义那里,"经验的'真资料'应该是

---

① 罗素:《杜威的新逻辑》,引自石尔普编:《约翰·杜威的哲学》,1951年纽约英文版,第143页。
② 波普尔:《开放社会及其敌人》第2卷,1947年普林斯顿英文版,第84页。
③ 佛朗克:《现代科学及其哲学》,1949年英文版,第203页。

动作、习惯、主动的机能、行为和遭遇等适应途径,感官运动的相互协调"①。因此,实用主义者对经验概念的解释决定了他们对实践概念的解释。由于在他们那里,经验是一个极为广泛而又含糊的概念,除了包含了一切认识形式和与认识相关的实践以外,还包含了情感意志和下意识的心理本能活动,因此他们对实践的解释也是广泛而又含糊的。有时,他们把实践归结为作为有机体的个人适应环境的活动,这种活动是孤立的个人的生物学的活动;有时,他们把人们的日常生活,包括人们的希望、欲求的满足当作是实践的主要内容;有时,他们把个人的心理活动,包括做梦、精神错乱以及下意识的本能活动,都归属于实践的项目之内。

1. 皮尔士和詹姆士的实践观

实践一词究竟指什么?不仅不同的实用主义者的说法不尽一致,即使同一个实用主义者(例如杜威)在不同的场合下也会有不同的说法。大体上说来,皮尔士比较着重于把科学家的观察、实验活动当作是实践的主要内容。他认为观念的真假,即在于是否由科学的观察和实验所证实。对一个概念下定义就是阐述对它所指对象进行观察和实验的各种方式。皮尔士注意不把这种证实与谋取个人的成功和利益等同起来,而倾向于把证实当作是证明一个观念符合它所指谓的对象。皮尔士还用这种观点去反对直觉主义和先验论。他的这种观点显然包含了某些合理的因素,因为在人的现实的社会实践中,的确包含了皮尔士所强调的观察和实验。他之所以提出这种观点与其说是因为他是一个实用主义者,不如说是因为他是一个注重实验和观察的自然科学家。不过,实用主义的基本哲学立场使皮尔士即使对科学实验的实践也不能作出真正客观和科学的阐述,他往往忽视了科学实验的社会性。在他那里,科学家是作为孤立的个人去进行科学观察和实验的。而且,皮尔士也像其他实用主义者一样,把作为科学的观察和实验的对象仅仅当作是经验的对象,它们的实在性超不出经验的范围,而

---

① 杜威:《哲学的改造》,商务印书馆 1958 年版,第 48 页。

他对经验的解释又归根到底倒向了主观唯心主义。因此,他对科学实验的解释归根到底仍然倒向了主观唯心主义。至于在科学的观察和实验以外的活动,例如人的日常生活和行为,他也将它们列入实践的范围,也企图对此作出比较客观的解释(例如他强调这种实践的公共性)。但他所说的这些生活实践,最后也仍然未越出主观经验的范围。

与皮尔士相比,詹姆士对实践概念的解释的主观唯心主义倾向就更加明显了。他把实践等同于他所鼓吹的"纯粹经验"。他认为纯粹经验可以分化为认知的主体和被认知的对象,然而他不承认对象可以离开主体而独立存在。在他看来,它们不过是主体在某一时刻所思考的那些东西的总和,是存在于主体之内的。这样,他所说的包含了主体客体两个方面的经验、实践就变成了主体的内在活动了。我们在实用主义的经验论一章中曾谈到,詹姆士的经验概念不仅是主观唯心主义的,而且带有强烈的反理性主义、唯意志主义和信仰主义倾向,因为他把一切非理性的心理本能活动、情感意志甚至是荒诞无稽的神秘的精神活动,都归属于经验之内,他对实践和认识的解释显然也具有这种特征。如果说皮尔士还强调科学实验是实践的主要内容的话、詹姆士则把资产阶级庸人的日常生活,包括投机倒把、买空卖空以及为了追逐私利而从事的一切阴谋勾当、骗人的宗教迷信等,都当作是实践,而且是最主要的实践。

2. 杜威论实践和认识

关于皮尔士和詹姆士对实践和认识的解释,在上面我们只简略提及,对杜威的观点则需要详加剖析。因为它在实用主义者中最有代表性。一般说来,杜威对实践和认识的解释兼有詹姆士和皮尔士的特点,他既像詹姆士那样把人的一切活动,包括心理本能活动都列入实践的范围,从而表现出了明显的主观唯心主义和非理性主义倾向;又像皮尔士那样强调科学观察和实验的作用,竭力使他的理论具有客观和科学的色彩。在杜威那里,实践(行动、行为)概念也像经验概念一样是不确定的、含糊的。他时而把实践等同于生活,而生活又包含了作为主体的人的一切外部的物质活动和内部的精神活动;时而把实践当作人借助于工具所进行的活动,把科学实验作为这种活动的样板。不过总的来说,即使在他对实践和认识作出反理性主义解释时,他也仍然企图使人感到具有科学根据。杜威在解释人的实践和认识时所援引的科学主要是生物学和行为主义心理学。他用生物学的观点来解释人,用行为主义心理学来解释人的实践和认识。下面我们就对此作进一步的评述。

人是实践和认识的主体,对人的解释在一定程度上决定了对实践和认识的解释。杜威在外表上反对对人作神秘的、超自然的解释,而要求从自然主义出发解释人,即把人当作是一种自然物,是自然的一部分。他说:"人,包括他的全部认识,应当作为一个自然界中的'自然的'东西被考察。"[①]具体地说,杜威所谓对人作自然主义的解释,就是把人当作是一种生物有机体。杜威也提了一个他所谓"受到近代科学进步的鼓舞"的"设准":"人:作为有机体"[②]。这个设准表达了他对人的理解的最基本的观点。杜威对人的这种自然主义解释与公开的神秘主义、唯心主义确有所不同。在杜威等人用这种观点对公开的神秘主义和唯心主义的批判中,存在着某些积极的因素。但是,从根本上来说,这种观点歪曲了人的本质。人作为自然界中的生物之一,的确是一种有机体。人的一切实践和认识都是通过人的有机体来进行的,离开了人的有机体来谈论人的实践和认识,当然是荒唐的。但是,人之作为人存在,不只是因为它是一种有机体。人与一切其他动物有着根本的区别。因为人首先是一种社会的动物。人的本质不是单个人所具有的生理的、心理的属性,而是社会关系的总和。杜威等实用主义者对人的解释的错误,就在于把人当作是生物有机体,而抹杀了人的社会性。

当然,杜威等人有时也奢谈人的社会性。胡克在讲到杜威关于人与其他物体及其他生物的区别时说:"和一块石头不同,人会呼吸、恐惧、爱,并

[①] 杜威、本特雷:《认知与所知》,1949年英文版,第79页。
[②] 同上书,第84页。

对他的环境作出一种有选择的反应。和其他有机体不同,人通过符号的使用有选择地对将来作出反应,就像将来已在目前。人是使用符号的动物,他生活在社会中,而社会的历史是由文化流传的。"①在这段话中,胡克虽然讲到了人"生活在社会中",然而,他所理解的社会根本不是指以共同的物质生活资料的生产活动为基础而相互联系的人们的总体,即以生产关系为基础的人们的社会关系的总和,而只是指单个的人的集合。人生活于社会中就像生物有机体生活于其群体中一样。杜威在讲到"社会"一词的含义时说:"它有时和'个体的'相反对,有时又是由'个体'组成。"②他认为这些含义都模糊不清,因此主张以后不要再使用"社会"这种字眼。可见,杜威所谓人的社会性与现实的人的社会性是根本不同的。至于杜威承认人之有情感(爱、恐惧)和智慧(会使用符号等),这当然表明他并没有把人与动物等同起来。但他仍然丢掉了人与动物的区别中的最本质的东西,即人会劳动,人生活于社会之中。这就决定了他不能正确解释人的社会实践的真实含义。

杜威究竟怎样解释人的实践呢?总的来说,就是把它们归结为有机体的行为。杜威在其活动的后期索性丢掉"实践"的假面具,建议以后不要再用"实践"一词,而代之以"行为"一词。他的实践观就是行为观。

什么叫做有机体的行为呢?杜威认为这就是有机体对环境的刺激所产生的反应,即有机体对环境的适应。杜威经常谈到有机体的行为就是经验,经验就是生活,而生活就是适应环境。环境对有机体产生一种刺激,有机体为了生存便对它作出一种反应,作出这种反应就是有机体的行为、实践,就是有机体的生命力的表现,也就是有机体的生活。因此,在杜威眼中,"刺激—反应"既是作为有机体的人的经验的基本公式,也是其行为、实践(包括认识)、生活的基本公式。

---

① 胡克:《杜威在现代思想界的地位》,引自法伯编:《法国和美国的哲学思想》,1968年纽约英文版,第493页。
② 杜威、本特雷:《认知与所知》,1949年英文版,第99页。

这种"刺激—反应"的过程究竟是怎样发生的呢？杜威的学生胡适在《实验主义》一文中曾举了三个例子。一个是粪坑里的蛆滚来滚去,滚上滚下,滚到坑壁,会转弯子。另一个是蜜蜂飞进屋里打几个回转要飞出去,"嗤"的一声飞向玻璃窗,头碰玻璃,跌倒在地。它挣扎起来再飞向玻璃窗。但不乱撞了,而是在玻璃上爬来爬去,想找出路。再一个是一个人走进一个无边际的大森林,迷了路,走不出来。他便爬上树,用望远镜四面观望,仍找不到出路。便坐下来思索,忽听到远处有流水的声音。他想到水流必出山,人跟着水走,也必定可以出山。于是便跟着流水出了山。这三者都是有机体受到环境的刺激后作出的反应。胡适也谈到这三种适应有高低程度的不同。但它们作为有机体,就适应环境这一点来说,在本质上是相同的。①

胡适的这些议论完全符合杜威的原意。例如杜威一方面大谈人对环境的适应不同于动物,另一方面又肯定它们实质上一致。因为它们都是一种生物学的适应。他说:"低级有机体所实现的适应……在人这里逐渐成为合目的的适应,于是引起了思维。反思是对环境的间接的反应,而间接因素可能是巨大的和复杂的。然而它的起源仍在于生物的适应行为。"②

从这种观点出发,杜威把人们对世界的认识和改造都说成是有机体对环境的刺激所产生的反应。他说:"人的行动作为有机体—环境的事情"。"认知(包括对宇宙的认知及其设准):作为那样的有机体—环境的行为。"③这就是说,人的一切实践和认识都可归结为人对环境的生物学的适应。

就感觉来说,杜威认为它只是有机体的一种遭受和享用,它是对人的认识的一种刺激,仅仅起到激发起人的反省和推理作用。杜威说:"感觉绝不是那种知识的什么成分,无论是好、是坏、是优、是劣,或完全与否。它们毋宁是归结到知识去的研究活动的一个激发者、鼓动者、挑战者……它们

---

① 参看胡适:《实验主义》。
② 杜威:《美国实用主义的发展》,引自伦斯编:《二十世纪的哲学》,1947年纽约英文版,第467页。
③ 杜威、本特雷:《认知与所知》,1949年英文版,第84页。

全然不是认识的方法,它们只是反省和推理的刺激。"①

至于反省和推理,即思维,也同样不是对于客观对象的一种认识,而只是作为主体的有机体对其环境的一种反应,是主体的一种行为方法或者说工具。杜威说:"人们曾对心灵和思维下过很多定义,我只知道一个定义,触及到问题的核心——即对有怀疑的事物进行反应。"②"思维是用来控制环境的工具,这是通过行动而完成的一种控制。"③思维是"对于一个特定的刺激的反应"④。显然,杜威对思维的这种解释,同唯物辩证法的认识论把思维看作是对于事物的本质的认识,是根本不同的。杜威所谓反省和推理对于人的实践的指导和调节作用,不是指人们根据对于事物的本质的认识去改造或改变事物,而仅仅是把它们当作一种权宜的工具。正因为如此,尽管人们对于自己的行动抱有某种预想的目的,但对于以某种观念和思想为指导去行动能否达到预想的目的是毫无把握的。他们的行动、实践实质上只能是盲目的,只能是一种尝试,一种冒险,一场赌博。杜威把人的实践和认识归结为人对环境的生物学的适应的议论是很荒唐的。然而,杜威却煞费苦心,企图把它说成是一种有科学根据的理论。他所援引的"科学",主要是以美国心理学家华生(John Broadus Watson 1878—1958)为代表的行为主义心理学。杜威一再供认他的哲学受到行为主义心理学家的影响,甚至把行为主义当作其哲学的主要科学根据。他在《实验逻辑论文集》(1916)中径直声称,他的工具主义是"一种关于思维和认知的行为主义理论"⑤。他认为"认知简直就是某种我们所作的东西,分析归根到底是物理的和活动的,意义就其逻辑值来说是对事实加以处理的观点、态度和方法"⑥。总之,一切均可归结为人的行为。他的晚期著作《认知与所知》一书更完全是按照行为主义的基调写的。在这里,科学、哲学等一切人类知

---

① 杜威:《哲学的改造》,商务印书馆1958年版,第48页。
② 杜威:《确定性的寻求》,1929年英文版,第9章。
③ 杜威:《实验逻辑论文集》,1916年芝加哥英文版,第30页。
④ 同上书,第93页。
⑤ 同上书,第331页。
⑥ 同上。

识，都被归结为对有机体的行为的研究。他在该书的总结中说："我们把认知、推理、数学和科学的冒险事业，直到它们的最高的抽象作用，都看作是人类活动——地地道道地是人类的行为——而且我们把这些特殊的认知行为的研究看作是处在行为探索的一般领域中的。"①

以华生的《一个行为主义者看来的心理学》(1913)发表为标志而产生的行为主义是一种取消对心理意识的研究的心理学理论。这种理论认为传统哲学和心理学所研究的心理意识现象是无法直接观察到的、不可捉摸的。为了使心理学成为科学，华生认为，应当抛弃对心理意识的研究，转而研究可以直接观察到的有机体的行为，也就是有机体对环境的刺激所产生的各种反应(如肌肉反应、腺体反应等)。人的一切意识和精神活动现象(包括感觉、思维等)都表现于人的机体的行为。人的知识、智慧也都具有行为的特征，离开了有机体的行为来谈论知识、只有通过行为才能表现出来。智慧，在华生看来不过是一种虚构。有人曾对行为主义观点作过这样的说明："据说人们是有智慧的，这是可能的。但是我们并没有看到它。我们所看到的只是躯体的机械行为。这些躯体以一定的方式引导自己。我们的任务仅仅在于观察这种行为并对它进行研究。除此以外别无其他。"②行为主义心理学在反对把人的心理意识绝对化、神秘化的各种公开的唯心主义哲学和心理学上起过某些积极的作用。但是从总体上来说，它显然是错误的。因为它抹杀了人的社会性和人类意识的特点，从而抹杀了人与动物的本质区别。用行为主义的观点来研究哲学，势必歪曲物质和意识、客观和主观、实践和认识的对立统一关系。行为主义把人们通过实践而得到的一切认识(感觉、思维)以及根据对于客观世界的认识所进行的实践都归结为有机体对环境的反应。这就是把人的认识和实践都降低到动物的本能活动的水平。因此，尽管行为主义打着科学的招牌，其实是反科学的，尽管它标榜反对唯心主义，其实却陷入了唯心主义。很显然，当杜威

---

① 杜威、本特雷：《认知与所知》，1949年英文版，第308—309页。
② C. E. M. 约德：《哲学手册》，1946年纽约英文版，第502页。

等实用主义者把行为主义作为科学根据来解释人的实践和认识时,他们同行为主义者一样,也倒向了反科学的唯心主义方面。这种关于实践和认识的行为主义理论当然不能正确地指导人们认识世界和改造世界,而会既取消在实践的基础上对客观世界的正确认识,又取消在正确的理论指导下的实践。

二、实用主义论实践和认识的能动作用

实用主义关于实践和认识的理论的一个最突出的观点,是强调人的实践和认识的能动作用,反对消极直观的认识论。这种观点本来是与他们对实践和认识的行为主义解释相抵触的。但他们却将二者糅合在一起。办法是用主观唯心主义和唯意志主义来解释和补充行为主义。上面谈到,实用主义者对实践和认识的解释是含糊的、不准确的。当他们强调自己的观点的"科学性",并援引生物学和心理学来作论证时,他们就倾向于把人的实践和认识归结为有机体对环境的生物学的适应。当他们强调自己的理论与传统的直观论、机械论不同,实现了所谓哲学上的"哥白尼式的革命"时,他们就倾向于用主观唯心主义和唯意志主义来解释实践和认识。这种把不同的甚至相互抵触的观点糅合在一起的折中主义倾向,正是实用主义实践观的重要特色之一。

1. 杜威对实践和认识的能动性的强调

实用主义者究竟怎样强调人的实践和认识的能动性呢?下面我们继续以杜威的言论为例,来加以剖析。

杜威认为,尽管人作为一种生物,其一切活动归根到底都是适应环境。但人之适应环境毕竟与蛆虫、蜜蜂之类动物的本能适应不同。人是有情感、意志和智慧的。他可以按照自己的需要和意愿,运用反思和推理等手段,为自己制订出行动的计划和方案,以期达到自己的目的。因此,与动物不同,人不是消极地、被动地适应自然,而可以积极主动地去改造自然,使

第二章 实用主义的实践观和方法论

自然服从于人的目的。人不应当在自然和社会面前显得无能为力,仅仅接受自然的所予,而应当主动地去塑造和改变自然。杜威说:"人所必须解决的问题是适应他周围所发生的变迁,以便使这些变迁朝着为他将来的活动所需要的方向走。如果人的生活是由环境来供养,那它只能是环境的平平稳稳的发散。人必须奋斗,就是说必须利用环境所给予的直接支持,去间接地造成别种变迁。从这种意义上来说,生活是通过控制环境来进行的。它的活动必然要改变他周围的那些变化;它们必然使有害它的事件变成无害的事件,使无害的事件变成有助的因素或变成新面貌的苞蕾。"[①]杜威这段话的中心思想,就是认为人不应当只是消极、被动地去适应环境,而应当积极主动地去改造环境,控制环境,使环境发生有利于人生的变化。

我们知道,在杜威哲学中,经验、生活、行为、实践这些概念往往是同义的。因此,杜威关于经验的能动作用的论述,也正是他关于实践和认识的能动作用的论述。我们在第二章"实用主义的经验论"中曾提到,杜威在《哲学光复的必要》一文中把他对经验概念的理解与传统哲学的理解的区别,概括为五条。他在第三、四、五条中,特别是在第三条中,论述了经验的能动性。他认为传统哲学把经验当作是僵死的东西,只是单纯地记载已经发生的、过去了的事件;而且这种经验是彼此分离,忽视了互相之间的联系,也忽视了经验与推理、即感性的东西与理性的东西之间的联系。至于他对经验的解释则与此恰恰相反。他认为经验是活动的、实验的。它不只是被动地记载现有的东西,而是要变更现有的东西,朝向将来的东西,使之有利于人生。而且,由于经验是活动的、实验的,经验之间就不再是彼此分离的了,而是相互联系、贯通起来了。这种经验不只是感性的东西了,其中也包含了反省和推理,经验与反省和推理也就连贯起来了,有了预见和指导将来的作用。

在《哲学的改造》中,杜威谈到人的有机体不是消极被动地,而是积极主动地适应环境。他说:"经验变成首先是做的事情。有机体决不是徒然

---

① 杜威:《哲学光复的必要》,引自《创造的智慧》,1947 年英文版,第 9 页。

站着,一事不做,像米考伯(Micawber——狄更斯小说中的人物)一样,等着甚么事情发生。它并不默守、弛懈,等候外界有什么东西逼到它身上去。它按照自己的机体构造的繁简向着环境动作。"①杜威在这本著作中也谈到经验(即实践、行为)具有利用既有的东西造就新的东西的作用。他说:"我们利用我们的既往经验,来造就新的、更好的经验。于是经验这个事实就含着指引它改善自己的过程。"②

在《美国实用主义的发展》中,杜威再次论述了经验改造未来的作用。他说:"实用主义本身表现为历史上的经验主义的推广,但有如下根本区别:它不坚持在先的现象,而坚持随后的现象;不坚持先例,而坚持行动的可能性,而这种观点上的变化就它的后果说差不多是革命性的。一种满足于重复已经过去了的事实的经验主义是没有给可能性和自由留下地位的。……关于后果价值的学说引导着我们去考虑到将来,而这种考虑将来又使我们达到一个进化尚未完成的宇宙的概念,达到用詹姆士的话来说'正在创造中'的、'在变化过程中'的宇宙的概念,达到在某一点上仍然可以塑造的宇宙的概念。"③

2. 由片面强调能动性而走向主观唯心主义和唯意志主义

杜威等实用主义者强调人的实践和认识(经验)具有能动性,这本身是无可非议的。他们对消极的、直观的认识论的批判有时的确也机智地抓住了这种理论的一些弱点。这对我们用辩证法的认识论来反对形而上学的认识论,提倡发挥人的主观能动性,并非没有可供借鉴之处。然而,他们只是强调了(而且是过分地强调了)人的实践和认识中观念的、精神的,即主观的一面,而忽视甚至抹杀了其物质的、即客观的一面,由反对形而上学而陷入了主观唯心主义和相对主义。

---

① 杜威:《哲学的改造》,商务印书馆1958年版,第46页。
② 同上书,第51页。
③ 杜威:《美国实用主义的发展》,引自伦斯编:《二十世纪的哲学》,第462—463页。

第二章 实用主义的实践观和方法论

从一方面说,人的实践是一种受观念支配的、合目的的活动,人的认识活动是一种主观的、意识的活动。人对环境(客观世界)的能动性与动物本能地、被动地适应环境的区别,就在于人的行动、实践包含了一种主观的、意识的活动,而动物则没有。马克思说:"蜘蛛的活动与织工的活动相似,蜜蜂建筑蜂房的本领使人间的许多建筑师感到惭愧。但是,最蹩脚的建筑师从一开始就比最灵巧的蜜蜂高明的地方,是他在用蜂蜡建筑蜂房以前,已经在自己的头脑中把它建成了。劳动过程结束时得到的结果,在这个过程开始时就已经在劳动者的表象中存在着,即已经观念地存在着。他不仅使自然物发生形式变化,同时他还在自然物中实现自己的目的,这个目的是他所知道的,是作为规律决定着他的活动的方式和方法的,他必须使他的意志服从这个目的。"[①] 这就告诉我们,人的实践,人的能动性的特点,表现为人不是被动地,而是抱着既定的目的,按照既定的计划去作用于自然。人作用于自然、改造自然的过程、实践的过程,是一种感性的、物质的过程。然而这个过程又受人的理性的、精神的力量的制约。换言之,人能改造自然、驾驭自然,使自然发生人所要求的变化。这种人作用于自然的过程是主观转化为客观、精神转化为物质的过程。总之,人们通过实践,能使精神力量转化为物质力量,这就是人的主观能动性。但是,人的这种主观能动性必须以严格遵循客观规律性为前提。人们在变更自然的过程中所抱的目的、制订的计划,不是从天上掉下来的或从他们的头脑里主观自生的,而是通过实践从客观世界中得来的。马克思说:"观念的东西不外是移入人的头脑并在人的头脑中改造过的物质的东西而已。"[②] 人们之所以能够控制自然、改造自然,使自然的变化服从于人的目的,不是由于他们的思想、观念本身具有创造物质、改造自然的力量,而恰恰是因为人们是站在自然之中,以自然为依据,使自己的思想观念符合自然的规律性,并在自己的行动中严格遵循和正确运用这种规律性。总之,人们之所以能够发挥主观能

[①]《马克思恩格斯全集》第 23 卷,人民出版社 1972 年版,第 202 页。
[②] 同上书,第 24 页。

动性;是因为他们自觉地或不自觉地坚持并运用了唯物主义的反映论,认识并服从了客观规律性。人之所以能改造和适应环境,正是因为人们认识了环境。恩格斯说:"因此我们必须时时记住:我们统治自然界,决不象征服者统治异民族一样,决不象站在自然界以外的人一样,——相反地,我们连同我们的肉、血和头脑都是属于自然界,存在于自然界的;我们对自然界的整个统治,是在于我们比其他一切动物强,能够认识和正确运用自然规律。"①列宁说:"假如人的感觉没有使人对环境具有客观的正确的观念,人这个生物机体就不能适应环境。"②

杜威等实用主义者在关于人的实践和认识的能动性问题上的错误,就在于把这种能动性与遵循唯物主义的反映论、与肯定外部世界及其规律存在的客观性对立起来了。在他们看来,谁要是坚持唯物主义反映论、肯定人们的行动、实践要遵循客观规律性,谁就只是"坚持在先的现象","满足于重复已经过去了的事实","默守""弛懈",谁就不能将现在引向未来,就"没有给可能性和自由留下地位"。一句话,谁就不能把实践看作是一种有目的、受观念支配的能动的活动。为了肯定人的能动作用,杜威等人认为除了抛弃超自然、也超乎人的神力以外,还必须抛弃唯物主义反映论,必须把人的行为、实践看作只服从于人的主观的意愿、目的,而必须排除不以人的主观意志为转移的客观规律。这意味着排除人的行动的、实践的、客观的、物质的基础,把人的行动、实践过程看作是纯粹是由主体按照自己的主观的思想、观念进行的活动和创造过程,而外部世界及其规律则不过是这种活动和创造过程的产物。胡克援引杜威的观点说:"在杜威看来,世界本来无所谓是合理的或不合理的,而是世界的某些方面为我们称为研究的人类活动或经验方式变得或成为合理的……一切对于存在的事物所作的理智的研究,是一个发现的过程,同时也是一个建设和重新建

---

① 恩格斯:《自然辩证法》,人民出版社1917年版,第159页。
② 《列宁全集》第14卷,人民出版社1957年版,第182页。

设的过程。"①

实用主义者一再强调人们的实践和认识对象的存在不能离开实践和认识活动,前者是后者的创造。如果没有人的实践和认识,就不可能存在实践和认识的对象。杜威说:"知识的对象不是思维借以出发的东西,而是以之为终结的东西,是构成思维的探索和试验过程本身所产生的东西。从而,知识的对象在一种意义上说是实践的东西,即它的存在(它作为知识对象的存在)取决于一种特殊的实践。"②杜威还举例说,如果没有数学、政治和艺术的实践,就不可能存在数学、政治或艺术的对象。这些学科的对象都是人们在进行有关的试验和思维的过程中创造出来的。胡克也说:"人所观察到的东西,如果不援引观察者的能动活动,就不可能如实地得到解释。"③的确,在人的实践和认识过程中,对象和主体具有不可分割的联系。对象之所以成为某一实践和认识过程的对象,当然是不能离开这一过程的。但是,对象之所以成为某一实践和认识过程的对象,还具有它们本身的客观根据。如果对象本身不是客观存在的,那它就不可能成为实践和认识过程的对象。实践和认识过程本身并不能凭空创造出对象。杜威、胡克等人的错误,就在于把实践和认识过程中对象与主体不可分割的问题同对象本身是否客观存在的问题混为一谈,用前者来否定后者。

应当指出,否定人的实践和认识不依赖于外部世界及其规律,鼓吹实践和认识过程本身能够创造其对象,这正是杜威等实用主义者的实践观和认识论的一个根本观点。杜威在其活动的晚期对这种观点表述得更为露骨。例如他在和本特雷合著的《认知与所知》一书中已不屑于谈论主体和客体的区别及其相互作用,因为他认为这样会使人想到它们双方可以独立存在。他主张把人的实践和认识看作为一种贯通作用(transaction)。"在贯通作用的观点的程序中,一切认识论的字样都被排除了。"④就是说,在

---

① 胡克:《杜威在现代思想界的地位》,引自法伯编:《法国和美国的哲学思想》第491页。
② 杜威:《实验逻辑论文集》,1916年芝加哥英文版,第334页。
③ 参见美国《新共和》杂志,1959年11月第2期。
④ 杜威、本特雷:《认知与所知》,1949年英文版,第293页。

此没有主体和对象的区别了。相互作用的双方在此贯通了,没有界限了,人们再也分不出什么是主体、什么是对象。在此,既没有独立存在的对象,也没有独立存在的主体,存在的只是二者的相互作用本身。主体和对象都融化到了这种相互作用之中。对这种将主体客体融合在一起的贯通作用,人们除了说它是纯粹的活动、能动性外,什么也不能说了。创造活动、能动性本身就是一切。这种观点与生命哲学家柏格森所鼓吹的实在的东西既不是物质实体,也不是精神实体,而是纯粹的延续性、纯粹的流动性本身,是同出一辙的。

由此可见,杜威等实用主义者在批判传统哲学关于实践和认识观点的消极被动性、强调人的主观能动作用,即人的创造性时,走向了另一个极端,即把人的主观能动作用、创造性的一方面夸大了,绝对化了,使之脱离了客观的、物质的基础,这样他们就走向了主观唯心主义。由于他们把所鼓吹的人的主观能动作用、创造性当作是人的意志、信念的表现,认为一切创造都是为了使人达到某种目的,满足人的某种需要,因此他们这种主观唯心主义也是一种露骨的唯意志主义。杜威等实用主义者反对消极直观的认识论,强调人的实践和认识的能动性,这在外表上与马克思主义的认识论有某种相似之处。然而,由于他们抛弃了实践和认识的客观基础,对实践和认识作了主观唯心主义和唯意志主义的解释,他们就不能不站在马克思主义的对立面。实用主义对实践和认识的这种主观唯心主义和唯意志主义的解释不仅在理论上是错误的,就其社会作用说也是反动的。因为一方面它给社会上的反动势力逆历史潮流的行动作了理论上的论证,把这种行动说成是合理的、"创造性"的行动;另一方面,它又妨碍广大革命的人民群众认识客观规律性,并用以指导自己的行动和实践。

三、实用主义的方法论

人们怎样进行实践和认识呢?怎样在实践和认识中发挥自己的能动性以达到预期的目的呢?这就不能不研究实践和认识的方法问题。实用

第二章 实用主义的实践观和方法论

主义者也特别注重方法问题,把它当作是整个实用主义理论中的最主要问题之一。他们的经验论,实践观和认识论,在某种意义上说,就是一种方法论。他们有的人甚至声称实用主义与传统的唯物主义和唯心主义的区别,就在于它摒弃了传统哲学的本体论和认识论,把哲学变成了一种纯粹的方法论。皮尔士把论证确定信念的方法当作他的哲学的主题。詹姆士声称:"实用主义至少并不代表什么特别的结果,它除了方法以外,没有什么武断的主张和理论。"①詹姆士这里所谓"武断的主张和理论"指的就是传统哲学的本体论和认识论。杜威更是竭力把他的实用主义说成是一种科学方法论。他的弟子胡克说,当杜威使用实用主义这个名词的时候,"他只是想指在最广泛意义上的科学方法的逻辑"②。

实用主义的方法论究竟是一些什么货色呢?这种方法怎样指导人们的实践和认识呢?下面我们对实用主义的主要代表皮尔士、詹姆士和杜威的观点加以剖析。

1. 皮尔士的"怀疑—信念"的探索理论

首先来看皮尔士的观点。

皮尔士像其他实用主义者一样强调行动、实践的意义。他认为,为了有效地行动,必须确定坚定的信念(信仰)。否则人们就不知道应该采取什么行动、怎样采取行动。有了坚定的信念,这些问题就好解决了。按照皮尔士的观点,确定信念是采取行动的准备。哲学的根本使命就是确定信念。一切与信念无关、不能引起行动的东西都不包括在本来意义的哲学思维之内。他说:"思维的整个机能在于引起行为习惯,而与思维相关但与它的目的无关的一切,则是思维的累赘,而不是它的部分。"(5·400,指《皮尔士文集》第5卷,第400段,下同)这就是说,皮尔士实用主义作为一种方法来说,也就是一种确定信念的方法。它的主要内容就是通过研究和探索,

---

① 詹姆士:《实用主义》,商务印书馆1981年版,第30页。
② 胡克:《杜威在现代思想界的地位》,引自法伯编:《法国和美国的哲学思想》,第488页。

使人们摆脱怀疑状态,达到确定信念。因此,一般都称它为"怀疑—信念"的探索理论。

皮尔士虽然把怀疑作为他的方法论的重要一环,但他不是像笛卡儿那样,把怀疑作为一种手段,以便用来建立所谓坚实的理论体系,而是把怀疑看作是人们缺乏信念、无法采取行动的不平静状态,即人的行为的停顿状态。皮尔士也与后来杜威把怀疑(疑难)归结为有机体的行为受到实际阻碍有别,他认为怀疑也可以是由理智上、心理上的原因引起的。例如,人们在心理上的冲突或在科学研究中遇到了困难问题尚未解决,也是疑难。总之,不管是实际行动受阻还是思想上碰到难题,在未解决以前,都属于怀疑(疑难)。人的认识、思维的任务、哲学的使命,即在于进行探索,解决这些疑难。疑难解决了,人们有了信念,才能继续采取行动。

究竟怎样通过探索,使人们摆脱疑难、确立信念呢?皮尔士对这个问题的回答,显得有些混乱和矛盾。作为一个尊重客观事实的科学家,他强调探索的客观性,企图避免个人的主观偏见。为此,他反对脱离实际的直觉主义和武断主义,主张尊重科学。他说:"哲学在方法上应该仿效成功的科学,只从可以仔细考察的明确的前提出发,信赖它的多种不同的论证、而不是信赖个人的决定。"[①]然而,作为一个实用主义哲学家,皮尔士又认为,人们进行探索时所关注的只是想方设法来确定信念,以便采取行动,至于采用什么方法(是否符合实际),则可以存而不论。只要能用来确定信念,什么方法都可以采用。他说:"只要怀疑最后停止了——不管用什么方法——思考的目的也就达到了。"(7·324)

皮尔士这种自相矛盾的立场,在他对确定信念的具体方法的论述中也有所暴露。他在《信念的确定》一文中认为古往今来,确定信念的方法有四种。

第一种叫做固执的方法。人们在一切问题上都可以固执地:坚持己见,把自己所相信的东西当作是不可变易、不可动摇的,并把个人的这种信

---

① 布兹勒编:《皮尔士的哲学》,1950年英文版,第224页。

念当作个人行动的指南。至于它是否会引起别人的异议,是否与事实相抵触,则可以全然不顾。对于采用这种方法的人来说,即使它有什么不便之处也不要紧,"他从自己的坚定的信念中所获得的满足,超过了由于它的不可靠性引出的任何不便之处"(5·377)。

显然,固执的方法是一种背离客观实际、而全凭个人主观武断的方法。它完全符合皮尔士所主张的只管达到目的、不管是否合乎实际的实用主义方法论。不过,皮尔士本人作为一位讲究实验和事实的自然科学家并不赞成这种方法,甚至以讥讽的语言讲到它。他还指出这种方法在实践中往往行不通。因为个人的固执的行动总要遇到他人和社会的反对而归于失败,失败不能不使个人改变信念。因此,人们为了确定坚定的信念,必须使这种信念为他人和社会所承认。这就导致了确定信念的第二种方法,即权威的方法。

所谓权威的方法,就是主张接受国家、教会或其他强力机构所规定的原则来确定信念。皮尔士认为这种方法适用于那些自己没有能力独自确定信念的人。对于这些人来说,确定信念的问题,就是使他们服从国家和教会所规定的规则的问题。为了保障社会秩序,不引起混乱,决不能允许这些人有同教会、国家的规定相抵触的信念,违者应予严惩。如果能够贯彻这个方法,就会使人取得成功。皮尔士说:"如果没有别的方法能够达到完全的一致,那末,就应对所有一切不按照规定方式来思想的人施以集体屠杀,这种方法已经证明是确定社会舆论的一种有效方法。"(5·379)"对于大部分人来说,也许没有比这更好的方法了。既然他们所做到的充其量是做精神的奴隶,那就让他们做奴隶好了。"(5·380)总之,统治者可以凭借国家、教会等强力或权威机构来对广大劳动人民施以暴力,使之循规蹈矩,而广大劳动人民则应顺从国家、教会的规定,甘心做奴隶,俯首当牛马。

虽然权威的方法符合实用主义的方法论的要求。但是,皮尔士作为一个科学家对这种方法也曾表示过不能完全赞许的态度。他指出,这种方法并不能保证完全成功。因为它不能防止人们交换意见和对规定的信念表示怀疑,而异端反对正统基督教、科学反对一切宗教的历史,恰恰就证明了这一点。

第三种确定信念的方法叫做先验的方法。皮尔士认为它是社会上有教养的人们所使用的方法。这些人既不接受固执的方法的极端任性,也不接受权威的方法的过分专横。他们企图证明自己的信念具有充分的知识根据,合乎永恒理性的要求。皮尔士认为,大多数形而上学家(传统的哲学家)都习惯于采用先验的方法,笛卡儿更是一个突出的例子。这些人把自己用理性方法所建立起来的理论体系当作是超经验的、具有永恒意义的理论体系。实际上这些理论体系是这些哲学家从自己所固执地坚持的观念出发建立起来的,无非是固执的方法的一个变种,以致与固执的方法并无实质差别。因此,先验的方法并不是一种独立的方法,皮尔士本人对这种方法也持不赞成态度。

第四种方法叫做科学的方法。皮尔士认为这是确定信念的一最可靠的方法,但只有少数人、主要是科学家才善于利用这种方法。在使用科学方法确定人们的信念时,既排斥主观偏见,又反对盲目崇拜权威,而只依据不受个人意识影响的外部的永恒因素,即客观事实。科学方法以肯定外部世界的客观存在为前提,肯定探索的任务就在于解释和描述客观实在的事物。皮尔士的如下两段话,是他对科学方法的最有代表性的阐释:"必须找出这样一种方法,它可以不凭借任何人性的东西,而仅仅凭借某种外部的永恒性——凭借不受我们的思维的影响的东西——来确定我们的信念的。……它必然是影响或可能影响每一个人的东西。而且,由于个人的条件不同,这种影响也必然不同。但按这种办法,每一个人的最后结论必然相同。这就是科学方法。"(5·384)科学方法的"基本假设"在于:"存在着现实事物,它们的特点完全不以我们对于它们的意见为转移。这些现实事物按照永恒的规律作用于我们的感官……我们能够通过讨论来确定事物实际上和真正是什么。每一个人只要有充分的经验和思考,就可得出同样真正的结论。"(5·384)皮尔士对科学方法的上述解释与他的实用主义方法论的立场显然有不相符合之处。因为按照后者,对于方法的唯一要求是

第二章　实用主义的实践观和方法论

它能帮助人们确定信念,而不顾及它是否依据客观实在以及由它所得出的信念是否真实。在皮尔士的上述两段话中,他分明是说:用科学方法进行探索应当依据客观实际,它所确定的信念必然符合客观实际。这种强调客观实际的态度正是皮尔士作为一个科学家的求实态度。

但是,皮尔士的这种求实态度只是从一定程度上说才是存在的,经不起进一步的追问。什么是客观实在呢?皮尔士说这是人们借以确定信念的一种"假设"。这种假设的真或不真,全看它是否能够产生某种实际效果,即是否能够使人确立坚定的信念。他说:"现实象其他一切性质一样,就在于有现实性的东西所产生的一些特殊的可感觉的效果,实在的东西所具有的唯一效果就是引起信念,因为实在的东西激起的一切感觉,都是以信念的形式出现于意识之中的。"①可见,皮尔士所谓的实在,是以效果、信念为尺度的。由于效果、信念是人主观感觉到的,这种实在也就依赖于人的主观感觉。这样,皮尔士就转到了典型的实用主义立场上,他的以客观实在为依据的科学方法,归根到底是主观唯心主义的方法。利用这种方法来确定人们的信念、指导人们的行动和实践,最后仍然要把人们引向脱离客观实际的道路。

2. 詹姆士论实用主义的方法。

如果说皮尔士的"怀疑—信念"的探索理论:在一定程度上的确还具有某些客观和科学的因素的话,詹姆士所鼓吹的实用主义方法就仅仅留下一层客观和科学的面纱了。它实际上无非是纯粹主观主义和诡辩的方法。

詹姆士在论证实用主义方法时援引皮尔士,认为皮尔士首先对这一方法作了论述。但是,他抛弃了皮尔士关于探索必须面向和依据客观实际的思想。他所继承的只是皮尔士的如下思想:信念是行为的准则,思想的意义仅仅在于它引起的行动,即它包含的实际效果。詹姆士认为,这些正

———————
① 转引自哈利·威尔斯:《实用主义——帝国主义的哲学》,葛力等译,三联书店1955年版,第39页。

是实用主义方法论的基本原则。他所发挥的也正是这种原则。詹姆士对实用主义的方法作了如下概括:"实用主义的方法,不是什么特别的结果,只不过是一种确定方向的态度。这个态度不是去看最先的事物、原则、'范畴'和假定是必需的东西,而是去看最后的事物、收获、效果和事实。"①

詹姆士在此所谓"确定方向的态度"指的是怎样采取行动。实用主义的方法就是行为的方法。所谓"最先的事物"指的是人们的行动由以出发的客观实际条件。"原则""范畴"等是指对客观实际的认识。詹姆士的实用主义方法强调不必去看这些东西,意味着鼓吹人们的行动不要根据客观实际,不要用对客观实际的正确认识来给予指导。既然如此,他所关注的"最后的事物、收获、效果和事实"也必然是没有客观根据的,而仅仅出自人的主观愿望和目的。可见,詹姆士所鼓吹的实用主义方法是一种十足的主观唯心主义方法。

既然詹姆士在方法论中排除了客观实际,就必然要导致是非不清、黑白不分,也就会容许任何形式的折中主义和诡辩。这就是说,只要能导致个人所追求的实际效果,任何东西都可以充作行动的指南。不难看出,詹姆士所论证的实用主义的方法的最大特点正是把科学思维和宗教、唯物主义和唯心主义等彼此根本对立的思想理论调和折中起来,并可以同样用来作为行动的指南。

詹姆士的这种以调和折中为重要特色的主观主义和诡辩的方法,在他的最有代表性的著作《实用主义》一书中有着许多极为露骨的论述。在该书第一章中,他谈到存在着各种对立的哲学思想和理论,它们是由哲学家的心理气质所决定的。人的心理气质可分为柔性的(软心的)和刚性的(硬心的)两大类,从而各种哲学思想和理论也可分属于对立的两类。如下表。②

---

① 詹姆士:《实用主义》,陈羽纶译,商务印书馆1981年版,第31页。
② 同上书,第9—10页。

第二章　实用主义的实践观和方法论

柔性的	刚性的	柔性的	刚性的
理性主义的 （根据原则而行）	经验主义的 （根据事实而行）	有宗教信仰的	无宗教信仰的
理智主义的	感觉主义的	意志自由论的	宿命论的
唯心主义的	唯物主义的	一元论的	多元论的
乐观主义的	悲观主义的	武断论的	怀疑论的

詹姆士撇开哲学思想产生的社会根源和认识根源，把它归结为出于人生的心理气质，显然是荒唐的。这一点在此不必多谈。需要指出的是，在詹姆士看来，按照实用主义的方法论原则，这些对立的理论都有它们的用处，都能产生某种为人所需要的效果，都可以在某种情况下作为人们的行为准则，从而对它们可以调和折中、兼收并蓄。詹姆士把这种调和折中的态度当作一般人习以为常的态度。他认为一般人由于没有确定的心理气质、往往刚柔兼备，因而对各种对立的思想理论都能接受。"事实的确是好的——给我们多多的事实吧！原则是好的，那就给我们多多的原则吧！从一个角度看，世界无疑的是一，而从另一个角度看，世界无疑的是多。既是一又是多，那末我们就采取一种多元的一元论吧。各种事物自然都是必然确定了的，但是我们的意志也当然是自由的。一种意志自由的决定论，才是真正的哲学。无可否认，局部是恶的，但是全体不能都是恶，所以，实践的悲观主义可以和形而上学的乐观主义结合起来，余此类推。"①

当然，詹姆士并不认为一般人实际上都能做到把不同的哲学倾向糅合起来。他们面对各种对立的主张，有时会不知所措，陷入"两难"。他们仍然可能上那些有偏见的哲学家的当，被引入歧途。怎么办呢？詹姆士认为就是向他们宣扬实用主义，因为实用主义可以使人摆脱固执的偏见，而接受一切可以获得实际效果的东西。詹姆士赞同并得意地引述了意大利实用主义者帕比尼如下的比喻："实用主义在我们的各种理论中就象旅馆里

---

① 詹姆士：《实用主义》，陈羽纶译，商务印书馆1981年版，第10页。

的一条走廊,许多房间的门都和它通着。在一间房里,你会看见一个人在写本无神论的著作;在隔壁的一间房里,另外一个人在跪着祈求信仰的力量;在第三间房里,一个化学家在考察物体的特性;在第四间房里,有人在思索唯心主义形而上学的体系;在第五间房里,有人在证明形而上学的不可能性。但是那条走廊却是属于他们大家的,如果他们要找一个进出各人房间的可行的通道的话,那就非经过那条走廊不可。"①

实用主义既被当作是持各种不同甚至对立的观点的人的共同走廊,这当然也就意味着,只要接受实用主义,就可以通向各种不同甚至对立的思想和理论。把实用主义的方法作为行为的准则,就可以抛弃任何客观的制约,而仅凭个人的好恶去行动。只要这种行动能导致某种实际效果,就可以认为它是正当的。因此,任何诡辩伎俩,任何招摇撞骗、倒行逆施的行为,就它们能带来实际效果说,也都可以认为是正当的。

詹姆士在论证实用主义的方法时没有忘记给它披上科学的面纱。例如他援引马赫、奥斯特瓦尔德等人的观点,企图利用这些人在自然科学上的影响,来证明实用主义的方法符合当代自然科学的要求。然而,他的主观唯心主义和诡辩毕竟是太露骨了,对于仍然需要利用自然科学、并需要为自然科学提供方法论的那部分资产阶级来说,就显得不那么适用了。于是,杜威在论述实用主义的方法论时,就比较注意使之具有科学和客观的形式。

3. 杜威的探索理论

总的说来,杜威的方法论接近于皮尔士的方法论。他的所谓探索的方法同皮尔士的"怀疑—信念"的探索理论中的科学方法在细节上(例如在用词上)虽有区别,但基本观点大体相同。杜威自认为他的观点是"对皮尔士观点的一种自由的转述"②。

什么是探索的方法呢?它究竟是怎样进行的呢?杜威早在《我们怎样

---

① 詹姆士:《实用主义》,陈羽纶译,商务印书馆1981年版,第30—31页。
② 杜威:《逻辑:探索的理论》,1938年英文版,第14页。

第二章 实用主义的实践观和方法论

思维》(1910)一书中就作了比较详细的论述。他在这本书中所提出的著名的思想五步说(即探索的五个步骤)是这一方法的具体表现。按照胡适在《实验主义》一文中所作的比较通俗的转述,这五步是:(1)疑难的境地(暗示);(2)指出疑难之点究竟在什么地方(问题);(3)假定种种解决疑难的方法(假设);(4)把每种假定所涵的结果一想出来,看哪一个假定能够解决这个疑难(推理);(5)证实这种解决使人信用或证明这种解决的谬误,使人不信用(试验)。① 胡适曾把杜威的这个五步概括为"细心搜求事实,大胆提出假设,再细心求证"②。有时他说得更简单:"科学的方法只是'大胆的假设,小心的求证'十个字。"③杜威在他后来的许多著作(特别是《实验逻辑论文集》《逻辑:探索的理论》)中对这方面的问题作了大量的补充和发挥,但其基本观点并未改变。胡克在谈到实用主义(即他所谓的自然主义)关于实践和认识过程的"模式"时说:"如果我们想获得新知识,自然主义者说,我们必须遵循科学探索的基本模式——看出问题所在,陈述假设,作出推论,执行实验,并进行观察。"④这里所谓科学探索的基本模式正是杜威的探索方法。

从纯方法论的角度说,杜威的探索方法、特别是其五步说,不无合理之处,与马克思主义的有关论述也有某种类似之处。因为它在一定程度上的确揭示了科学发现的程序。人们在进行科学研究时,总是首先找出待解决的问题,即发现和确定疑难之处;然后在掌握充分材料(细心搜求事实)的基础上提出解决问题的各种可能的办法,进行比较研究即形成关于这些问题的理性的概念、判断等知识体系,它们在未被证实以前,总是以假设形式出现(大胆假设),最后对它们进行检证(试验),只有经得起实践检验的知识才是正确的、真正科学的理论(小心求证)。杜威在阐述其探索方法时,还同皮尔士一样,企图克服从抽象的概念、原则出发的唯理论以及摒弃理

---

① 关于杜威本人对这五个步骤的论述,详见杜威:《我们怎样思维》,1910 年英文版,第 72—78 页。
② 胡适:《我的歧路》,《胡适文集》二集,卷 3,第 99 页。
③ 胡适:《介绍我的思想》,《胡适论学近著》第一集,第 645 页。
④ 胡克:《自然主义与第一原理》,载《"有"的寻求》。

061

智的经验论的片面性。他就此批判了从柏拉图到亚里士多德从概念出发的理论以及笛卡儿和康德的先天论。例如他说,康德从经验之外取得而加于经验之上的那种具有普遍性和必然性的先天形式和范畴,"已令我们日益觉得是多余的——是耽溺于传统的形式主义和精巧的术语学的人们所特创的无用的东西"[①]。他对狭隘的经验主义甚至对詹姆士的经验主义也表示了非议。他不同意把经验局限于感觉而忽视其中所包含的理性思维因素,而认为在经验和经验方法中包含了理智的内容(观念、概念、理论),包含了认识主体的理智活动。正是这种理智的活动,使人高出动物,使人能从现在预见将来,从已知推出未知,使人能发挥其创造性、能动性。在杜威的这些议论中,显然包含了某些积极因素。杜威方法论中的这些积极因素,体现了现代资产阶级尽管早已是反动阶级,但仍然需要利用科学,需要对自然界进行探索,需要有自然科学的方法论。因此,不加分析地全盘否定杜威的探索理论,把它仅仅归结为主观唯心主义和唯意志主义或者纯粹的诡辩,似乎现代资产阶级所要求的自然科学方法论在杜威等唯心主义哲学家那里根本得不到反映,那也不是实事求是的。

但是,从本质上、从整体上来说,杜威的探索方法仍然是唯心主义和形而上学的,与马克思主义的方法论有着原则的区别。他所提出的整个探索过程没有越出经验的范围,而他对经验的解释尽管有一些科学和客观的色彩,最后仍然倒向了主观唯心主义。

就以探索过程的疑难阶段来说,在杜威那里,疑难不是人在社会实践中产生的,不是出于对外部世界的客观规律性缺乏认识,而只是表示作为生物有机体的人的行动受到了阻碍而处于一种不稳定的状态,也就是人这个有机体受到环境的刺激需要作出反应,但尚未找到反应的适当方法时的状态。杜威经常把这种状态称为"问题境况"(problematic situation)。杜威的确企图避免把"问题境况"或者说疑难状况当成是纯主观的,甚至还为此进行申辩。例如他抱怨罗素歪曲了他的观点,因为罗素把他的怀疑当作

[①] 杜威:《哲学的改造》,许崇清译,商务印书馆1958年版,第51页。

第二章　实用主义的实践观和方法论

个人的怀疑。他说:"罗素的出发点首先是把怀疑境况变换为一种个人的怀疑,尽管我曾反复指出了二者之间的区别。我已经清楚地表示,个人的怀疑除非是对境况(它是成问题的)的一种反应,就会是病态的。"①然而,杜威所谓的境况,只是表示有机体与环境的一种相互作用,也就是他所谓的经验的一种表现形式。问题境况就是这种相互作用(经验)失去平衡。他没有把境况看作是不依赖于人而客观存在的,相反,他认为境况只存在于与人的相互关系中,是由人的行动所造成的。因此,尽管杜威的疑难、问题境况等有某种客观的外表,实际上仍是主观的东西。

再来看杜威探索方法的假设阶段。杜威说:"一切描述发现的和确定了的东西的命题,一切定言命题,都是假设性的。"②"所有概念、学说、系统,不管它们怎样精致和首尾一贯,都应该看作假设。"③假设是怎样提出来的呢?杜威认为是人们随意提出的,是人们的行动受阻时为了继续行动而随意提出的,而不是人们在社会实践的基础上,将感性材料进行加工制作而提出的。杜威并不要求假设符合客观实际,成为客观真理,而仅仅要求它们能充当应付环境的工具,作为权宜之计。他虽然也认为在提出假设以前要"细心搜求事实",但这并不是指不以人的意志为转移的客观事实,而是人自己所创造出来的事实。上面我们曾谈到,在杜威看来,人的认识对象("细心搜求"的事实自然也属于认识对象)是出于人的认识活动本身的创造。

至于杜威的探索方法的试验阶段,也同样是在主观经验的范围内进行的。因为他所谓试验并不是将思想理论(假设)等主观的东西见之于客观,以便检验它们是否合乎客观实际,是否反映客观对象的本质、规律性,而只是看这些思想理论(假设)能否帮助人取得成功,获得他所追求的实际效果,即对于他是否有用。关于这一点,我们将在《实用主义的真理论》一章中详加剖析。

---

① 杜威:《经验、知识和价值》,引自石尔普编:《约翰·杜威的哲学》,1951年英文版,第572页。
② 杜威:《实骏逻辑论文集》,1916年英文版,第347页。
③ 杜威:《哲学的改造》,许崇清译,商务印书馆1958年版,第78页。

杜威的探索方法强调理性思维的作用。他所谓指出疑难之点究竟在什么地方（即在解决问题以前确定问题的性质），提出假设、进行推理以至试验，都是属于理智的或者说反省思维的活动。这种思维活动与人的行为、实践又是同一的。换言之，探索过程就是认识过程、实践过程。然而，由于这一切都是在经验范围内进行的，就使杜威不仅不能摆脱主观唯心主义，更不能摆脱他所企图摆脱的狭隘经验主义。尽管杜威企图强调经验、实践、探索的能动性，但在他那里，没有由物质到意识的飞跃，也没有由感性认识到理性认识的飞跃。他所强调的理智活动、思维、智慧都不过是人的有机体对环境刺激的生物学的适应。尽管杜威肯定人不同于动物，人能够通过探索获得观念、智慧，用以指导、制约自己的行动。但他否定这些观念、智慧等是对于外部世界的客观规律性的反映，而认为它们只是人们随意制造的工具。因此，人们无法运用对外部世界的正确认识来指导自己的行动，在改造社会和自然的实践中克服盲目性，取得自由。在杜威看来，人们只能受偶然性、不稳定性的摆布。他感慨万端地说："人发现他自己生活在一个碰运气的世界；他的存在，说得粗俗一些，包括着一场赌博。这个世界是一个冒险的地方；它不安定，不稳定，不可思议地不稳定。它的危险是不规则的，不经常的，讲不出它的时间和季节的。这些危险是持续的，但是零散的，出乎意外的。"①

把人在世界上的生活和行动当作是"碰运气""赌博""冒险"，这比狭隘的经验主义更加否定人们的行动、实践的规律性，哪里还谈得上什么受理性、"创造的智慧"的指导呢？可见，杜威的探索方法，尽管具有科学和客观的外表，其实不过是叫人怎样去碰运气、怎样去赌博而已。显然这不是什么真正的科学方法，而是在科学和客观的外表下，去适应反动资产阶级、野心家、阴谋家、江湖骗子们对于方法论的需要。

---

① 杜威：《经验与自然》，傅统先译，商务印书馆1960年版，第36页。

第三章

实用主义的社会历史观

从实用主义产生之日起,它的代表人物就把编造适应资产阶级需要的社会政治理论作为实用主义理论体系的主要内容,以对抗历史唯物主义和科学社会主义。美国实用主义最早的组织"形而上学俱乐部"的主要成员之一约翰·费斯克,就是从社会历史问题方面来论证实用主义的原则的。在他的眼中,历史无非是人们按照自己的需要、方便而虚构出来的事件的堆积,从而是无规律可循的。这样,他就取消了对历史事件的实际进程的客观研究,否定了对社会历史的研究是一门具有客观内容的科学。"形而上学俱乐部"的另一主要成员霍尔姆斯把实用主义的原则推广到了法学方面,建立了一套实用主义的法学理论。他把法看作是人们可以任意杜撰的行为的工具、方便的假设。他在其主要著作《习惯法》(1881)中说:"法的本质,在任何特定的时间,几乎相当于就其所及的范围内为当时认为便利的东西。"法的标准就在于它"能够作出所希望的结果的程度"①。

在建立实用主义的社会历史理论方面,实用主义的奠基人詹姆士比费斯克、霍尔姆斯等人前进了一步,他的多元宇宙观正是实用主义的多元社会历史观的理论基础。他在《心理学原理》以及《实用主义》等书中系统地论证了资产阶级的抽象人性论,这种抽象人性论是实用主义的社会历史和政治理论的重要出发点。在《信仰意志》一书中,詹姆士在反对机械论的历史观的幌子下,对一切肯定历史的客观必然性和规律性的思想,进行了猖狂的攻击,把社会历史归结为伟人、天才人物的创造,这为整个实用主义的英雄史观、天才论定下了基调。不过,詹姆士本人主要只是从一般原则上来论述实用主义

---

① 霍尔姆斯:《习惯法》,1881年英文版,第2页。

的唯心主义历史观,他还没有系统地阐述社会历史问题的各个具体方面。

建立系统的实用主义的社会政治理论,并使之在美国和其他资本主义国家的资产阶级社会政治理论中发生强大影响的工作,是由杜威及其追随者们完成的。关于社会历史、政治及道德教育等问题的论述,是杜威全部理论活动中极重要的组成部分。几乎没有任何社会政治问题不为他所论述,没有任何社会政治事件不引起他的注意。杜威的追随者、美国资产阶级哲学家乔治·雷蒙德·盖格尔说:"在杜威的悠久的一生中,他远非仅是一位职业哲学家。除了许多方面外,他曾经是一位政论家和编辑,甚至是一位写小册子的人和宣传家……甚至随便翻一下若干年的一个时期内的报纸,就会使读者注意到杜威在社会问题方面的特殊的兴趣。没有一个有意义而重大的自由运动是未曾得到他的慷慨的支持的,而且没有一个提出了特殊的贡献和批评的主义,不论怎样不正统,是未经他认明而过去了的。"①盖格尔对杜威的这种吹捧从反面告诉我们杜威是怎样不遗余力地把他的实用主义理论用之于社会历史和政治领域的。因此,批判实用主义的社会历史和政治观,首先就要剖析和批判杜威的理论。

一、杜威论社会哲学的改造

杜威是打着"哲学的改造"的招牌来攻击唯物主义、鼓吹实用主义的。在社会政治问题上他也打出了改造以往社会哲学的招牌。他所谓社会哲学的改造就是要取消以往一切社会政治理论,把社会政治问题的研究变为一种对社会政治问题上的行为方法的探索,把实验探索方法(即他所谓科学方法论)扩及于社会政治领域。杜威和他的追随者都吹嘘"这种实验方法论之设置会在社会和政治哲学中引起一次真正的哥白尼式的革命"②。

---

① 乔治·雷蒙德·盖格尔:《杜威的社会和政治哲学》,引自石尔普编:《约翰·杜威的哲学》,1951年英文版,第345页。
② 同上书,第342页。

下面我们来看看杜威怎样批判传统的社会哲学,他又怎样把他的探索方法用于社会领域。

首先,我们来看杜威是怎样批判传统的社会哲学的。

在外表上,杜威对于以往社会政治理论采取了全盘推翻的态度。他认为社会政治理论所涉及的无非是社会和个人及它们之间的关系问题。在处理这个问题上的见解,可以归结为三种类型:第一种是主张个人至上,认为社会必须服从个人;第二种是主张社会至上,认为个人应服从社会,遵奉社会为他所规定的各种目的和生活方式;第三种是认为社会和个人相互关联,是一个有机体,"社会需要个人的效用和从属,而同时亦要为服务于个人而存在"①。杜威认为第三种见解比较适当,可以避免个人至上论者和社会至上论者的片面性。但它同前两种类型的见解一样,是用一般概念来概括社会政治问题,从而是从概念出发的。它也预先提出了关于社会和国家的一般概念,再用它们去规定社会和个人的特殊的情境。杜威说,这三类见解有一个共同错误,即它们都"以一般的观念概括特殊的情境"②。杜威认为,这种由一般概念构成的社会政治理论不是针对具体的人、具体的组织和社会的,它们对指导人们的社会生活、行为没有什么帮助。因为人们所需要的指导,总是具体的、特殊的。"我们所要明了的是个人的这个或那个集体,这个或那个具体的人,这个或那个特殊的制度和社会组织,而传统所接受的逻辑却以关于诸概念的意义和概念相互间的辩证关系的讨论代替这种研究的逻辑。而那些讨论又是'国家也者'、'个人也者'或普通所谓社会那样的制度的性质等字句演述出来的。"③例如就家庭生活说,人们需要的是在解决具体的家事(如家庭中的具体困难)上得到指引,然而传统的社会政治理论所给予人的,只是关于家庭的论文或关于个人人格的神圣性的断定。又如,人们想知道一定时间、地点、条件下私有财产制度的意

---

① 杜威:《哲学的改造》,许崇清译,商务印书馆1958年版,第101页。
② 同上。
③ 同上。

义,而传统的社会政治理论所提供的却只是某种关于财产的定义(例如普鲁东的定义或黑格尔的定义)。

杜威竭力装出一副同情革命的面孔,认为这种由一般概念构成的传统的社会政治理论不仅不能指导人们的行为,反而有害于社会的进步和改造。因为把一般概念的意义和价值放到特殊的具体情境上去,就会掩盖后者的缺陷,"隐蔽了迫切改革的需要","做了替现存秩序作理智的辩护的工具"[①]。例如,杜威指责黑格尔关于社会政治的理论起了敌视法国革命、充当维护普鲁士反动国家的工具的作用;指责社会有机体论把个人和社会说得和谐一致,掩盖了个人和社会、资本和劳动的冲突,从而也就掩盖了改革的必要。

杜威否定传统的社会政治理论的这些议论仅仅在外表上是革命的。这里的问题在于,杜威把传统的唯心主义的社会政治理论(例如黑格尔的理论)从一般概念出发,同一切社会政治理论均由一般概念构成混为一谈。黑格尔等人的理论从概念出发,否定一般概念是由对特殊的、具体的东西认识抽象概括而来,而把一般概念当作第一性的东西,使具体的、特殊的对象服从这种一般概念,这当然是荒唐的。这样的理论的确不能指导人们的行为,更不能指导人们去进行社会改造,反而可能成为反动阶级维护现存社会秩序的工具。但这与肯定一切理论(包括社会政治理论)均由一般概念所构成的观点是完全不同的。我们知道,理论之成为理论,就在于它超出了特殊的、个别的东西的局限性,具有普遍的一般的意义。正确的理论是客观事物及其过程的本质、规律性的正确反映,而事物及其过程的本质、规律性正是一般的、普遍的东西。否定了理论是由一般概念构成的,就是否定了理论是对客观事物及其过程的本质、规律性的反映,这也就是否定了理论的客观基础,从而否定了任何理论存在的可能性。因此,当杜威通过否定社会政治理论应由一般概念构成去否定传统的社会政治理论时,他也否定了一切进步的和革命的社会政治理论,特别是否定了马克思主义的

---

① 杜威:《哲学的改造》,许崇清译,商务印书馆1958年版,第102页。

历史唯物主义和社会革命论。因为这些理论都不是应付特殊的、个别的情境的方法的汇集,而是由具有一般和普遍意义的理性概念所构成的理论体系。事实上,杜威也正是以马克思主义的历史唯物主义和社会革命论是由一般概念构成的体系为理由来否定它们。杜威的门徒盖格尔说:"杜威的拒绝遵循马克思的哲学……就是拒绝接受对社会和政治问题所作的形而上学解释。马克思的辩证法、阶级斗争、劳动价值论——这些都象作为它们的来源的任何黑格尔主义学说或经济古典主义学说一样抽象,而且,在杜威看来,一样实质上没有意义。……马克思主义象它所鄙视的个人主义的自由主义一样,是一种'关于一般概念的逻辑'。二者都依靠于一种关于一般原理的形而上学。"[①]

其次,我们来看杜威怎样把他的探索方法运用于社会领域。

我们知道,按照实用主义的"科学方法论",任何思想理论都不是客观规律的反映,而只是人们为了达到某种目的任意制定出来的计划、方便的假设或者说行为的方法,它们总是适应着特定情况下的特定的需要,是人们对某种特殊的、具体的刺激所作出的一种反应。因此,它们不具有任何普遍的意义。人们所遇到的情境总是特殊的,应付特定情境的方法也总是特定的。某一行为方法之是否正确,就看它在应付特定情境上能否成功。人们为了不断地行动,需要不断地探索"新"方法,不断地进行"实验"。实用主义者之所以要把这种方法推广于社会政治领域,也正是为了否定社会政治领域内的客观基础,否定社会政治事物的存在和发展的客观规律性,从而进一步排除人们认识社会政治事物的存在和发展的规律性,并在关于社会政治事物的规律性的知识的指导下去从事社会政治方面的行动。所以,当实用主义者谈到社会政治哲学的改造时,他们是把社会政治方面的问题归结为具体的人在处理具体的社会政治问题上的方法问题。杜威说:"是以哲学改造的真正端倪,与其说是关于制度、个人、国家、自由、法律、秩

---

① 盖格尔:《杜威的社会和政治哲学》,引自石尔普编:《约翰·杜威的哲学》,第358页。

序等一般概念的精炼,毋宁说是关于特殊情况的改造的方法的问题。"①换言之,按照实用主义的方法论改造社会政治理论,并不需要批判和摒弃那些不反映社会历史的客观规律性的反动理论,建立符合社会历史规律性的社会政治理论,而是去制定一系列应付特殊环境、特殊需要的社会行为的方法。

显而易见,按照实用主义的"科学方法论"去改造社会政治哲学,就是否定一切进步的和革命的社会政治理论;按照实用主义的"科学方法论"去指导改造社会的行动,就是否定对社会政治制度的真正根本变更,取消革命。由于实用主义的这种"科学方法论"排除了社会历史事件的客观本质和客观规律性,因此,也完全可以由此出发而对社会历史恣意进行歪曲;由于实用主义的这种"科学方法论"允许人们根据自己的意愿而提出这种或那种应付特定情境的办法,因此人们也完全可以据此杜撰出各种荒唐的甚至相互矛盾的社会政治理论。而这正是杜威等人在社会政治领域内所实现的"真正哥白尼式的革命"的根本含义!

二、实用主义的多元社会历史观

以所谓多元社会历史观来代替一元史观是实用主义者"改造"社会政治哲学的最主要的内容之一。他们在社会历史领域内的其他"改造"都与他们的多元历史观有着直接联系。

从理论上来说,实用主义的多元社会历史观是从他们的多元宇宙观直接推论出来的。实用主义的多元宇宙观的基本特点就是把物质和精神领域的各种不同事物、现象、方面、过程都当作是彼此独立、互不依赖的东西,没有何者是第一性、何者是第二性之分。但它们又同属于一个无所不包的经验整体,作为这个整体中的成分、元素。这种多元宇宙观在外表上超出唯物主义和唯心主义斗争之外,其实它仍旧是唯心主义的,因为实用主义者对经验的解释是主观唯心主义的。按照这种理论,对于世界上的任何事

---

① 杜威:《哲学的改造》,许崇清译,商务印书馆1958年版,第104页。

物以及整个世界,完全可以随心所欲地去作解释。实用主义者的多元社会历史观就是按照这种理论来解释社会历史的。

1. 多元社会历史观对社会构成的歪曲

什么叫做社会?社会是怎样构成的?历史唯物主义和传统的历史唯心主义都对此作了一元论的回答。历史唯物主义认为社会是以共同的物质生产活动为基础而互相联系的人们的总体,是人们的交互活动的产物,是生产关系的总和。传统的各种形式的历史唯心主义归根到底都是从社会意识出发解释社会。实用主义者表面上把各种不同的社会历史观(其中也包括唯物主义的历史观)都接受过来,"兼收并蓄"。他们认为,对社会历史也像对整个宇宙一样,完全可以从不同的出发点、角度、方面去解释。例如既可以像唯物主义者那样从社会经济关系去解释社会,把社会当作某种经济共同体;也可以像唯心主义者那样从思想、观念出发,把社会解释为因有某种共同思想观念而结合起来的共同体,例如某种文化、道德、宗教、教育的共同体(协会),甚至流氓盗窃集团也可以冠以社会的美名。总之,一切由这种或那种共同观念、这种或那种共同利益和目的结合起来的个人的组合,都可以称为社会。因此,实用主义者认为,根本不应当像历史唯物主义者那样把社会看作仅仅是生产关系的总和,也不要像某种特定的历史唯心主义那样对社会作出某种一般的解释。一句话,不要把社会看作是"一元"的,而要看作是"多元"的。多元的社会观,就是把社会看作是无定形的、变动的、纯粹相对的、可以随便解释的东西。杜威说:"社会是一个字眼,但它是无限多的东西。它包括人们由于联合在一起用以分享他们的经验和建立共同利益和目标的一切方式,如流氓群、强盗帮、徒党、社团、职工组合、股份公司、村落、国际同盟等。而新方法的效力在于拿这些特殊的、可变的相对的事实(与命题和目的的相对,而非形而上的相对)的研究去替换一般概念的矜持摆弄。"[①]杜威这段话集中地表达了实用主义的多元社

---

① 杜威:《哲学的改造》,许崇清译,商务印书馆1958年版,第107—108页。

会观的基本含义。

杜威等人在用他们的历史多元论解释社会历史时,竭力装出并不完全排斥唯物主义历史观的姿态。他们一再声称他们也主张在某些情况下用经济的原因来解释社会。杜威的门徒胡适说,实用主义者"极欢迎'经济史观'来做一种重要的史学工具"①。当代美国实用主义者盖格尔声称杜威的观点与马克思主义用经济原因来说明社会历史的观点并不矛盾,甚至还能促进马克思主义观点的运用。他说:"在马克思主义中有许多东西杜威不仅赞成,而且在一种真实的意义下他实际上曾有助于发挥其作用。那就是,经济史观曾被杜威本人用来说明哲学史的许多段落。"②

杜威等人的多元历史观果真能包含唯物主义历史观吗?不能。第一,实用主义者的多元社会历史观正如他们的整个多元宇宙观一样,是以经验为出发点的。然而他们对经验概念的解释表面上是"兼收并蓄"的、多元的,实际上却是主观唯心主义、反理性主义的。这点我们在实用主义的经验论章中已详加剖析。用这种经验观来解释历史,势必得出历史唯心主义的结论。事实上,与历史唯物主义的社会存在决定社会意识这个前提恰恰相反,实用主义的多元社会历史观的前提是社会意识(经验)决定社会存在。杜威说:"所谓社会就是使经验、观念、情绪、价值等得以互相传授而致彼此共同结合的过程。"③这显然是把心理的、精神的东西当作社会的基础。第二,当历史唯物主义讲到经济因素是社会诸因素中起决定作用的因素时,它所讲的经济指的是人们的生产关系的总和,是客观的东西。然而实用主义的多元历史观把经济解释为观念的东西。杜威对经济概念作了如下的解释:"经济的生活,范围所包很广。第一,包括人生的欲望,饥而思食,渴而思饮,和一切人生需要的种种目的。又因要达到目的,所以去劳动。第二,包含用以达到目的的种种工具、种种组织。第三,包含商品货

---

① 《胡适文存二集》卷二,第 43 页。
② 盖格尔:《杜威的社会和政治哲学》,引自石尔普编:《约翰·杜威的哲学》,第 357—358 页。
③ 杜威:《哲学的改造》,许崇清译,商务印书馆 1958 年版,第 111 页。

物,等等,就是一切欲望的结果。这三种都包含在经济生活之内。"①在此,杜威把人的欲望、目的摆在经济的首位,其他都是作为满足欲望、目的的手段、工具和结果而由欲望、目的派生的。因此,他是把人的主观欲望当作经济的本质。用经济来解释社会历史,就是由欲望、目的等主观的东西来解释历史。第三,历史唯物主义认为生产关系的总和是社会的决定要素。在阶级社会中,生产关系往往表现为级阶关系,社会历史领域内的一切往往是由阶级斗争所决定的,因而认为必须用阶级斗争的观点来分析研究社会历史。然而实用主义的多元历史观则排斥马克思主义的阶级斗争的观点。例如杜威在谈到社会的改造时,就认为这种改造"必须摆在社会的利益之下,而不是阶级的利益之下"②。当杜威等人具体阐述自己的社会、国家等观点时,他们也都排斥阶级斗争的观点。由此可见,实用主义的多元社会历史观同唯物主义的社会历史观,无论从哪一方面来说,都是根本对立的。

对于传统的各种形式的唯心主义社会历史观,实用主义倒确是将它们"兼收并蓄"起来了。因为,既然实用主义者认为可以对经验、社会作各种不同的解释,那么各种形式的唯心主义社会历史观就都可以并行不悖。人们可以在一种场合宣扬社会有机体论,在另一种场合宣扬社会心理决定论,情感、意志决定论;在第三种情况下宣扬上帝、绝对精神决定论,等等。在实用主义者的眼中,究竟如何看待社会,完全取决于各人在某时某地的某种需要,取决于哪一种唯心主义解释在特定的情况下对某人最有用处、最有效果。在某种境遇下,如果挂上唯物主义的招牌对他有用、有效,他也可以伪装一下唯物主义,比如承认经济因素的作用,反正不用时可以随便抛弃,另立主张。根据实用主义的真理论,对我有用、有效,使我获得成功的就是真理。真理与客观实在毫不相关。把这种观点用之于观察社会,就是认为怎样解释社会对我最有利、有用,我就怎样解释,至于社会的实际情

---

① 《杜威五大讲演》,第 41 页。
② 杜威:《教育者和阶级斗争》,引自拉特纳编:《当代世界的智慧:杜威的哲学》,1959 年英文版,第 702 页。

况如何，也是可以完全不管的。实用主义的这种社会历史观显然是一种极端主观唯心主义和相对主义的社会历史观。

2. 多元社会历史观对社会发展的解释

社会发展的动力是什么呢？历史唯物主义认为是社会内部的矛盾运动，即生产力和生产关系、经济基础和上层建筑的矛盾运动。历史唯心主义则从社会外部的精神、意识去寻求答案。实用主义者认为，既然社会是多种多样的，可以作各种不同解释，那它们就不可能有统一的动力，然而历史唯物主义和传统的历史唯心主义的观点都企图去寻找普遍的、统一的动力。它们都是片面的。它们的"理论已经简单化了，不是夸大人性因素……就是夸大'外在的'环境因素"[①]。前者认为"道德的力量是一切人类社会兴起和灭亡的最后的决定者"[②]，后者认为"经济条件是人类关系中最后的控制力量"[③]。按实用主义的观点看来，它们都是片面的。实用主义决心超出这种"片面性"。它认为，影响或决定社会发展的因素是多方面的。其中没有一个因素能经常地起主导的或决定的作用。人们只应当寻找对某一特定的社会在某一特定的情况下起决定作用的特殊原因或因素。在一种情况下，社会的发展变化是由于某种思想、观念的作用；在另一种情况下，是由于某种不可知的神秘的力量；在第三种情况下，可能是由于某种经济因素，等等。社会的情况是万千的，因此决定社会发展的因素也是万千的。这种多元论的社会历史观有时也被称为因素论。在实用主义者看来，它是最全面不过的了，是最没有片面性、局限性的了。

实用主义的多元的社会历史观果真是没有片面性的、超出了历史唯物主义和历史唯心主义的局限性吗？完全不是这么一回事。这是因为，尽管实用主义者提出了一大堆影响和决定社会发展的因素，但这些因素既不是

---

① 杜威：《自由与文化》，1939年英文版，第75页。
② 同上书，第12页。
③ 同上书，第14页。

第三章　实用主义的社会历史观

什么非物非心的、"中立"的东西,也不是没有依存关系的、孤立的东西。它们无非是物质的和精神的两大类,而实用主义者在这两大类中也必然要选定其中的一类作为决定因素。拨开实用主义者所散布的层层迷雾,我们可以看到他们从根本上否定了社会内部的客观的矛盾、社会的阶级斗争即物质的因素是社会发展的根本动力,而把脱离了物质因素的精神因素当作根本动力,因而实际上完全倒向了历史唯心主义。下面我们来看看他们是怎样倒向历史唯心主义的。

在具体说明影响社会发展变化的各种因素时,实用主义者把它们分为两大类,即个人与环境,或者说人性与文化。杜威说:"社会事件被看作一方面是人性的组成成分与另一方面是文化条件的相互影响。"① 实用主义者把人性归结为人的情感、本能、习惯,完全撇开了人的阶级性,从而他们所谓的人性完全是主观的东西。这一点我们将在下节详加剖析。至于所谓"文化""环境",他们却竭力给它们涂上"客观的""外在"的色彩。其实,它也仍是主观的东西。杜威说:"文化的情况是许多因素相互影响的情况,其中主要的因素为法律和政治、工业和商业、科学和技术、表现和传达的艺术;其次是道德的情况,或者是人所推重的价值和人对它们估价时所采取的方法,最后,虽然是间接的,是人辩护和批判他们所处的基本情况时所用的一般观念体系,即他们的社会哲学。"② 在此,杜威虽然也提到了工业、商业、科学技术等这些有"客观"外表的东西,但他根本不是把它们归属于不以人的意识为转移的社会的经济范围。它们同政治、法律、艺术、道德等一样是经验的表现形式,仍是精神的东西。事实上,杜威也肯定它们是由人的知识、思想等精神的东西所决定的。为什么欧洲会出现工业革命、出现机器大工业呢?在杜威看来,这不是由于当时的社会经济发展所决定的,而是由科学家们的思想、精神所决定的。他说:"……知识、思想精神的生活为社会生活的重要基础。这是很显而易见的。试问社会各方面,那一处

---

① 杜威:《自由与文化》,第 75 页。
② 同上书,第 23 页。

没有知识思想精神的基础。工业革命,固然在于机器增多,造成近世文明与古代文明大不同之点。但它的根本问题,却不仅在机器,而在一二百年以前的科学发达。因此可以推知,不是先有知识思想精神的变迁,决不会有工业革命。"①思想变迁决定社会变迁、社会意识决定社会存在,在这里是几乎不加掩饰地说出来了。

也正是由于杜威等实用主义者在"文化""环境"等这些模糊的名称下实际上肯定了思想、精神决定社会历史的发展,所以他们对肯定社会历史的发展是由客观因素决定的马克思主义历史观必然要极端仇视,极力加以歪曲和攻击。他们竭力把马克思主义的社会历史观歪曲为经济决定论,借口不能单纯用经济原因(而且是被他们歪曲了的经济原因)解释社会历史来否定马克思主义的社会历史观。他们把历史唯物主义关于阶级斗争是社会历史发展的动力的观点与科学对立起来,似乎阶级斗争排斥科学,而如果接受了科学,就必须否定阶级斗争的学说。杜威说:"科学的方法以及以它为基础的工艺学的兴起,乃是产生这个世界正在经历着的巨大变化的真正动力;这动力并不是阶级斗争,阶级斗争的精神和方法都是和科学对立的。"②

由此可见,尽管杜威等人竭力摆出"客观""全面"等姿态,他们的多元社会历史观与历史唯物主义是根本对立的,与过去的唯心主义的历史观是一丘之貉。

如果要说杜威等实用主义者的多元社会历史观有什么"独特"之处,那就是它的主观主义、相对主义、反理性主义、不可知论的色彩较之某些传统的唯心主义历史观更加突出,这从如下两点即可看出。

第一,既然实用主义者把社会看作是某种无定形的、可以随便解释的、纯粹相对的东西,把推动社会进化发展的因素看作是没有任何普遍性的、只有特殊性的主观的东西,他们当然就否定了社会历史发展的客观必然

---

① 《杜威五大讲演》,第110页。
② 杜威:《自由主义与社会活动》,引自拉特纳编:《当代世界的智慧:杜威的哲学》,第441页。

性,更谈不到承认社会历史的客观规律性。在他们眼中,社会中的一切,社会的进化和发展,都是纯粹相对的、偶然的东西。在社会领域内谈论什么规律性,那就是宣扬偏执的教条。杜威说:"诉诸必然性永远是教条的结果,理性并不要求除实验成果之外还知道什么,这是和偏执的教条相对立的。"①杜威的中国门徒胡适露骨地把历史看作是偶然事一件的堆积,完全出于个人偶然的行为。换言之,历史上的重大变更,是由个人的偶然行为所引起的。因而个人的一切偶然行为都有不朽的意义。请看实用主义者下面这段谬论:个人的"一切作为,一切功德罪恶,一切语言行事,无论大小,无论善恶,无论是非,都在那一大我(按指世界——引者)上留下不能磨灭的结果和影响。他吐一口痰在地上,也许可以毁灭一村一族。他起一个念头,也许可以引起几十年的血战。他也许'一言可以兴邦,一言可以丧邦'。善亦不朽,恶亦不朽;功盖万世固然不朽,种一担谷子也可不朽,喝一杯酒、吐一口痰也可以不朽"②。既然一个人说一句话、喝一杯酒、吐一口痰就可以改变历史,那当然就根本谈不到社会历史有任何规律性的东西可循了。

第二,实用主义者否定了社会历史的任何规律性,认为社会中的一切都是偶然发生的,他们势必得出社会历史现象不可知、人们的理性在社会历史面前无能的结论,更谈不到能对社会的发展提出什么科学预见。在现实世界中,人们只能听任偶然性的摆布。杜威说:"今天能左右个人行动的影响非常细致,以致是不可知的。我们受许多事件所支配,它们以意想不到的、猝然而猛烈的方式影响着我们。"③

三、实用主义的人性论

实用主义者的多元社会历史观把人性和文化当作社会历史发展的决

---

① 杜威:《自由主义和社会活动》,1935 年纽约英文版,第 38 页。
② 《胡适论学近著》第一集,第 636 页。
③ 杜威:《自由与文化》,1939 年英文版,第 45 页。

定因素。在上一节中，我们已经揭露他们所谓"文化"，虽然涂上了"客观"的、"物质"的色彩，其实仍属于主观的经验。因此他们并未脱离历史唯心主义的巢穴。至于对"人性"，他们的解释的唯心主义的性质就更明显了。唯心主义的人性论，是实用主义的社会历史观的重要理论依据。下面我们具体剖析一下实用主义的主要代表詹姆士和杜威对人性的解释。

1. 詹姆士关于本能、情感和习惯的理论

实用主义者是抽象的、超阶级的、普遍的人性论的狂热的鼓吹者。从实用主义产生之日起，鼓吹资产阶级的人性论就已成为他们的理论活动的最主要的内容之一。詹姆士在他的早期最主要的著作《心理学原理》(1890)中系统地阐述了他对人性的观点。他在这本书中指出，人具有一种由遗传得来的（也就是天生的）"有机的心灵结构"或者说"内部结构的天然财富"。之所以说它是"内部"的，是因为它与外部对象无关，而是由心灵内部所发出的，它的起源"隐藏在神秘中"①。这种"内部结构"包括本能、情感、习惯，它就是不变的人性。

詹姆士所谓的本能，指的是个人心灵的一种盲目的、自发的、不学而能的冲动。它创造了某种目的，而却没有预见到它，并且也不需要受教育就可以完成它。关于人类的本能的内容，詹姆士认为不仅包括食欲、性欲等欲望，也包括"占有""所有权""剥夺""残杀""好斗"等欲望。

詹姆士所谓情感是指随本能而起的心灵的一种冲动，同本能在本质上是相同的，二者可以相互转化，而且这种转化是渐渐地使人不知不觉地发生的。"每个能激起本能的对象也激起情感。"②同本能一样，情感的发生也是内在的。怜悯、忿怒、恐惧、骄矜等情感的发生都没有客观来源，而决定于心灵的内部结构。人们完全可以通过心灵自身的努力而引起或消除某种情感。例如使热情变成冷淡，使阴沉变成兴奋。"不让热情表现出来，

---

① 詹姆士：《心理学原理》第 2 卷，1890 年纽约英文版，第 633 页。
② 詹姆士：《心理学原理（选译）》，唐钺译，商务印书馆 1963 年版，第 259 页。

它也就消失了。于发怒之先,数一到十,发怒的情形就好象可笑了。……反之,整天闷坐,长吁短叹,无论怎样问你,总是用凄凉的声音答复,那末你的愁闷总要迟留下去了。假如要克服我们自己的不好的情感倾向,我们必须勤勉地,最初要冷冷地表演那些我们要发展的相反倾向的表面动作……持久这样练习必定有收获的:阴沉或郁闷的心境消灭了,反之,真正的兴致和慈祥的心境到来了。"①

至于詹姆士所谓习惯,则无非是本能和情感的连锁动作所引起的行动方式。因此,习惯的养成也不是出于人的实践活动,不受客观世界的影响,而是内在的本能和情感冲动的结果。人们的习惯的活动,实际上就是本能和情感的活动。詹姆士说:"由生成的倾向而来的习惯叫做本能。"②而习惯在他看来是威力无边的,人们的思想行动均是按照某种习惯产生和进行的。

詹姆士关于本能、情感和习惯的这些论调,即使从心理学范围说,也是唯心主义的伪科学。它的根本错误在于否定了人的心理活动的客观基础。就以本能来说,动物的本能是一连串的无条件反射,而这种无条件反射是在动物种族的长期发展过程中形成的,它们受外部条件强大的影响。至于人,的确也有,新生婴儿的某些活动就是本能活动。但是,人从出生入世之日起就生活在社会中,在阶级社会中则生活在一定的阶级和阶级关系中,他的各种欲望以及其他"本能"活动都是在一定的社会条件之下形成的,因此,它们必然要打上社会的烙印,至于人的情感、习惯,就更是决定于后天环境了。因此,不能离开人的阶级性、社会性来谈论人的本能、情感和习惯,否则就必然会把人的本能、情感和习惯降低到动物的水平,从而歪曲人的本能、情感、习惯的真相。例如,不从阶级分析出发,就不可能正确理解人们的热情、同情、愤怒等情感。坚持反动阶级立场的人对进步的和革命的阶级是不可能有同情的,对他们的革命事业是绝对激不起什么热情的。

---

① 詹姆士:《心理学原理(选译)》,唐钺译,第 282 页。
② 同上书,第 3 页。

反之，对一个真正的革命者来说，他的革命热情，他对敌人的忿怒，是出于他的深刻的阶级觉悟，而绝不是像詹姆士所主张的那样，作热情、忿怒的训练所能引起的，也绝不会用由一数到十或其他转移注意的方法所能取消的。因此，心理学要成为真正的科学，就必须把历史唯物主义关于社会存在决定社会意识的根本原理当作自己的基础，否则就必然要滑到唯心主义的伪科学邪路上去。

詹姆士还把他关于本能、情感、习惯的伪科学理论当作他的整个实用主义体系，特别是实用主义的社会政治观的理论前提。实用主义者的许多反动的社会历史和政治观点，正是直接由本能、情感和习惯等天生的人性推论出来的。

例如，既然按照詹姆士的解释，占有、所有权、剥夺、残杀、好斗等都属于人的本能冲动，即天生的、不变的人性，那么，生产资料的资本主义的私有制、资产阶级对无产阶级的剥夺、反动资产阶级对本国劳动人民和其他国家人民的暴力镇压、各资本主义国家之间的各种争夺以至战争，就都是出于不变的人性，从而是天经地义的了，对它们就不应进行具体的阶级分析了，当然更不应当用阶级斗争的方法去反对它们。社会发展的客观规律，特别是社会主义代替资本主义的客观规律，即消灭资本主义私有制、消灭一切剥削和压迫等，都可以宣布为违反人性而被否定了。

又如，按照詹姆士的解释，怜悯、忿怒、恐惧等人的情感同样是一种本能冲动，决定于人的"内部结构"，它们的产生、消失均出自心灵本身的活动。那么，社会存在决定社会意识、人们的情感思想以至理论的阶级性，就都是不可能的了。通过内心的努力，嗜血成癖的反动资产阶级可以培养出对无产阶级的"怜悯""同情"，对他们发"善心"；而无产阶级对反动资产阶级的忿怒，也可通过内心的努力而变成热情、友爱。总之，按照詹姆士的观点，人们在思想、情感上的一致或对立，没有客观的、物质的原因，没有社会历史、阶级根源，而仅仅取决于人的"内部结构"。也正是出于同一理论前提，在《实用主义》一书中，詹姆士还大肆兜售所谓气质论，把人们在思想、理论上的对立，哲学上两条路线的斗争，都归结为软心和硬心两种心理气质的冲突。

再如,按照詹姆士的解释,人们的习惯、行为方式是由本能和情感所造成的,是本能和情感的表现,而习惯又决定了人们的思想和行动方式,那么,一切社会问题,均可通过培养某种习惯来解决。詹姆士说:"所以习惯是社会的庞大稳定节动轮,是社会的最可贵的保守势力。只有习惯能使我们人人守分安命,能使豪富的人免得被穷窘的人妒忌反抗。只有它会使从小就学做人生那些最艰苦最可厌的职业的人不改途变业。习惯使渔人、水手冬天还在海上作业,使矿工老在黑暗里开矿,使农人在雪季总是钉住他的茅屋和寂寞的田园,使我们的地盘不致被住在沙漠和冰天雪地的人民来侵占。习惯把我们人人注定……习惯使社会各阶级彼此不相混合。"①詹姆士的这段话说明,他企图利用关于习惯的说教,来维护反动资产阶级的统治秩序,使渔人、水手、矿工、农民(也就是无产阶级和一切被压迫、被剥削的劳动人民)安分守己,即把自己的受苦受难的处境,看作是自己的"天性"所"注定"的,从而不去进行反抗和斗争。既然如此,一切关于穷人反抗富人、无产阶级和其他劳动人民反抗反动资产阶级的正义斗争,就会由于不符合人的习惯而被取消,一切有关这种斗争的理论也自然会因此被否定。与此同时,反动资产阶级则可借口由本能和情感而产生的习惯,去编造各种维护自己利益的反动理论。

2. 杜威的人性可变论

在鼓吹资产阶级人性论上,杜威同詹姆士是一脉相承的。他在《人性与行为》《自由与文化》《人的问题》等著作中,集中地论述了他的人性论观点。杜威没有给人性下过明确的定义,但他经常讲到"原始的人性"[2]、"人类原始状态的构造"[3]、"人性有其本身的构造""人的本性的结构"[4]。同詹

---

[1] 詹姆士:《心理学原理(选译)》,唐钺译,第 21 页。
[2] 杜威:《人性与行为》,1922 年纽约英文版,第 92 页。
[3] 杜威:《自由与文化》,1939 年英文版,第 13 页。
[4] 杜威:《人的问题》,1946 年纽约英文版,第 185 页。

姆士一样,他也肯定人性是由人与生俱有的心理结构所决定的,这是心理学研究的对象。他的《人性与行为》一书的副标题就叫做"社会心理学导论"。从杜威的这些论述中可以看出,他的观点同詹姆士心理学关于本能、情感和习惯的观点是一致的。不过,正如在整个哲学上一样,杜威在宣扬人性论方面也与詹姆士有所区别,这特别表现在他较詹姆士更加注意主张人性可变的招牌。

杜威认为,人性可分为两个方面,一方面是由人与生俱有的心理结构所决定的本能冲动、欲望等所谓"天生倾向",另一方面是这些天生倾向表现的形式。前者是先天的、不变的,后者是后天的、可变的,这两个方面各指哪些具体内容呢?它们之间的关系又怎样呢?弄清了这些问题,我们就可看出杜威的人性可变论的真相。

杜威说:"我们应当首先承认在某种意义上,人性并不改变。我不相信能证明:人们固有的需要自有人类以来曾改变过,或在今后人类生存于地球上的时期中将会改变。我所谓'需要',是指人们由于其身体构造而表现的固有的要求。例如对饮食的需要和对行动的需要,等于是我们存在的一部分。因此,不可设想在任何情况下,这些需要会停止存在。还有其他不是这样直接属于身体方面的,而在我看起来也仿佛是同样植根于人的本性之中的需要。我可以举出以下的例子:对某种合群的需要,显示自己的精力并把自己的力量作用于周围环境的需要,为了互助和斗争与自己的同伴合作或与之竞争的需要,某种美感的表现和满足的需要,领导和服从的需要等。"[①]"有些倾向是人的本性的不可分割的部分,如果这些倾向改变了,本性便不再成其为本性了。这些倾向通常叫做本能。"[②]。

杜威在这里所讲的"人们固有的需要""本能"是"植根于人的本性之中"的,是人的本性的表现。其中"直接属于人的身体方面"的是食欲、性欲等人的本能活动;而不直接属于人的身体方面的"合群的需要""合作或与

[①] 杜威:《人的问题》,1946年纽约英文版,第184页。
[②] 同上书,第185页。

之竞争的需要""美感的表现和满足""领导和服从的需要",则是属于人的情感。斗争性、同情心、占有欲以及团结、友爱、忿怒、恐惧等,也属于这一类。杜威在往下讲到人性的永恒不变方面时,他径直概括为"基本的需要和情感"①。本能(或称"基本的需要")和情感其实是统一的。情感也是某种需要、欲念,也是本能冲动的表现。它们同饮食男女等欲念一样,是人性中不可移易的东西,是使人性之所以成为人性的东西,是一个人的先天禀赋的一部分。杜威的这种观点同詹姆士的观点是完全一致的。现在我们来看看杜威是怎样论述人性的可变方面的。

杜威说:"承认了在人的本性的构造中有些不变的因素这个事实以后,我们容易犯错误的地方是从这个事实所作出的结论。我们假定这些需要的表现方式也是不变的,我们假定我们习惯了的表现方式,如同其所从产生的需要一样,都是自然的和不可改变的。"②"我已说过,依我的意见,斗争性是人性的一个构成部分,但是我也曾说过,这些本性的因素之种种表现是可改变的,因为它们常为风俗和传统所影响。战争的存在并非由于人有斗争的本能,而是由于社会情况和势力导引,差不多强迫这些'本能'走上战争的道路。"③

杜威的上述这些话,外表上的确是强调人性可变,并且他作出了同强调人性永恒不变的人划清界限的姿态,甚至还对他们进行指责。然而这是否意味着杜威放弃了他同詹姆士等其他实用主义者所共同鼓吹的资产阶级抽象的人性论呢?当然不是。

第一,杜威是在肯定天生的人性不可移易这个基本前提下来承认这些人性的表现形式可以发生变化。然而,人性的表现形式的变化却只能是围着人性的根本内容打转转,它们不能取代和改变内容。可见,不论杜威等人如何使劲地叫喊人性可变,但他们都始终没有越出人性中最本质的东西

---

① 杜威:《人的问题》,1946年纽约英文版,第189页。
② 同上书,第185页。
③ 同上书,第186—187页。

不变这个范围。

第二,杜威的人性可变论丝毫没有越出关于人们的情感、思想不决定于社会存在,而决定于人的天生的人性这个抽象的人性论的基本观点的范围。杜威所谓人性的改变是怎样发生的呢?是由于人受后天的社会影响吗?不是的。因为,尽管杜威也大谈其人性和文化的相互影响,大谈其"社会情况"对人性的作用。然而,正如我们在上面已指出的,杜威所谓的"文化""社会情况",根本不是指以人们的物质资料生产方式为基础的客观的物质情况,而是属于他所鼓吹的那个兼收并蓄的经验范围以内的东西,它们归根到底也是人性的产物。这样一来,杜威就陷入了不可救药的循环论证:人性的改变决定于"文化""社会情况",而"文化""社会情况"的性质又决定于人性。一句话,人性本身决定人性的改变。

由此可见,杜威的人性可变论同赤裸裸的人性不变论只有形式上的区别,在本质上是完全一致的,都是同历史唯物主义的原则针锋相对的。

四、实用主义的英雄史观

社会历史究竟是由英雄、天才人物创造的,还是由人民群众创造的?对这个问题的不同回答,是划分历史唯物主义和历史唯心主义的主要标志之一。历史唯物主义认为社会历史是物质资料生产方式的发展和变更史,由此它又进一步认为社会历史是物质资料生产者本身的历史,社会历史是由劳动者创造的。历史唯物主义承认伟大和杰出人物对社会历史可以起重大作用,但它是在肯定人民群众自己创造历史这个前提下来承认伟大和杰出人物个人的作用的。历史唯心主义认为社会历史的发展是由社会意识所决定,而社会意识被他们归结为个别英雄、天才人物个人的智慧和意志的产物,或者是他们所体现的神意或某种神秘的精神力量的产物。因此历史唯心主义者必然是英雄史观的鼓吹者。实用主义的历史唯心主义立场也表现在他们是英雄史观的贩卖者。但他们却又给英雄史观涂上了一层"客观"和"科学"的色彩,以此掩饰自己的历史唯心主义的真实面目。

第三章　实用主义的社会历史观

早在1880年,詹姆士曾在哈佛大学"自然历史学会"上作过一篇题为《伟人及其环境》的讲演(后来和作为这篇讲演的补充的《个人的重要性》一文一道,收录于他的《信仰意志》一书中),这篇讲演系统地阐述了实用主义的这种伪"科学"和"客观"的英雄史观,在实用主义中颇有代表性。在这一节中,我们主要根据詹姆士的这篇文章来揭露实用主义者怎样在"客观"和"科学"的幌子下重复早已遭到破产的英雄史观的种种滥调。

1. 实用主义英雄史观的中立和客观伪装

我们在上面曾经讲到,实用主义的多元社会历史观把社会历史发展的动因,归结为"人性"和"文化"这两个因素的相互作用。他们所谓的"人性",指的是个人的本能冲动,是个人与生俱有的;所谓"文化",指的是个人所处的"环境",特别是"社会环境"或者说"社会境遇"。它们实际上仍是人性的产物,是主观的东西,但在外表上却是客观的。实用主义者企图用承认这种"客观"因素的作用来掩盖他们的多元历史观的唯心主义实质。同样,当实用主义者宣扬英雄史观时,他们也玩弄了同一种伎俩。他们一方面肯定社会历史是由个别伟大人物创造的,另一方面又承认"环境"的作用,妄图以此来证明他们的英雄史观是一种没有片面性的、中立的社会历史观。詹姆士的下述一段话就集中地表现了这种企图。他说:"社会的进化是两种完全不同的因素的相互作用的结果。一方面是个人,他从生理的和社会以下的力量的作用取得其独特的天赋,但他拥有一切创始和本源的力量;另一方面是社会环境,它具有接受或拒绝个人及其天赋的力量。这两种因素都是主要的,没有个人的冲动,社会就会呆滞,而没有社会的感应,这种冲动也会消亡。"①

从表面上看,詹姆士在此不仅肯定了伟大人物创造社会历史的作用,也承认了伟大人物能否利用自己的"独特的天赋"去推动社会历史,要取决于社会环境"接受"还是"拒绝"他们的天赋,即是否能得到"社会的感应"。

---

① 詹姆士:《信仰意志》,1917年纽约英文版,第232页。

如果社会环境不"接受"某个人物的天赋,那这个人即使很有天赋,仍无法发挥其创造历史的作用。"不是每一个'人'均生逢其'时'。不相适应的情况是存在的。某一个天才可能出现过早或过晚。"①在詹姆士看来,约翰·穆勒要是生活在10世纪,就会默默无闻死去。克伦威尔和拿破仑之所以成为伟人是因为有英国革命和法国革命;格兰特②之所以闻名是因为有美国内战。总之,没有一定的社会环境,天才人物就不能成为推动历史前进的英雄人物。应该承认,詹姆士的这种议论,与那些赤裸裸地鼓吹社会历史纯系个别英雄人物创造的观点的确有所不同。然而,只要考察一下詹姆士所谓"社会环境"指的是什么,以及"社会环境"又怎样"接受"或"拒绝"英雄人物及其天赋,就会发现这种不同就只有表面上的意义了。

问题在于,詹姆士等实用主义者所谓的"环境",根本不是指不以人的意识为转移的客观世界;所谓"社会环境""社会境遇"也根本不是指以人们的物质资料的生产方式作为基础的社会存在,而是指人的主观经验。这一点我们上面已反复指出过了。因此,当詹姆士等人说天才人物创造社会历史要以社会环境"接受"他们为条件时,丝毫不是指天才人物的活动要受客观的社会历史条件的约束。换言之,天才人物推动历史前进,他们之所以成为英雄人物,并不是因为他们的思想和行动适应了客观的社会历史规律,能带领广大群众去实行革命变革;而不过是指作为"社会环境"的经验与作为英雄人物的天才的经验之间建立了某种直接的联系。反之,如果某个天才人物生不逢时,他的天赋不为社会所"接受",那也不是因为这个人的思想和行动不适应客观的社会历史规律的需要,而只是由于他的"个人冲动"没有获得"社会感应"。

诚然,詹姆士并没有把伟大和杰出人物的天赋和社会环境(或者说个人冲动和社会感应)看作是同一个东西。个人的天赋、个人的冲动只能是

---

① 詹姆士:《信仰意志》,第229—230页。
② 格兰特(Ulysses Simpson Grant 1822—1885)美国共和党人。南北战争时期任联邦军总司令,后任陆军部长。1868—1875年任美国总统。

第三章　实用主义的社会历史观

某一个别人本身所独有的,而社会环境、社会感应则处于某一个别人的天赋、冲动之外。然而,詹姆士并未因此而说社会环境是不以人的意识为转移的客观的社会存在,而只是说它们是由许多个人的天赋、冲动以及它们的创造所造成的。总之,社会环境是由许多人的意识所构成的。对此,詹姆士本人作了进一步的解释。他提出一个问题:为什么伊丽莎白女王时代的英国不同于安娜女王时代的英国、今天的哈佛大学不同于30年前的哈佛大学呢?他对这个问题的回答是:"不同是由于许多个人、他们的范例、他们的创导以及他们的决心的累积起来的影响。"[①]所谓"社会环境"正是指的这种由许多个人所累积起来的影响。换言之,所谓社会环境,是由许多天才人物所共同造成的。

因此,当詹姆士说某个个人的天赋没有为"社会环境"所接受时,他不过是指这个人的天赋与这种累积起来的影响不相合。换言之,这个个人的天赋与其他先于他的个人的天赋及其创造不相合。正是在这种意义上,詹姆士说:"值得注意的重要事情是:使某一天才人物与他的环境不相容的,通常是这样的事实:某些在先的不同气质的天才人物已经使社会偏离于他可能起作用的范围。"[②]

由此可见,詹姆士鼓吹的社会历史的发展由个人冲动和社会感应,或者说由个人天才和社会环境共同决定,是指许多个人冲动、许多个人天才共同决定的。换言之,某个个人的天才要能发挥其创造历史的作用,必须与其他天才人物的天才相适应。社会历史不是某一个孤立的天才人物创造的,而是他同其他一些天才人物共同创造的。

詹姆士的这种"共同创造论"也并没有改变他的英雄史观的唯心主义本质,因为,这正像实用主义者将个人的经验改为集体的经验没有改变他们对经验的解释的主观唯心主义性质一样,他们之所以要求将个别天才人物同其他天才人物结合在一起,也丝毫没有改变他们对天才的解释的主观

[①] 詹姆士:《信仰意志》,第218页。
[②] 同上书,第230页。

唯心主义性质。主张许多英雄人物创造历史同说一个英雄人物创造历史，都同样是抹杀了社会历史的客观规律，抹杀了广大人民群众作为历史真正主人的作用，都同样把社会历史当作天才人物的任意创造。詹姆士的这种英雄和社会环境共同创造论既不是"中立"的，也不是"客观"的，而仍然是一种主观唯心主义的社会历史观。

2. 实用主义英雄史观的科学外衣

詹姆士等实用主义者在鼓吹英雄史观时，还披上了科学的伪装。这突出地表现在他们歪曲地利用达尔文进化论，特别是他关于变异的学说，来作为伟大人物产生的原因，并进而作为社会发展的原因。詹姆士的如下一段话，集中地表现了这种企图。

"伟大人物的产生的原因，处于为社会哲学家所完全不能达到的领域。他必须简单地接受天才作为材料，正如达尔文接受他的自发变异一样。对于他，也像对于达尔文一样，唯一的问题是：这些材料既经给予，环境怎样作用于它们，它们又怎样作用于环境？我则断定，可见的环境对伟大人物的关系从主要方面来说，同达尔文哲学中讲的环境对变异的关系恰恰相同。它主要是接受或拒绝、保存或摧毁，总之是选择了他。"[①]

詹姆士这段话的含义主要有如下两点：第一，伟大人物产生的原因不属于社会历史范围，而是属于生物学、生理学的范围。伟大人物正如生物的新种一样，是自发变异的产物。第二，伟大人物和环境的关系同达尔文进化论中讲的自发变异和环境的关系一样。环境只能接受或拒绝、保存或摧毁他，而不能决定他是否产生。第二点我们在上面已经谈到了，这里谈他的第一点。这一点牵涉到了两个问题。一是：詹姆士歪曲了达尔文关于自发变异的学说；其二是：他利用这种被他歪曲的学说来说明伟大人物的产生以及一切社会历史问题，也就是把社会历史问题变成了生物学的问题。

[①] 詹姆士：《信仰意志》，第 225—226 页。

第三章 实用主义的社会历史观

变异是达尔文进化论的一个基本概念,它指的是同一物种或类型内不同个体之间性状的差异,这种差异是生物界普遍存在的。由于生活条件直接或间接的作用,同一种属内的不同个体的性状总会有所不同。世界上完全相同的个体是不存在的。在激烈的生存斗争中,那些具有有利于适应环境的变异的个体,将有较多的机会被选择保存,而那些适应较差的个体则将被淘汰。由于遗传的关系,那些被选择的、有利于适应环境的变异,逐渐演变成了某一物种的比较固定的性状,甚至使物种的基本性状发生了改变,这就意味着产生了新种。生物的进化就是通过这种途径实现的。达尔文对变异的解释同他的整个进化论一样,是有缺点的。例如,物种的变异是有规律地发生的还是偶然发生的?他对这个问题的回答,就显得很混乱。他往往过分强调了变异的偶然的一面,甚至把变异叫做自发变异。但是达尔文并不否认每一种变异有其自己的原因,也不认为它们可以违背自然规律。他只是没有搞清楚变异中所体现的偶然性和必然性的辩证统一关系。

然而,当詹姆士援引达尔文关于变异的理论时,却对它作了歪曲。他抹杀了外部环境对物种变异的影响,把它看作是无关紧要的,他也抹杀了变异现象的必然性,把变异过程当作是生物内部所发生的一种纯粹偶然的、且不为人所知的过程。这样,他就把变异神秘化了。他说:"达尔文的第一个成就在于指出这些由直接的适应(指对外部环境的适应——引者)所引起的这些变化是毫不足道的,而由分子的内在的偶然性所引起的变化则要巨大得多,对后一种变化我们毫无所知。"[1]詹姆士一再强调引起变异的这种内在的变化的不可知性,认为它"是任何直接的观察所不可能达到的"[2]。他也一再强调这种变化不受环境的影响,认为它"可以同任何社会的、政治的和物理的环境条件相容"[3]。

---

[1] 詹姆士:《信仰意志》,第 223 页。
[2] 同上书,第 224 页。
[3] 同上。

詹姆士在对达尔文的变异学说作这样的歪曲后，便用它来说明伟大人物的产生。在他看来，伟大人物之所以成为伟大人物，根本原因在于他们具有独特的气质、天才，而这种独特的气质、天才正像生物的性状一样，是由人的生理结构、而且是不可知的生理结构，即"分子的内在偶然性"所引起的。在他看来，人类社会接受或拒绝（选择）某个天才，同生物界的接受或拒绝（选择）自发变异一样。于是，他进而用这种自发变异来歪曲社会历史的发展。因为按照他的看法，既然伟大人物的产生是出于生理结构的原因，而社会历史又是由伟大人物所创造的，那必然得出社会历史的变化和发展决定于人的生理结构的结论。这实际上就是把关于社会历史的理论归结为用唯心主义精神歪曲了的生物学理论。

詹姆士的这种理论是荒谬的。因为他错误地解释了英雄和杰出人物产生的原因。马克思主义告诉我们，伟大人物之所以能成为伟大人物，主要的不是出自他们本身的先天素质，而是出于客观的、社会历史方面的原因。只有当某个人物的思想和行动适应和符合社会历史发展的客观规律的要求，而且能够带领广大群众按照历史规律去进行斗争并取得胜利时，他才可能被人们承认为伟大人物。

人的头脑在生理素质和反应机能等方面是有所不同的（不过这种差别往往是很微小的），有的人的确在某一方面可能比别人"聪明"一些。但是这种主观的天才条件只是给成为天才人物提供了某种可能性，并不能使人成为现实的天才人物。要成为现实的天才人物，必须依靠后天的实践及从事这种实践的客观条件。发声器官较好的人不一定就能成为歌唱家，对数学有较敏锐感觉的人不一定能成为数学家。不管要成为什么领域的专家（也就是杰出人物），只有依靠在这个方面的实际锻炼，即依靠后天的实践，才有可能实现。具有主观天才条件的人很多，但真正成为杰出人物的却要少得多。原因就是他们缺乏后天的实践，或者是缺乏从事某种实践的客观条件。相反，历史上许多杰出人物主观的天才条件并不突出，但依赖他们后天的顽强努力，即实践，终于成了杰出人物。社会历史活动领域内的杰出人物的产生，情况也同样如此。马克思、恩格斯、列宁、斯大林之所以能够作出他们的理论,除了他们的天才条件之外,主要是他们亲自参加了当时的阶级斗争和科学实验的实践,没有这后一个条件,任何天才也是不能成功的。

因此,与詹姆士之流的论断相反,英雄、伟人、杰出人物正是后天实践的产物,客观条件的产物。离开后天的实践活动,离开从事这种实践活动的客观条件,任何具有天才条件的人都无法成为杰出人物。人类历史的发展有其不同于自然界发展的特殊规律性,人类社会中杰出人物的产生也有不同于生物界的遗传和变异规律的特殊规律性。达尔文的进化论所揭示的生物进化规律只对生物界有效,不适合于人类社会的发展。恩格斯指出:"把动物社会的生活规律直接搬到人类社会中来是不行的。"①列宁也指出:"生物学的一般概念,如果被搬用于社会科学的领域,就变成空话。"②由此可见,詹姆士用达尔文进化论来解释伟大人物的产生以至解释整个社会历史的发展,虽然披上了科学的外衣,其实是反科学的。

3. 打着反宿命论的招牌宣扬宿命论

詹姆士等实用主义者在鼓吹英雄史观时,还竭力作出强调人的能动作用、反对宿命论的姿态,实际上他们不过是在前门挂着反宿命论的招牌,在后门则大肆贩卖宿命论。

我们先来看他们是怎样"反对"宿命论的。

詹姆士在《伟人及其环境》中论述了英雄人物个人对社会历史的创造作用以后得出结论说:"历史的进化观点如果否定个人创造性的极端重要性,就会是一种极其含糊的而且不科学的概念,是从近代科学决定论而坠入最古老的东方的宿命论。"③单从词句上看,詹姆士在此俨然是宿命论的激烈反对者。然而,事实却并非如此。

---

① 恩格斯:《自然辩证法》,人民出版社1971年版,第284页。
② 《列宁全集》第14卷,人民出版社1957年版,第347页。
③ 詹姆士:《信仰意志》,第245页。

这里的问题在于，詹姆士所反对的实际上不是真正的宿命论，而是历史唯物主义的决定论。这突出地表现在他不遗余力地否定历史发展的客观规律，把关于社会历史规律的理论当作宿命论加以攻击。他在《伟人及其环境》中说："谈论'历史的规律'，把它当作某种不可避免的东西，科学只能去发现它，从而它的后果任何人都可预言，但丝毫不能改变它或回避它，这是愚妄的。"①他在《个人的重要性》一文中说："从我这方面来说，我不得不把当代社会学学派关于平均数、一般规律和先定倾向的议论，以及它们对个人的区别的重要性的必然低估，看作是一种最有害的和最不道德的宿命论。"②

詹姆士把历史唯物主义的决定论当作宿命论加以否定，就为他夸大英雄、天才人物的作用开辟了道路。在他看来，英雄人物一经产生，并为环境所接受，就可以不受任何客观规律性的约束而改变环境、改变社会历史面貌，推动并决定着社会的进化，决定历史的方向，请看他如下一段话：

> 一旦环境接受并保存了伟大人物，它就会由于受到他以创始的和独特的方式所加的影响而发生改变。他就像一种酵素那样起作用，并改变了它的结构，这正像一种新的动物品种的出现，就改变了它出现的地区的动物区系和植物区系的平衡一样……伟大人物出现后的情况也是如此。不论他是从外面进来的如克莱武③之在印度或阿伽西茨④之在美国，或是土生土长的如穆罕默德或弗兰克林，都在或大或小的规模上，使先前存在的社会关系产生一种重新安排。

> 因此，社会之从一个世代到另一个世代的转化，主要是（直接或间接）出于一些个人的行动或范例，他们的天才非常适合于当时接受，或

---

① 詹姆士：《信仰意志》，第 244 页。
② 同上书，第 261—262 页。
③ 克莱武（Robert Clive 1725—1774）：原在英国东印度公司任职，后积极参与和策划侵略印度的战争。担任过印度马德拉斯邦和孟加拉邦的邦长。
④ 阿伽西茨（Louis Agassiz 1807—1873）：美国动物学家和地质学家。原籍瑞士，1846 年移居美国。1848 年获哈佛大学动物学和地质学博士学位。

第三章 实用主义的社会历史观

者他们偶然的权威地位非常关键,以致使他们变成酵素,运动的创导者,先例或习惯的创立者,败坏的中心,或其他人物的精神摧毁者。这些其他人物的天赋如果能自由发挥,会把社会引向另一方向。①

在詹姆士看来,国家民族的存亡、兴衰以至整个社会历史的一切,都取决于英雄、伟人的个人活动。战争与和平取决于国王和大臣们的判断,战争的胜败取决于将军,宗教取决于先知,艺术、科学和工业取决于各该领域内的天才。② 因此,人们根本就不应去谈论什么历史规律,更不应企图去认识历史规律并以历史规律来指导自己的行动,而只应当崇拜天才人物个人的活动。詹姆士是如此极端,以致认为那些极明显的反动人物的个人行动也是必须肯定和崇拜的。他说:"从我们所作的分析中得出的教训……就是号召竭力激发个人的活动能力。甚至反动保守分子对于那些他不可能希望完全防止的变化所作的顽固的抵抗,也要看作是正当的、能表现出效果的。"③

从詹姆士上面这些议论可以看出,他把伟大人物个人的能动作用同社会历史的客观规律绝对对立起来了。似乎承认了社会历史的规律性,就会扼杀个人的能动性,就是让人们做社会历史的奴隶,就是宿命论。为了肯定伟大人物个人的作用,就必须把对社会历史的规律性的承认当作宿命论而予以否定。显然,他关于英雄、伟人的个人的能动性的这些论调,是十足的主观唯心主义和唯意志主义。

主观唯心主义、唯意志主义在表面上同否定人们的主观能动作用的宿命论是截然对立、水火难容的。但是,它们在否定社会历史发展的客观规律性方面却又是一致的。因此,它们完全可以被反动哲学家拿在手里,或交替使用,或同时并用,充当反对历史唯物主义的工具。詹姆士等实用主

---

① 詹姆士:《信仰意志》,第226—227页。
② 同上书,第227—228页。
③ 同上书,第245页。

义者就是惯于玩弄这种伎俩的老手。他们在利用主观唯心主义和唯意志主义夸大英雄、伟大人物的个人作用的同时,还煞费苦心,竭尽全力地宣扬什么历史的一切都受偶然性摆布、人们在社会历史面前无能为力、只能听天由命。那么,主观唯心主义、唯意志主义同信仰主义、宿命论又是怎样在詹姆士等实用主义者的那里相互融合在一起的呢?我们就来作一番剖析。

首先,按照詹姆士的观点,天才人物的产生与社会历史无关,而纯系来自生理结构上的原因,即所谓"分子的内在的偶然性"。因此,天才人物在何时何地产生,以及他具有什么样的特质,都完全是偶然的。

其次,既然社会历史本身并不存在什么客观规律性,那么,它们究竟"接受或拒绝"什么样的天才人物,也纯属是偶然的事。

再次,被"接受"的天才人物之所以能推动历史前进、创造历史或者给社会带来灾难,也并不受客观规律的约束,而完全出于他们的主观意志,这当然也纯粹是偶然的事。詹姆士一再强调个人的聪明愚笨以及他们的生活道路,国家、民族、社会的状况及发展方向等,都是由偶然因素决定的。例如,他说:"社会服从它们的理想,而每一个偶然的成功会肯定某一个理想,正如每一个偶然的失败会否定某一个理想一样。"[①]"社会可以沿着许多道路进化,某一个酵素的偶然存在,决定了它们将以什么样的方式进化。"[②]总之,社会历史领域内的一切都是出于偶然,社会历史完全是一个偶然性的王国。

把偶然性与必然性绝对对立起来,把社会历史领域内的一切都当作是纯粹偶然的东西,那就是把一切都当作是纯粹相对的、不确定的东西,这当然会否定人们有认识社会历史的可能性,就会把社会历史领域当作是一个不可知的领域,即理性和科学所不可及的领域。这样一来,人们在社会历史面前必然都完全是无所作为的,人们对于认识社会历史的一切要求,掌握自己命运的任何努力,都将是难以满足而又徒劳无益的,人们只能把希

---

① 詹姆士:《信仰意志》,第228页。
② 同上书,第229页。

第三章　实用主义的社会历史观

望寄托于社会历史以外的某种精神力量,即上帝。一切听从上帝的安排,祈求上帝的拯救,这自然是不折不扣的信仰主义、宿命论。英雄史观和宿命论这两个表面上相反的东西在实用主义那里就这样在否定社会历史的客观规律性、否定历史唯物主义的决定论的共同基础上统一起来了。

当詹姆士等实用主义者讲到剥削阶级及其代表人物时,竭力把他们说成是可以创造一切的英雄,而讲到广大劳动人民时则赤裸裸地把他们当作受命运摆布的群氓。在实用主义者的眼里,广大劳动人民天生就是愚笨的,无所作为的,他们只能跟着天才人物走。正像森林中的鹦鹉、八哥一样,具有说话的能力,但自己不会,必须有人去教它,广大劳动人民本身也是什么也不会,只能由天才人物来教导、指引。① 詹姆士说:"下等人的智慧是非常平庸的,这是一个最平凡的自明之理。他们是习惯的奴隶,他们做别人教会他们做的事,不能有所偏离;干瘪、单调、平凡是他们的标志……他们把世界看作当然的东西,他们的唯一天赋是忠诚和老实,借此他们有时能激起我们的称赞。但是,即使这种忠诚,似乎也具有一种无机的痕迹,它使我们想到的与其说是那种善于作出抉择的坚强的人的意志,不如说是一块死材料的不变特性。如果当我们去看野兽,它们的这些特性更加明显。"② 詹姆士的这些议论非常清楚地表明:实用主义者对广大劳动人民是何等地卑视,又是如何不惜使用肮脏的语言,进行污蔑和侮辱的。即使与把劳动人民当作"畜群""市蝇""败类""废物"的法西斯的思想先驱尼采相比,詹姆士也是毫无逊色的。劳动人民既然被说得如此低贱,那他们还能有什么作为吗? 还能掌握自己的命运吗? 当然不能。他们只能做命运的奴隶。

对于实用主义者来说,效果、用处、"兑现价值",是衡量和评价一切的根本标准,他们在鼓吹英雄史观和宿命论时,也是以此作为根本标准。当他们需要给反动统治阶级及其代表人物的任意妄为作辩护,为他们高踞于

---

① 詹姆士:《信仰意志》,第229页。
② 同上书,第247—248。

广大人民群众之上的地位作论证时，鼓吹英雄史观最为有用、有效果，于是他们就竭力宣扬英雄史观，以反对宿命论为名来反对历史的规律性、反对决定论；当他们需要诱使无产阶级和广大劳动人民不去认识社会历史的规律，放弃斗争和革命时，宣扬人们在社会历史面前无能为力、一切服从命运的摆布的信仰主义、宿命论，最为有用、有效，于是他们就公开鼓吹宿命论。

五、实用主义的庸俗进化论

对达尔文的进化论进行歪曲并用它来说明社会历史的发展，把社会历史的发展说成只能有不明显的渐进的、量的变化，不能有明显的质的飞跃，从而排斥对社会制度进行根本的改造，把无产阶级和广大劳动人民群众争取解放的斗争引上资产阶级改良主义道路，这是实用主义的社会政治理论的主要内容之一。

实用主义者在自诩为"进步哲学家""社会改革家"时提出的一个主要理由是，他们在社会历史领域内反对因循守旧、固步自封、主张社会历史同整个经验世界一样处于不断变化和发展过程中。当他们把自己的哲学称为"生长哲学""过程哲学"时，也意味着要从"生长""过程"的观点来看待社会历史。然而，这并非表明实用主义者接受了唯物辩证法来研究社会历史，实际上他们只是用庸俗进化论来歪曲人类社会历史。早在1880年，当实用主义的完整的理论体系尚未被炮制出来时，詹姆士在一篇讲演中就已公开鼓吹用达尔文的进化论来解释历史的发展了。他说："在社会进化的事实和达尔文所阐述的动物进化的事实这两个方面之间，存在着惊人的类似，这点我想从未被人注意过。"① 说"从未被人注意过"，这是不真实的。在达尔文提出进化论大致同时，就已经出现了实证主义者斯宾塞以及新康德主义者朗格等人的所谓社会达尔文主义。这种社会达尔文主义正是歪曲进化论，把在生物学中应用的一般概念（而且是被歪曲了的，不反映生物

---

① 詹姆士：《信仰意志》，第216页。

第三章　实用主义的社会历史观

界的客观规律的概念)搬用于社会历史领域,将社会历史科学生物学化,抹杀它反映社会历史规律的特点。詹姆士把社会的进化同生物的进化相提并论,这不过是承袭斯宾塞、朗格等人的衣钵罢了。他认为在社会进化与达尔文所阐述的动物进化有"惊人的类似",但这只是说明,实用主义者同实证主义者、新康德主义者有着"惊人的类似",而这种"惊人的类似",主要是由他们的共同的阶级立场所决定的。当然,在实用主义者同斯宾塞等实证主义者以及朗格等新康德主义者之间也是有区别的。斯宾塞、朗格等人的社会学着重于歪曲利用进化论关于动植物界生存斗争和自然选择学说,而实用主义者则着重于歪曲利用达尔文关于生物界质变和量变的关系的糊涂思想,特别是所谓"自然无飞跃"的错误观点,并由此作出社会历史只能是渐进的量的变化,而不可能有质的飞跃,只能改良、不能革命的结论。

用庸俗进化论解释历史,詹姆士在实用主义者之中是一个"先驱者",最具体而明确阐述这种观点的则要算杜威及其追随者。杜威所反复宣扬的观点是:社会的进步只能是一点一滴的量的进化,而不可能是根本的质的变革。1919年杜威在中国所作的一篇讲演中说:"要知道进化不是忽然打天上掉下来的,是零零碎碎东一块,西一块凑拢起来的;……社会的进步是今天一点,明天一点,从各个方面各个地进步的;是拿人力补求它、修改它,帮助它,使它一步步朝前去。所以进化是零卖的,不是批发的,是杂凑的,不是整包的。"①杜威的学生胡适把杜威的这种思想归结为"一点一滴的进化","一点一滴的解放","一点一滴的改造"②。

实用主义者把社会历史的发展归结为点滴的进化而否认飞跃和根本性的变革,这也就是把社会历史的变革归结为解决一些细小的、零碎的、具体的、特殊的问题,而不去触及社会制度的根本变革。按照实用主义的观点,无产阶级和一切被压迫被剥削的劳动人民,在争取社会改革的事业上,不应当、也不可能期望得到比某些细微的、具体的、特殊的进化所取得的好

---

① 杜威:《社会哲学与政治哲学》,载《杜威五大讲演》。
② 《胡适文存》卷四,第164页。

处更多的东西了。他们只应当去求取眼前的细小的利益而不应去追求革命的长远的利益；只应当关心社会眼前的细小的改革，而不应当去考虑什么长远的社会制度的根本改革。在实用主义者看来，眼前的细小的利益、眼前的细小的改革、眼前的细小的进步就是一切。至于社会制度的长远的、根本的变革则是可望而不可及的。杜威露骨地说："除非进步是现在的改造，否则它就什么也不是。如果进步不能由属于转化运动的那些性质来解释，那就绝不可能对它作出评价。"①又说："每天为自己操心就够了，只要我们有能够纠正行动的动力，并且力图使斗争变为和谐，使千篇一律的生活变为丰富多采的图画，使有限的东西变为扩大的东西，这就够了。正在改进就是进步，而且是人们所能设想和达到的唯一的进步。"②由此可见，杜威等实用主义者关于社会的进化的理论，是一种侈谈改良而排斥革命的理论，是一种企图把无产阶级和一切被压迫被剥削的人民推翻旧社会、建立新社会的革命斗争引向资产阶级改良主义路线的反动理论。

从这种改良主义立场出发，实用主义者对一切有关社会革命的理论，特别是对马克思主义关于无产阶级社会主义革命的理论进行猖狂的攻击，并针锋相对地提出了他们的社会改造的具体纲领。在这方面，胡适就是一个很好的例证。"五四"时期，马克思主义开始传入中国。适应着当时中国人民的反帝、反封建革命斗争的需要，李大钊等中国最早的马克思主义者开始在中国宣传马克思主义的革命理论。这时胡适便竭力贩卖实用主义的改良主义以资对抗。1919年7月，他发表了题为《多研究些问题，少谈些主义》的文章，鼓吹人们应当"多多研究这个问题如何解决，那个问题如何解决，不要高谈这种主义如何新奇，那种主义如何奥妙"③。据他说，主义这个东西是抽象的东西，是与具体的、现实的事实相隔离的。如果人们"高谈"主义，那就会忽略对这个或那个具体问题的解决。"主张成了主义，

---

① 杜威：《人性与行为》，1922年纽约英文版，第282页。
② 同上。
③《胡适文存》卷二，第151页。

第三章 实用主义的社会历史观

便由一个具体的计划,变成了一个抽象名词。主义的弱点和危险,就在这里。"①他在《漫游的感想》一文中说:"世间的大问题决不是一两个抽象名词(如'资本主义'、'共产主义'等等)所能完全包括的。最要紧的是事实。现今许多朋友却只高谈主义,不肯看看事实。"②他认为,对于无产阶级和一切被压迫、被剥削的人民来说,对于要求进行社会改革的人来说,重要的是去抓住一些具体的问题,给予解决,不是去谈什么资本主义还是共产主义,无政府主义还是马克思主义。胡适还针对当时中国社会改造问题,提出了一个关于应当解决的具体问题的清单,其中包括人力车夫的生计问题、妇女缠足问题、裁兵问题等。后来,他又把中国的社会问题归结为"贫穷……疾病……愚昧……贪污……扰乱"③。在胡适看来,所有这些问题的解决都与中国社会的根本制度的解决无关。换言之,可以不反抗帝国主义对中国的侵略,不改变中国的封建主义经济制度,不触动当时中国的军阀割据的社会基础,就能解决人力车夫的生计、妇女缠足以及裁兵等问题,可以不实行彻底的民主主义革命并进一步实行社会主义革命,就能在中国消除贫穷、疾病、愚昧、贪污、扰乱。

胡适的这些论调并不是他个人的什么独创,而是照搬他的老师杜威等人的主张。我们在上面已指出:杜威等人所鼓吹的关于社会哲学的改造的根本观念,就是用一系列应付特殊环境、特殊需要的社会行为的方法,去取代一切反映社会历史发展客观规律的革命理论。杜威在《新社会的经济基础》一文中,讲到他在 20 年前,也就是中国的"五四"时期写的一篇文章中,曾提出当时美国等帝国主义国家的社会弊端主要有三个:"我们的社会秩序过去不能保证它的成员得到稳定和有用的就业";"许多工业人口的低下和非人的生活水平";"战争暴露了生产和分配效率方面所存在的严重弱点和缺点"④。简单说来,这三个弊端就是失业、穷困、生产和分配管理不

---

① 《胡适文存》卷二,第 149—150 页。
② 《胡适文存三集》卷一,第 63—64 页。
③ 参看《胡适论学近著》第一集,第 442 页。
④ 杜威:《新社会的经济基础》,见拉特纳编:《当代世界的智慧:杜威哲学》,第 416—419 页。

善。它们都是由帝国主义的腐朽的社会经济制度所引起的。但杜威却撇开帝国主义的社会经济制度,而把这些派生的特殊问题当作是根本问题,这样他就掩盖了资本帝国主义社会的社会问题的真相和本质。怎样解决资本主义社会的社会问题呢?怎样对资本主义社会进行改造呢?杜威认为就是解决失业、贫困以及生产和分配管理不善等问题。他说:"我认为对一个较好的社会制度所作的第一个要求,就是对每一个有工作能力的人保证他享有工作的权利;……第二,……使一般生活水准提高和维持在较高的水平上面……第三,……实行较大的企业自治。"①在此,杜威完全排除了推翻资本主义的社会制度、建立社会主义社会制度的革命,以解决这些问题为幌子来抹杀社会革命的必要性。

事实证明,杜威、胡适等人的这些主张,是完全错误的,根本行不通的。如果不解决社会的根本制度问题,不推翻腐朽反动的社会制度,建立符合历史发展的客观规律要求的新的社会制度,一切具体的、特殊的社会问题的解决,势必是不可能的。尽管杜威等人在几十年前就已开出了医治这些社会弊病的药方(其实,在杜威以前早已有人开出了同样的药方),然而,由于他们排除了推翻腐朽的资本主义、实现社会制度的根本变革这味主药,不仅没有治好资本主义社会的这类弊病,相反这类弊病却与日俱增,更加严重起来。就在《新社会的经济基础》一文的开头,杜威就不得不承认他关于社会改造的"希望破灭","目标未曾实现"。

为了推进社会历史的进步和发展,是否应当排除对失业、贫困、疾病、愚昧等具体的、特殊的社会问题的解决呢?是否应当完全否定一点一滴的进步、一点一滴的改造呢?不是。

这些问题是必须加以解决的,但应当把它们同实现社会制度的根本变更密切联系起来,把后者作为解决这些问题的前提。如果谁根本否定具体的特殊的社会问题的解决,根本否定点滴的进步,那谁就会把社会制度的变更和革命变成空谈。列宁指出:"'大事业'成功之后,推翻资本家私有制

---

① 杜威:《新社会的经济基础》,见拉特纳编:《当代世界的智慧:杜威哲学》,第420—422页。

并把政权交给无产阶级的政治变革实现之后,要在新基础上建设经济生活,又只能从一点一滴做起。"①杜威等实用主义者在社会的变化、发展问题上的谬误,并不在于他们提出了要解决失业、贫困、人力车夫生计等具体的、特殊的社会问题,并不在于他们肯定一点一滴的进化,而在于他们把具体的、特殊的社会问题的解决同社会制度的根本变更对立起来,把进化同革命对立起来,用解决具体的、特殊的社会问题来取代社会制度的变革,用进化来取代革命。

---

① 《列宁全集》第 30 卷,人民出版社 1957 年版,第 475 页。

第四章
实用主义对马克思主义的歪曲和攻击

实用主义作为反动资产阶级世界观的理论体系,必然是与作为革命无产阶级世界观的理论体系的马克思主义哲学针锋相对的。皮尔士、詹姆士、杜威等早期的实用主义者主要是通过建立一种唯心主义和形而上学哲学来对抗马克思主义,在他们的著作中,直接驳斥马克思主义的文字并不多。至于当代的实用主义者,则往往把宣扬实用主义同歪曲和攻击马克思主义哲学直接联系在一起。在这方面,杜威的门徒胡克表现得特别突出。他不仅用公开的、直接的语言说出了他的前辈还没有说出或只是隐晦地说出的反马克思主义的思想,而且系统地用实用主义来歪曲、攻击马克思主义,妄图取代马克思主义。实用主义者究竟是怎样歪曲和攻击马克思主义的呢?胡克就是一面镜子。因此,在本章中,我们主要来剖析胡克的哲学。

一、胡克思想的发展过程及他反对马克思主义的主要手法

胡克用实用主义来歪曲和攻击马克思主义有一个发展过程。他1923年在纽约大学毕业后即到杜威所在的哥伦比亚大学读研究生。1927年他出版了《实用主义的形而上学》,取得博士学位。这时,他主要是阐述杜威的工具主义。他在这部书开头的"致谢"中承认他的主要论点深得杜威的帮助,杜威个人给了他以"莫大的鼓励"。杜威也特意为这部书写了一篇序言,赞赏胡克对工具主义运动有"深刻的理解",其"论述远远超出在考虑实用主义时所常常出现的争论的水平"。1928—1929年,胡克得到古根海姆学会和福特基金会的资助,出国研究,曾在柏林大学和慕尼黑大学研究马克思主义,并短期到莫斯科马恩列学院见习。当时,他甚至参加了美国共

第四章　实用主义对马克思主义的歪曲和攻击

产党的青年组织。他一开始就是从实用主义的立场出发来研究马克思主义的。1934年起,胡克任纽约大学哲学系主任,1939年升为教授。一直到1970年以荣誉教授退休,他的大部分活动是在纽约大学进行的。在20世纪30年代,他先后出版了《对马克思的理解》(1933)与《从黑格尔到马克思》(1936)这是他以实用主义来修正马克思主义的早期著作。在40年代,他出版了《理性、社会神话和民主》(1940)《历史中的英雄》(1943)等著作。这时,他同一批资产阶级的反共专家以及30年代被美共清除的叛徒一道,大肆攻击列宁特别是攻击斯大林,为托洛茨基等人辩护,并拼凑所谓"非斯大林主义的马克思主义理论"。在50—70年代,胡克抛出了《马克思和马克思主义者》(1956)《政治权力和个人自由》(1959)《"有"的寻求》(1961)《自由与矛盾情况》(1962)《自由社会中的宗教》(1967)《革命、改革和社会正义》(1975)等著作,继续以马克思学说的"专家"身份攻击马克思主义。在这个时期,他与赫鲁晓夫、勃列日涅夫集团遥相呼应,抓住了斯大林的一些错误,把它们当作是马克思列宁主义的错误。当苏联成了与美国在世界范围内进行争夺的超级大国后,胡克代表美国资产阶级的利益,对苏联的霸权主义有所揭露,但他把与马克思列宁主义毫不相容的霸权主义说成是马克思列宁主义的产物,实际上矛头仍然指向马克思列宁主义。

胡克思想发展的这几个阶段不是截然割裂的,实用主义的基本观点把它们联系在一起。在这几个阶段中,他都反复玩弄着这样一个手法:把马克思同恩格斯、列宁、斯大林等他所谓"正统派马克思主义者"割裂起来,把马克思歪曲为一个资产阶级的自然主义者、黑格尔辩证法的简单继承者、人道主义者、民主社会主义者。一句话,歪曲为资产阶级的实用主义者。把恩格斯、列宁歪曲为费尔巴哈的简单继承者、机械论者、布朗基主义者、极权主义者。从而认为马克思本人的学说与恩格斯、列宁等所发挥的马克思主义是根本对立的。他认为,真正继承和发展了马克思学说的,不是恩格斯、列宁、斯大林及各国马克思主义者,而是杜威及他自己。他甚至吹捧杜威及他自己比马克思本人更懂得马克思主义。因为据他说,马克思本人的学说是含糊不清的。马克思的"全部主要思想以及思想之间的相互关系,任何地方也没有一种有系统的说明"①。马克思的思想"是真实的、含糊的和虚假的东西的混合物"②。而杜威和他胡克则廓清了马克思主义的这些含糊不清的地方。他宣称:"在今天的世界上,马克思思想中最优秀因素在其中得到表现的最杰出的人物便是约翰·杜威。这些因素都为他独立地作了发展,而且是超出了在马克思著作中所发现的任何东西之外系统地对它们作了精心研究。"③

胡克究竟怎样用实用主义来歪曲和取代马克思主义呢?下面从几个主要方面加以评述。

二、用经验自然主义冒充辩证唯物主义

胡克用实用主义来歪曲、顶替马克思主义,首先表现在他企图把马克思主义的辩证唯物主义歪曲为实用主义的经验自然主义。

胡克认为辩证唯物主义有两种意义。一种是由恩格斯、列宁、斯大林所阐述的,作为共产党人制定其路线、方针、政策的理论基础的学说,对此他竭力攻击和否定。另一种是作为一种自然主义哲学的体系,对此他竭力赞同和鼓吹。他所孜孜以求的就是要把辩证唯物主义歪曲成为一种自然主义哲学。他说马克思的辩证唯物主义是一种"进化的自然主义"④,企图在"赞同"马克思的名义下用这种自然主义来取代真正的马克思主义的辩证唯物主义。

自然主义,这是不少现代资产阶级哲学家经常使用的一个哲学概念。不少人宣布自己是自然主义者。自然主义的最基本的特点,就是宣称世界既不是统一于物质,也不是统一于精神,而是统一于将物质和精神都包含在内的自然。然而,什么是自然呢?人们可以从不同的哲学立场出发,对

---

① 胡克:《马克思和马克思主义者》,第一部分第1章。
② 同上书,第2章。
③ 胡克:《理性,社会神话和民主》,第7章第10节。
④ 胡克:《从黑格尔到马克思》,1936年英文版,第73页。

它作出各种不同的甚至完全相反的解释。因此,在"自然"这个概念下,也像在"经验"概念下一样,隐藏着唯物主义和唯心主义两条哲学路线的斗争。杜威、胡克等实用主义者自命为自然主义者,是为了把实用主义标榜为超出唯物主义和唯心主义斗争之外的哲学。我们在上面已经揭露,杜威的经验自然主义实际上是一种主观唯心主义。当胡克把辩证唯物主义者当作是自然主义者时,他的目的在于把辩证唯物主义歪曲为实用主义类型的唯心主义。

胡克究竟怎样把辩证唯物主义说成是自然主义,从而把辩证唯物主义歪曲为实用主义的呢?在他的《科学与辩证唯物主义》一文中,有这样一段话:"作为自然主义哲学的一个体系,辩证唯物主义的教义已由西方某些形式的进化的自然主义约略勾出了轮廓,这些自然主义企图建立起比在专门科学中所能发现的任何普遍性更广泛的某些关于世界的结论。这些结论之一是:无论在何处发现的价值,都与人的利益、意识或愿望有关。从这个结论得出了分析性的后果:关于作为人类活动场所的物质世界的真理,在政治上是中立的。""从这个意义上说,信仰辩证唯物主义与信仰无论什么社会哲学——共产主义、民主主义或法西斯主义——在逻辑上都是可以相容的。"[①]

胡克的这段话中包含了他用自然主义对辩证唯物主义所作歪曲的主要内容。其中有两点最为突出:

第一,他认为辩证唯物主义不是由无产阶级的革命导师马克思和恩格斯所创立、列宁等马克思主义者所发展的,而是由"西方某些形式的进化的自然主义"所提出的。换言之,辩证唯物主义就是"进化的自然主义"的一种形式,马克思不过是附和这种进化的自然主义罢了。

其实,"进化的自然主义",这仍是一个模糊的概念。在当代美国,就有着各种不同的"进化的自然主义"。胡克所讲的"西方某些形式的进化的自然主义"是指什么呢?请看他对自然主义是怎样讲的:

[①] 胡克:《科学与辩证唯物主义》,载《政治权力与个人自由》。

"自然主义作为一种哲学,把物质当作自然科学研究的题材。"[①]物质不是不以意识为转移的客观存在,而只是人的感觉经验所及的自然科学的题材,从而是感觉经验的东西。这是实用主义以及一切其他形式的实证主义的一个共同观点。

"常识和自然主义都认为任何不以某些观察效果为根据的东西,要断言其存在是没有根据的。"[②]效果、成功是衡量事物存在的尺度。这正是实用主义的一个主要观点。

"如果我们想获得新知识,自然主义者说,我们必须遵循科学探索的基本模式——看问题所在,陈述假设,作出推论,执行实验并进行观察。"[③]"自然主义作为一种哲学就是对这些程序的系统思考和加工的结果。"[④]这正是杜威早就提出过的"探索方法"(思想五步说),即实用主义的实践和认识方法。

由此可见,胡克所主张的自然主义,无论从哪个角度说,都不过是杜威实用主义,即所谓经验自然主义的同义词。前面缀以"进化的"美名,也并未改变其实质。事实上,实用主义者一直标榜他们的哲学是一种"进化的""生长的"哲学。胡克把这种"进化的自然主义"当作是辩证唯物主义,这就是把实用主义当作辩证唯物主义,把杜威及他本人标榜为辩证唯物主义的主要代表人物。

第二,胡克认为"价值"的东西,即政治、道德等社会历史和思想领域内的东西只与"人的利益、意识或愿望有关",而与作为自然主义体系的辩证唯物主义无关。因此,"信仰辩证唯物主义与信仰无论什么社会哲学——共产主义、民主主义或法西斯主义——在逻辑上是可以相容的"。换言之,辩证唯物主义同历史唯物主义以及科学社会主义是不相干的。这一点正是胡克歪曲、篡改马克思主义的一个最重要的手法,他在许多著作中一再

---

① 胡克:《自然主义与第一原理》,载《"有"的寻求》。
② 同上书。
③ 同上书。
④ 同上书。

重复这种论调。例如他在《人与自然》一文中说:"辩证唯物主义的基本论断(所谓辩证的规律),就其有意义的范围来说,逻辑上既可以承认共产主义,也可以反对共产主义,二者是可以并存的……关于决定一个社会制度是否比另一个更值得向往这个问题的见解可以和决定什么是存在的本性的见解完全无关。反之亦然。"①

马克思主义的辩证唯物主义和历史唯物主义是一个不可分割的整体。列宁指出:"一般唯物主义认为客观真实的存在(物质)不依赖于人类的意识、感觉、经验等等。历史唯物主义认为社会存在不依赖于人类的社会意识。……在这个由一整块钢铁铸成的马克思主义哲学中,决不可去掉任何一个基本前提、任何一个重要部分,不然就会离开客观真理,就会落入资产阶级反动谬论的怀抱。"②

因此,如果谁把辩证唯物主义和历史唯物主义割裂开来,就会歪曲马克思主义哲学,就会否定它是无产阶级的革命的世界观、是无产阶级的社会革命学说的理论基础,就会把马克思主义哲学篡改为同资产阶级的反动哲学可以相容的东西。正因为如此,形形色色反马克思主义的哲学家总是竭力把辩证唯物主义同历史唯物主义、把马克思主义哲学同科学社会主义割裂开来,他们企图使人相信,唯物主义与唯心主义之争只不过是自然主义和非自然主义之争。至于社会历史以及政治等问题,根本不属于唯物主义与唯心主义之间争论的范围。关于社会历史、政治的理论是一些"价值"命题,即一些以伦理道德观念为基础的命题。某一种社会政治学说的正确与否,完全决定于人们从"价值"观点对它所作的评价,而与一般的自然规律无关。既然如此,那么马克思主义把辩证唯物主义同历史唯物主义以及科学社会主义联系在一起,就是没有根据的了。人们可以接受辩证唯物主义,但同时又完全可以拒绝甚至驳斥历史唯物主义和科学社会主义。在这方面,胡克等实用主义者算是最突出的了。他们一再鼓吹这种割裂的

---

① 胡克:《人与自然》,载美国《哲学周刊》,1959年第56卷第9期。
②《列宁全集》第14卷,人民出版社1957年版,第344页。

论调。

实用主义者的最重要的特点之一,就是竭力掩盖他们的哲学的党性和阶级性,似乎实用主义是对无论属于什么阶级、抱什么政治立场的人都适合的哲学。用詹姆士所欣赏的意大利实用主义者帕比尼所举的例子来说,实用主义好比旅馆里的一条公共走廊,它可通向住着各种不同类型的人的房间。当胡克等人把马克思主义的辩证唯物主义同历史唯物主义以及无产阶级的社会革命理论割裂开来时,他们也正是企图把马克思主义变成像实用主义那样的"走廊"。这也就是抹杀马克思主义哲学的阶级性和党性。

三、用工具主义歪曲马克思主义的实践论

胡克歪曲马克思主义的另一表现是,用实用主义的工具主义来歪曲和取代马克思主义的实践论。在这一方面,他所使用的主要手法是把马克思主义关于人的认识和实践的能动作用的理论同唯物主义的反映论割裂和对立起来,把马克思同恩格斯、列宁等马克思主义的其他经典作家割裂和对立起来。在胡克的笔下,似乎马克思强调实践在认识中的作用、强调人的实践和认识的能动性,而反对唯物主义的反映论;恩格斯、列宁则只强调唯物主义的反映论,而忽视了实践的作用,忽视了人的实践和认识的能动性。他由此把马克思歪曲为实用主义一类唯心主义者,把恩格斯、列宁歪曲为机械论者。下面我们来看看他究竟是怎样进行歪曲的。先看他如何歪曲马克思。

胡克一再引证《关于费尔巴哈的提纲》《德意志意识形态》等马克思的一些早期著作来作为根据,硬说马克思在这些著作中只是强调了人的认识和行动的能动性,而排斥唯物主义反映论。他的如下一段话就表现了这种企图:"马克思在这些著作中忠于他的黑格尔的传统,对把感觉和思维看作是环境作用于动物机体的被动的结果的一切机械唯物主义,进行了毁灭性的批判。他宣布以往一切唯物主义的主要缺点,总的来说是不能解释意识的活动,特别是不能解释文化的选择。费尔巴哈的爱的政见在政治上的消

第四章 实用主义对马克思主义的歪曲和攻击

极被动,是他相信感觉不过是客观世界的原原本本的影像、知识、复写的根源之一。在马克思看来,感觉是实践的感性的活动的形式。它们不是知识,而是对在行动中完成的知识的刺激。它们不可能是任何其他东西……一切社会的行为和变化都以存在于人心之中的观念为中介。因此观念不可能是被动的影像,它们必是行动的工具。"① 胡克的这段话,是对马克思的观点的肆无忌惮的篡改。

第一,他把马克思对旧唯物主义的批判同唯心主义者黑格尔对唯物主义的批判混为一谈。的确,马克思和黑格尔都批判过旧唯物主义的直观的认识论,即消极、被动的反映论,但他们的出发点不同。黑格尔批判旧唯物主义认识论的根本目的是抓住其直观性的弱点来否定其唯物主义,而他所主张的具有能动作用的实践是纯粹的精神活动。马克思批判旧唯物主义的认识论是因为它的直观性不能把唯物主义反映论贯彻到底。马克思只是批判旧唯物主义认识论的直观性,即消极被动性,而不是其唯物主义的反映论本身。马克思在批判旧唯物主义的消极被动的反映论的同时,又提出了能动的反映论。因此,胡克所谓马克思"忠于黑格尔的传统"的论调,包含了很大的歪曲。

第二,胡克认为费尔巴哈在政治上的消极被动,是他主张感觉是客观世界的影像、复写这种唯物主义反映论观点的根源。换言之,如果费尔巴哈在政治上是积极主动的,他就不会坚持唯物主义反映论。因此,积极主动同唯物主义反映论是不相容的,而消极被动倒是必然导致反映论。或者说,强调主观能动性,就必然要取消唯物主义反映论,坚持唯物主义反映论,就必然否定主观能动性。这种观点是胡克等实用主义者在认识和实践关系问题上的一个主要观点,为他们所一再鼓吹。

这种观点当然是荒唐的。费尔巴哈在政治上消极被动,不懂得革命实践的意义,没有参加革命的实践活动,这是他的唯物主义反映论带有直观的、消极的性质的原因,而决不是他主张唯物主义反映论的原因。在政治

---

① 胡克:《对马克思的理解》,1933 年伦敦英文版,第 37 页。

上以及其他方面发挥积极主动性,同唯物主义反映论不仅不抵触,反而是一致的。因为,要真正发挥积极主动性,必以正确地认识并遵循客观规律为前提,也就是以坚持唯物主义的反映论为前提。否则,所谓主动性、能动性就会成为唯心主义的主动性、能动性,就会是恣意胡为,鲁莽从事,必然碰壁,最后必然陷入消极被动的局面。实用主义者就是这样的。胡克说这是马克思的观点,纯属是对马克思的捏造和污蔑。

第三,胡克说:"马克思认为感觉是实践的、感性的活动的形式。它们不是知识,而是对在行动中完成的知识的刺激",观念是"行动的工具"。这完全是把实用主义对感觉、思维等工具主义的解释强加在马克思头上。马克思批判过费尔巴哈把感性不是看作实践的、人类感性的活动,即没有看作是实践。但他从来没有否定过费尔巴哈认为感觉是客观世界的复写这个唯物主义反映论的观点,从来也没有同意过感觉不是知识、而是对行为的刺激以及观念是行为的工具这种违反反映论的错误观点。恰恰相反,作为一个彻底的唯物主义者,马克思对感觉、思维等的解释同包括实用主义者在内的一切唯心主义者的解释是根本对立的。

在胡克的许多著作中,都充斥着对马克思实践论的上述这种实用主义的歪曲。例如他在《对马克思的理解》和《从黑格尔到马克思》中,都引证了马克思《关于费尔巴哈的提纲》第二条、第十一条。他硬说马克思在此"同黑格尔一道反对传统的真理定义……这个定义是:真观念是反映外部环境或同外部环境一致的观念"①。就是说,马克思在此反对唯物主义反映论。他认为,马克思所强调的只是行动,马克思把感觉、观念、概念看作仅仅是"行为规则"。"观念和原则被当作工具,力量借工具而取胜或失败,也仅仅如此。"②马克思主义本身也仅仅是一种"行为规则","行为方法",而不是什么科学的理论。他说:"马克思主义不是科学,不是神话,而是社会

---

① 胡克:《对马克思的理解》,1933年伦敦英文版,第95页。
② 胡克:《从黑格尔到马克思》,第12页。

第四章　实用主义对马克思主义的歪曲和攻击

行为的一种实在主义的方法。"①马克思的实践论是一种"自然主义的行动主义"②我们知道,实用主义者企图把他们的理论说成是超乎唯物主义和唯心主义之外的一种关于行为的方法论。当胡克把马克思的理论说成是"社会行为的一种实在主义的方法"时,他正是企图把马克思说成是实用主义的同道者。所谓"自然主义的行动主义",无非是实用主义的同义词。胡克甚至露骨地声称,马克思在《关于费尔巴哈的提纲》中所讲的话,"对于近代的读者来说","暗示着实用主义"③。

胡克在把马克思歪曲为一个实用主义者后,便来歪曲和攻击恩格斯和列宁。关于恩格斯的观点,胡克说:"在《路德维希·费尔巴哈和德国古典哲学的终结》中,恩格斯企图维护辩证唯物主义的唯物主义基础,没有充分强调马克思认识论中的这种能动的实践因素的地位和重要性。他接受了费尔巴哈的粗陋的公式(按照这种公式,感觉是外部世界的影像和复写),而没有解释如果它们仅仅是反映,就怎么能够促使事物发生转化或革命化。他不把感觉看作是认识的物质线索,而把认识与感觉同一起来,并把真理确定为感觉与外部世界的一致。人们怎样摆脱他们的感觉的不可思议的圆圈?他们怎样确定他们的感觉是否符合外部世界?他们事实上怎样知道存在一个外部世界?按照这种假设,就会是神秘的。"④

"诚然,恩格斯试图诉诸试验和实践来解决这种神秘。但是,既然恩格斯把试验看作是终之于感觉,而感觉又被看作是直接知识,那他就没有比休谟的近代的追随者们更接近于非感觉主义的真理和存在的标准,而他却用'试验证据'来反对他们。"⑤

从上面这些话可以看出,胡克认为恩格斯在认识和实践的相互关系的问题上背离了马克思,恩格斯忽视了人的能动作用,而接受了费尔巴哈的

---

① 胡克:《对马克思的理解》,1933年伦敦英文版,第104页。
② 同上书,第37页。
③ 胡克:《从黑格尔到马克思》,1936年伦敦英文版,第281页。
④ 胡克:《对马克思的理解》,1933年伦敦英文版,第37—38页。
⑤ 同上。

消极、被动的反映论,恩格斯停留在感觉的领域,无法用他的反映论说明人对世界的改造,无法证明外部世界的存在,恩格斯的实验、实践以感觉为终点,不能使他超出感觉的范围,从而恩格斯陷入了休谟的怀疑论等。

凡是读过恩格斯的《路德维希·费尔巴哈和德国古典哲学的终结》《反杜林论》《自然辩证法》等重要哲学著作的人,都可以看出胡克是在信口雌黄。因为在认识论上,恩格斯在这些著作中所坚持的是同马克思完全一致的革命的、能动的反映论的观点,是唯物主义和辩证法的统一。

例如在《终结》中,恩格斯批判地肯定了黑格尔的辩证法(这种辩证法同样适用于解决实践和认识的相互关系问题),批判了庸俗唯物主义,批判了18世纪法国唯物主义的直观性。指出了旧唯物主义的三个局限性(机械性、形而上学性、社会历史观上的唯心主义)。对于费尔巴哈,恩格斯不仅肯定了他的唯物主义的反映论,而且指出了他没有克服18世纪法国唯物主义的三个局限性。恩格斯在这本书中一再明确指出了他和马克思的唯物主义同包括费尔巴哈在内的一切旧唯物主义有着根本的区别。恩格斯也丝毫没有让自己停留于感觉的范围,更没有陷入休谟的怀疑论。恰恰相反,恩格斯在这里明确指出人们通过实践(实验和工业)可以驳倒一切怀疑论,可以正确地认识和改造世界。

在《自然辩证法》中,恩格斯一再指出人与动物的根本区别是人的劳动,即人的实践,一再强调人的主观能动性。例如他说:"动物仅仅利用外部自然界,单纯地以自己的存在来使自然界改变;而人则通过他所作出的改变来使自然界为自己的目的服务,来支配自然界。这便是人同其他动物的最后的本质的区别,而造成这一区别的还是劳动。"①"如果说动物不断地影响它周围的环境,那么,这是无意地发生的,而且对于动物本身来说是偶然的事情。但是人离开动物愈远,他们对自然界的作用就愈带有经过思考的、有计划的、向着一定的和事先知道的目标前进的特征。"②恩格斯在

---

① 恩格斯:《自然辩证法》,人民出版社1971年版,第158页。
② 同上书,第157页。

第四章 实用主义对马克思主义的歪曲和攻击

此所讲的人"使自然界改变""使自然界为自己的目的服务""支配自然界",人对自然界的作用是"经过思考的、有计划的、向着一定的和事先知道的目标前进",都是极明确地肯定了人的实践的作用、人的主观能动性。在《反杜林论》以及恩格斯的许多其他著作中,恩格斯也一再明确地阐述了辩证唯物主义的实践论、能动的反映论的观点。

总之,在认识和实践相互关系的问题上,正像在其他一切问题上一样,恩格斯和马克思是完全一致的。

关于列宁,胡克是这样议论的:

> 非常明显,列宁忽视了他在政治上的行动主义及作为其基础的关于相互作用的动力哲学,同机械适应的认识论之间的不相容。前者是在《做什么?》中表述的,后者是他在《唯物主义和经验批判主义》中所竭力维护的。在后一本书中,他逐字逐句地追随恩格斯,认为"感觉是事物的复写、摄影、形象和镜像",人心在认识中不是能动的。……为着当作社会革命的理论和实践的马克思主义概念的利益,列宁必须承认知识是一种能动的事情,是一种物质、文化和精神在其中发生相互作用的过程,承认感觉不是知识,而是知识借以工作的那些材料的一部分……谁要是相信感觉不过是外界的复写,以为它们本身能提供知识,谁就不能避免宿命论和机械论。①

胡克在此对列宁的歪曲同他对恩格斯的歪曲是一致的,即认为列宁在认识论上忽略了人的主观能动作用,是一个机械论者、宿命论者。其实,列宁是领导俄国无产阶级进行了具有伟大历史意义的十月社会主义革命的革命导师。列宁不只是发展了马克思主义,而且使马克思主义革命理论变成了革命的现实。全盘否定列宁,胡说他忽视了人的实践和主观能动性,这与活生生的大量事实相违背,实在难以使人相信。于是,胡克就玩弄了

---

① 胡克:《对马克思的理解》,1933年伦敦英文版,第61—62页。

一个新的花样,说列宁在哲学上和他在社会政治问题上、革命行动上存在着对立。似乎列宁的理论脱离实践。他在实践上是主张能动作用的革命家,而在理论上则是"逐字逐句追随恩格斯"的机械论者、宿命论者。胡克说:"列宁的哲学本身是不一贯的,和他自己的行为也是不符合的。据他看来,思想是事物的'映象',而他自己的思想并不是过去或现在存在的事物的映象,而只是大胆的行动计划或对于未来的展望。"①胡克这段话的意思是说列宁在行动上并未遵循反映论,而是遵循实用主义。因为把人的思想看作"只是大胆的行动计划或对未来的展望",这正是实用主义的工具主义的重要特点。

显而易见,胡克在此对列宁作了无耻的歪曲。因为列宁的革命活动同他的哲学理论是完全一致的。列宁所发展的无产阶级社会主义革命的理论以及他所领导的无产阶级革命的全部活动,正是以马克思主义的唯物主义的反映论作为认识基础的,而列宁的反映论同马克思、恩格斯一样,也是革命的能动的反映论。他在《唯物主义和经验批判主义》等著作中,对这点作了明确的论述。例如他指出:"生活、实践的观点应当是认识论的首要的基本的观点。"②"人的意识不仅反映客观世界,并且创造客观世界。"③列宁还对看不到实践在认识中的作用的形而上学的、直观的认识论作了尖锐的批判,明确指出应当把辩证法运用于认识论。例如他说:"在认识论上和在科学的其他一切领域中一样,我们应该辩证地思考,也就是说,不要以为我们的认识是一成不变的,而要去分析怎样从不知到知,怎样从不完全的不确切的知识到比较完全比较确切的知识。"④

由此可见,无论是对马克思的学说或者是对恩格斯和列宁的学说,胡克都进行了肆意的歪曲和虚构。他把实用主义的实践观同马克思主义的实践观混为一谈,用前者来代替后者,正是以这种歪曲和虚构为前提的。

---

① 胡克:《马克思和马克思主义者》,第5章第3节。
② 《列宁全集》第14卷,人民出版社1957年版,第142页。
③ 《列宁全集》第38卷,人民出版社1959年版,第228页。
④ 《列宁全集》第14卷,人民出版社1957年版,第93—99页。

四、用实用主义的行为方法代替马克思主义的辩证法

用实用主义的行为方法来取代辩证法,是胡克等人歪曲和攻击马克思主义的最主要内容之一。胡克在此所玩弄的伎俩,首先是把马克思的辩证法歪曲为黑格尔辩证法的残余,并进一步把它歪曲为实用主义的行为方法;然后对恩格斯、列宁等马克思主义者所发挥的辩证法原理大肆讨伐,否定辩证法是关于自然界、社会和人类思维的普遍规律的学说,抹杀自然界的辩证法,并由反对自然辩证法而反对一切客观的辩证法。为了攻击唯物辩证法,他用人的思维结构中的矛盾来混淆客观现实的矛盾,用形式逻辑的矛盾律来混淆作为辩证法核心的对立统一规律。他还歪曲研究一切物质运动形式的普遍规律的辩证法同研究特殊的运动形式的专门科学的关系,抹杀辩证法对专门科学的指导作用等。

1. 对马克思的辩证法的歪曲

在《对马克思的理解》一书中,胡克借用一个所谓"聪明的法国人"的话说,马克思主义像基督教一样有其神秘之处,"辩证法就是其中主要之一","没有一个马克思的批评家不把辩证法的原则当作宗教神秘主义的一部分或者当作一种深思熟虑的神秘的东西",辩证法"在马克思主义者的著作中往往表现为一种魔术式的符号,而不是明确的概念"①。马克思辩证法的这种"神秘主义"和"魔术"性质从何而来呢?胡克说主要是来源于黑格尔的术语,因为马克思"出于对黑格尔缅怀的崇敬,使用了这种术语"②。总之,在胡克看来,马克思的辩证法是一种含糊不明的、神秘主义的东西,是黑格尔辩证法的神秘主义的残余。他在后来的不少著作中,仍然一再重复类似的观点。例如他在《马克思和马克思主义者》中说:"马克思所用的专

---

① 胡克:《对马克思的理解》,1933年伦敦英文版,第71页。
② 同上。

门术语往往反映了他得自黑格尔的遗产。他的全部基本公式,看来几乎都是不明确的。"①

马克思的辩证法果真是黑格尔辩证法的残余,因而是含糊不明的、神秘主义的吗?根本不是。马克思和恩格斯一再指出,黑格尔的方法在它现有的形式上是完全不适用的,必须对它作一番透彻的批判。当马克思继承黑格尔辩证法的合理内核时,他首先正是对黑格尔辩证法的唯心主义和神秘主义作了透彻的批判,把被黑格尔用唯心主义和神秘主义颠倒了的客观世界的辩证法重新颠倒过来,使辩证法建立在科学的、唯物主义的基础上。因此,马克思的辩证法和黑格尔的辩证法有着根本的区别。马克思本人早就指出了这种根本区别。他在《资本论》第一卷第二版跋中说:"我的辩证方法,从根本上来说,不仅和黑格尔的辩证方法不同,而且和它截然相反。"②马克思在1868年3月6日给路·库格曼的信中说:"我的阐述方法和黑格尔的不同,因为我是唯物主义者,黑格尔是唯心主义者。黑格尔的辩证法是一切辩证法的基本形式,但是,只有在剥去它的神秘的形式之后才是这样,而这恰好就是我的方法的特点。"③恩格斯、列宁等马克思主义者也一再指出马克思辩证法和黑格尔辩证法的本质不同。对马克思本人和其他马克思主义者的这些话,胡克并非是闻所未闻,毫无了解的。然而,按照实用主义的观点,一切事物的存在和一切理论的真假均以对自己是否有利为标准。为了把马克思辩证法说成是黑格尔辩证法的残余,他们可以随意把马克思本人和其他马克思主义者的这些著名论述当作根本就是不存在的,可以置之不顾。胡克正是这样做的。

胡克并不满足于把马克思歪曲为一个黑格尔主义者,他还企图把马克思装扮为一个实用主义者。他宣布在马克思与黑格尔之间存在着"深刻的区别"。④ 这种区别在于"马克思是一个经验主义者……马克思的辩证方

---

① 胡克:《马克思和马克思主义者》第1章第3节。
② 《马克思恩格斯全集》第23卷,人民出版社1958年版,第24页。
③ 《马克思恩格斯全集》第32卷,人民出版社1958年版,第526页。
④ 胡克:《对马克思的理解》,1933年伦敦英文版,第71页。

法是应付每一种境遇中不变的和可变的东西的方法。它是一种运动、力量、生长和行动的逻辑"①。所谓经验主义者,就是"经验自然主义者",即实用主义者;所谓"应付每一种境遇的方法",就是实用主义者所鼓吹的应付环境的方法;所谓"运动、力量、生长和行动的逻辑"。就是杜威之流的"探索的逻辑",即实用主义的按主体的情感意志行动的逻辑,胡克有时称之为"行为的意志"②。总之,马克思的辩证法就是实用主义的行为方法。实用主义的行为方法是一种主观唯心主义的和唯意志主义、相对主义和诡辩的方法。这种方法当然和黑格尔的唯心主义辩证法有着"深刻的区别"。胡克强调这种"深刻的区别"的目的是:通过实用主义的方法来取代黑格尔在唯心主义、神秘主义外壳中所阐述的辩证法的合理内核,来否定一切辩证法,把马克思伪造为一个主观唯心主义者、唯意志主义者、相对主义者、诡辩论者。

2. 否定自然界的辩证法

胡克既然把马克思辩证法歪曲成了实用主义的主观唯心主义和唯意志主义的方法,那在他的眼中,马克思主义者把马克思的辩证法解释为是关于自然界、人类社会和思维的运动和发展的普遍规律的科学,当然是"歪曲""修正"马克思了。他特别对恩格斯等马克思主义者关于将辩证法应用于研究自然科学的主张表示了极大的"愤慨",认为恩格斯等人完全背离了马克思,因为据他说马克思根本没有谈及自然辩证法,而自然界也并不按辩证法的规律发展。请看他的如下一段话:

> 把辩证法应用于自然的企图必须当作是同自然主义的出发点不相容而加排斥。马克思本人从未谈到过自然辩证法,尽管他完全意识到了物理学和化学的基本单位中量的渐变会引起质变。但是,恩格斯

---

① 胡克:《对马克思的理解》,1933年伦敦英文版,第72页。
② 胡克:《从黑格尔到马克思》,1936年伦敦英文版,第285页。

在他的《反杜林论》以及他死后出版的《辩证法与自然界》(指《自然辩证法》——引者)中,公开把辩证法扩及于自然现象。然而,他给辩证法下的定义,表明他没有意识到辩证法同物理学的"变化"概念和生物学的"发展"概念相对立的独特性。他写道:"辩证法不过是关于自然、人类社会和思维的运动和发展的普遍规律的科学"……只有唯心主义者才能坚持上面所讲的对辩证法的独特的内涵,并且相信不以人为转移的自然界是它的例证。伽利略的运动定律和昆虫的生命史同辩证法毫不相干,除非假定整个自然界都是精神的东西。恩格斯在此,也像在其他地方一样对黑格尔的生吞活剥超过了他作为一个自然主义者原有的消化能力。①

胡克这段话中的主要论点是:第一,马克思从未讲到过自然辩证法;第二,恩格斯把辩证法扩及自然界是唯心主义,是生吞活剥黑格尔。

胡克的这种论点有真实的根据吗?一点也没有。用马克思主义观点系统地阐述自然界的辩证法的人,的确不是马克思,而是恩格斯。但这只表明马克思和恩格斯在这方面有所分工,而不表明马克思否定了自然界的辩证法。马克思和恩格斯对待自然界的辩证法,也像在其他一切领域一样,是完全一致的。马克思在指出他的辩证法和黑格尔唯心主义辩证法根本对立时,也强调指出黑格尔第一个全面地有意识地叙述了辩证法的一般运动形式。② 马克思所肯定的辩证法的一般运动形式对自然界当然是适用的。在《神圣家族》一书第五章(这一章由马克思执笔)中,马克思指出,辩证法只有表现了对象本身的实际发展时,才有意义,而马克思在此所举的对象的例证是苹果、梨等自然事物。马克思在 1867 年 6 月 22 日给恩格斯的信中,谈到他在《资本论》中所阐述的量变到质变的辩证法规律时说:"你从我描述手工业师傅变成——由于单纯的量变——资本家的第三章结

---

① 胡克:《从黑格尔到马克思》,1936 年伦敦英文版,第 75 页。
② 《马克思恩格斯全集》第 23 卷,人民出版社 1958 年版,第 24 页。

第四章 实用主义对马克思主义的歪曲和攻击

尾部分可以看出,我在那里,在正文中引证了黑格尔所发现的单纯量变转质变的规律,并把它看做在历史上和自然科学上都是同样有效的规律。"①恩格斯在《反杜林论》中明确地、系统地、深刻地阐述了自然界的辩证法,而《反杜林论》是在马克思的直接支持和参加下完成的,它体现了马克思和恩格斯两人的共同观点。所有这些都说明,马克思像对待社会和思维的辩证法一样,也明确肯定了自然界的辩证法。

把辩证法规律扩及自然界是否是生吞活剥黑格尔、是否就是唯心主义呢?当然不是。黑格尔是个唯心主义者,他认为自然界不过是绝对精神的外化。自然界本身并不能按辩证法的规律发展,自然界的辩证发展是由绝对精神所推动的。马克思主义的观点与此相反,认为自然界是客观存在的,辩证法的发展规律是自然界本身所固有的。人们只能发现自然界的辩证法,而不是把辩证法规律注入自然界。

自然界本身是否按照辩证法规律发展呢?马克思主义者对此作了肯定的回答。恩格斯说:"自然过程的辩证性质以不可抗拒的力量迫使人们不得不承认它。"②又说:"自然界是检验辩证法的试金石,而且我们必须说,现代自然科学为这种检验提供了极其丰富的、与日俱增的材料,并从而证明了,自然界的一切归根到底是辩证地而不是形而上学地发生的。"③就以胡克用来驳斥自然界按辩证法发展的例证来说,它们其实不是驳斥了自然辩证法,而是证实了自然辩证法。例如伽利略的运动定律同牛顿的运动定律一样是机械运动定律,但机械运动正像一切高级形式的运动一样,也是服从辩证法的规律的。即使简单的机械的位置移动也是意味着物体同一瞬间既在一个地方,又在另一个地方,因而是一个矛盾的过程。这种矛盾的连续产生和同时解决正好就是运动。胡克所谓昆虫的生命史与自然界的辩证法不相干,也是站不住脚的。恰恰相反,昆虫的生命史正如一切

---

① 《马克思恩格斯全集》第 31 卷,人民出版社 1975 年版,第 312 页。
② 恩格斯:《自然辩证法》,人民出版社 1971 年版,第 29 页。
③ 恩格斯:《反杜林论》,第 20 页。

有机物的生命史一样，不是推翻，而是证实了自然界的辩证法。昆虫同一切有机物一样由细胞构成，它们的生长、发育、死亡都服从细胞的分裂规律。它们的生命都处于同化和异化的矛盾过程中，它们在同一瞬间既是一物，又是另一物，它们的生命史是细胞的不断分裂史，是同化和异化的对立统一史。

由此可见，恩格斯把辩证法扩及于自然界，并不是像胡克所讲的那样从外部把辩证法的规律注入自然界，而是揭示和发现了自然界本身所固有的辩证法的规律。恩格斯自己明确指出："对我来说，事情不在于把辩证法的规律从外部注入自然界，而在于从自然界中找出这些规律并从自然界里加以阐发。"①胡克所谓恩格斯关于自然辩证法的观点是唯心主义之说，纯粹是一种无端的捏造。

3. 用形式逻辑的矛盾律来取代对立统一规律

为了否定自然界以及人类社会和思维运动的辩证法性质，胡克没有提出，实际上也不可能提出任何严肃的、科学的论据，他只好玩弄诡辩术来歪曲辩证法的本来性质。以形式逻辑的矛盾律来顶替客观事物和人的思维本身固有的对立统一规律即矛盾规律，便是他的主要手法之一。

胡克说："……'矛盾'这个名词通常和唯一能首尾一贯的用法，是如亚里士多德所早已指出的那样属于论断或陈述的特性。"②"矛盾的东西是命题、判断或陈述，而不是事物或事件。"③在此，胡克把现实事物的矛盾归结为形式逻辑所讲的思维的形式结构的矛盾。在胡克看来，只有在人们的概念、判断、推理等思维形式的结构中才存在矛盾。这种矛盾的存在说明人们的思维中发生了错误，具有假的特性。而不矛盾则是人的思维正确的特性。至于在现实事物中，即他所谓"事物或事件"中，则不存在矛盾。因为

---

① 恩格斯：《反杜林论》，第10页。
② 胡克：《科学与辩证唯物主义》，载《政治权力与个人自由》。
③ 胡克：《理性、社会神话和民主》，第9章第3节。

它们本身并不具有真或假的特性,不会有错误和正确之分。因此,胡克认为矛盾的规律"既不是事物的规律,也不是思维的规律"①。这样一来,他就否定了自然界、社会和思维运动本身所固有的对立统一关系。从这种观点出发,胡克指责辩证唯物主义者承认客观对象本身存在着矛盾,是非法的;把形式逻辑的矛盾注入物理世界,把逻辑学变成为物理学的分支,而在他看来,这是很荒唐的。

用形式逻辑的矛盾来混淆客观事物的矛盾并以此来否定客观事物的矛盾,这并不是胡克的什么独创。杜林早就玩弄过这种花招。恩格斯揭露说,在杜林看来,"矛盾 = 背理,因而它在现实世界中是不可能出现的"②。许多现代资产阶级哲学家在反对马克思主义辩证法的核心——对立统一学说时也经常使用这种伎俩。

唯物辩证法关于对立统一的学说当然不会被这些"批评家"们所驳倒。唯物辩证法既肯定作为辩证法的核心的对立统一规律是自然界、社会和思维运动的最普遍的规律,又承认形式逻辑的矛盾律是人的正确思维必须遵守的规律,二者是完全相容的。但唯物辩证法是把形式逻辑的矛盾律同现实事物的对立统一规律严格区别开来的。逻辑的矛盾律只管思维的形式结构,要求人们在议论中对同一对象的思想不能既予肯定,又予否定,即不自相矛盾。不自相矛盾,这是正确思维的必要条件。列宁说:"'逻辑矛盾'——当然在正确的逻辑思维的条件下——无论在经济分析中或在政治分析中都是不应当有的。"③因此,在人们的日常议论和科学研究工作中,都应当避免逻辑矛盾。对立统一规律是客观对象本身的存在和发展的规律,它肯定了自然界、社会和人的思维都是包含着内部矛盾的,没有矛盾就没有事物和事物的发展。因此,在人们的认识和实践中,不能回避、更不能抹杀客观世界本身所固有的矛盾,而要揭示和分析这些矛盾的性质,促进

---

① 胡克:《理性、社会神话和民主》,第9章第3节。
② 恩格斯:《反杜林论》,第117页。
③ 《列宁全集》第23卷,人民出版社1958年版,第33页。

这些矛盾朝着有利于人们的方向转化。否则,人们的认识和实践就会违背客观事物本身的规律,就会走到主观主义的邪路上去。

胡克等实用主义者用形式逻辑的规律来混淆和取代唯物辩证法的规律,是否意味着他们尊重形式逻辑的规律呢?不是。形式逻辑的矛盾律和唯物辩证法的对立统一规律是两个根本不同的概念,把它们混为一谈,就是偷换概念、偷换论题,这本身就违反形式逻辑的要求。实用主义者是"有用""效果"至上主义者。只要对歪曲、攻击马克思主义辩证法"有用""有效果",他们不惜闭眼不看最明显的事实,也不惜违背最起码的逻辑要求,把严肃的科学论证变成纯粹的诡辩。也正因为如此,他们不仅否定对立统一等辩证法的规律是自然界、社会和思维的普遍规律,也否定人的正确思维应遵守的普遍的逻辑规律。

4. 抹杀辩证法对专门科学的指导作用

下面我们揭露胡克怎样用诡辩手法来歪曲唯物辩证法的方法同各门特殊科学的方法的关系,并以此来否定唯物辩证法对各门特殊科学的指导意义。

先请看胡克本人是怎样说的:

> 辩证法规律没有给任何特殊判断或实践提供指南。人们固然有时援引辩证唯物主义哲学来指责天文学、生物学、化学、物理学或心理学中的某些理论,但决没有任何分析表明,辩证法规律同它所指责的命题实际上是不相容的。……如果明天共产党人放弃所有对辩证法规律的信念,没有任何重要的事情会改变,除了科学家和其他学者不再需要声称拥护他们之外,没有任何人能够表明为什么事情应当是另一个样子。①
>
> ……不管在自然中观察到什么,不管发生了什么,他们(暗指胡克

---

① 胡克:《哲学和人类行为》,载《"有"的寻求》。

心目中的辩证唯物主义者——引者)都会毫不费劲地把它说成是与所谓的辩证法的规律一致,就像虔诚的信徒会把任何发生的事件都认为是符合他对事件的发生都靠神意或完成神的宇宙安排的信念一样。①

辩证唯物主义作为一门哲学不能证明它是一种有成效的、有启发性的科学发现的方法。谁也不知道科学发现的原因。可以想见,这就像有些文人发现烟草和酒精有助于他们的创造劳动一样……科学家也可能是沉溺于某种个人的过分信仰,如费希纳之相信有一个世界灵魂或刻卜勒之认为天使帮助推动行星,而走上了获得新知识的途径。……因此单谈一般的科学方法是没有道理的,只有各种各样的科学方法。②

胡克的这些话表明:第一,他认为辩证法同专门科学没有任何共同之处。辩证法并不能影响特殊科学,不能判断对立的科学理论何者为真,何者为假。反过来说,特殊科学的存在并不依赖辩证法。第二,辩证唯物主义者把科学中的一切发现都归结为同辩证法的规律一致,这是把辩证法变成宗教教条。第三,科学方法只能是特殊的,没有一般的科学方法,因此,唯物辩证法不能成为有效地指导科学研究的方法。

胡克在论证他的这些观点时,表面上振振有词,实际上他混淆了含义不同的概念和论题,歪曲了唯物辩证法和各门专门科学的关系。这主要表现在如下两点上。

第一,胡克把科学家个人公开的政治、哲学立场和他们在专门科学领域内的研究的关系,同专门科学本身和哲学的关系混为一谈。

在资本主义国家,许多科学家并不是马克思主义者,在哲学上没有明确地接受辩证唯物主义。然而许多人在专门科学上却作出了很大贡献,这是毋庸讳言的事实。有些人由此得出结论,说专门科学的研究与哲学立场

---

① 胡克:《科学与辩证唯物主义》,载《政治权力与个人自由》。
② 同上。

不相干,自然科学的规律同辩证法的规律也不相干。当胡克说辩证法的规律同它所指责的理论可以相容以及放弃对唯物辩证法的信念不会影响自然科学的状况时,他也正是这样得出结论的。

然而,这种结论是错误的。我们不能把科学家的公开的哲学立场同他们在本门科学范围内的态度混为一谈。恩格斯指出:"许许多多自然科学家已经给我们证明了,他们在他们自己那门科学的范围内是坚定的唯物主义者,但是在这以外就不仅是唯心主义者,而且甚至是虔诚的正教教徒。"①这是因为,由于阶级偏见或其他原因,有些科学家在哲学上不公开接受,甚至反对唯物主义和辩证法。然而,在他们自己所从事的专门科学领域内,他们能够按照他们所研究的客观对象的本来面貌来解释这些对象,从而能自发地站在唯物主义或者辩证法方面。恩格斯说:"人们远在知道什么是辩证法以前,就已经辩证地思考了,正像人们远在散文这一名词出现以前,就已经在用散文讲话一样。"②尽管许多自然科学家并未接受甚至反对唯物辩证法,但他们却在科学研究工作中自发地运用着唯物主义和辩证法。也正是这种唯物主义和辩证法的立场,使他们能够在专门科学领域内作出贡献。如果一个物理学家在物理学领域内也坚持分子、原子、电子等不过是他自己的感觉的复合,把原子、电子等的运动当作是他自己头脑中的运动,他还能进行科学实验、取得科学研究的成果吗?当然是不可能的。

这就说明,专门科学的研究,归根到底必须坚持唯物主义和辩证法的立场。这是因为,专门科学研究的对象,是物质的特殊的运动形式。物质及其运动的表现形式各不相同,但它们都是客观存在的,都是按照辩证法的规律存在和发展的。只有坚持唯物主义并遵照辩证法的一般规律,才能在自然科学的研究中取得应有的成绩。恩格斯指出:"……恰好辩证法对今天的自然科学来说是最重要的思维形式,因为只有它才能为自然界中所

---

① 恩格斯:《自然辩证法》,人民出版社 1971 年版,第 177 页。
② 恩格斯:《反杜林论》,第 140 页。

发生的发展过程,为自然界中的普遍联系,为从一个研究领域到另一个研究领域的过渡提供类比,并从而提供说明方法。"①如果自然科学家们按照胡克所主张的那样,在他们自己的专门研究领域内也拒绝和违背唯物主义和辩证法,就会成为唯心主义和形而上学的俘虏,势必不能正确地揭示和解释他们所研究的专门领域的自然规律,从而在科学研究中遭到失败。

第二,胡克把用唯物辩证法指导专门科学的研究,歪曲为用唯物辩证法的规律来代替专门科学研究,再以唯物辩证法不能代替专门科学为理由来否定唯物辩证法对专门科学的指导作用。

在斯大林领导苏联的时代,苏联共产党是一个马克思主义政党,它强调辩证唯物主义对于专门科学的指导作用,这大大促进了当时科学技术的发展。但是,它在科学工作中也犯过一些错误。例如把西方的某些自然科学理论(如生物学中的基因理论、物理学中的相对论以及数理逻辑理论等)当作唯心主义和形而上学理论而予以否定,这是一种对自然科学理论不作具体研究而用一般哲学和政治理论去下结论的简单化倾向。这种倾向的存在,当然会对这些科学的发展产生有害的影响。胡克抓住了这种情况并由此得出结论,胡说什么共产党人所讲用唯物辩证法指导专门科学研究,就是用唯物辩证法来干涉和代替专门科学研究,把唯物辩证法当作宗教教条,并据此给专门科学下结论,判断它们的是非。因此,强调唯物辩证法对专门科学的指导,必然损害科学的发展。

但是,胡克的这种指责显然是没有根据的。因为苏联共产党在领导科学工作中出现的这种简单化的毛病,并不是由于强调了马克思主义唯物辩证法对专门科学的指导作用,而是由于没有正确地根据唯物辩证法与专门科学的本来的关系来确定和发挥唯物辩证法对专门科学的指导作用。

唯物辩证法的规律是关于一切运动形式的最普遍的规律,各门专门科学的规律是特殊的运动形式规律。它们之间的关系是一般和特殊的关系。人们的认识总是一般和特殊的统一。因此,正确地认识世界,必须将具有

---

① 恩格斯:《自然辩证法》,第28页。

一般意义的唯物辩证法同具有特殊意义的专门科学的方法结合起来。忽视了作为一般的认识方法的辩证法在认识中的作用,就会忽视各种特殊运动形式之间的相互联系和相互转化,就不能有正确的理论思维,就会陷入狭隘的经验主义,并由此而可能落入唯心主义哲学的圈套。恩格斯指出:"蔑视辩证法是不能不受惩罚的。……经验主义轻视辩证法便受到这样的惩罚:连某些最清醒的经验主义者也陷入最荒唐的迷信中,陷入现代降神术中去了。"①反之,如果在专门科学中用辩证法的一般规律代替了用专门科学的特殊方法所作的具体的、特殊的研究,那就不能认识专门科学所研究的那些特殊规律,就会以空洞、抽象的臆想去代替活生生的、具体的现实,就会使专门科学的研究停滞不前以至取消专门科学。由此可见,无论是将辩证法同专门科学的方法割裂开来、对立起来、忽视辩证法的作用,或者将二者混为一谈,用辩证法的一般规律代替专门科学的特殊规律,抹杀专门科学的特殊研究方法的作用,都是错误的,都会给科学研究工作带来损害。要正确地发挥辩证法对专门科学的指导作用,便必须克服这两种片面的倾向。

如果胡克只是反对用辩证的一般方法代替专门科学的方法、反对用辩证法的一般原理来判断专门科学理论的是非,那本来是无可非议的。但是,"醉翁之意不在酒",胡克的目的不是为了正确地理解辩证法与专门科学的方法的关系,正确发挥辩证法的指导作用,而是以此否定辩证法的指导作用,取消辩证法。胡克等实用主义者是诡辩论者、相对主义者,他们对于一般与特殊、绝对与相对之间的辩证关系,对于辩证法与专门科学方法的关系,也都采取同样的态度。按照他们的逻辑,要么是把辩证法的一般原则当作可以取代任何特殊科学方法的绝对而又绝对的东西,即把它们变成教条,像基督徒相信圣经那样相信它;要么就完全取消辩证法,甚至也取消在某一专门科学领域内带有普遍意义的方法,而把科学研究的方法归结为科学家个人的喜爱、信念以及在某一特定情况下的特殊机遇。这就是他

---

① 恩格斯:《自然辩证法》,人民出版社1971年版,第43—44页。

们所谓多元的方法论。当胡克说抽烟、喝酒、信仰上帝和天使也可以促进科学研究时,他所鼓吹的也正是这种方法论,他也正是企图用这种相对主义和诡辩的方法论来取代唯物辩证法的科学方法论。

五、以历史多元论反对历史唯物论

用实用主义的历史多元论反对马克思主义的历史唯物主义,是胡克的理论活动的又一突出的特征。他公开污蔑马克思的历史唯物主义"为所有各种含糊性、不严谨的公式和困难所困扰着"①。下面我们来看看他究竟是怎样歪曲和攻击的。

1. 把历史唯物主义歪曲为经济决定论

把马克思主义的历史唯物主义歪曲为经济决定论,然后斥之为机械决定论、历史宿命论而予以否定,是资产阶级思想家用来宣扬历史唯心主义、攻击马克思主义的惯用手法。杜威在攻击历史唯物主义、宣扬他的所谓历史多元论时曾经使用过这种手法。胡克更是继承杜威的衣钵,一再施展这种拙劣的伎俩。

我们首先来看胡克怎样把历史唯物主义歪曲为经济决定论的。

胡克声称,马克思的历史唯物主义断言"社会的经济结构及其变化是独立的变项,所有其他的文化变化都是这些变项的函项","历史唯物主义有时候也被看作是经济史观"②。"许多马克思主义者——包括恩格斯——常常说生产力决定历史,马克思本人偶尔也陷入这种说法。不管是不是马克思主义者,凡是断言人的工具和技术是历史的最后决定因素的人,显然是错误的。"③"在马克思主义看来,经济生产方式代替了黑格尔的

---

① 胡克:《历史决定论和苏联共产主义的政治命令》,载《政治权力与个人自由》。
② 胡克:《马克思和马克思主义者》,第1章。
③ 同上。

发展着的概念或者具体的共相,而成了历史变化的基本原因。人类由观念所推动,但这些观念是附带现象(上层建筑),观念既没有自主,也没有独立的力量。严格地说,在正统马克思主义者看来,并没有思想史这种东西,而只有生产方式的历史,生产方式的需要造成了在道德、宗教和哲学体系中反映出其本身的利益。"①

胡克的这些话表明,他在竭力歪曲历史唯物主义关于社会历史及其发展的根本理论,即关于社会基本矛盾(生产力和生产关系的矛盾、经济基础和上层建筑的矛盾)的学说。他力图使人相信,历史唯物主义只讲生产力对生产关系的决定作用,而忽视了生产关系(社会经济结构)对生产力的反作用,即认为单纯的"人的工具和技术"可以最后决定历史。他还力图使人相信,当历史唯物主义讲到"经济生产方式""社会的经济结构"对社会发展起决定作用时,它也把它同上层建筑割裂并来,否定了上层建筑的反作用,似乎历史唯物主义认为生产关系是绝对的主动者,而上层建筑是绝对的被动者。经济基础与上层建筑的关系不是对立统一关系,而是单纯的函数关系。经济基础是"变项",上层建筑是"函项",正像数学上函项取决于变项一样,在社会历史领域内,上层建筑也是单纯地取决于经济基础。上层建筑只是社会的"附带现象","没有自主","没有独立的力量"。总之,马克思主义者在社会历史领域除了看到生产方式以外,其他什么也看不到了,思想观念等失去其存在的地位了。经他这么胡诌一通,历史唯物主义关于生产力和生产关系的学立统一的学说,变成了工具和技术决定论即生产力决定论,关于经济基础和上层建筑的对立统一关系的学说就成了经济决定论、"经济宿命论"。马克思主义的历史唯物主义关于社会基本矛盾的学说与胡克所讲的这种生产力决定论、经济决定论是毫不相干的。马克思主义经典作家一再指出生产力和生产关系、经济基础和上层建筑的关系是对立统一关系,它们是相互依存、相互转化的。虽然总的说来,在历史发展的长流中,生产力、经济基础是矛盾的主要方面,起着决定的作用。但是这种决

---

① 胡克:《哲学和人类行为》,载《"有"的寻求》。

定作用不是作用者与被作用者、决定者与被决定者的单纯的机械决定作用,而是在肯定对方可以发生反作用甚至双方的地位可以转化的条件下的决定作用。恩格斯指出:"根据唯物史观,历史过程中的决定性因素归根到底是现实生活的生产和再生产。无论马克思或我都从来没有肯定过比这更多的东西。如果有人在这里加以歪曲,说经济因素是唯一决定性的因素,那末他就是把这不命题变成毫无内容的、抽象的、荒诞无稽的空话。"① 胡克把唯物史观歪曲为经济决定论时,他显然是在胡诌这类空话。

胡克在把历史唯物主义歪曲为工具、技术决定论,特别是歪曲为经济决定论以后,就在反对"经济决定论"一类的幌子下来直接攻击历史唯物主义。

"大致说来,马克思的历史理论似乎至多可以说明到第一次世界大战为止的19世纪工业社会的一般特征,说明文化的都市化,文化的商业化,科学对社会的许多影响。""可是,不管怎样宽宏大量地加以解释,它也不能说明从封建主义到资本主义的过渡。封建社会曾经存在于许多时期和世界许多地区,但只是在欧洲,在世界的一个小角落兴起了资本主义。它不是靠封建社会关系发展的任何内在规律,而是靠征服或改革(例如日本)才扩展到其他地方去。甚至更少证据能够证明,从奴隶社会过渡到封建社会是普遍现象,证明凡是在出现这种过渡的地方,它都符合马克思的图式。他的那些主要从刘易士·摩尔根那里得来的关于原始社会的论点,已被现代人类学的发现所彻底推翻。""即使就资本主义时期而言,历史唯物主义的理论的大部分常用的公式也是不适用的。它企图用经济生产方式的发展来解释一切重要的政治和文化变迁。如果没有统计数字作为基础,没有经过对重要的政治和文化现象作一点一滴的调查,这样一个概括一切的论点是不能成立的。""马克思从来就没有提出过一个令人信服的证据来证明他的如下论断:在资本主义之后,一定是社会主义,而不是其他社会

---

① 《马克思恩格斯全集》第37卷,人民出版社1971年版,第460页。

形式。"①

　　胡克的这些话说明,他认为历史唯物主义关于原始社会以及从原始社会到阶级社会转化的论点已被"彻底推翻",用历史唯物主义说明从奴隶社会到封建社会,从封建社会到资本主义社会以及从资本主义社会到社会主义社会,都没有"证据"。这样一来,用历史唯物主义来科学地说明人类社会历史发展的可能性就全部被他排除了。历史唯物主义所能作的只是说明19世纪的某些特定的社会现象。因此,它至多不过是用来说明某种特定社会现象的理论,而不能是用来揭示人类全部历史运动的内在规律的理论。这样,历史唯物主义作为科学的社会历史理论就全部被他否定了。

　　马克思主义的历史唯物主义是否真的像胡克所讲的那样不能说明人类社会历史的发展呢?根本不是。马克思和恩格斯在提出历史唯物主义时,不是像唯心主义哲学家那样,仅仅从自己的头脑中构造出各种概念和理论体系,而是以社会历史的实际材料作为根据。他们研究、分析了各个社会形态运动的特殊规律,特别是研究分析了资本主义时期的历史材料和资本主义社会的运动规律。由于欧洲是资本主义社会发展最早、最完备的地区,欧洲奴隶社会和封建社会的发展也有典型意义,马克思和恩格斯着重研究和分析了欧洲的历史材料,但他们没有以欧洲的材料为限,例如他们还分析、研究了美洲和澳洲原始社会的材料,古代东方各国奴隶社会和封建社会的材料。总之,他们分析研究了整个人类的全部历史的最重要的材料,从中找出具有普遍意义的、规律性的东西,然后在这个基础上提出历史唯物主义这一关于整个人类社会发展的一般规律的学说。也正因为如此,马克思主义的历史唯物主义对于分析整个人类社会历史,都是完全适用的。而全部人类历史的发展的材料也都可作为历史唯物主义是唯一科学的社会历史理论的证据。在此,我们完全可以不必列举具体的历史材料了。因为这种材料俯拾即是。胡克用来驳斥历史唯物主义的普遍意义的论据,倒是没有一个是能够成立的。

---

① 均见胡克:《马克思和马克思主义者》,第2章。

第四章　实用主义对马克思主义的歪曲和攻击

为了歪曲历史唯物主义关于经济基础决定上层建筑的学说并由此而否定整个历史唯物主义,胡克甚至跟在语义哲学家之后玩弄起关于"基础"和"上层建筑"的语义分析来。他把历史唯物主义讲的社会的经济基础和政治法律制度及各种思想学说等社会的上层建筑的关系同盖房子的基础和房基上的房子的关系相提并论。他说,历史唯物主义把社会生产关系、经济关系比作基础,把政治、法律等制度以及各种思想理论比作上层建筑是"容易使人误解的"。因为,"基础并不能完全决定在它上面是否要盖房子,盖几层,什么式样、职能和用途。基础也不能发展。它们有目的地建立起来,并且有时被有目的地破坏;它们往往可以被替代而并不影响上层建筑"①。胡克的意思是说,就盖房子而论,它的基础和上层建筑并无决定与被决定的关系。在一个基础上可以盖出不同式样的房子(上层建筑),而某一种式样的房子也可以建立在不同的基础上。究竟用什么房基来建什么房子,完全要看人本身的目的。关于社会生活也是如此。同种经济制度可以有不同的政治、法律等制度,而同一种政治、法律制度也可建立在不同的经济制度的基础上。究竟采用什么经济制度,建立什么样的政治、法律秩序,最后取决于人的"决心"和"选择"。显然,这是一种纯粹的历史唯心主义。胡克用反对经济决定论为幌子来反对历史唯物主义,正是为了鼓吹这种历史唯心主义。

2. 否认社会历史的客观规律性,鼓吹历史多元论

胡克歪曲和否定了生产力和生产关系、经济基础和上层建筑的对立统一关系,必然要歪曲和否定社会历史发展的客观规律性。他把歪曲和否定社会历史发展的客观规律性当作他歪曲、攻击历史唯物主义的一个主要内容。他赤裸裸地咒骂说:"社会制度的性质,其产生、成长和衰亡是为内在的社会规律所支配的,而这些社会规律又决定了生产力的出现、扩张、收缩

---

① 胡克:《马克思和马克思主义者》,第2章。

和运用。这样一种概念是最极端的神秘主义。"①

社会历史的发展既然不是由以社会的基本矛盾为主要内容的客观规律性所决定,那究竟是由什么决定的呢?胡克同他的老师杜威一样,认为是由多种多样的因素决定的。其中什么是主要因素呢?胡克时而说是传统,时而说是文化,时而说是道德价值,时而说是政治,时而说是宗教,时而说是心理要求,时而说是科学技术。总之,按照实用主义的观点,一切由偶然的机遇和人的选择而定。在各种社会因素中,不存在这个因素必然比那个因素重要的问题,即没有什么必然性、规律性的问题,而只有此时此刻哪一个因素起作用大的问题。胡克认为,这好比人们不能说心脏一定比肾脏、肠胃、大脑重要一样。哪一个器官重要,完全要看人的机遇和选择。按照这种观点,人们完全可以抓到什么因素,就把这个因素当作是决定社会发展的因素。十分清楚,这种所谓多元历史观实际上就是地地道道的唯心主义一元史观。

作为一个例证,我们谈一下胡克怎样歪曲科学技术的作用并把它当作否定历史唯物主义原理的论据的。

现代科学技术的发展(例如核能的释放)大大提高了社会生产力,在某种程度上改变了社会的面貌。胡克抓住了这一点一再鼓吹,说它推翻了社会历史按照生产方式的内在规律发展的理论。他说:"与经济生产方式根本没有丝毫关联的、科学中的独立的发展,例如导致核能的释放的相对论,却对我们时代的政治,其实也对经济生产方式本身,有着比后者的内在规律大得多的影响。"②为什么科学技术与"经济生产方式""根本没有丝毫关联"呢?胡克说,那是因为科学技术是观念的东西,而"经济生产方式"是物质的东西,二者是联系不起来的。例如,导致核能释放的爱因斯坦的狭义相对论,"是一种观念,这种观念无论在最后或在最初都不能随便被归结为

---

① 胡克:《人与自然》,载美国《哲学周刊》1959 年第 56 卷第 9 期。
② 胡克:《马克思和马克思主义者》,第 2 章。

经济生产方式"①。

胡克关于科学技术的性质及其作用的观点是一种唯心主义观点,因为它歪曲了科学技术的真正性质和作用。现代科学技术的确曾以科学家头脑中的观念的形式表现出来,它也的确对现代社会的发展发生了强大的影响。然而,这并不意味着它与现实社会生活的条件无关,仅仅是观念的东西,仅仅是科学家头脑主观的产物,也不意味着观念能够决定社会的发展。任何科学技术的观念(理论)之所以能够促进社会生产,是因为它们反映了自然界的客观规律,具有物质、现实的内容,能够转化为生产力。这些科学技术理论的产生和发展,归根到底也是由于人们的生产实践的需要所决定的。无论是爱因斯坦的特殊相对论还是电子计算机、航天技术等现代重大科学的发明和发现,归根到底都来源于当代社会的生产实践等现实的需要,因此,现代科学技术的产生、发展及其对现代社会发展的作用,不是像胡克所讲的那样推翻了历史唯物主义关于现代社会基本矛盾是现代社会发展的根本动力的理论,而是再一次证实了这种理论。

3. 歪曲马克思主义关于个人在历史上的作用的观点,鼓吹英雄史观

歪曲和夸大个人(特别是杰出人物)在社会历史上的作用,进而否定社会历史的客观规律性,鼓吹社会历史由个别英雄人物所创造,这是詹姆士、杜威等实用主义者的社会历史理论的主要内容之一。胡克承袭这种思想,但他把理论的重点放在直接歪曲和攻击唯物史观上。他的《历史中的英雄》一书就是一本用实用主义的英雄史观来歪曲、攻击马克思主义关于个人在历史上的作用的观点、否定社会历史的客观规律性的代表作。

胡克从承认社会历史规律性与肯定个人在历史上的作用是绝对不相容的这个前提出发,认为历史唯物主义既然强调历史的客观规律性,就无权再承认个人(伟大人物)在历史上能发生重大作用,然而,马克思主义者

---

① 胡克:《人与自然》,载美国《哲学周刊》1959 年第 56 卷第 9 期。

却在强调历史规律时承认个人的作用,因此马克思主义陷入自相矛盾。胡克说,当马克思主义者"对于历史上伟大人物的业绩给予适当的注意时(例如对于他们自己的英雄人物如马克思、列宁等)他们的历史一元论就宣告破产了。当他们把亚历山大、凯撒、克伦威尔、大彼得、拿破仑等等人物的历史活动解释为'社会历史的聚合点'的表现,或仅仅作为阶级利益'工具'时,他们便往往放弃了自己的科学方法,而代之以神秘的先验主义了"①。

马克思主义认为,社会历史是按照它本身的客观规律运动、发展的。它不以任何英雄、伟人的意志为转移。任何伟大人物都不能逆历史的规律而动,否则他们必然遭到失败。但是,如果人们能够按照或者适应社会历史发展的客观规律去解决社会历史中的各种问题,人们的行动就有了自由,就能做社会历史的主人,驾驭历史,推动社会历史前进,历史上的伟大人物、英雄之所以能成为伟大人物、英雄,就在于他们自己并通过他们而使他们所属的阶级适应了社会历史发展规律的需要。从这种意义上说,他们的确是他们所属阶级的利益的工具。由此可见,当马克思主义者肯定历史上伟大人物的业绩时,他们不仅没有同他们的历史一元论相抵触,反而是正确地坚持了唯物辩证法的历史一元论。

在关于个人在历史上的作用和社会历史规律性的关系问题上,胡克也企图把马克思和恩格斯等马克思主义者对立起来。他力图使人相信,马克思并未强调社会历史的规律性,马克思主义的社会的决定论是由恩格斯等"正统派马克思主义者发展起来的",而他们并不"忠实于马克思本人的意旨"②。

其实,在马克思和恩格斯等伟大的马克思主义者之间,是根本不存在这种对立的。马克思说:"人们自己创造自己的历史,但是他们并不是随心所欲地创造,并不是在他们自己选定的条件下创造,而是在直接碰到的、既

---

① 胡克:《历史中的英雄》,1982年纽约英文版,第77页。
② 同上书,第75页。

定的、从过去承继下来的条件下创造。"①后来由恩格斯等马克思主义者所发挥的也正是这种观点。恩格斯在 1894 年 1 月 25 日致符·博尔吉乌斯的信中说:"人们自己创造着自己的历史,但他们是在制约着他们的一定环境中,是在既有的现实关系的基础上进行创造的。"②恩格斯的这段话和上引马克思的话甚至在词句上也是极为相近的。然而,胡克却故意避开马克思的许多著名论断,制造马克思和恩格斯的对立,他竭力攻击恩格斯,企图通过驳倒恩格斯来推翻马克思主义在这个问题上的基本原理。

胡克驳斥恩格斯的主要手法是把恩格斯歪曲为一个只讲社会历史规律性、必然性而排斥偶然性的"神秘的先验主义者",然后提出一个又一个在他看来是恩格斯无法回答的问题,似乎这样一来恩格斯的论点就被驳倒了。

恩格斯在上述那封著名的信中谈到伟大人物的出现与社会历史规律性的关系时说:"恰巧某个伟大人物在一定时间出现于某一国家,这当然纯粹是一种偶然现象。但是,如果我们把这个人除掉,那时就会需要有另一个人出来代替他,并且这个代替者是会出现的——或好或坏,但是随着时间的推移总是会出现的。恰巧拿破仑这个科西嘉岛人做了被战争弄得精疲力竭的法兰西共和国所需要的军事独裁者——这是个偶然现象。但是,假如不曾有拿破仑这个人,那么他的角色是会由另一个人来扮演的。这点可以由下面的事实来证明,即每当需要有这样一个人的时候,他就会出现:如凯撒、奥古斯都、克伦威尔等等。"③

恩格斯的这段话极为明确而深刻地揭示了英雄人物出现在社会历史上的必然性与由某个具体的人充当这种人物的偶然性之间的辩证关系。在此,必然性是通过偶然性表现出来的、社会的需要决定了拿破仑这样的

---

① 马克思:《路易·波拿巴的雾月十八日》,《马克思恩格斯选集》第 1 卷,人民出版社 1972 年版,第 603 页。
② 恩格斯:《恩格斯致符·博尔吉乌斯(1894 年 1 月 25 日)》,《马克思恩格斯选集》第 4 卷,人民出版社 1972 年版,第 506 页。
③ 同上书,第 506—507 页。

人物出现,这是历史的必然性;这个人物是拿破仑而不是另一个人则是偶然的,拿破仑的某些个人特点也是偶然的。如果没有拿破仑,会有一个拿破仑式的人物(尽管其个人特点可能不同于拿破仑)来代替。反之,在偶然性中具有必然的内容,因为无论是出现拿破仑或另外一个人,他们的出现是由于社会的需要。如果没有社会的需要,即使有一百个具备成为拿破仑式的人物的特殊条件的人,也不会有一人能够成为拿破仑式的人物。关于个人在历史上的作用和历史规律的关系也正是这样。历史的规律性决定了个人(包括伟大人物)行动的范围和方向,而这种规律性(必然性)正是通过这些个人的行动(偶然性)表现出来的。个人的活动可以多种多样,但它们归根到底不能超出历史所规定的范围。

胡克在《历史中的英雄》一书中引述了恩格斯这段著名的话,然而他完全歪曲了恩格斯的意思。他以为恩格斯在此把伟大人物的出现以致他们的个人特点、性格都完全归结为历史必然性,排斥了任何偶然的东西的作用,似乎恩格斯认为"社会需要不仅是伟大人物出现的必要条件,而且也是充分条件"①。在作了这种歪曲后,胡克宣布恩格斯的论点"显然有种种困难"。有什么困难呢?胡克所提出的主要是如下三点。第一,既然伟大人物的出现是适应社会对他们的需要,那只要有社会需要,就应当可以找到他的存在。可是,在他们出现以前,"他们在哪里呢?"②第二,"某个伟大人物所具有的种种特性,使他适时地成其为伟大人物,然而究竟是什么特殊的因果联系引导(他父母的)精虫和卵子结合在一起,从而使这个人物产生出来呢?"③"历史的必然性又是怎样把它自己转化成为生物学领域内的必然性呢?"④第三,在历史上,伟大人物的出现有时正好同社会需要相反。例如群众"也许是需要和平与社会主义",而英雄人物"给他们的却是战争与独裁"。群众需要的也许是长寿和幸福,而英雄人物却反而毁灭了他们

---

① 胡克:《历史中的英雄》,1982年纽约英文版,第79页。
② 同上。
③ 同上书,第80页。
④ 同上。

所需要的这一切。

胡克所提出的这些困难其实并不是由恩格斯等马克思主义者的论点所推导、产生出来的历史唯物主义的困难,而是胡克按照实用主义的观点所臆造出来的困难。历史唯物主义认为,伟大人物是在复杂的社会生活和斗争中形成的,他们的出现不是由社会需要简单地决定的,因此不可能现成地摆在那里等候着历史的需要,一找就到。认为可以离开现实的历史过程,就能现成地找到社会所需要的人物,那就会把这种人物看作是神明预先安排好的,这正是历史唯物主义所批判的观点。历史唯物主义也从来不用历史必然性去说明伟大人物的个人特性,更不用历史必然性去说明人的生物学特性(诸如某一人物怎样由其父母生出)。把社会历史的必然性归结为生物学的规律也正是历史唯物主义所批判的。历史唯物主义也并不把作为历史必然性的社会需要笼统地归结为"群众"的需要,更不归结为群众的某种主观愿望。社会历史的必然性是由社会基本矛盾所决定的。离开社会基本矛盾去谈这种或那种社会需要,恰恰是历史唯物主义所批判的实用主义的历史多元论一类历史唯心主义谬论。

按照胡克的观点,伟大人物的出现及其在历史上的作用不能用社会历史的必然性去解释,那么,这些人物的出现,自然就只能是天生的、由上帝预先安排好了的,或者是纯粹偶然的了;历史上的伟大人物、英雄之所以能对历史发展产生很大影响,并不是因为他们适应了社会历史的必然性,而是他们本身的生物学特点以及其他特性决定了他们可以按照自己的意志去塑造和改变历史。凡此种种,都充分说明胡克鼓吹的这一套,纯粹是一种彻底的唯心主义英雄史观。胡克如此不择手段地割裂马克思和恩格斯,歪曲、攻击恩格斯及其他马克思主义者,正是为鼓吹实用主义的英雄史观开辟道路。

4. 反对马克思主义的阶级斗争和无产阶级专政的学说

关于阶级斗争和无产阶级专政的学说,是历史唯物主义的重要内容之一。胡克对这一学说也竭力加以歪曲和攻击。这突出地表现在如下几点上。

第一，歪曲马克思的阶级概念，对它作了实用主义的解释。

马克思早就指出，阶级是社会发展到一定阶段上、即产生了人对人的剥削以后的产物，阶级的存在是与社会上一部分人靠另一部分人的劳动为生相联系的。例如他在《资本论》第一卷中曾说："没有一定程度的劳动生产率，工人就没有这种可供支配的时间，而没有这种剩余时间，就不可能有剩余劳动，从而不可能有资本家，而且也不可能有奴隶主，不可能有封建贵族，一句话，不可能有大私有者阶级。"①

然而胡克把马克思的这种观点歪曲得面目全非。他说："'阶级'一词，在马克思的著作中被用在各种不同的意义上，而它们并不是严格地互相引申得来的。有时，它的具有定义性的特征是一个集团在生产中所起的作用，有时是他们的共同生活方式，包括文化和各种传统在内，有时是他们收入的来源或他们收入的水平；有时又是他们的职业或者——对于失业者来说——缺乏一切。"②在此，胡克把马克思的阶级概念说成是一种没有确定含义的、可以随便解释的东西。这种对阶级概念的解释是典型的实用主义解释。阶级的概念既是可以随便解释的，那阶级斗争的概念当然也可以随便解释，不仅生产中处于不同地位的人与人之间的斗争是阶级斗争，不同职业、文化，甚至风俗习惯的人与人之间的区别也是阶级斗争。究竟什么是阶级斗争，完全可以按各人的需要去解释。用这样的"阶级斗争"观点去解释历史，就是按照人们自己的意志愿望去解释历史，这显然是一种极端主观唯心主义的历史观，胡克等实用主义者正是企图把马克思的唯物史观歪曲为实用主义的唯心史观。

第二，反对马克思主义关于阶级社会的历史是阶级斗争史的理论。

马克思主义认为，自从无阶级的原始共产主义社会解体，社会划分为对抗的阶级以来，直到资本主义制度彻底消灭，无阶级的共产主义社会建

---

① 马克思：《资本论》，《马克思恩格斯全集》第23卷，人民出版社1971年版，第559页。
② 胡克：《马克思和马克思主义者》，第2章。

立以前,一切社会历史都是阶级斗争的历史。因此,为了正确认识阶级社会的各种社会现象,就必须运用阶级分析的方法。

胡克否定阶级社会的历史是阶级斗争史。他提出的主要论点是:在阶级社会的历史中,不仅存在着阶级斗争,也存在着阶级合作。如果由于存在着阶级斗争便说历史是阶级斗争史;那由于存在着阶级合作,也同样可以把历史当作是阶级合作史。①

为什么社会历史是阶级合作史呢? 胡克解释说:"当各阶级把它们的力量联合起来去应付共同的危险或者团结在为他们的共同利益而作的努力中时,对抗往往就会始终处于潜在状态。马克思主义者非难'阶级合作'之频繁和激烈,也正好雄辩地证明,即使在人们所能以为发生利益的公开冲突的地方,这种合作也多么普遍。它证明,'阶级斗争的规律'或者因为它有太多的例外而不是一个规律,或者它的作用是非常有限的。"② 既然胡克取消了阶级斗争的规律,否定了社会历史是阶级斗争史,那当然也否定了马克思主义关于必须用阶级斗争的观点去分析阶级社会的一切社会历史问题的论断。

胡克的这种论证是站不住脚的。

的确,在社会历史上存在着"阶级合作"的事实。在法国革命中,第三等级是由资产阶级、农民和作为近代无产阶级前身的手工业工人等城市贫民等不同阶级所组成的。他们联合起来反对第一等级(僧侣)和第二等级(贵族),这是一个胡克经常援引的例证,然而,这个例证恰好说明历史是阶级斗争史。因为,在当时的法国,封建阶级(第一、二等级)是腐朽反动的统治阶级,是其他一切阶级的共同敌人。代表新兴的资本主义生产关系的资产阶级是反封建的领导力量。由于包括了不同的阶级,第三等级内部是不统一的。然而,他们在反封建这一点上暂时能够结成联盟。这个反封建的联盟正是阶级斗争的一种组织形式,它正体现了当时社会主要阶级矛盾是

---

① 参见胡克:《马克思和马克思主义者》,第 2 章。
② 同上。

资产阶级和封建阶级的矛盾,而这种矛盾正体现了当时法国社会经济发展的特点。诸如此类的"阶级合作"的事实,在历史上可以举出许多,但它们都并不排斥阶级斗争,而往往是在特定时期、特定情况下社会阶级力量组合的一种形式。

其实,在社会历史上,不仅存在着"阶级合作"的事实,也存在着性质上不属于或主要不属于阶级斗争的事实。当马克思主义者要求用阶级斗争的观点去分析一切社会历史问题时,只是认为一切社会历史问题都必然在不同程度上受到社会阶级斗争的影响,而不是认为一切社会历史现象本身都仅仅是阶级斗争的现象,也不是认为一切有关社会历史现象的理论都只有阶级斗争的意义。社会历史现象是多方面的,既有本身是属于阶级斗争性质的,也有本身不是属于阶级斗争性质的。有关社会历史现象的理论既有阶级根源,也有认识根源。这些都要求我们不要把阶级斗争的观点简单化、庸俗化、绝对化。要对不同的社会历史事实作出具体的分析。但是,不能像胡克那样由此作出结论,说阶级社会的历史不是阶级斗争史,说阶级斗争的观点对于分析阶级社会没有普遍意义。

第三,否定阶级社会的上层建筑的阶级性。

胡克为了歪曲和否定马克思主义的阶级斗争学说,竭力把阶级社会的上层建筑说成是超乎阶级和阶级斗争之外的东西。下面我们以他对国家本质的歪曲为例来说明。

胡克说:"马克思关于国家的理论是一种危险的过于简单化的理论。民主国家中的实际情况证明国家不是占支配地位的经济阶级的执行委员会,而是成功地赢得选民信任的一个阶级或者几个阶级的联合的工具。掌握政权的有时是大企业,有时是农民,有时是工人,或者是其中二者的联合。"[①]胡克在此所谓"民主国家"指的是美国等资本主义国家。表面上,这些国家的政府的确是经选民选举出来的。然而,资本主义的政治和法律制度,决定了被选人只能是资产阶级利益的代表。即使有个别出身工人农民

---

① 胡克:《马克思和马克思主义者》,第 2 章。

的人当选,他们也无法真正代表工农的利益,更不能改变整个国家机器的资产阶级的本质。

第四,攻击马克思主义关于无产阶级专政的学说。

胡克从各个方面对无产阶级专政学说进行了歪曲和攻击。其中最为突出的是他阉割马克思主义关于无产阶级专政概念的革命内容,把它歪曲为一个资产阶级民主概念。他声称,无产阶级专政的概念是"一个为马克思所偶尔应用的、作为与工人的民主同义的术语"①,"在马克思著作的大全中,'无产阶级专政'在最初并不是一个政治概念,而是一个社会概念……非常清楚,至少在理论上说,无产阶级专政的经济和社会内容,就也是同一个或者几个政党的存在,以及同从专政一直到民主的政治结构相容的"②。在此,胡克把马克思主义的无产阶级专政的学说歪曲成了一种为资产阶级完全可以接受的东西。

胡克对马克思主义关于无产阶级专政学说的敌视还表现在他对列宁、斯大林所建立的无产阶级专政国家大肆加以污蔑和攻击。他大骂列宁、斯大林把无产阶级专政变成了少数人对多数人的专政,大骂列宁、斯大林抛弃了马克思的民主遗产。他说:"正如每个人所知道的,列宁和斯大林所解释的'无产阶级专政',实质上是共产党对无产阶级和其他一切社会集团的专政。这(种做法)表现了对马克思给予这个在他的著作中很少应用的名词的意义的根本背离。"③其实,无产阶级通过其政党来实现对资产阶级的专政,同剥削阶级所实行的少数人对大多数人的专政是根本不同的。因为无产阶级的政党是无产阶级的根本利益的代表者,是无产阶级的最高组织形式,它当然要组织领导广大无产阶级对资产阶级及其他阶级敌人实行专政,但决不对无产阶级和广大劳动人民实行专政。马克思和恩格斯在《共产党宣言》中就指出:"在无产阶级和资产阶级的斗争所经历的各个发展阶

---

① 胡克:《历史决定论和苏联共产主义中的政治命令》,载《政治权力与个人》。
② 胡克:《社会主义和解放的展望》,载《政治权力与个人自由》。
③ 同上。

段上,共产党人始终代表整个运动的利益。"①在通过无产阶级政党来实现无产阶级专政上,列宁、斯大林一点也没有背离马克思和恩格斯,而是实现和发展了马克思和恩格斯的学说。

六、用"民主社会主义"代替科学社会主义

胡克同他的老师杜威等人一样,在社会政治问题上也往往标榜自己是"社会主义"的拥护者,但这不是马克思主义的科学社会主义,而是所谓民主社会主义,对于科学社会主义,他同样竭力歪曲和攻击。胡克对科学社会主义的歪曲和攻击,同他对历史唯物主义,特别是阶级斗争和无产阶级专政学说的歪曲和攻击密切相关。因为科学社会主义是以历史唯物主义为理论基础的。既然胡克从根本上否定了马克思主义的历史唯物主义,他也就从根本上否定了科学社会主义。关于他对科学社会主义的歪曲、攻击,我们再作如下补充。

第一,胡克认为社会主义同无产阶级专政不相容。

马克思主义认为,无产阶级专政是社会主义的政治表现形式,只有通过实行无产阶级专政,无产阶级才能剥夺资产阶级占有的生产资料,镇压他们可能发动的叛乱,消灭资产阶级,发展生产力,建立无阶级的共产主义社会。胡克正是企图通过从社会主义中排除无产阶级专政这个根本内容,来取消社会主义。他说:"社会主义表明它本身是同一切形式的剥削和压迫,同存在有公开的或隐蔽的强迫的任何种类的阶级社会相对立的。然而,马克思主义却承认每一种专政……都是一种压迫形式。"②胡克在此使用的伎俩是把社会主义消灭一切人对人的压迫、剥削同无产阶级专政下无产阶级对资产阶级的"压迫"混同起来,似乎要实行社会主义就必须取消对资产阶级的专政(压迫),而如果无产阶级对资产阶级实行了专政(压迫),

---

① 马克思和恩格斯:《共产党宣言》,《马克思恩格斯选集》第1卷,人民出版社1972年版,第264页。
② 胡克:《社会主义和解放的展望》,载《政治权力与个人自由》。

就违背了社会主义的原则。其实,社会主义之消灭一切剥削和压迫,指的是消灭一切人剥削人、人压迫人的社会制度;而无产阶级专政下对资产阶级及一切剥削阶级的压迫,则是无产阶级消灭一切剥削和压迫的手段。然而胡克却把二者混为一谈。

第二,胡克认为科学社会主义并不能指导共产党人的行动。

上面我们讲到,列宁发展了马克思和恩格斯关于无产阶级专政的学说,并使之付诸实践。同样,列宁也发展了马克思、恩格斯的科学社会主义学说并使之付诸实践。如果把列宁的社会主义学说同马克思、恩格斯的学说对立起来,必然会歪曲他们的社会主义学说的本质。胡克正是企图作这样的歪曲。他说:"不管马克思和恩格斯的所谓科学社会主义是否健全可靠,这种社会主义都没有指导而且从来没有指导过共产党人的行动。……与正式的马克思主义意识形态不同,共产主义制度中的实际指导学说,是一种当今的乌托邦主义,是一种社会工程学。"①在此,胡克把列宁领导下的苏联共产党所实行的社会主义同马克思、恩格斯以及整个马克思主义的学说都完全割裂开来了,把社会主义当作"当今的乌托邦主义""社会工程学",就使社会主义失去了其理论基础,失去了其客观根据。事实上,胡克也一再露骨地说他的这种社会主义同辩证唯物主义和历史唯物主义以及整个马克思主义学说是毫不相干的。

第三,胡克认为,社会主义剥削和压迫工人比资本主义更加惨重。

按照马克思主义的科学社会主义理论所建立的社会主义社会,是消灭了人剥削人、人压迫人的社会。在这里,广大无产阶级和其他劳动人民第一次成了自己的主人,他们享受了在过去的剥削制度下所无法想象的自由和平等的权利。然而胡克却胡说社会主义社会中不仅存在剥削和压迫,而且比资本主义更为惨重。他说:"剥削可以产自代表国家的官僚、经理、党支部所作的决议,就像可以产自私人企业主的决定一样。的确,如果在社会主义社会里,工人不享有自由职工联盟的权利的话,那么他在一个混合

---

① 胡克:《马克思和马克思主义者》,第9章。

福利经济或一个民主资本主义社会里所受的剥削,要远远小在社会主义里所受的剥削,因为在私有制下,工人为自由工联所保护,并且有罢工的权利。""在有一党专政,特别是少数人的政党专政的地方,社会主义民主,或任何其他的民主是不可能存在的。"①在此,胡克把在社会主义制度下的工人同集体和国家的关系歪曲为被剥削者和剥削者的阶级对立关系,把在共产党领导下的民主集中制歪曲为扼杀工人的自由的制度。

在攻击和否定科学社会主义的同时,胡克把他所谓的"民主社会主义"(有时他又称为"没有教条的共产主义")吹得天花乱坠。什么是民主社会主义呢?简单说来就是国际社会党人所鼓吹的社会主义。胡克也公开把国际社会党人所通过的决议作为他的民主社会主义的根据。概括地说,民主社会主义有如下主要特点。

第一,民主社会主义用伦理学作为其理论根据。

胡克说:"今日的一切社会主义运动的方针完全不同于共产主义和其他形式的极权主义的方针,社会主义运动认为自己基本上是伦理性质的。……它们认为,虽然'个人'和'社会'不能分割,但人的人格驾于物质财富和价值的积累之上。"②在此,胡克打着尊重"个人""人格"的幌子,否定了社会主义应以辩证唯物主义和历史唯物主义作为理论根据,这种"基本上是伦理性质"的民主社会主义,实质上是新康德主义者等唯心主义者早已提出过的伦理学社会主义的翻版。

第二,民主社会主义不能触动资本主义的基础。

胡克说:"民主社会主义者提倡为充分就业、足够的住房、社会保险和公共福利的其他措施制订有计划的纲题。一般说来,他们似乎不再把财产所有权的任何特殊形式看作是达到他们的目的的主要之点。民主社会主义运动的最权威的发言人说,他们所要求于任何财产所有权形式的,只是它要允许人的能力得到解放,不使人们的生活的性质依靠专断的决定。这

---

① 胡克:《人与自然》,载美国《哲学周刊》1959年第56卷,第9期。
② 胡克:《马克思和马克思主义者》,第9章。

第四章　实用主义对马克思主义的歪曲和攻击

就是为什么相信民主的必要性被确认为所有社会主义者所承当的首要义务,而这也就是为什么在世界史的现代时期,社会主义者再也不认为经济的生产方式是关键,而认为政治决定的方式是关键。"①在此,充分就业、公共福利、"民主"被当作是社会主义的首要的决定性的要素,而"财产所有权"(确切地说生产资料所有制)"经济生产方式"的变更被当作是可有可无的了。换言之,实现社会主义根本用不着触动资本主义的经济基础,不必建立社会主义的公有制。这种不触动资本主义经济基础的社会主义当然只能是假社会主义。

第三,民主社会宣布一切资产阶级政党都可以是社会主义政党。

胡克说:"社会主义作为一个政治的党派或者运动,在民主政体内同其他民主党派区别开来的地方,只在于它用来解决特殊问题的特殊纲领。这就是说,它们之间的区别是程度上的,而不是种类上的。""民主社会主义者坚持说,只要我们不咬文嚼字,那么现在比过去能更正确地说,'现在我们都是社会主义者'。去掉口号和标语,各民主党派之间的差别并不能归结为是社会主义,还是资本主义的问题,而是多点少点的问题。"②

胡克的这些话最清楚不过地说明,所谓民主社会主义不仅不触动资本主义的基础,也不触动资本主义的上层建筑。因为,它不仅允许而且主张各个资产阶级政党都去宣扬并力求实现自己的社会纲领。换言之,可以维护资本主义制度,可以把资本主义的东西宣布为社会主义的,把维护资本主义的政党宣布为社会主义政党,从而社会主义和资本主义不再有什么根本区别。

总之,无论从其理论基础来说,还是从其经济、政治和思想纲领来说,胡克的民主社会主义都同马克思主义的科学社会主义根本对立,而同那些公开的资产阶级政党所维护的资本主义并无实质差别。

以上我们概要地评述了胡克从实用主义出发对马克思主义哲学所作

---

① 胡克:《马克思和马克思主义者》,第9章。
② 同上。

的歪曲和攻击。应当补充的是：用实用主义来歪曲和取代马克思主义，这不是胡克个人别出心裁的制作，而是当代实用主义者中的一种颇为普遍的倾向。例如在美国，拉蒙特（C. Lamont）、马塞克（J. Macek）、柯尔克（J. Kork）、兰德尔（J. Randall）等人都把杜威当作马克思思想的继承人。他们都在不同程度上把马克思主义窃改为实用主义，因此，弄懂什么是马克思主义，什么是实用主义，划清它们之间的界限，是十分重要的。

第二编

循序渐进,迈向求实研究

引 言

　　芜湖和太原会议以后,20世纪80年代初又相继在西安和庐山举行过现代外国哲学讨论会。参加会议的专家都很是踊跃。这说明当时现代西方哲学研究在哲学界已引起广泛注意。如果说芜湖和太原会议主要只是为恢复学科研究制造舆论,西安和庐山会议已经开始关注西方哲学的个案问题。记得萨特的存在主义就成了当时讨论的焦点之一。实用主义虽然未成为会议主题,但这时把实用主义当作"四人帮"的哲学基础而大加鞭挞的现象至少不引人注目了。现代西方哲学学科在我国大致可以说开始进入了一个循序渐进、相对求实地进行研究的时期。

　　说"循序渐进""相对求实",意思是说来自"左"的方面的意识形态的干预还时有发生,学科研究中的一些问题、特别是评价问题的解决不能操之过急,旧的批判模式还不能立即完全摆脱。但改革开放毕竟已是国策,这些干预如果显得过分,大家还是可以据实作出说明,甚至作出一定抵制。大步跨越虽然困难,小步前进还是可行的。记得那次庐山会议就受到了地方当局个别领导人的某些干预:先是要求不让一位对萨特作过肯定评价的专家出席,后来虽同意他与会却要求不让他在大会发言。这些无理的干预都被学会抵制了,但学会也一再要求与会者发言谨慎,不要让地方机构感到为难。

　　其实,我个人这时也碰到过类似麻烦。我的《现代西方哲学》(1981)由于是国内本学科的第一部系统的教材,其实也是第一部系统的论著,出版后正好切合当时的需要而受到广泛欢迎,被大量印刷。但是有的地方机构对此很是反感,他们认为这类书不应允许出版,即使出版也只能内部发行;让其公开出版甚至成为"畅销书"是对马克思主义的"冲击"(被称为"第二冲击波")。他们于1983年将这种意见上报到有关中央领导部门、后者将这些意见转发到全国。教育部和上海市委等部门都立即组织专家对本书进行审查。这对作者和出版者都造成了很大压力。但我们在本书出版前就曾考虑到可能会受到持传统观点的人士的非难,在行文中特别关注用马克思主义指导,在介绍现代西方哲学流派时不忽视对它们的批判,不与传统的评价模式直接发生冲突。结果专家们审查后都认为本书坚持了马克思主义观点,并无撒播资产阶级自由化倾向。中央有关领导部门后来也改变了态度,并明确指出在马克思主义指导下研读一些西方哲学的书籍具有积极意义。这样这场风波反而有助于广大读者明确在马克思主义指导下研读现代西方哲学论著的合理性,有助于学科的发展。

庐山会议以后,特别是《现代西方哲学》经历了1983年那场风波以后,本学科研究的合理性得到了越来越多的人的肯定,传统的批判模式的片面性也为越来越多的人所诟病。许多同行专家都感到已有较有利条件在一定程度上摆脱传统批判模式的制约,从事较为求实的研究。我个人在这方面的感受更为强烈。这是因为《现代西方哲学》出版后一直热销,但该书大体上是按旧的批判模式写的。如果说在编写时这是不得已的选择、而且正因为有这种选择而较为顺利地经受了1983年的风波的话,那么在此之后如果仍是默守旧的批判模式,就不仅显得落后,而且会造成对读者的误导。因此我感到自己有责任对本书加以修订。这种修订当然包括对书中所涉及的哲学流派的具体内容作出更为准确的阐释,更重要的是尽可能排除旧的批判模式的片面性,因为这种片面性势必对现代西方哲学流派的具体内容造成扭曲。为了对《现代西方哲学》作出较好的修订,需要有较长时间从各方面作准备。考虑到旧的批判模式的片面性在对实用主义的评价上表现得特别突出,我国哲学界对现代西方哲学流派的了解和误解也以实用主义为最,我自己对实用主义的研究也比对其他哲学流派的研究较多,因此就想通过重新评价实用主义着手来重新评价其他现代西方哲学流派。其实,在20世纪80年代初撰写的《实用主义述评》中我就已企图这样做。但《述评》在整体上毕竟未摆脱旧的批判模式,因此在重新评价实用主义时,必须比《述评》多少有些进步。当时正好有人要编一套《现代西方著名哲学家评传》，邀请我编写经典实用主义的几位代表。我就正好利用这个机会把在《述评》中按问题综述的几位哲学家的理论改为按人物更具体地重新写了一遍。尽管这次编写从整体上说仍然没有摆脱传统评价方式的束缚，但由于需要引述更多的具体材料，这对"循序渐进""相对求实"地进行研究多少有些促进。

正是为了这次编写（1985年左右完成），我重新认真阅读了皮尔士、詹姆士和杜威的一些代表作，对他们的理论的实际所是有了更多的了解，较易发现以往被当作权威的那些关于实用主义的论断的片面性，也较有把握地对实用主义的有关理论作出新的评价。在从材料和理论上经过多年的准备后，我在1986年终于写出了上面"序言"中提到的《重新评价实用主义》一文。尽管由于这篇文章提出的观点是对长期以来流行、并被当作权威定论的观点的公开挑战，对是否立即发表我有过顾忌。但发表后并未遇到什么麻烦，反而引起了同行专家的广泛共鸣。中国现代外国哲学学会还趁势于1988年在成都举行了第一次全国实用主义讨论会，对实用主义等现代西方哲学流派必须重新评价成了大家的共识。我国的实用主义研究也由此进入了一个求实评价的新时期。

本书第二篇选用了关于古典实用主义哲学家皮尔士、詹姆士、杜威、米德的评传。考虑到《重新评价实用主义》一文以及成都实用主义讨论会在我国实用主义研究进入一个新阶段的标志性意义，我把本文以及为编辑和出版成都会议的文集《重新研究实用主义》先后写的两篇序作为一组文章也收入在内。

另外，《重新评价实用主义》一文得到同行专家的赞许很是增进了我加速修订《现代西方哲学》、尽快出版修订本的信心。经教育部批准，1987年我们在广西桂林举行了本书修订本的审稿会。在会上除了听取同行专家对书稿的意见外，我们还就如何进一步通过具体重新评价实用主义来以改革开放的精神推进现代西方哲学学科的研究交换了意见。当时陕西师范大学的杨文极教授建议由我带头组织一些同行专家用新的观点来重新研

引　言

究实用主义。我因修订《现代西方哲学》工作量较大,不宜承担另外的课题,就建议由杨文极带头来主持这方面的工作,我愿意尽可能支持。文极积极性很高,就在那次审稿会上就和几位专家说好再找几位同行专家一起立即启动,于是就有了他们的《实用主义新论》(陕西人民教育出版社1990年)。使我感到高兴的是:文极把我的《重新评价实用主义》一文几乎全部引进了他们的书稿。我也写了一篇《实用主义研究的六十年轮回》作为他们的书稿的代序。他们的《新论》比起我在1981年写成的《实用主义述评》无论从材料的丰富度和观点的开放度上都有很大的进步。我把《实用主义研究的六十年轮回》也收入到了现在这部书稿中。

第五章
皮尔士评传

一、皮尔士的生平和著作

皮尔士(Charles Sanders Peirce 1839—1914)是美国著名的哲学家、逻辑学家、数学家、物理学家和实用主义的创始人。1839年9月14日生于马萨诸塞州的剑桥。其父本杰明·皮尔士(Benjamin Peirce 1809—1880)是哈佛大学的数学和天文学教授,博学多能,在应用数学方面造诣尤深,是当时美国声望卓著的数学家。皮尔士从小在父亲的悉心教育下成长。他父亲竭力培养他对数学、自然科学、哲学以至各种神秘事物的兴趣。为了启发他的智力,培养他的意志和快速反应能力,他父亲经常通宵达旦地同他下棋。从他8岁开始就教他学习化学,并教他作科学试验。在他10岁时就教他阅读各种哲学著作,要他复述这些哲学的观点并对之作出反驳和简短的评价,以提高他的抽象思维能力,甚至还让他喝酒来刺激他的感觉鉴别力。虽然皮尔士也曾到学校上过学,但他早年的知识主要是从家庭教育中获得的。

皮尔士中学毕业后,于1855年进入哈佛大学。但他认为那里的课程过于容易,便把绝大部分精力用来自学哲学和天文学。他1859年在哈佛毕业,接着进入劳伦斯科学院学习,1863年在此取得化学最高荣誉学位。大学时代他继续受到他父亲的教育。父子俩在课后经常一起散步交谈,讨论的问题主要不是皮尔士大学课程中的问题,而是他父亲在数学研究中所提出的问题。他父亲在讲课过程中还经常提及皮尔士的科学设想和成就、并预言他将远远超出自己的成就。但是皮尔士的早熟及他父亲对他的过

第五章 皮尔士评传

分渲染对皮尔士本人起了一些副作用,特别使他过分孤高自傲,对一切他不崇拜的人以及不崇拜他,不把他当作智慧化身的人(包括哈佛大学的许多教授),他都相处不善。由于他父亲与美国海岸观察所关系密切,皮尔士得以从1861年起在这里任职,直到1891年。这里工作清闲,使他有大量时间从事科学和哲学研究,并可以同时在其他地方担任一些工作。例如,从1869年起,他曾多年在哈佛大学天文台任职。他的《光度测量研究》(1878)一书就是对他所作的一系列天文观测所作的总结。1864—1865年和1869—1870年间,他曾在哈佛大学讲授早期科学史,1870—1871年又在此讲授逻辑。1879—1884年他还在约翰·霍普金斯大学讲授逻辑学。但是,尽管皮尔士有丰富的学识,并从1865—1895年的30年间,一直力图在大学里获得一个较为固定的正式职务,他的一些朋友(如詹姆士)也竭力为他设法说合,但都未能成功。其所以如此,原因是多方面的。首先,他不精于教学法,他从来没有考虑怎样把自己的思想表达得使人易于听懂,因而在一般听众心目中,他是一个言辞晦涩的人。加之,他过分地追求深奥和精确甚至使一些有学识的听众也感到厌烦。其次,他的孤高自傲、嗜酒成性、放荡不羁的性格使他在学术界失去了群众和声誉。他在个人婚姻问题上也处理不善。他1862年与麦鲁辛娜·法伊(Melusiza Fay)结婚,1883年与之离婚。此后不久即与一个法国女郎朱丽特·弗罗西(Juliette Froissy)结婚。此事在学术界和他的兄弟朋友中都影响不好。他1884年失去约翰·霍普金斯大学的职务与此事直接相关。不过,最主要的原因还是皮尔士不像后来的詹姆士及杜威等人那样直接把实用主义与美国资产阶级的利益结合起来。他那些外表上企图摆脱任何党派偏见而又晦涩难懂的哲学理论,当时还未为美国资产阶级所赏识。1887年,皮尔士在得到一笔为数不大的遗产后,住到了宾夕法尼亚州密尔福德的一个小镇。除了曾短期在纽约逗留和偶尔在哈佛大学讲几次课外,他一直在这个小镇过着默默无闻的生活。在这个镇上的人的心目中,皮尔士是一个性格孤僻、行为古怪的老人。他穷困潦倒,不得不依赖过去的朋友(如詹姆士等人)的接济。1914年4月19日他在绝望中逝世。

从个人的生活和遭遇来说,皮尔士一生是不得志的。当他在世时,他在哲学、逻辑学以及自然科学方面的成就,已为一些接近和熟悉他的人士所察觉。例如,实用主义的另一著名代表、当时在学术界已声名显赫的詹姆士以及美国绝对唯心主义的主要代表、当时也已名闻遐迩的罗伊斯都一再表示了他们对皮尔士的崇敬,并公开承认他们曾得教于他。然而,在这个狭小的范围以外,他的名字就很少为人所知。他一生著述甚多,内容涉及逻辑学、哲学、自然科学等各个方面。从资产阶级学术界的标准来说,这些著作都是很有创见的。但当他在世时,他的著作大都未能出版。这当然与他不善于、也不注重于系统地论述和整理自己的理论有关(他的许多手稿都是未成稿),但更重要的是他的理论的意义当时尚未被美国思想界所充分发现。

皮尔士逝世以后,他在各方面的理论越来越引起美国思想界、特别是实用主义者的关注。1915 年,即皮尔士逝世后的第二年,杜威发表了《皮尔士的实用主义》一文,文中首先提出了"皮尔士比詹姆士更是道地的实用主义者"的观点。1916 年,另一个著名美国实用主义者刘易斯(G. I. Lewis)出版了《符合逻辑概论》,第一次强调了皮尔士在 19 世纪符号逻辑这门科学创立中的作用。1923 年,与实用主义接近的美国著名自然主义者柯亨(Morris Cohen)编辑出版了第一部皮尔士的著作选,标题为《机会、爱情与逻辑》。它包括了皮尔士阐述实用主义的著作以及 1891—1893 年间发表的一些关于形而上学即本体论问题的论文。1931—1935 年,哈佛大学出版了由著名美国哲学家哈特肖恩(Charles Hartshorne)和维斯(Paul Weiss)编辑的《皮尔士文集》共 6 卷。这个文集不仅包括了皮尔士过去已发表的著作,也包括保存在哈佛大学哲学系的数以百计的未发表的皮尔士的手稿。1953 年,莱勃(Irwin Leib)编辑出版了《皮尔士致维尔贝女士书信集》,这些书信写于 1903—1911 年,大部分是论述符号学的。其中有的书信被认为是皮尔士关于符号学问题的最好的论述。1958 年,伯克斯(Arthur Burks)编辑了《皮尔士文集》的第 7 卷和第 8 卷。除此以外,还有几种关于皮尔士著作的选集出版。随着皮尔士著作的出版,论述皮尔士哲学的论著也越来越多，皮尔士在美国哲学界的声望也几乎是与日俱增。他被公认为美国实用主义的创始人。特别值得注意的是，皮尔士著作中对关系逻辑、符号学、意义和实在理论等问题的论述引起了逻辑实证主义者、语言分析哲学家、现象学家以及新实在主义者的重视，他们都把他当作自己的重要先驱者之一。皮尔士在自然科学方面的成就也受到西方知识界的称赞，有关这方面的论著也越来越多。这一切使皮尔士成为19世纪和20世纪之交美国学术界最著名的代表人物之一。

二、皮尔士思想的基本特点及其发展过程

皮尔士是一个有着多方面才能的思想家，也是一位由于存在着思想矛盾而引起争论的思想家。他在辞去美国海岸观测所的职务后，在给朋友的信中曾表示要专心致力于建立一个统一的、广泛的理论体系，其中包括他几十年来在哲学和科学上的各种成果。但这个计划没有实现。原因之一是他经济困难。他不得不花去大部分时间去写作通俗的哲学和科学评论，以便取得一些报酬。在1891—1906年间，这类评论他写了150多篇。在此以后，他的健康状况每况愈下，再也无法完成任何庞大的计划。不过，根本原因还是他的思想本身充满了各种矛盾，实际上不可能用单一的体系把它们融贯起来。这一点连西方思想家也是公开承认的。例如加拿大哲学家高治(T. A. Goudge)指出：在皮尔士的"六卷著作中提出的见解很难彼此调和。许多地方对于同一对象提出了相互对立的观点。例如……科学方法被宣布是确定信念的唯一可靠的方法。然而感觉又是伦理学，宗教和实际生活事物的最后权威。又如他肯定哲学是以观察为基础的实证科学，如果它的概念不是根据其实验结果来确定，就是没有意义的。然而皮尔士在其形而上学中又得出了不以观察为根据、而只是用观察这个词进行思辨的结论"[1]。

---

[1] 高治：《皮尔士的思想》，英文版，第2—3页。

皮尔士思想存在种种思想矛盾的原因是多方面的。其中主要原因之一是他作为一个出色的自然科学家所具有的面向客观实际的求实精神与他作为一个资产阶级思想家所必然具有的不彻底性和妥协性这二者之间的不协调。皮尔士不像某些哲学家那样直接去调和科学与宗教,他甚至提出过不要使科学服从信仰而要服从实验,只有在实际生活中才服从信仰的观点。然而他又是一个有神论者,认为宗教高于科学。他在论述方法论的著作中一再提出,在任何研究领域中,我们都应从提出假设开始,而假设要尽可能以在自然科学中已被证实的原理为根据。可是,在他的宇宙论体系中,自然科学的原理却只起从属作用,它们归根到底服从于宗教。

皮尔士的思想矛盾也与他接受的思想传统的矛盾相关。从主要方面说,皮尔士哲学是属于现代西方实证主义思潮的,19世纪下半期在美国产生很大影响的穆勒和斯宾塞等人的哲学无疑是他的思想的重要来源之一;但与此同时,他又吸取了德国古典唯心主义、特别是康德的先验唯心主义的某些思想,他往往将二者折中地糅合在一起。在皮尔士的思想中,逻辑思想起了很大作用。他的逻辑思想本身就是矛盾的。他既接受和发展了布尔(George Boole)、德·摩根(Augustus de Morgan)等人开创的符号逻辑,把逻辑学当作是与心理学无关的关于符号之间的联系的纯形式科学,可是他又受到经验派哲学家的心理主义逻辑的影响,认为符号的意义与提出和使用符号的人的心理状态相关,而康德的先验唯心主义的逻辑学又是他的思想的出发点。

皮尔士的思想发展的道路是一条充满着各种矛盾的道路,他的思想发展的不同阶段表现出了不同的特征。

皮尔士是作为康德哲学的信徒而走上哲学道路的。康德在《纯粹理性批判》中所提出的先验逻辑学说曾给予他深刻的影响。康德认为一切知识均依赖逻辑,从逻辑中可以得出一些基本范畴和原则,它们是一切可认知的东西的基础而逻辑又是一门完备的,不变的科学。但是,皮尔士没有停留在康德的观点上。他强调逻辑是一门发展和变化着的科学。他按照与布尔、德·摩根以及弗雷格等人一样的方向改造了传统逻辑,并为罗素和怀特海在《数学原理》中在这方面的进一步发展开辟了道路。皮尔士后来思想的发展与他的逻辑学说的发展是密切相关的。

在19世纪50年代,皮尔士企图把康德的先验分析学说。与柏拉图的唯心主义结合起来。他从康德的先验论出发,把一切存在的事物划分为物质(宇宙论的对象)、精神(心理学的对象)和上帝(神学的对象)三类范畴。他分别把它们归属于"它"(感性世界),"你"(精神世界)和"我"(抽象世界)三类范畴,并试图确定它们之间的关系。他认为上帝心中的观念是柏拉图理论体系中的原型,而一切现象和一切概念都是表象。原型最初以我们的经验对象的形式作为物质的化身而被给予,我们通过抽象而从这些对象中获得它们。皮尔士把康德的先验分析当作是对这一过程的掩述。但他又不满意康德的先验的固定的范畴理论,认为单靠康德的范畴表以及康德对命题的逻辑分类是不妥当的。为此,从1862年起他进一步认真地研究了逻辑,并接受了经院哲学的逻辑的影响(例如他接受了邓·斯各脱特的这样一种思想:既然命题的意义决定于它们在推论中所起的作用,因此论证的分类或者说推论的形式是更为重要的)。在1866年发表的《亚里士多德三段论摘要》一文中,皮尔士指出了康德的论证的错误,并指出存在着三种推论式,即纯演绎的、归纳的和假设的。对于假设和归纳在逻辑推理中的作用的强调,被认为是他对康德的逻辑的一大发展。他的另一更重要发展是指出可以把系词解释为符号关系。他后来由此进一步提出了关系逻辑。1867年,皮尔士发表了《论一种新的范畴表》一文,企图利用符号解决上面所提到的物质、精神和上帝三类范畴的关系问题。把它们的逻辑关系主要当作符号关系。但他认为逻辑不是唯一的符号科学,而只是三种符号科学之一。这三种符号科学各有特殊的研究对象。第一是纯理论语法,它研究符号与抽象概念的关系,相当于一般的意义理论。第二是本来意义上的逻辑(或批判逻辑),它研究符号与对象的关系。第三是纯理论修辞学,它研究符号与其解释者的关系。皮尔士用抽象方法从符号关系引出三类本体论范畴。他为了回答能否认知对象及它们是否实在的问题,还进一步提出了一种关于认识和实在的理论。他在 1868 年发表于《思辨哲学杂志》上的几篇文章就是论述这种关于认识和实在的理论的。其中谈到一种思想的意义或"理智价值""在于……这种思想可以与由以后的思想所体现出来的东西联系起来。因此一种思想的意义总的说就是某种实际的东西"①。这一理论是他后来提出的实用主义的有关理论的雏形。

皮尔士思想发展上最重要的时期是 19 世纪 70—80 年代。这正是他正式建立关系逻辑和提出实用主义理论的时期。他的关系逻辑对他的哲学有很大影响。因为关系逻辑使他不得不抛弃关于命题的主宾式理论，而后者是他原来的哲学理论的基础。他在这一时期提出的实用主义理论与他的关系逻辑理论直接相关，但也存在着一定的矛盾。后者注重于纯符号的、纯形式的逻辑推演，具有反心理主义的特点，而前者与传统的经验派哲学、康德哲学以及当时在美国广泛流行的生物进化论直接相关，具有心理主义的特征。

皮尔士之所以提出实用主义与他在哈佛大学的形而上学俱乐部的活动分不开。这个俱乐部是一个组织松散、成员也不多的学术讨论团体，存在于 1871—1874 年，由皮尔士发起组织，主要成员还有哲学家、心理学家赖特（Chauncy Wright 1830—1875）、律师霍尔姆斯（Oliver Wendell Holmes 1841—1935）、历史学家费斯克（John Fiske 1842—1901）、法官华尔纳（Joseph B. Warner）、法学家格林（Nicolas St. John Green）以及詹姆士等人。他们各在自己的研究领域表述了实用主义思想，这些人的思想对皮尔士实用主义观点的形成起了直接的促进作用。他特别推崇赖特对他的影响，并称格林是"实用主义的祖父"，因为他强调"人们按照信念来着手行动"（5·12）。但是，皮尔士在这个团体中仍然起了主导作用。他综合了其他人的思想而较为系统地提出了实用主义理论。1872 年，他在这个俱乐部作了一个学术报告。后来将它加以修改，整理成《信念的确定》和《怎

---

① 《皮尔士文集》，坎布里奇版，5·289（点前的数字指卷数，后面的数指段数，此处即第 5 卷第 289 段，以下凡引《皮尔士文集》均按此作注，置于引文后）。

样使我们的观念清楚明白》两篇文章,分载于《通俗科学月刊》1877年11月号和1878年1月号上。这两篇文章中所提出的一个基本观点就是认为一个名词和概念的意义在于它们所蕴含的实际效果,就是说它对人们的生活和行为能产生的实际影响。因此,意义问题以及确定意义的方法问题就成了皮尔士实用主义的中心问题。而他这两篇文章也由此成了他的实用主义的最有代表性的著作。

1885年以后,皮尔士的逻辑思想得到了进一步发展。1885年他在康托尔的集合论的启发下,并在其学生米泽尔(O. H. Mitchell)的协助下提出了量词理论。这比弗雷格提出这一理论晚六年,但他是不依赖弗雷格而独立地提出的。在19世纪末和20世纪初,皮尔士进一步把他的注意力转向符号逻辑、范畴学说以及形而上学问题。他的整个哲学观点也继续发生了种种变化。例如他把上面提到的三类范畴的形式方面和物质方面分开。就物质方面说,他认为它们都有一定的可感知的质。为了证明这种可感知的质的存在,皮尔士不得不肯定它们的实在性。这使他越来越抛弃了实用主义同其他各种类型的实证主义所特有的反形而上学的倾向,试图建立一种以其范畴体系为基础的包含有本体论的广泛的哲学体系,并由原来的主观唯心主义越来越倾向于客观唯心主义。因此他也越来越感到要把他自己的实用主义与詹姆士、席勒等人的实用主义区分开来。特别是不同意他们的非逻辑主义和反理性主义。对杜威早期著作中表述的类似观点,他也不表示赞同,认为它们是一种"粗俗思维的吵闹",是一种"理智的放荡的精神"。

三、皮尔士实用主义的由来和基本含义

皮尔士被公认是实用主义这个哲学流派的创始人,但又并不是一个始终一贯的实用主义者。上面谈到,在19世纪70年代以前他的学术思想已相当活跃,但当时他的实用主义思想并未正式形成。而在1885年以后,特别是20世纪初以来,他越来越超出了当时成了美国资产阶级时髦哲学的

实用主义的范围。皮尔士的实用主义对詹姆士和杜威等人有深刻的影响，但他又企图同他们划清界线。因此，为了对皮尔士实用主义作出实事求是的评价，就必须了解他的实用主义的由来及其基本含义。

"实用主义"(pragmatism)一词是1898年詹姆士在加利福尼亚公开发表的题为《哲学概念和实际结果》的演讲中首先正式引入文献的。詹姆士在其中讲到"皮尔士原则"，或者说皮尔士的"实际主义或实用主义的原则"，他说这是他19世纪70年代在"形而上学俱乐部"时最早听皮尔士阐述的。不过，在70年代发表于《通俗科学月刊》上的皮尔士著名文章中，虽然阐述了实用主义的观点，但并未使用实用主义这个名称。1893年，皮尔士在给《世纪辞典》撰写有关条目时曾打算使用"实用主义"一词，并给它下了几个定义，终因其含义不确定而未用。直到1902年他给巴德温(Baldwin)的《心理学哲学辞典》撰写有关条目时才用了这个名称。但是，他对詹姆士等人当时对实用主义的解释不满，为了与他们有所区别，1905年4月，他把他的理论改名为"实效主义"(pragmaticism)，并说实用主义这一名称丑陋不堪，不会再被人拐骗了。他在1908年发表的一篇文章中谈到了此事的始末，他说："在1871年，在马萨诸塞州的剑桥的形而上学俱乐部，我把这一原则(按指他的实用主义——引者)当作一种逻辑的真理，表达贝克莱所遵循的那种未加确定的方法，在交谈中我称它为'实用主义'。在1877年11月和1878年1月，我把这一学说发表于《通俗科学月刊》……当然，这一学说并未吸引人特别注意，因为……很少有人关心逻辑。但是在1897年，詹姆士教授把事情作了改变，使它变成了一种哲学理论。其中有的部分我高度赞赏，而其他部分、也是更重要的部分我认为、而且仍认为违背健全的逻辑。大约在这个时候，巴比尼教授投合实用主义学派的兴味，发现这一学说不能下定义，这似乎肯定把它与任何科学部门的任何其他学说区别开来。我不得不得出结论，我的不幸的学说应当改用另一个名称，于是，在1905年4月，我改称它为实效主义。"(6·482)皮尔士在这段话中肯定了他的实用主义与贝克莱的思想联系，这与詹姆士等人是一致的。但是他又强调他主要是把实用主义当作一种逻辑方法，这一点也是他后来所一再强调的,这与詹姆士等人的确有所区别。

"实用主义"一词源出古希腊文(pragma,词义为事务、行为)因此实用主义当然就是一种与纯粹的知识、理论不同的"事务哲学""行动哲学"。实用主义者也往往因此把以往一切重视行动,而不拘泥于抽象的思辨的哲学都当作他们的先驱。皮尔士本人就曾把实用主义的祖先一直追溯到古希腊的苏格拉底。贝克莱、孔德、穆勒等人的思想也经常为他所引用。不过,皮尔士自己一再谈到,在所有以往哲学经典中,他受益最大的是康德的著作。

康德在《纯粹理性批判》中提出了关于意见、知识和信仰(信念)的关系问题。他认为,人们一般是根据其知识来行动的。但经常存在着这样的情况,我们没有获得真正的知识,而问题又比较重要,不能依据意见解决。在这个时候就需要信仰(信念)。例如医生对病势危殆之病人,必有所处置,但又不知其病的性质,这时他就依据症状来作出某种诊断,并把它当作仿佛就是正确的诊断,据此进行治疗这种信念是一种偶然的信念。康德说,"我把这种构成一定行动的实际行使方策的偶然信念称为实用的信念"①。这种信念的正确性的标准只有一个:治疗上的实际成功。康德还在《实践理性批判》中确立了实用的(pragmatish)与实践的(praktish)二者之间的区别。后者指先验的道德律。人们不依赖任何实验和行动就能对之表示确信。前者指技巧和技术规则,这些规则基于经验而且适用于经验,它表示了对某些特定的人类目的的关系。

皮尔士正是从上述康德关于实用的信念以及"实用的"和"实践的"区分出发来提出其理论并称之为实用主义的。照杜威的说法,皮尔士是"从《纯粹理性批判》取得思想,从《实践理性批判》取得名称"②。其实,取得思想和名称对皮尔士来说并不是不相关的两回事。他甚至特别强调康德在《实践理性批判》以及《道德形而上学原理》中将实践的和实用的区分开来

---

① 参见康德:《纯粹理性批判》,商务印书馆1960年版,第561页。
② 杜威:《皮尔士的实用主义》,引自皮尔士:《机会、爱情与逻辑》,1929年纽约英文版,附录。

的重要意义。他的一些朋友曾经建议他把自己的体系称为"实践主义"或"实际主义",他没有同意,而是采用了"实用主义",以便强调他所重视的是如何使概念和思想明白、清楚、确定的技巧和方法。

皮尔士从康德那里取得了实用主义这个名称和基本思想,但这并不意味着他的哲学就是康德主义的变种。他所吸取的只是康德哲学中的某些因素,而且对这些因素作了重要的改造。因此他与康德之间仍存在着原则的区别。康德尽管提出了"实用的信念"等观点,但他并不是实用主义者。康德把人类知识局限于现象范围,但他并未否定人类获得具有普遍性和必然性的真实知识的可能性。而皮尔士的实用主义则把一切知识都归结为"实用的信念"。关于知识的问题被归结为确定信念以便使之成为行动工具的问题。皮尔士也企图建立一个完整的甚至是无所不包的哲学体系(这点我们将在下面介绍),但是这个体系不同于康德的体系。作为一个实用主义者,皮尔士也像其他实用主义者一样排斥本体论、排斥体系。他曾明确地说,他的实用主义"本身并不是关于形而上学的学说,并不试图确定事物的任何真理性,它只是一种发现现实的词和抽象概念的意义的方法"(5·464)。他一再指出,他所关心的主要是使人们的思想、概念清楚明白的逻辑方法和技巧。杜威指出,皮尔士"作为一个逻辑学家,他所感兴趣的是关于实在的思维的技巧和技术,就实用主义的方法而论,特别是如何使概念清楚、或解释适当的和有效的定义,使之与科学方法的精神一致的技巧"①。这就是说,皮尔士企图使实用主义成为一种科学的逻辑或科学方法论,用来分析词、概念、思想或者说符号的意义,使它们能成为人们确定信念并指导人们的行动的工具。

皮尔士的实用主义是否真的摆脱了"形而上学问题"呢?是否仅仅是一种纯粹的逻辑或科学方法论呢?不是。这一点从皮尔士的实用主义的几个基本理论观点上可以清楚地看到。

---

① 杜威:《美国实用主义的发展》,引自伦斯:《二十世纪的哲学》,1917年纽约英文版,第452页。

四、皮尔士的怀疑—信念的探索理论

皮尔士关于确定信念的理论与他强调人的行动对人的生存的作用密切相关。从一种意义上说,他的实用主义同詹姆士、杜威等人的实用主义一样是一种行动主义。

皮尔士认为,任何人为了求自己的生存都必须采取一定的行动。而为了有效地行动,必须有一些有效的行为规则或者说行为习惯。它们决定人在一定条件下应怎样行动才能获得预期的效果。这些行为规则或习惯如被人接受,就成了他们的信念。确定信念是采取行动的准备。他说:"……真正的信念或意见是人们借以准备行动的东西。"(2·148)"不同的信念由它们所引起的不同的行为方式而区别开来。"(5·398)反过来说,人们只要有了确定的信念,就可以采取行动。因此,哲学的主要使命就是确定信念。一切与确定信念无关不能引起人们的行动的东西都不应包括在真正的哲学之内。他说:"思维的整个机能在于引起行为习惯。而与思维关联、但与它们的目的无关的一切,则是思维的累赘,而不是它的部分。"(5·400)

在皮尔士看来,一种思想、观念是否能成为人们的信念,并不在于它们是否是对象的正确反映,而仅仅在于它们能否引起人们的行动,并在行动中获得预期的效果。"只要达到了确定的信念,我们就完全满足了,至于信念是真是假,那是不相干的。"(5·375)对于同一对象,如果有两个不同的观念同样能引起行动、同样能获得所期望的效果,那在皮尔士看来它们其实并没什么原则的界限,只不过是对同样的信念的表述的方式有所不同罢了。因此,不同的人对于同一对象完全可以有不同的看法,只要他们都坚持自己的看法或者说自己对这一对象有坚定的信念,那他们完全可以并行不悖。皮尔士举例说,如果有两个哲学家在进行争论,假定他们所争论的问题不能用事实的观点来解决,而这两个哲学家却又认定自己是对的,对方是错的,在这种情况下,"实用主义认为……争论双方必是相互误解了"(5·6)。

总之，皮尔士所谓引起和指导人们的行动的信念，并不是反映客观实际的思想、观念，而只是人们的主观假设。就皮尔士实用主义作为一种科学方法论来说，它主要就是一种确定信念，提出假设的方法。它的主要内容就是通过研究和探索，使人们摆脱缺乏信念的状态而达到确定信念。所谓缺乏信念的状态，皮尔士认为就是怀疑状态。由怀疑到确立信念的过程就是探索过程，也是思维的全部过程。它起于怀疑而终于确立信念。皮尔士说："思想活动是由怀疑所引起的那种刺激所激起的。当达到信念时便终止了。因而达到信念是思维的唯一机能。"（5·394）皮尔士的这种所谓科学方法论被称为"怀疑—信念的探索理论"。

皮尔士把怀疑当作他的探索理论的起点。但是他强调他对怀疑的理解既不同于休谟，也不同于笛卡儿。休谟的怀疑主义把怀疑当作人的认识的最后界限。笛卡儿把怀疑当作一种主观的假定，并由此出发来建立其理性体系。皮尔士认为这都不是人们在现实生活之中，即有机体在适应环境的过程中的怀疑。他认为应当把怀疑看作是缺乏或失去信念、无法采取行动的不平静的状态，是人的行为的停顿状态。而人们之所以缺乏或失去信念是由于他们面临着新的经验事实或者说出现了新的环境。他说："信念的破灭只能是由于出现了新的经验事实，不管这是外在的还是内在的。"（5·524）总之，怀疑既不是认识的归宿，也不是主观的想象，而是有机体的行为受到阻碍。不过，皮尔士也与后来杜威把怀疑归结为行为实际受阻有所不同。他认为怀疑也可以是理智、心理上的原因引起的。例如，由理论困难引起的意见冲突、行为的想象的阻碍也可以成为怀疑的原因。皮尔士之所以强调理智和心理上的冲突是怀疑的原因与他对关系逻辑的形式主义解释显然密切相关。由怀疑到信念的探索过程在他那里往往表现为逻辑符号的演算过程，而不一定与人们的实际行动直接相关。当皮尔士谈论有机体适应环境的行为时，也包含了这种逻辑演算的行为。

究竟怎样通过探索，使人们摆脱疑难、确立信念呢？皮尔士对这个问题的回答显得有些混乱和矛盾。作为一个比较严肃的自然科学家，他尚能尊重客观事实，强调探索要有客观事实的根据，要求避免主观偏见。为此，

第五章 皮尔士评传

他反对脱离实际的直觉主义和武断主义,主张尊重经验,尊重科学。他说:"哲学在方法上应该仿效成功的科学,只从可以仔细考查的明确的前提出发,依赖它的多种不同的论证,而不是依赖个人的决定。"①也正因为如此,他虽然一再强调作为信念的观念必须是清楚明白的。但他不同意笛卡儿和莱布尼茨对于观念的清楚明白所作的解释。他认为笛卡儿把清楚明白归结为心理上的一致性,这种清楚明白来自反省,但却忽视了那些看来并不清楚明白实际上可能并不如此的东西。莱布尼茨把具有普遍性和必然性的抽象定义作为清楚明白的标准虽然有可取之处,但也忽视了实际的事实,这些都说明皮尔士强调信念要有事实和经验的根据。然而,作为一个实用主义哲学家,皮尔士对事实和经验往往又作了主观唯心主义的解释。而且,被他当作观念的清楚明白的标准的也不是一般的事实,而只是人的行动及其所预期的效果。从评价确定信念的方法来说,皮尔士认为重要的不是它们是否合乎实际,而只是它们能否引起人们的行为习惯。只要能引起人们的行为习惯,就意味着可以成为人们坚定的信念的好方法。他说:"只要怀疑最后停止了——不管用什么方法——思考的目的也就达到了。"(7·324)

皮尔士的这种矛盾立场在他对确定信念的具体方法的论述中也表现出来了。他在《信念的确定》一文中认为古往今来,确定信念的方法有如下四种:

第一种叫做固执的方法。人们在一切问题上都可以固执地坚持己见,把自己所相信的东西当作是不可变易、不可动摇的,并把个人的这种信念当作个人行动的指南。至于它是否会引起别人的异议,是否与事实相抵触,则可以全然不顾。对于采用这种方法的人来说,即使它有什么不便之处也不要紧,"他从自己的坚定的信念中所获得的满足,超过了由于它的不可靠性引出的任何不便之处"(5·377)。

第二种方法叫做权威的方法,就是主张接受国家、教会或其他强力机

---

① 布茨勒编:《皮尔士的哲学》,1950年伦敦英文版,第229页。

构所规定的原则来确定信念。皮尔士认为这种方法适用于那些自己无能确定信念的人。对于这些人来说,确定信念的问题就是使他们服从国家和教会所规定的规则的问题。为了不致引起混乱,保障社会秩序,不能允许这些人有同教会、国家的规定相抵触的信念,违者严惩。如果能够贯彻这个方法,就会使人取得成功。皮尔士说:"如果没有别的方法能够达到完全的一致,那么就对所有一切不按照规定方式来思想的人施以集体屠杀,这种方法已经证明是确定社会舆论的一种有效方法。"(5·379)"对于大部分人来说,也许没有比这更好的方法了。既然他们所能做到的充其量是做精神的奴隶,那就让他们做奴隶好了。"(5·380)

第三种确定信念的方法叫做先验的方法。皮尔士认为它是社会上有教养的人们所使用的方法。这些人既不接受固执的方法的极端任性,也不接受权威的方法的过分专横。他们企图证明自己的信念具有充分的知识根据,合乎永恒理性的要求。皮尔士认为大多数形而上学家(传统的哲学家)都习惯用先验的方法,笛卡儿更是一个突出的例子。这些人把自己的理论体系当作是超经验的、具有永恒意义的理性体系。实际上它们是这些哲学家从自己所坚持的观念出发建立起来的,因而与固执的方法并无实质差别。因此先验的方法并不是一种独立的方法。

上述三种方法就它们能产生人们所需要的实际效率来说,是符合皮尔士实用主义的基本原则的,他对这些方法也表示过某种程度上的赞赏,然而从总体上来说,皮尔士对这些方法采取了否定和批判态度,皮尔士本人所提出并大力提倡和具体论证的只是第四种方法,即科学的方法。皮尔士认为,科学方法是确定信念的最可靠的方法。在用科学方法确定人们的信念时,既排斥主观偏见,又反对盲目崇拜权威,而只依据不受个人意识影响的外部的永恒因素,即客观事实。科学方法以肯定外部世界的客观存在为前提,肯定探索的任务就在于解释和描述客观实在的事物。皮尔士如下两段话是他对科学方法的最有代表性的说明:"必须找出这样一种方法,它可以不凭借任何人性的东西,而仅仅凭借某种外部的永恒性——凭借我们的思维对之没有影响的东西——来确定我们的信念的。……它必然是影响或可能影响每一个人的东西。而且,由于个人的条件不同,这种影响也必然不同。但按照这种办法,每一个人的最后结论必然相同。这就是科学方法。"(5·384)

科学方法的"基本假设"在于:"存在着现实事物,它们的特点完全不以我们对于它们的意见为转移。这些现实按照永恒的规律作用于我们的感官……我们能够通过讨论来确定事物实际上和真正是什么。每一个人只要有充分的经验和思考,就可得出同样真实的结论。"(5·384)

皮尔士对科学方法的上述解释与他的实用主义方法论的立场显然有不相符合之处。因为按照后者,对方法的唯一要求是它能帮助人们确定信念,而不问它是否依据客观实在以及由它所得出的信念是否真实。但在皮尔士的上述两段话中,他分明是说,用科学方法进行探索必须依据客观实际,它所确定的信念必须符合客观实际。

但是,皮尔士的这种求实态度只是从一定程度上说是存在的,他经不起进一步的追问。什么是客观实际?什么是实在呢?皮尔士曾经作出了各种各样的回答。总的来说,他主要是把实在当作人们借以确定信念的一种"假设"。这种假设的真或不真,全看它是否产生某种实际效果,即是否能使人确立坚定的信念。他说:"现实像其他一切性质一样,就在于有现实性的东西所产生的一些特殊的可感觉的效果,实在的东西所具有的唯一效果就是引起信念,因为实在的东西激起的一切感觉,都是以信念的形式出现于意识之中的。"①可见,皮尔士所谓实在是以效果、信念为尺度的。由于效果、信念是人主观感觉到的,这种实在也就依赖于人的主观感觉。这样皮尔士就转到了典型的实用主义的主观唯心主义立场上。不过,皮尔士企图避免过分露骨的主观唯心主义,在《怎样使我们的观念清楚明白》一文中,他把大家都同样感觉为实在的对象当作是实在的。就是说,对象的实在性取决于人们对它的普遍的意见,而不取决于个别人的意见。他说:"一方面说,实在并不必然不依赖于一般的思想,它只不依赖于你、或者我、或

---

① 转引自哈利·威尔斯:《实用主义——帝国主义的哲学》,三联书店1955年版,第39页。

者任何有限的人可能想到它。另一方面,尽管最后意见的对象取决于这意见之所在,但它毕竟不以我或你或任何其他人想到它为转移。"(5·268-269)总之,皮尔士认为实在只依赖一般意见,而不依赖个别人的意见。而在他看来,一般意见也不依赖于个别人的意见。这种一般意见、或者说一般意识、一般思想是什么呢?皮尔士最后不能不倒向上帝,这样就由主观唯心主义转向了客观唯心主义。

作为皮尔士怀疑—信念的探索理论的核心的科学方法,还有一个重要特点,那就是它强调过程、进步和发展和停滞,他为此提出了所谓可误论(fallibilism)。在这点上,他虽然提出了不少有价值的思想,但最终也倒向了相对主义和不可知论。皮尔士的可误论的提出显然利用了19世纪概率论的发展和统计规律的发现。概率论与统计规律在认识论和逻辑中具有极为重要的意义,它们既推翻了独断论,又驳斥了怀疑论。皮尔士也的确抓住了概率论与归纳之间的现实联系,他甚至预见到了现代归纳逻辑的发展。因此,他在概率论和统计规律的启发下所提出的可误论具有某些积极的内容。

皮尔士的可误论认为,用科学方法所得出的任何结论、信念都可能发生错误而被推翻,因而都处于不断地修正的过程中,那些已经确立了的真理往往在很大程度上要加以改变。任何一种可以称为真的假设都需要改进,任何信念的确定性相对于其证据,随着新的证据的发现,这些信念也需要改变。任何经验的陈述都不是绝对可靠的最后的证实,甚至逻辑和数学的研究也并不排除错误的可能性。皮尔士指出:"存在着三种我们所绝不能达到的事物……即绝对的确定性、绝对的精确性、绝对的普遍性。"(1·141)与此相关,皮尔士在科学研究中反对固步自封,要求"不要阻塞探索的道路",他反对崇拜权威,主张自由讨论和自由研究。总之,要求取得科学研究的不断进步。对于某些形态的独断论和怀疑论,他还作了种种批判,认为它们是科学探索的主要障碍(参见5·416)。这些都是值得肯定的,也都表现了他作为一个自然科学家追求科学真理的热忱。

但是,如果夸大皮尔士可误论的积极方面那就错了。因为他在否定用科学方法所获得的结论、信念具有绝对确定性、精确性和普遍性时往往走向了另一个极端，即认为它们是纯粹相对的、偶然的东西，只有概然性，没有必然性。他说："如果你试图证实任何自然规律，那你就会发现，你的观察越是精确，它们就肯定越会表明不正常地偏离了规律。""如果尽可能向后追溯它们的原因，你就会不得不承认，它们总是出于任意决定或者说是偶然性。"(6·46)"如果你更深刻地反省，你就会看到，偶然性是我们未知的东西的原因的唯一名称。"(6·54)显然，皮尔士像许多形而上学者一样，不懂得相对和绝对、偶然和必然的辩证关系。在他看来，既然概率论和统计规律都证明了相对性和偶然性的存在，证明了科学的结论和信念是可以推翻的，也就是否定了绝对性和必然性的存在，证明了一切都只能是相对的、偶然的。这样，他就不能不陷入相对主义和怀疑论。这种相对主义和怀疑论把科学、宗教和常识相提并论，把 $2+2=4$，这样的数学论断与存在着幽灵的论断相提并论，这样就必然对唯物主义的原理表示怀疑，而对宗教迷信和唯心主义则不敢否定。皮尔士的科学方法就这样走向了其反面。

五、皮尔士的意义理论

关于意义的理论是皮尔士哲学的重要部分。不少西方学者甚至认为强调意义理论而不强调真理论是皮尔士实用主义不同于詹姆士等人的实用主义的主要表现。例如美国《哲学百科全书》中的"皮尔士"条中就说："按照皮尔士的观点，实用主义纯粹是一种意义理论，而不是真理论。"这种说法并非完全虚构。因为在表面上，皮尔士的确企图尽可能使他的实用主义带有科学色彩。例如把意义理论当作科学定义的原则，当作是一种逻辑上的符号关系，而避免詹姆士等人那种赤裸裸地把"有用就是真理"当作根本信条的庸人习气。但是，如果夸大他们之间的这种区别，那就错了。因为皮尔士的意义理论与詹姆士等人所阐述的实用主义的真理论，基本观点是一致的。皮尔士的意义理论与其科学方法论密切相关。科学方法的任务是确定信念。信念总是以思想、观念、判断的形式存在的。它们必须是清楚明白的,这也就是说它们的意义必须是确定的。为了确定信念,必须使我们的观念、思想等清楚明白,这也就是必须阐明我们观念、思想等的意义。

为了说明皮尔士的意义理论,必须先说一下他的符号学,因为他认为观念、命题或论断的意义都是通过相应的符号表现出来,因而其符号学是其意义理论的具体体现。

什么是符号呢?皮尔士说:"一个符号(sign),或者说象征(representation)是某人用来从某一方面或关系上代表某物的某种东西。它向某人提供、就是说在此人头脑中创造一个等值符号或者也许有所发挥的符号。它所创造的那个符号,我称之为第一个符号的解释(interpretant)。符号代表某种东西,即它的对象。"(2·228)这就是说符号通过在其解释者中产生一种解释,而代表了其对象。符号之体现对象的意义,也正在于它能在人的心目中产生一种与对象一致的解释。

但是,在皮尔士著作中,对由符号所体现出来的对象的意义并没有明确而一致的论述。总的说来,可以分为比较一般的意义和比较特殊的意义两种类型。一般意义是三位一体的符号关系,即符号、符号的对象和思维(更确切地说是某一个解释者在思想上的解释)这三者缺一不可的关系。皮尔士特别强调解释者的作用,认为如果离开解释者的想法、概念就根本谈不到意义的存在。因此,在这三位一体的关系中,起决定作用的是作为解释者的人。特殊意义不是一种三位一体的符号关系,而仅指符号(包括表示对象的语词和陈述)的定义或逻辑解释。逻辑解释的范围比定义稍广,它还包括对名词和命题的转换或者说翻译。

皮尔士对特殊意义的这种理解又有着不同的具体说法。例如,有时他说:"一种意义就是一个词与其影像即其想象的鼓舞力量的结合。"(4·56)不同的人对于同一个词完全可以有不同的想象,这样就不会有任何客观的确定的标准了。这种说法与皮尔士注重客观实际是矛盾的,因此他只偶尔应用这种说法。

有时,皮尔士又把一个符号的意义看作直接与其对象一致。例如他曾说："一个记号的对象，就是说，它的意义。"(2·293)在另一个地方，他甚至把"符号的对象"、它的解释以及它的意义看作没有什么区别的。（参见1·339）。这里的主要问题在于怎样解释对象。如果皮尔士认为符号的意义是与客观对象一致，那他显然接近唯物主义解释。但他对对象的解释是非常模糊的。他把对象区分为"直接对象"与"活动对象"。活动对象指的是符号所适用的实际对象或事实，直接对象指的是符号本身。什么是符号所适用的对象、事实呢？皮尔士的回答仍是含糊的。从根本上说，他和其他实用主义者一样，把对象、事实都当作是经验的对象、事实，而不是不以人的意识为转移的客观存在的事实。至于认为"直接对象"就是符号本身，其含义或者是指一种符号（代表一种认识）是另一种符号（代表另一种认识）的对象，即一种先行的认识是其后的认识的对象；或者是指一种符号（认识）以另一种更特殊的符号为对象，如专有名词是一种更一般的名词的直接对象（例如，张三李四是人的直接对象）。在此，皮尔士所谓直接对象都是与客观对象相分离的。因此，当他把意义等同于其对象时，他实际上并未因此而肯定意义的客观实在性。

在皮尔士著作中，关于特殊意义的最常见的说法，是把意义与逻辑解释当作是同义词，即一个符号的意义就是它的逻辑解释。他说，意义"就是将一个符号转入另一符号体系"(4·127)，"一个符号的意义就是它所必需转化成的符号"(4·132)，"对一个名词、命题或论断的意义，我们理解为纯粹一般预定的解释"(5·179)。

究竟什么是一个符号（或名词、命题、论断）的逻辑解释呢？皮尔士的回答是含混不清的。他往往认为一个符号的解释本身就是在人的头脑中所创造的符号。就是说，用符号来解释符号，用另一个逻辑解释来解释逻辑解释，而这另一个又由其逻辑解释来解释。这样他就陷入了一种无穷的循环论证。

总之，无论是就一般意义说，还是就特殊意义说，如果仅仅停留于符号关系，那皮尔士都无法使其符号具有与其所指对象相适应的意义。为了把综合命题与逻辑命题区分开来，把真实的或有意义的综合命题与假的或无意义的综合命题区分开来,一句话,为了使意义或者说逻辑解释具有实际内容,便必须提出一种实际的意义标准。皮尔士的意义理论之所以成为实用主义理论也正在于他提出了这样一种标准。这一标准简单说来就是认为任何一个名词、命题和论断的意义等值于它们所引起的实际效果的总和。皮尔士说:"为了获得理智概念的意义,人们就要考虑从这一概念的真理必然得出什么样的可以设想的实际效果,这些效果的总和将构成这个概念的全部意义。"(5·9)"如果谁能精确地设想一个概念的肯定或否定所能包含的可以设想的实验现象,谁就会具有关于这个概念的一个完备的定义。"(5·412)皮尔士的这种观点是他的实用主义的一个根本观点,包括实用主义者在内的许多西方哲学家由此把这种观点叫做"皮尔士原则"。下面我们更具体地来说明皮尔士是怎样论证这一原则的。

皮尔士认为,任何一个名词的意义是由指示一定属性的一个陈述来给予的。这一陈述或者说逻辑解释与这一名词等值。但是由这个陈述所指示的属性不是随便某一种属性,而是可感觉的属性。"我们关于任何事物的观念就是它的感性后果的观念。"(5·401)因此一个名词之所以具有意义,就在于它可以由描述可感觉属性的其他名词来确定。例如,"硬"这个名词之所以有意义,是因为它等值于"不可为许多其他东西所刺破"(5·403),在此,"不可为许多其他东西所刺破"正是一个可感觉的经验命题。

皮尔士企图把这种经验证实的原则扩大到一切名词和命题。我们在介绍皮尔士思想发展过程时曾谈到他企图用三类逻辑范畴来说明世界。但他并不把这三类逻辑范畴归结为纯形式范畴,而是在肯定其形式方面时又肯定其物质方面。皮尔士所谓第一位范畴指向事物的性质;第二位范畴指向具体事物,他一再指出不要把性质和具体事物看作是抽象概念,而是具有某种可感觉特性的东西;他所谓第三位范畴本来是指一般或者说共相的,但他也力图使之具有某种可感觉的性质。例如他强调一般构成了特殊之间的联结,从而这种联结是可感觉的,由一般或共相所指的存在同样是一种可观察的存在。

总之,皮尔士企图用感觉经验、更具体地说是用可以经验到的感觉效果来作为一切名词和命题的意义的证据。皮尔士在此所犯的一个重要错误就是把对象所产生或引起的实际效果与对象本身等同起来了。他一再宣称关于所有这些效果的概念是对象的完整概念,以致"其中绝无任何其他东西"(5·412)。其实,这二者是不同的。引起效果的对象是不以人的感觉、意识为转移的客观存在,而效果则是由人所感知和体验到的,具有很大的主观性。把对象本身等同于其所引起的效果就会对对象本身作主观主义的解释,否定对象的客观实在性。事实上,皮尔士有时干脆撇开对象是否存在,而仅仅谈论纯粹的效果。例如他说:"每一个概念都是其可以想象的实际效果的概念。"(5·196)

应当指出,皮尔士不只是单纯地强调意义、逻辑解释应以可感觉的性质为标准,而且强调这种可感觉的性质应是在行动中去把握到的可感觉的性质。感觉效果就是实验效果。正是这一点,使他的实用主义具有行动主义的特色。正是基于这种行动主义,皮尔士有时把意的标准归结为人们的行为习惯,认为凡能引起一定的行为习惯的就是有意义的。他说:"习惯是逻辑解释的本质。"(5·486)"对一个概念的最完备的说明在于对这个概念所必然引起的习惯的描述。"(5·491)"一个事物的意义简单说来就是它们涉及的习惯。"(5·400)皮尔士的这种行动主义观点并未改变上述他的意义理论的本质。因为他所谓行动、行为习惯等仍是以人的感觉为标准的。

也正是在这种行动主义思想基础上,皮尔士提出了为后来的操作主义者所发挥并作为其理论基础的观点:一个概念或命题的意义在于一套与之相应的操作。皮尔士曾以"锂是什么"为例具体阐明了这种观点。他认为按照一般的定义可以回答说锂是一种原子量大约为7的元素。但按实用主义观点,锂的意义则应如此表述:

……如果你在类似玻璃的、半透明的、灰的或白的、非常硬的、易碎的、不可溶解的矿物中寻找一种使无光辉的火焰染上深红色的矿物,这种矿物在与石灰或碳酸钡杀鼠药一道研成粉末、混合起来时,可以部分地溶解于盐酸,如果这种溶液蒸发,用硫酸将残余物淬取出来,适当纯化,它就可以用一般方法转化为一种氯化物,后者获得固体状态,混合起来并加以电解后,就会产生一种略带淡红色的类似银的金属,浮于汽油。这样一种金属就是锂的标本。(2·330)

皮尔士在这段话中所阐述的意义远远超出了他以前所肯定的关于对象的抽象定义以及逻辑解释,而包括了为了对某一名词或命题所指对象有一种感性认识而必需进行的活动、操作。获得对象的意义过程是一套相应的操作过程。

皮尔士还企图通过肯定名词、命题的意义相应于一套操作来使他的意义理论具有较多的客观色彩。因为他认为关于某一对象的一套操作不是对某一或某些人适用,而是对任何人都适用。它不是个人的、而是"公众的"。不管是什么人,也不管在什么时候,只要实行了一套操作,就都可得到同样的结果。

总的说来,皮尔士通过符号学和经验证实原则所阐述的意义理论在表面上与詹姆士等人那种露骨的主观唯心主义和市侩主义理论的确有所区别。作为一个严肃的自然科学家,皮尔士在主观上也的确希望摆脱露骨的主观唯心主义,希望按照科学实验的结果来确定对象的意义。因此笼统地把皮尔士的哲学当作是一种主观唯心主义和市侩主义哲学是不妥当的。但是,皮尔士的符号学排斥唯物主义反映论。因为尽管他说逻辑符号和语言符号代表了对象,但他并不肯定它们体现了不以人的意识为转移的客观对象。他所强调的实验结果仍然是以人的感觉为标准,而不是以客观实际为标准的。这样,他归根到底还是倒向了主观唯心主义。

六、皮尔士的真理论

当皮尔士正面谈到真理问题时,他由矛盾、动摇而最后转向唯心主义的这种特色同样表现得非常明显。

第五章　皮尔士评传

在皮尔士不是从认识论上专门谈论真理的性质时,他作为一个自然科学家的求实精神往往使他在一定程度上肯定了真理的客观性。他把真理理解为与对象相符合,也就是与不以个人的意见为转移的东西相符合。例如他曾谈到,人们不仅希望确立信念,而且希望确立真实的信念,然而把这种希望付诸试验,就证明它是无根据的。"因为我们一经达到坚定的信念,就完全满足了,而不管这种信念是真还是假。"(5·375)这里所说的"信念是真还是假",显然不是指使人感到满足的实际效果,而是指是否与实在和事实相符合。皮尔士在这种意义上所说的真理显然是客观真理。

但是,当皮尔士从认识论上来分析真理的性质时,他立即抛弃了上述观点,而把真理等同于人们对于对象的信念,这种信念作为人的一种主观意识状态而存在,并不需要具有意识以外的客观根据。他在《什么是实用主义》一文中说:"如果我们的术语'真理'和'虚妄'的意义是指可以根据怀疑和信念给它们下定义……那一切都好;在这种情况下,你所说的只是关于怀疑和信念。但是如果你所理解的真理和虚妄不是用某种方式根据怀疑和信念来下定义的某种东西,那你所说的就是关于实体,关于它们的存在,你一点也不可能知道,应当用奥卡姆剃刀将它们剃光。如果你不说你希望认识'真理',而干脆说你希望达到不可置疑的信念状态,那你的问题就简单得多。"(5·416)皮尔士在此要用所谓奥卡姆剃刀来把作为真理的根据的实体统统剃掉,实质上就是要求剃掉真理的客观基础,也就是把意识以外的客观实在都当作是真理的累赘而加以除掉。他所谓根据怀疑和信念来给真理下定义,正是在客观实在之外给真理下定义,把真理局限于人的主观信念范围。换言之,真理只与主观信念相关。只要人们对于某一思想、概念有坚定的信念,只要对它们不再有怀疑,那不管它们是否合乎实际,都可以宣布它们是可靠的真理。皮尔士说:"你无论如何不能不相信的东西严格说来不是错误观念。换言之,对你说它是绝对真理。"(5·419)

个人究竟根据什么来确立自己对某种思想、观念的信念呢?皮尔士认为是可感觉的效果。因此,把是否具有信念当作真理的标准等于说把是否有实际效果作为真理标准。皮尔士曾以金刚石是硬的还是软的为例来说明其观点。人们用手去抓一块金刚石,抓不破,于是就说它是硬的。抓不破,这就是金刚石的硬所产生的实际效果。但如果把金刚石放在柔软的棉垫中,它就无法产生使人感到硬的效果,在这个时候,人们未尝不可说金刚石是软的。

皮尔士这种将真理等同于人的主观信念、等同于观念、思想的效用的观点正是典型的实用主义真理观,它从根本上排斥了真理的客观性,导致了主观唯心主义。

但是这种主观唯心主义的真理论并不是皮尔士始终一贯的观点。在许多情况下他既反对露骨的先验论,也反对赤裸裸的主观唯心主义。他所提出的确定信念的方法实际上也是确定真理的方法。他认为,无论是用固执的方法还是权威的方法或先验的方法所确定的信念,对于某些人来说都能产生实际效果,从而也都能成为真理。但是由此所确定的信念,都有失于偏颇,不大可靠。因为不同的人对某事物可能有不同信念。对于某一人来说是自然的意见对于另一人来说就不是如此。即使同一个人,在不同情况下也会有不同意见。这样,人们实际上不可能有坚定一致的信念,从而也就没有大家都能接受的可靠的真理。"他们对于真理究竟是什么东西这个概念只有微弱的把握。"(5·407)为了获得对事物可靠的信念,求得可靠的真理,皮尔士主张用科学方法代替这些方法。他认为"真理同虚妄的观念,在它们的充分发展中,只同决定意见时所用的科学方法相关"(5·405)。当皮尔士像其他实用主义者一样把对人的效用、满足当作真理标准时,他往往用他所提倡的科学方法对之加以限制。他说:"费迪南·席勒先生告诉我们,他和詹姆士肯定真的纯粹就是满足的。这是没有疑问的。但是,说满足的并没有把任何话说完全。满足什么目的呢?"(5·552)皮尔士认为这个目的就是用科学方法排除怀疑。一种信念如果只是使人感情上得到满足那还不是真的信念,只有能用科学方法证明才是真的。(参见6·485)

科学方法怎样使人获得大家都能接受的可靠的真理呢?请看皮尔士如下一段话:"不同的人尽可以从最对立的观点出发,但是,研究的过程,却必将用一种外在于他们的力量,引导他们达到同一个结论。思维的活动并不把我们带到我们所希望的地方,而是把我们带到注定的目的,这正如命运的施为一样。……这一伟大的法则,是体现在真理和实在的概念之中的。这种注定要为所有从事研究的人所终于要一致同意的意见,就是我们所说的真理,而这种意见所表象的对象,就是实在。"(5·407)在这段话中,皮尔士肯定了对象是外在于研究者的,而且正是这种外在力量使不同的研究者获得同一的结论。这在一定程度上肯定了真理的客观性。

但是,皮尔士对实用主义的主观唯心主义的真理论的这种背离也只是在一定程度上说的。当进一步追问这种外在力量、对象是什么时,他往往陷入了毫无办法的混乱。他有时说是经验对象,有时说是抽象的一般概念、符号,有时甚至倒向了宗教上帝。

皮尔士在真理论上的这种混乱与他对真理的分类上的混乱分不开。他区分了伦理学的真理和逻辑真理,认为前者的标准是人的信念,后者的标准是命题与实在的符合。他又区分了不可反驳的理性真理(如纯数学)和应由经验证实的事实真理,认为前者有必然性,后者只有或然性,是一些可能发生错误需要不断证实的假设等。然而,由于他排斥了唯物主义反映论,从而没有也不可能看到这些不同真理的真正统一性。他时而把它们绝对割裂开来,时而又把它们等同起来。这使他有时能表现出一定的尊重客观和事实的倾向,但同时又表现出强烈的主观唯心主义、先验主义的倾向。从另一方面说,他的这种混乱与他的整个世界观、即所谓"形而上学"问题上的混乱也是分不开的。下面我们就来具体地评价他的"形而上学"。

七、皮尔士的形而上学

实用主义是一个与标榜反对"形而上学"的实证主义一脉相承的哲学流派,皮尔士的哲学也明显地表现出这种倾向。他从经验主义和现象主义立场出发,批判了传统的神学和形而上学,尤其批判了笛卡儿从普遍怀疑原则出发所建立的思辨形而上学。他说:"本体论的形而上学的几乎每一个命题,或者是毫无意义的胡言乱语(一个词由另外的词下定义,后者又由其他词下定义,而实在的概念一个也没有达到),或者是十足的荒谬。"(5·423)他要求排除这种形而上学,把哲学建立在经验科学的基础上,依据经验来研究和确定概念、命题等的意义。这意味着要把经验观察和试验的方法即他所谓的科学方法当作哲学的基本方法。他的实用主义(实效主义)正是用这种科学方法建立起来的,从而是一种排除了"形而上学"的实证主义。他说,如果接受实用主义,"哲学所剩下的将是一系列可以用真正的科学观察方法来研究的问题。……从这方面说,实效主义是一种差不多的实证主义"(5·423)。

但是,皮尔士与实证主义及其各个变种又有着不同之处。用皮尔士自己的话来说这种不同表现在:"第一,它保留了一种纯化了的哲学;第二,它完全接受我们的本能信念的主要部分;第三,它竭力坚持经院派的实在论的真理。"(5·423)这里的第二、特别是第三点与一般实证主义的不一致是显而易见的。因为一般实证主义往往不把本能信念归入它们所强调的经验范围,也往往不把自己标榜为实在论。皮尔士所谓"纯化了的哲学"主要是指抛弃了传统神学和形而上学中那些脱离经验事实的抽象思辨和先验论思想的哲学,它主张从经验观察和逻辑运算出发对宇宙进行研究。换言之,皮尔士虽然反对形而上学,但对它并不绝对排斥。他认为,只要运用科学方法,形而上学问题仍是可以研究的。所以他又说:"实效主义者不像其他差不多的实证主义者一样仅仅嘲笑形而上学……而是从中吸取精华,用来给宇宙论和物理学以生命和光辉。"(5·423)

皮尔士一直(特别是在晚期)企图建立一个无所不包的知识体系,其中也包含了形而上学。皮尔士的知识体系论把知识分为实践(应用)科学和理论科学,又把理论科学分为发现科学和评论科学(后者仅仅是总结发现科学的发现)。其中发现科学是最主要的,它又分为三大类:数学、哲学和特殊观察学(idioscopy,边沁用语)。数学也分为三类,其中主要的是构成范畴的形式方面的逻辑数学。哲学分为现象学、规范科学和形而上学。现象学研究范畴的物质方面;规范科学中包括美学、伦理学及作为科学方法论的逻辑。特殊观察学包括了一切专门科学,其中有物理的和精神的两类。皮尔士的这个分类只是一种设想,他并没有作出完备的和一贯的论证,更没有完成这样的知识体系。

皮尔士在其知识体系中,把形而上学分为三支:本体论和宇宙论的一般形而上学、精神的或宗教的形而上学(主要研究上帝、自由和不死的问题)、物理形而上学(讨论时间、空间、自然规律、物质等的性质问题)。他把如下问题当作典型的形而上学问题:是否有严格意义上的个人存在?对于情感的不同性质以及它们同物质、空间、时间的规定性的明显联系可以作出什么样的一般解释?总的说来,感觉的各种性质体现了什么样的外部实在?空间和时间是连续的吗?意识和精神像什么?如此等等。皮尔士认为,如果运用科学方法,诸如此类的形而上学问题是可以解决的。至于迄今为止的形而上学之所以不能令人满意,并不是因为形而上学的问题本身有什么不可克服的困难,而是因为这些问题一直是由神学家及受神学影响的人在摆弄,而不是由有科学精神的人在研究。因此,现在的问题不是取消形而上学,而是用科学方法来改造形而上学。

究竟怎样来改造形而上学呢?皮尔士的回答并不是始终一贯的。总的说来,他特别强调要把逻辑(他本人作出了重要贡献的关系逻辑)当作形而上学的基础,企图由逻辑的结构引出存在的结构。他说:"形而上学的构成,不仅是出于把逻辑原则绝对肯定为通常有效的,而且出于把它们当作存在的真理。"(4·187)"形而上学的概念……不过是采自形式逻辑的概念,因此只有根据形式逻辑的精确和彻底的体系才能得到理解。"(1·625)"范畴表……就是从对思想进行逻辑分析得出的概念表,被认为适用于存在。"(1·300)正是从这种观点出发,皮尔士把本体论的基本范畴与他所提出的基本的逻辑范畴(第一位、第二位、第三位)联系起来,由后者来说明前者。在这点上,他与后来由罗素等人提出的逻辑原子主义有着某些类似。

但与此同时,皮尔士又强调形而上学应以经验的观察和实验作为基础。他说,形而上学"对宇宙的态度接近专门科学对宇宙的态度,它与专门科学的区别在于它使自己局限于不用专门的观察手段就能建立起来的那些物理和心灵的部分。但这些是与其他部分极不相同的非常特殊的部分"(1·282)。又说:"形而上学,即使是坏的形而上学,实际上也是以观察为基础,不管是否意识到这一点。这一点之所以没有得到普遍承认,仅仅是因为作为它的基础的是这样一些现象,它们渗透于每一个人的经验,从而通常未引人特别注意。"(6·9)正是从这种观点出发,皮尔士从现象学或者说显相学(phaneroscopy,基本含义与胡塞尔现象学的含义极为类似,提出早于胡塞尔但为胡塞尔所不知)取得其基本的本体论范畴。办法是在一切经验中探索不可还原的形式因素。这些因素就是本体论的范畴,就是真正的实在。皮尔士由此宣称"形而上学是关于实在的科学"(5·21),他所谓实在不仅包括现实存在的东西,也包括有实际可能性的东西。

皮尔士对如何建立形而上学的问题的这两种回答显然是相矛盾的。但是他仍企图把二者调和起来。当他肯定形而上学要建立在经验观察基础上时,他所指的是现象学和规范科学所进行的经验观察。在他看来,现象学是这样一种考察经验的方法,它从经验中抽取其最一般的、绝对必然的特征。因此这是一种达到普遍范畴的方法。皮尔士认为这些范畴同样可以通过对逻辑程序、特别是关系逻辑的程序加以思考而获得。因此二者只是着重的方面不同、或者说出发点不同,而结论则是一致的。经验观察的观点着重于形而上学思维的"物质"方面,着重于渗透于每一个人的经验、从而未引人特别注意的现象。逻辑的观点着重于形而上学思维的"形式"方面,它表明范畴学说得自逻辑反省。但是由于皮尔士离开逻辑的客观基础来考虑逻辑,又不懂得由特殊的经验得出一般结论的辩证法,他实际上无法把二者真正统一起来。他对逻辑范畴的解释实际上是形式主义的,而他对经验的解释归根到底是现象主义的。他无法解释普遍适用的逻辑范畴怎样可以从特殊的经验观察中得来,这一点也使他不可能建立始终一贯的形而上学体系。

皮尔士究竟怎样在关系逻辑和经验观察的基础上建立其形而上学体系呢?这是一个他自己也没有完全说清的问题。下面我们简单介绍一下他的形而上学的基本观点。

第五章 皮尔士评传

我们上面曾谈到,皮尔士早在19世纪60年代就已提出了关系逻辑的三类基本范畴(第一位、第二位、第三位)。后来他对这一学说作了某些发挥和修正,但总的说来一直是用它们来分别表示一位、二位和三位的逻辑关系。其中特别强调三位逻辑关系,一切其他逻辑关系均由此派生。因此他认为"客观逻辑"应当建立在三位关系的基础上。评论皮尔士对关系逻辑的论述是一个比较专门的问题,我们不拟涉及。在此需要指出的是,皮尔士把宇宙的结构描绘为一种逻辑关系的结构,并从这种逻辑关系出发而提出他的形而上学和本体论学说。他说:"在每一种逻辑理论的每一点上,都不断地出现三种概念……它们是一些非常广泛的、从而不确定的概念,以致它们难于把握而易于忽略。我称它们为第一、第二和第三概念。第一是不依赖任何其他东西的存在概念。第二是相对于其他某些东西的存在概念,即对其他某种东西发生反作用的概念。第三是中介概念,第一和第二借此而发生关系。"(6·32)这三种概念就是皮尔士形而上学的三种基本范畴,也就是他所肯定的实在的三种基本形态。下面我们分别进一步予以具体说明。

作为皮尔士的一位概念(范畴)的所谓"不依赖任何其他东西的存在"指的是事物的性质的存在。包括红色、坚硬、香味、重量及其他各种表现于经验现象中的性质,也包括了人的各种精神感受如厌恶、忧愁、崇高等性质。他肯定这些性质是作为潜在性(可能性)、机会、自发性而存在的,必须附于现实的具体事物之上才成为现实的、具体的存在。但在皮尔士哲学中,潜在的或可能的存在同样属于存在。用现象学的方法可以把它们分离开来,从而也具有独立存在的意义。例如我们可以设想诸如忧愁这样的情感、蓝这样的感觉性质而不涉及主体或客体。他把心理学的概念转化为形而上学的概念,认为这种单纯性质是:一种没有部分和外貌、没有化身而自地存在的纯粹的本性或性质。皮尔士是从关于性质的概念出发来解释性质的,这显然具有唯心主义倾向,但这与贝克莱把性质归结为主观感觉仍有所不同。皮尔士并不否定性质存在于外在事物中。他的观点毋宁说类似穆勒所谓性质是感觉的恒久可能性的观点。

与逻辑的第二位范畴相应的形而上学的第二位概念是关于具体事物、事实或事件(例如具体的苹果、桌子、人等的存在的概念)。皮尔士认为它们具有独立存在的意义,或者说它们的存在具有现实性。"这种存在的形态总是与另外的东西相对立"(4·457),它们可以与其他事物发生相互作用,对其他事物的作用发生反作用。这种存在(范畴)也是渗透于宇宙的。由于它们的存在包含了作用与反作用的关系,所以把它们叫做二位概念(范畴)。皮尔士对事实、事件的存在的解释具有典型的实用主义特色,因为他把感觉效果当作是其存在的标准。

形而上学的第三个基本范畴就是关于第三位的范畴,称为中介范畴。对象与解释之间的符号的中介作用是其逻辑原型。从本体论上说,第三位调节第一位(性质)和第二位(事实或作用与反作用),它引入了连续性、规则性、普遍性,采取了不同类型或程度的规律的形式。既可能存在关于性质的规律,也可能存在关于事实的规律。由于这些规律起于行为习惯,因此第三位范畴也可说是习惯范畴。不过这里的习惯一词是广义的。皮尔士认为,一切事物均有获得习惯的倾向,不管它们是人、是动物还是植物或化学物质。规律就是长期的习惯的结果。皮尔士对第三位的概念的解释比较含混。这里既有总结科学规律而得到的有价值的思想,也有实证主义把规律当作是假设、约定的现象主义观点,还有客观唯心主义的实在论的成分。他自己有时把他所理解的规律、一般比之于黑格尔哲学中的观念,有时还把自己的观点与康德、谢林等人的先验论观点联系起来,表现出强烈的折中主义的特色。

上述第一、第二、第三位范畴是皮尔士建立其知识体系以致整个世界存在的基础或者说基本框架。他把一切科学的范畴都纳入由这三个基本逻辑范畴构成的框架中。在用现象学方法阐述的本体论中,这三位是性质、事实和规律,在心理学中是感觉、作用和反作用、信念,在生理学中是细胞兴奋、神经冲动的传递、习惯;在生物学中是偶然变化、能力遗传、不适应的特性的消除;在物理学中是不确定性、力、统计规律;等等。

皮尔士从这三位逻辑范畴出发建立其形而上学体系的做法与黑格尔

哲学体系中的正反合公式在外表上有类似之处。但总的说来这个体系是反辩证法的。在此,偶然性或者说机会(第一位)、存在(第二位)、规律性(第三位)是并存的,属于三个不同的"实在王国"或者说"经验宇宙"。这也就是与柏拉图的理念世界类似的"观念和可能性的宇宙""存在者的宇宙"和"必然性的宇宙"。这里显然没有黑格尔正反合中所包含的矛盾转化的辩证法。这个体系也是唯心主义的。它把逻辑范畴当作是第一性的,而逻辑范畴又是用现象学的方法建立起来的,因此其起点是没有内容的意识。皮尔士正是由这种无内容的意识出发而推出其逻辑范畴,由逻辑范畴推出其他一切科学范畴以致整个世界的存在。也正因为如此,他在谈论宇宙时认为其起点无论从实在和逻辑上说都是虚无、零。他说:"如果我们从逻辑和科学原则出发,那为了解释整个宇宙,我们就必须假定一种原始状态。其中整个宇宙都是非存在,从而是一种绝对虚无的状态。"(6·215)"我们从虚无、纯粹的零出发。"(6·217)

皮尔士所提出的所谓偶然主义、连续主义和爱情主义也是其形而上学体系的一个重要组成部分。在皮尔士哲学中,说宇宙的原始状态是一种绝对虚无状态与说它是一种纯粹的非决定性或偶然状态是一致的。因为在这种状态下,没有事物的区别、没有习惯、没有规律,一切为偶然性(机会)所统治。这种偶然性也就是一种自发性、自由和创造性。随着宇宙的进化,偶然性的数量将会减少,但不会消灭。因此偶然性并不只是宇宙存在的局限状态,而是存在于整个宇宙发展过程之中的。没有偶然性和自发性而完全由规律所支配的情况在一种意义上只是一种抽象、一种理想界限。皮尔士称自己的这种观点为偶然主义(tychism)。

皮尔士提出偶然主义与他对统计规律性的研究相关。他把统计规律只有或然性没有必然性这一点绝对化,进而否定一切必然性。他的偶然主义就是与一切承认必然性的学说、特别是唯物主义学说相对立的。他也自觉地用它来反对唯物主义、宣扬唯心主义。他指出,从斯多噶派以来,"必然主义和唯物主义,携手并进,亲密无间"(6·36)。只要驳倒了决定论,即必然主义,就可以驳倒唯物主义。正如皮尔士的《机会、爱情与逻辑》一书的编者莫利士·柯亨在该书导论中所指出的,皮尔士关于"偶然性第一性的学说自然暗示着精神第一性。正如规律是一种偶然习惯一样,物质是一种惰性的精神"①。

但是,皮尔士并未把偶然性当作是任意性的因素,当作是现象世界中的绝对间断性。他像其他实用主义者一样接受了19世纪以来在资产阶级哲学中流行的进化论的影响,肯定宇宙处于进化过程中,而进化是以存在着连续性为前提的。皮尔士熟悉康托尔的集合论,而集合论也直接与连续性的问题相关。他在康托尔启发下研究了数学的基础,并致力于建立自己的基数和序数理论,这导致了他对连续性概念的研究和论证。他肯定时间、空间以及世界的一切均有连续性,并从而把连续性概念当作其哲学中的主要概念之一,并称他这种学说叫做连续主义(synechism)。他说,连续主义是"这样一种哲学思想倾向,它强调连续性观念在哲学中的极端重要性,特别是强调包含真正的连续的假设的必要性"(6·169)。连续性概念与绝对的偶然性是不一致的。他把连续性概念看作是每一部分都相同的整体,并把它与规律、一般等概念即他的第三位范畴看作是一致的。认为"连续性无非就是关系规律的完备的一般性"(6·172)。但是这种与一般、规律同义的连续性又不是必然性,而只有概然性,因此他宣称"连续主义不是一种最后的和绝对的形而上学学说,它是逻辑的一种调节原则"(6·173)。

皮尔士肯定世界事物发展中的连续性,这本来是无可非议的。因为整个世界以及世界中的一切事物的发展变化均具有连续性。问题是皮尔士把连续性与间断性割裂开来了,看不到二者的对立统一关系,甚至用连续性概念抹杀了物质和精神的质的区别。他把连续性归结为精神的特性,并由肯定物质也有连续性而把物质也归结为精神。他声称:"我们称为物质的东西并不完全是死的,而不过是用习惯包着的精神,习惯使它以特别高度的机械规则性行动。"(6·158)皮尔士公开承认他的连续主义必然导致"认为物质不过是特殊化的和局部僵死的精神的谢林式的唯心主义"(6·

---

① 参见皮尔士:《机会、爱情与逻辑》,1929年纽约英文版,第xiii页。

102),承认他这种关于宇宙的理论是一种"客观唯心主义理论"(6·25)。

在皮尔士关于宇宙的理论中,爱情主义(agapism)也是一个重要因素。上面谈到,皮尔士肯定宇宙处于进化过程中,而"进化正好就是力求达到一个确定的目的"(3·124),即一个终极原因。这个思想使他肯定了爱在宇宙论上的意义的古老观念(他认为至少可追溯到古希腊哲学家恩培多克勒)。终极目的产生吸引力,而对这种吸引力的反应就是爱或者说受感动。皮尔士把这种吸引和受感动(爱)的关系当作是对整个宇宙进化发生作用的精神规律。他说:"运用于精神现象的逻辑分析表明:只存在一条精神规律,即观念试图不断地扩及和感动以一种可感动性的特殊关系而与之相对的其他东西。"(6·104)皮尔士的这种爱情主义把世界的进化过程当作是一个受爱的情感支配的精神过程。尽管他不止一次地表示不赞成把哲学和宗教融合起来,但他这种观点最后必然导致上帝,把上帝当作爱的终极原因。

皮尔士把他关于宇宙的形而上学体系宣称为一种真正的进化哲学。他对数学和逻辑的研究、他的怀疑——信念的探索理论、行动主义、连续主义、偶然主义、爱情主义等都促使他去建立一种进化的宇宙论,也都体现了他的进化的宇宙论。他对达尔文、拉马克以及斯宾塞的进化论都不满意,但他又吸取了达尔文关于偶然性和消灭不适应者的理论、拉马克关于习惯的理论,并将它们与居维叶、阿加西兹的天主教理论结合在一起。皮尔士的进化的宇宙论包含了某些科学的因素,但其基本倾向是唯心主义和形而上学的,最后导致了宗教神学。他自己公开承认:"真正的进化哲学……绝不与关于人格的创造者的观念相对抗,它实际上是与这个观念不可分割的。"(6·157)

总的说来,皮尔士的形而上学体系是一个复杂和矛盾的体系,它包含了各种不同的甚至相互抵触的观点。各种不同的哲学学派均可从中找到自己所需要的因素。正因为如此,除了实用主义者外,许多现代西方其他哲学流派的思想家,例如逻辑实证主义者、语义学等各派分析哲学家、新实在主义者、现象学家甚至存在主义者,都竭力称赞皮尔士。皮尔士,这个生前受人冷落的哲学家也由此而成了现代西方影响最广的哲学家之一。

第六章
詹姆士评传

一、生平和哲学背景

威廉·詹姆士(William James 1842—1910)是美国著名的心理学家和哲学家,和皮尔士同为美国实用主义的创始人。皮尔士早在19世纪70年代就已提出了实用主义的基本哲学观点,但他的观点当时在美国哲学界并未引起重视。直到19世纪末,詹姆士重提皮尔士的实用主义原则,并作了较大发挥后,才使实用主义成为一种在美国哲学界引人注目的哲学思潮,因此,詹姆士被认为是美国实用主义的真正奠基人。

詹姆士1842年1月11日生于纽约城。他的祖父是一个笃信加尔文教的爱尔兰人,1798年移居美国。由于在伊利运河经营运输业获得巨大成功,成了一个非常富有的商人。詹姆士的父亲亨利·詹姆士(1811—1882)继承了其父很大一部分遗产,没有固定职业。他曾就学于纽约联合神学院和普林斯顿神学院,具有浓厚的宗教意识,但他对正统派的牧师和传教士极表示轻蔑。从1844年起,他接触了瑞典神学家斯威登堡的学说,后来一直受其影响。但他又不是严格的斯威登堡派神学家。他颇有学识,与当时美国的一些著名思想家、特别是与以爱默生(R. W. Emerson)为首的新英格兰的所谓"溪流—农场协会"的成员交往甚密。他有四子一女,共中排行第一的威廉·詹姆士和其弟小说家小亨利·詹姆士在美国都享有盛名。老詹姆士对其子女采取开放式的教育,不要求他们拘泥于某一种理论和学说,追随任何一种权威,甚至也不要求他们追随他自己,而任他们个人自由发展,个人可以按照自己的意志去接受或拒斥任何思想、观念。这

第六章 詹姆士评传

种教育方法对包括威廉·詹姆士在内的他的子女产生过深远的影响。

威廉·詹姆士的初等教育在很大程度上是在家庭中接受的。出入他家庭中的各种人物对各种问题的讨论，他父亲与爱默生等知名人物的交往以至他父母的言传身教，是他获得知识的主要来源。他的父亲认为应从多方面对子女施教，既要在本国受教育，又必须接受欧洲各国的教育，为此全家经常迁移于美国与欧洲之间。詹姆士最初被送到纽约的私立学校学习，由于家庭的搬迁而中断。1855—1860年，詹姆士一家辗转于英、法、德、瑞士等欧洲各国，他也相继在伦敦、巴黎、波伦、日内瓦等地接受以私人教师为主的教育。在巴黎，他进过一所专为访向欧洲大陆的外国儿童办的私立学校，但在那里的学习也是不连续的。1857—1858年年初，他和他的弟弟亨利在波伦中学受过一个学期正规教育，其后随父回到美国。1859年又随父重访欧洲。1859—1860年年初，他在日内瓦上中学。1860年夏他到波恩，主要学习德语。直到1860年年底，詹姆士一家才回到美国，居于罗德岛的纽波特。

詹姆士逗留欧洲时，对哲学还未引起很大兴趣。当时他最感兴趣的是自然科学和艺术，特别是绘画，他甚至一度决定使自己成为一名画家，并曾随当时美国最有名的画家威廉·亨特（William Hunt）学习绘画。后来由于他发现自己在这方面的才能并不突出，于是他抛弃了成为画家的愿望转而钻研科学。不过，詹姆士的这一段艺术经历对他以后的科学和哲学生涯仍发生了不小影响。使他往往用艺术家的眼光去看待科学和哲学问题，并力图使自己的论述具有形象化和生动活泼的特色。他的著作中很少抽象和思辨的议论，而较为接近一般人生活中的交谈。这就使他的思想易于被一般人所接受。

1861年，詹姆士进了哈佛大学劳伦斯理学院化学系，在艾略特（Charles William Elliot）指导下学习，后转入比较解剖学和生理学系，跟随韦曼（Jeffries Wyman）学习进化论，跟随著名美国博物学家阿伽西兹（Lollis Agassiz）学习认识世界的具体性和与抽象相对立的经验事实。这种学习使他体会到科学和艺术并不是相互排斥的，从而他企图把二者结合起来。在此后的八年中,詹姆士断断续续地在哈佛大学和欧洲学习科学。

1863年,詹姆士转入哈佛大学医学院。虽然他的学习成绩优异,但他这方面的学习热情常常为他对理论的强烈兴趣所冲淡。1865—1866年,哈佛大学组织了一个去巴西亚马逊河流域作动物学学术考察的考察队,詹姆士作为阿伽西兹的助手也参加了。在巴西他接触了天花并犯了眼病,不得不中途折返。他对参加这次活动很是失望,他在当时给家里的信中说:"如果我有什么恨的,那就是采集活动,我认为它根本不适合我的天才。"①对这一活动的失望促使他抛弃了自然史的研究而转向医学,从巴西回来后他重返哈佛大学医学院。

为了治病和学习实验生理学,詹姆士在1867—1868年的一年半时间中又到了欧洲,主要是在德国,还去了瑞士和法国。他的身体一直很差,这时更坏了。他1867年年底在柏林写给其父的信中就流露出了悲观失望情绪,甚至提到想自杀。由于生病,詹姆士在欧洲的活动受到了不少限制。但他还是阅读了大量有关生理学、心理学的论著,听了一些讲演,值得注意的是,这时他开始对哲学发生兴趣,并把他的生理学、心理学和医学的研究同哲学结合起来。他接触了德国生理学家赫尔姆霍茨和法国唯心主义哲学家雷诺维叶等人的理论,很受他们的影响。雷诺维叶是著名的意志自由论者,认为意志能重建一个人的生活历程,改造其生活道路。詹姆士对这种思想极为赞赏,并把它当作他的人生向导,甚至企图通过个人的自由意志来治疗自己的疾病。从这时起他开始在报刊上发表论文。他发表的第一篇论文是对赫尔曼·格律姆(Herman Grimm)的《不可克服的力量》的评论,在1887年发表纽约出版的《民族》周刊上。1868年,他又发表了《评道德治疗》《评达尔文关于动植物受到驯化而发生变异的学说》等文章。1868年11月,他回到美国,继续在哈佛大学学医。次年6月,他获得医学博士学位。这标志着他在自然科学学习上一个阶段的结束。

詹姆士在回到美国之后的大约四年内,健康状况仍很不好。除了阅读

---

① 引自卡伦编:《詹姆士哲学著作选集》,1925年纽约英文版,第22页。

第六章　詹姆士评传

哲学书籍及其他一些读物外，很少做其他事，仅写过一篇应时文章。不过，在詹姆士实用主义哲学观点的形成上，这一时期仍相当重要。1873—1874年，在哈佛大学建立了一个以实用主义的创始人皮尔士为首的学术讨论团体——"形而上学俱乐部"，这个俱乐部的建立被认为是美国实用主义发轫的标志。詹姆士当时尽管尚未提出成熟的实用主义理论，但他也是这个俱乐部的主要参加者之一。

1872年，哈佛大学聘请詹姆士担任生理学讲师，从此他开始了在哈佛大学的长期的教学生涯。1873—1876年他讲授解剖和生理学，1876年被提升为生理学副教授。但他的兴趣逐渐转向了心理学，并于1875年起开始讲授心理学。1878年，他和艾丽斯·吉本斯(Alice Gibens)结婚，后来他们生有5个儿女。结婚对詹姆士的精神状态和身体状况的改善起了某些积极作用，并在一定程度上促使他从此以后有较活跃的教学和学术活动。就在1878年，他与亨利·霍尔特出版公司签定了一个合同，开始写关于心理学的论著，他原以为两年即可写完，结果用了12年。

詹姆士在此以前虽然对哲学有兴趣，但无论从他当学生时所学的课程来说，还是就他当教师时所教的学科而言，都偏重于自然科学。自然科学的精神与他从小笃信的宗教信仰往往发生冲突，特别是在解释道德自由问题上更是水火不相容。这种冲突长期使他精神苦恼，他一直企图克服这种冲突。在德国唯心主义哲学家雷诺维叶等人的启发下，他企图通过提出一种哲学来调和二者之间的冲突。正因为如此，当詹姆士开始有活跃的学术活动后，他的兴趣就越来越转向了哲学。他企图把对自然科学，特别是心理学的研究与哲学研究结合起来，因此在詹姆士的整个思想中，哲学和心理学往往是贯串在一起的。1879年，他开始在哈佛大学讲授哲学。1880年他正式就任哲学副教授，1885年，提升为哲学教授。但到1889年，他重任心理学教授。1890年，他的《心理学原理》一书出版，它使詹姆士在西方学术界声名大振，对现代西方心理学的发展有重大影响，在哲学上也具有重要意义。1897年，詹姆士重任哲学教授，主持在哈佛大学的英格索尔(Ingersoll)讲座，同年出版了他的重要著作之一《信仰意志和通俗哲学论文集》。

从19世纪80年代起直至1910年詹姆士逝世的近30年中,詹姆士除大部分时间在哈佛大学任教外,还经常到欧洲和美国国内各地访问、考察、旅行,参加各种学术活动。他在1882—1883年间用了几个月时间访问了欧洲一些国家的大学和学院,同雷诺维叶、柏格森、马赫以及由《心》(Mind)杂志联系起来的一批英国哲学家有着广泛的交往。1884年,他发起组织了"美国心灵研究学会"。1892—1893年,他再次访问了欧洲。1897年,他去加利福尼亚大学讲学,次年在此作了题为《哲学概念与实际效果》的著名演说,这一演说后来被杜威认为"开创了新的实用主义运动"。在1899—1902年的约两年时间内,他在欧洲逗留。其中1901—1902年在苏格兰的爱丁堡大学担任基福(Gifford)讲座主讲。讲演内容经整理成为他的主要著作之一《宗教经验种种》(1902)。1906年,他到加利福尼亚斯坦福大学讲学,因旧金山地震,他的讲学中断。同年,他在罗威尔学院作了有关实用主义的通俗讲演,1907年又在哥伦比亚大学讲了同样内容,讲稿同年以《实用主义》为题出版,这是詹姆士最主要的哲学著作。1907年他在哈佛大学最后一次开课,旋即辞职退休。第二年去了英国牛津,在曼彻斯特学院希尔伯特讲座讲授当代哲学,内容即1909年出版的他的另一主要著作《多元的宇宙》。这一年他还发表了《真理的意义》,反驳人们对实用主义的批评。1910年,他和其妻一道最后一次去欧洲。同年夏季返美,8月26日逝世。

詹姆士一生著述甚多,除上面提到的外,主要的还有《心理学简编》(1892),《人的不朽:对这种学说的两种可能的话难》(1898)、《与教师们谈心理学,与学生们谈人生理想》(1899)。在他逝世以后,还出版了《回忆与研究》(1911)、《若干哲学问题》(1911)、《彻底经验主义论文集》(1912)(这是一本詹姆士1904年以来所写的论文集,由R.B.培里编辑)。1920年由他的儿子亨利·詹姆士编辑出版了两卷集的《威廉·詹姆士书信集》。同年出版了由培里编选的《詹姆士的论文和评论选集》。

詹姆士的哲学思想的形成当然与他家庭环境、所受教育以及个人经历

第六章　詹姆士评传

有关,但更与他所处的那个历史时代紧密相连。詹姆士在19世纪70年代开始走上哲学道路,19世纪末20世纪初正式形成自己的哲学体系。这时正是美国通过南北战争大体上摧毁了南方的农奴制、使资本主义在几乎没有受到任何阻碍的情况下得到飞速发展的时期,是美国由自由资本主义向帝国主义转化的时期,是美国由后起的资本主义国家迅速发展成为最强大的资本主义国家的时期。因此,鼓吹个人不受外在强力或绝对权威的制约而自由放任地发展,鼓吹个人不受任何束缚地去进行物质创造和征服,去在企业、商业以及各种实际事业中取得所需要的成功和利益,鼓吹宗教和科学相调和,都成为发展资本主义的精神武器。这些正是当时美国资产阶级主要生活信条,而作为这些信条的核心的则是资产阶级的个人主义。当时在美国流行的各种哲学理论大都体现了这种信条。詹姆士的哲学思想也没有脱离这种潮流,毋宁说是这种潮流的一种相当典型的表现。许多西方哲学家也一再指出詹姆士的哲学与当时美国人(实际上是美国资产阶级)的思想倾向有着直接联系。例如,美国哲学家卡伦(H. M. Kallen)在他编辑的《詹姆士哲学著作选集》一书的序言中就认为詹姆士的思想不同于旧的、即所谓有教养的(genteel)传统,而体现了"美国人民对美国的状况的自由反应"。所谓"自由反应",他指的是"自由、冒险、努力、新奇及一种不确定的未来"[1]。他甚至认为詹姆士个人的思想与美国资产阶级的共同思想完全一致。他说:"詹姆士私人的经验和在美洲荒野上建设家园的欧洲人的公共经验非常一致,以致前者的陈述成了后者的冒险精神的一种恰如其分的符号、格言、夸耀和完备的代理者。每一个都成了对传统的习俗,即思想习惯的习俗及生活习惯的习俗的缓慢的摒弃。每一个都肯定个人的独立和天赋性,肯定个人在其信念,其所处范围,按照自己的方式,通过自己的努力、冒着在这个变化着的世界中不断进行生存斗争所存在的危险,……去取得成功或优胜的自由。"[2]美国实用主义的主要代表之一米德

---

[1] 参见卡伦编:《詹姆士哲学著作选集》,1925年纽约英文版,第32页。
[2] 同上书,第33—34页。

在他的《从美国的背景中来看罗伊斯、詹姆士和杜威的哲学》一文中也用称颂的口吻明确地指出了詹姆士思想是当时美国社会的产物,其核心是个人主义。

从理论特征方面说,詹姆士的哲学也并不是偶然出现的。总的说来,他继承了休谟、康德以来的与不可知论密切相关的经验主义哲学路线。近代经验主义哲学的主要代表穆勒、斯宾塞、马赫,特别是皮尔士的哲学更是他的哲学的直接的理论来源。此外,他还按照自己的需要从其他各派哲学家那里汲取思想养料。詹姆士本人一再供认,许多詹姆士哲学的研究者也一致指出法国意志自由论者雷诺维叶的哲学对詹姆士哲学的形成具有直接的影响。以赫尔姆霍茨为代表的生理学唯心主义和不可知论的观点也经常为詹姆士所援引。柏格森的反理性主义更受到了詹姆士的一再称赞。詹姆士和布拉德雷、罗伊斯等英美绝对唯心主义者在哲学上总的说来是相对立的,但在某些方面又与他们有一致之处。詹姆士早年的宗教思想就颇受罗伊斯的影响,两人还一直保持着密切的私人友谊关系。总之,在詹姆士哲学中存在着各种不同的、有时是相互抵触的成分。但这些不同的成分又都服从于论证美国资产阶级的生活理想和行动纲领的需要。而这一点正是詹姆士哲学的根本特征。

二、心理学和意识流理论

詹姆士对心理学的研究在其学术生涯中占有重要地位。他不满足于单纯的心理学研究,特别是不满足于仅仅收集和整理心理学材料,而企图对它们作出哲学的解释,用它们来论证他的哲学理论。正因为如此,他本人对他的成名巨著《心理学原理》就有两种不同的评价。对本书所堆砌的大量纯粹的心理学材料,他表示否定。而对本书阐述的那些超出心理学本身的范围的内容,他却大加赞赏。[①] 值得注意的是,这本书出版后,他似乎

---

① 参见加德纳·墨菲、约瑟夫·柯瓦奇:《近代心理学历史导引》,商务印书馆1980年版,第267页。

第六章 詹姆士评传

感到他在心理学上所需要做的工作已经完成,下一步的任务是如何进一步使他的哲学完善化。于是,从此以后,他没有再专门研究心理学而完全转向了哲学。因此,从某种意义上可以说,詹姆士的心理学研究是他的哲学研究的准备。

詹姆士的心理学是在德、法等国心理学的影响下形成的。德国生理心理学家赫尔姆霍茨、心理物理学家费希纳以及实验心理学家冯特在心理学方面的大量实验材料给了他很大启发,他在《心理学原理》中花了200多页的篇幅引述这些材料。法国精神病医生夏尔科、让内等人关于潜意识和无意识问题的论述也为他所借鉴。但他并未简单地接受他们的心理学理论。在以达尔文为代表的生物进化论的影响下,他对人的心理意识活动作出了与上述心理学家不同的解释。这主要表现在他把人的心理意识活动解释为有机体适应环境的一种机能,而不是由孤立的、单个的知觉或观念即经验要素结合而成的心理事实,因此他被认为是近代西方心理学中所谓机能主义学派的先驱,开了以机能主义取代所谓的构造主义的先河。

詹姆士心理学的一个最重要的观点就是从人的生理活动来说明人的心理意识活动。他反对把作为心理学研究对象的人的意识活动(包括感觉、思想、情感意志以及各种心灵状态)神秘化,认为它们是人的大脑活动的机能,它们相应于大脑活动的变化而变化,二者之间的关系是因果关系。在《心理学原理》第二章中,詹姆士还具体考察了大脑的多种状态怎样决定心灵的状态,并反对将精神过程与物理过程割裂开来的二元论。在《心理学原理》第十章("自我意识")中,他从自我的不同层次(物质的自我、社群的自我、精神的自我及纯粹的自我)对自我的含义进行了考察。对那些主张有超乎人的生理基础之外的自我的学说(特别是灵魂说)进行了批判,肯定了自我离不开人的身体的活动。例如,他认为精神的自我"是指一个人的内心的或主观的存在具体地说,是他的心理官能或倾向"[①]。但这不是纯粹的精神活动,而是与身体活动一致的精神活动。他说:"我们对精神的

[①] 詹姆士:《心理学原理(选译)》,唐钺译,商务印书馆1963年版,第147页。

活动的全部感觉,或是这个名词通常所指的,实质是对身体活动的一种感觉。"①至于纯粹的自我,无非是一种"来来往往的思想",或者说"思想流""意识流"。"除了'来来去去的思想或心态存在'这个假设之外,无须加以任何其他假设的累赘。"②詹姆士在他后来的许多著作中进一步发挥了否认意识独立存在的观点。例如在《意识存在吗?》一文中,他明确地说:"我相信'意识'一经消散到纯粹透明的这种地步,就要完全不见了。它是一个无实体的空名,无权立于第一本原的行列中。那些死抱住意识不放的人,他们抱住的不过是一个回响,不过是正在消失的'灵魂'遗留在哲学的空名中的微弱的虚声而已。"③"物质的东西是用存在的原始素材或性质做成的,而我们对物质东西的思想与此相反,没有什么存在的原始素材或性质来做成它们,有的只是思想在经验中行使的职能,而且为了行使这职能,我们就求助于这种存在的性质。"④

詹姆士心理学对人的心理意识活动及其与人的身体活动的关系的上述解释,与把心理意识当作具有本原意义的第一性的实体的唯心主义观点显然是有所区别的。但他并未由此达到唯物主义,他甚至还力图避免唯物主义。他所接受的观点实际上仍是当时许多西方哲学家都接受的实证主义观点。当他说心理的活动是由物理活动决定时,并不是把这种说法当作是对意识的本质的一种论断,而只是作为一种假设。也就是说,这不是从"形而上学"、世界观意义上来论述,而只是作为一种科学事实来论述的。所以他说:"心理学是一门纯粹的自然科学,它非批判地接受一定条件作为自己的材料,它在形而上学的构想之前停步。"⑤也正因为如此,尽管詹姆士肯定了意识(心)过程与大脑(身)过程之间存在着一一对应的关系,但他又说,作为一门科学的心理学可以接受任何一种关于身心关系的理论,也

---

① 詹姆士:《心理学原理(选译)》,唐钺译,第158页。
② 同上书,第258页。
③ 詹姆士:《彻底经验主义论文集》,1922年纽约英文版,第2页。
④ 同上书,第3—4页。
⑤ 詹姆士:《心理学原理》第1卷,1890年纽约英文版,第137页。

就是说,对心理意识活动的研究同任何一种"形而上学"理论都可以相容。在心理学范围以外,人们完全可以对身心关系作各种讨论,包括从唯灵论、超验论出发所作的讨论。

由于詹姆士极为强调心理意识活动,特别是意识活动的能动性,那么怎样由人的身体的活动来说明人的意识活动的这种能动性呢?他像许多西方哲学家一样把机械论和决定论混为一谈,并通过证明机械论无法解释意识的能动性而否定唯物主义的决定论能解释意识的能动性。那么意识的能动性特别是人的意志、兴趣等活动究竟怎样发生呢?詹姆士自己也无法作答。因此,尽管詹姆士的确不像古典的唯心主义者那样认为意识、精神是第一性的存在,不把物质当作是精神的产物,还反对了将精神过程与物质过程割裂开来的二元论,但他仍未能正确解决心物关系问题。他无法说明被他当作一种机能、工具的意识、精神活动究竟是怎样发生的,从而他不得不承认意识是超出于身体之外的力量,不得不若明若暗地承认自然本身既具有物质性、又具有精神性,除了人有意志外,整个自然也有意志。这样他在一定程度上仍未能越出心物对立的二元论的范围。

詹姆士心理学中的一个最引人注目的方面是他在反对构造主义心理学过程中提出的所谓"意识流"学说。

19世纪中期占统治地位的构造主义心理学是洛克、休谟以来的心理联想主义传统的继续,其最大特点是用原子主义的观点来看待意识活动。正像物理学把物质世界看作是在空间中位移的物质粒子的总和,以粒子的结合构成无数物体一样,这种心理学把精神世界看作是彼此严格划分的原子性的"观念"或"知觉"的总和,各种心理现象和心理事实就是由这些原子性的"观念""知觉"根据联想律所构成的。换言之,一切心理意识状态和活动均可用分析的方法还原为最单纯的"观念""知觉"。当时影响最大的德国实验心理学家冯特正是继承了这种观点,他认为,一切心理经验由感觉、表象和情感三大类元素构成。詹姆士断然反对这种观点。他说:"根据原子主义可以方便地构成心理事实,并认为意识的最高状态是由不变的简单观念构成的。同样,可以方便地认为曲线是由短的直线构成的、或者把电和神经力解释为流质。但是,在所有这一切情况下,我们不应忘记,我们是用符号来表示的,而在自然界中不存在任何与我们所说的相符合的东西。"[1]詹姆士在此是说,在自然界中存在的东西与我们用语言符合表达的并不一致。同样,人的心理意识活动也与我们用语言符号表示的心理元素不一致。人所利用的语言符号是简单的、不变的,而人的心理意识活动则不能分析为简单的、不变的观念。它们总是流动不居的、混一的。"一个永久存在的'观念',按周期地一会一会出现于意识舞台上面的,那只是神话里才会有的东西。"[2]在詹姆士看来,意识、思想总是流动不居的、不可分割的、连续的东西。他认为"心理原子主义者"像这样一种人,他们在发现水可以用水桶、夸脱计量后,就设想水是由水桶、夸脱一类的量度构成的。其实,水桶、夸脱也处于这个不断的流中。

总之,在詹姆士看来,意识、思想不是像联想主义,构造主义心理学家所认为的那样处于分离的、孤立的、原子式的状态,而是一道不断的"流",而这正是他的著名的意识流学说的基本含义。

意识流学说作为詹姆士心理学的核心内容之一,贯穿于《心理学原理》全书,在该书第九章中他作了专门的论述。其中一开始就提出以意识为研究对象的心理学不应从感觉说起,而应从思想说起。所谓不从感觉说起,意思就是不能把意识看作是孤立的、简单的感觉的综合。他说:"大多数的书都认为感觉为最简单的心理现象,就由感觉说起,然后才进到综合,都将每个高一等的现象由低一等的现象结构而成。但是,这种办法等于把根据经验的研究法放弃了。为的是:没有任何人曾经有过一个孤立的简单感觉。"[3]所谓从思想说起,指的是把意识当作一种活动过程。在詹姆士心理学中,思想是一个广泛的概念,它指各种各样的不加分别的意识,而不只是稳定的、特殊的概念。思想指的就是意识的过程,即意识流。由此,他指出

---

[1] 詹姆士:《心理学原理(选译)》,唐钺译,商务印书馆1963年版,第84页。
[2] 同上。
[3] 同上书,第71页。

了思想(意识)具有的如下五种特性。

第一,思想总是个人的思想。

每一个思想或者是属于这个人的,或者是属于那个人的,总是成为个人意识的一部分。既不属于这个人,又不属于那个人的思想的存在是无法证明的。因而作为心理学研究对象的意识只能是个人的意识。"我们所研究的意识状态,只有从个人的意识里,各个心里,各个自我里,各个具体的特殊的我和你里才可以见到。"①詹姆士还认为,就各个个人说,他们的思想不是孤立存在的,而是连成一气的。但就人与人之间来说,他们的意识又是不相通的。

离开具体的个人的意识的确是不存在的。在一种意义上我们的确可以说意识(思想)总是属于个人的。但是,詹姆士没有看到,意识作为物质的产物和对存在的反映,又具有一般性,在各个个人之间,在意识上仍是可以相通的。因此他的错误就在于,把意识的个体性方面夸大了,绝对化了,从而把人们的眼界仅仅局限在个人的主观意识之中。

第二,思想永远是变化的。

詹姆士认为,任何一种思想状态,一经过去,就不能复返。人们的思想、情感总是处于不断的流动变化之中,即使同一个人,对于同一事物在不同的时候也会有不同的感觉。"我们心理状态永远不会刚刚同一的。这是显而易见的。严格地说,我们对于一件事实的每一个思想总是独一无二的,它与我们对于同一件事实的其他思想,只有在种类上的相似。遇到同一事实再现的时候,我们一定要按新样子想它,从多少不同的观点看它,从与它最后所在的关系不同的关系领会它。"②詹姆士提出这种观点的目的主要是用来反对原子主义心理学把心理意识现象僵化、简单化的形而上学倾向。但是,他在反对原子主义的形而上学时,又陷入另一种形而上学:即只看到了心理意识活动的变化,而抹杀了其相对稳定性,把心理意识活

---

① 詹姆士:《心理学原理(选译)》,唐钺译,商务印书馆1963年版,第73页。
② 同上书,第81页。

动看作是纯粹相对的和不可捉摸的。

第三,思想是连续的。

詹姆士认为,每一个人只要活着,其意识、思想总是处于没有间断、没有裂痕、没有分离的状态。它们永远是连续的。

人的意识并不是碎片,用"锁链"(chain)"贯串"(train)这样的词去形容并不适当。"意识并不是衔接的东西,它是流的。形容意识的最自然的比喻是'河'或是'流'。"①因此应当把思想、意识说成是思想流、意识流。据詹姆士说,人们平常可以设想到的一个人内心意识的间断无非是如下两种:一种是在时间上的间断,一个人的意识一下完全消失了,过了一会又出现;另一种是思想的性质或内容上的间断,也就是两段思想之间在性质和内容上都没有联系。而詹姆士则认为在这两种情况下,意识实际上仍然是连续的。就时间上的断裂说,"断缺后的意识觉得与断缺前的意识是连成一气的,觉得是同一自我的别一部分"。就意识的性质来说,"在各刹那间的变化,永远不是绝对突然的"②。詹姆士把思想流分为实体部分(substantive parts)和过渡部分(transitivc parts)。前者指思想流的静止的地方,后者指思想流的飞翔地方。正是后者,使外表上看来是间断的意识连成一片。他认为以往一切哲学和心理学学派"容易犯的大错,一定是没有看到思想流的过渡部分而把它们的实体过分重视了"③,以往哲学中的感觉主义和理智主义就是这样。感觉主义"因为不能够抓到任何与世上事物间的无数关系和联系方式相当的概略觉态,没有见到有名字的反映这种关系上的主观作用,大多数就否认有关系之感,并且他们很多人像休谟那样,居然否认心内并心外的大多数关系,以为这些都不是实有的。这种见解的结局就是:只有实体的心理状态,只有感觉和它的仿造品、转变品……一切其他都是空名"④。理智主义者则不否认"心外实有关系存在,

---

① 詹姆士:《心理学原理(选译)》,唐钺译,商务印书馆1963年版,第87页。
② 同上书,第85页。
③ 同上书,第92页。
④ 同上书,第93页。

第六章　詹姆士评传

但也不能指出任何认识这些关系的特种实体的觉态,因此他们也承认关系之感是没有的","他们说,这些关系之感一定由不是感性的作用认识",而由"思想、理智、或理性的纯粹活动"来认识。詹姆士认为,无论是感觉主义或理智主义都错了。"如果是有觉态这种东西,那么,在自然事物中确有物与物间的关系,我们也确实、并且更确实有认识这些关系的觉态。"①

人的意识活动的确具有连续性。无论从时间上说或性质和内容上说,都并不是彼此陷绝的。从这种意义上说,詹姆士的意识流学说包含了部分的真理。他对以往哲学和心理学因忽视意识的连续性而必然具有的片面性的揭露,特别是在这方面对感觉主义和理智主义的批评,并非一无是处。但是,他在强调意识的连续性时却又忽视了其间断性,这正像他强调意识的流变性而忽视其稳定性一样。

第四,思想必有不以思想为转移的对象。

詹姆士在论述其意识流学说时,总是企图与主张意识、思想派生出存在的公开的唯心主义区别开来。对主张对象依赖思想、只是思想的幻见的绝对唯心主义,他还一再进行批判。他由不同的人以及同一个人在不同时候的思想具有同一对象而肯定在思想之外有作为对象的实在存在。他说:"我们所以大家都相信我们思想的对象有个在心外的复本存在,乃是由于世上有多个的人类思想,个个都具有相同的对象——这是我们不得不假定的。'我的思想跟他的思想有同一对象这个判断,就是心理学者所以认为我们的思想知道了一个外界实物的理由。因为我自己的以往思想和我自己的现在思想都是关于同一对象,所以我把这个对象放在过去和现在的思想之外。"②

应当承认,詹姆士的这种见解与一般的唯心主义确有所不同,甚至还可以说包含了某些朴素唯物主义的因素。但是,他与彻底的唯物主义者仍存在着原则的区别。这首先表现在他没有把客观实践当作肯定外部世界

---

① 詹姆士:《心理学原理(选译)》,唐钺译,商务印书馆1963年版,第93页。
② 同上书,第121页。

存在的根据,他把人们对于同一对象有共同的思想当作对象存在的根据的观点为唯心主义和宗教留下了广宽的余地。例如宗教学家就可以由许多人都有上帝的观念而证明上帝的存在。其次,詹姆士对什么是对象这个问题的表述也很混乱,他不同意把对象当作个别存在的物体的观点,认为这样理解的对象只是语法上的主词或宾词所指的对象,只是思想的对象的一小部分,或者说只是思想的题材。他甚至认为,把对象仅仅当作单个的、具体的存在物,这是"恶劣的语言用法"①。在他看来,"你思想的对象事实上是它的整个内容,整个负担,不多不少"②。詹姆士在表述这种观点时,把它与联想派心理学的观点区别开来。联想派心理学把思想的对象当作单个的观念所代表的彼此分立的分子,看不到对象本身之间的联系,只好借助心理联想来建立它们之间的联系。詹姆士看到了这种观点的缺陷。但是他由此走向了另一个极端,把人的思想、意识的对象看作本身是不可分割的纯粹连续的整体,而忽视了它们之间的可分割性和独特性。而且他关于思想的对象是思想的整个内容的观点必然使人在看待对象上是非不分,真伪莫辨。因为在人们的思想内容中包含了各种各样的因素。既有反映客观实际的方面,又可能有主观幻想和臆断的方面。如果把一切思想内容都当作是独立于思想之外的对象,那就会把梦呓的东西和真实的东西置于同等地位。

第五,思想总是有选择性的,总是与人的利益和兴趣相关。

在詹姆士看来,人们所面对着的世界本身是一个混沌的、没有区分的、绝对连续的世界。至于作为人的意识和思想的对象的东西,则是人们按照自己的兴趣和注意采取这个世界的一部分、忽视其余部分而构成的。他说:"在我们心上无所不在的'这个'和'那个','这儿'和'那儿','这一会'和'那一会'的分别,就是我们对空间和时间的各部分加以同样有所拣择的

---

① 詹姆士:《心理学原理(选译)》,唐钺译,商务印书馆1963年版,第121页。
② 同上书,第125页。

着重作用的结果。"①"从本来是个不可分别,纷纷扰扰,毫无差别毫无轻重的连续系之中,我们感官注意这个,忽视那个,这样替我们造成一个充满着对称和明显的轻重,突忽的变化,以及好看的光亮与阴暗的世界。"②由于人们的着眼点不同,所关心和感兴趣的方面不同,对于同样的事物就会获得不同的经验,成为不同的经验对象。詹姆士还把人的意识的这种选择作用推广于人的认识和行动以及美学、道德等各个领域。例如,他认为在道德领域"选择作用显然高于一切"。一个人采取什么行为,完全取决于其个人的决定。甚至一个人要变成什么样的人,也取决于他本人的选择和决定。詹姆士的这种观点当然不是毫无根据的。因为人的注意兴趣和意志对人的认识和行动甚至个人的发展方向,都能产生很大影响,但他把这种影响夸大了,更没有看到人的注意、兴趣和意志等主观的东西的作用归根到底要受到客观条件的制约。

从上述詹姆士对意识流的五个特征的论述可以看出,他的意识流学说远远超出了一般的心理学的意义之外,具有明显的哲学意义,从这一学说中,我们已可看出他后来所建立的哲学—理论的雏形。

詹姆士心理学的另一重要部分是他关于情绪的学说。1884年他在《心》(Mind)杂志上发表了一篇论情绪的文章,八年以后将它修改扩大收入《心理学原理》中,作为这本书的第二十五章。他认为,任何情绪都是人的身体中生理变化的反射产物。情绪无非是强烈的身体反应,特别是内脏和肌肉所引起的一定经验的名称。情绪不是产生于生理行为之前,而是在其后。他的这种观点与1885年丹麦生理学家朗格(Carl Georg Lange 1834—1900)提出的理论极为类似。因此在心理学史上被称为"詹姆士—朗格说"。

三、反形而上学和彻底经验主义

詹姆士同其他实用主义者一样继承了实证主义以来现代西方哲学中

---

① 詹姆士:《心理学原理(选译)》,唐钺译,商务印书馆1963年版,第135页。
② 同上书,第136页。

的所谓反形而上学的传统,但他又企图与实证主义哲学家的极端的反形而上学立场有所区别。他主要是反对以往理性派哲学家的先天的或独断的"形而上学",并不完全排斥"形而上学"。他企图使实用主义理论与关于自然和世界的理论取得一致,并为实用主义理论提供一种"形而上学"基础。

詹姆士在《心理学原理》等早期著作中就已表现出了上述立场。在此,他企图把科学和他所主张的哲学融合在一起。他认为,一些哲学家和科学家将科学和形而上学根本区别和对立起来,认为为了维护科学就必须完全排斥形而上学,这是不足取的。人们应当反对和排斥的只能是先天的形而上学,即"学院派的理性心理学"或者说"哲学心理学"。因为这种形而上学的特点是脱离关于世界的经验和科学,企图用纯理性的、思辨的抽象概念去构造世界,而完全失去了经验和科学的根据,对科学和人们的行动毫无益处。但是如果形而上学不是与科学对立起来,而是作为对科学的概括的后天的形而上学,他认为就不应当反对。也正因为如此,他认为科学应当力求扩大其理论的适应范围,也就是使其理论具有越来越完整和广泛的意义,这意味着使科学越来越接近形而上学。不过,詹姆士所强调的首先是科学本身的独立性。科学在成为形而上学之前应成为科学,科学的目的不是为了适应形而上学的要求,而是为了获得实际效果。科学可以收集大量的事实材料,这些材料将使形而上学的内容越来越丰富,但科学并不依赖形而上学。

总的说来,詹姆士一方面在一定程度上看到了理性派唯心主义哲学家从抽象的原则出发以及他们使哲学凌驾于经验科学之上的弊病。但他把理性派唯心主义这种弊病当作是包括唯物主义在内的以往所有哲学的共同弊病,从而企图通过反对形而上学,超出唯心主义和唯物主义的对立之外来避免这种弊病。这样,在反对形而上学的名义下,他实际上也排除了哲学的唯物主义的基础。另一方面,詹姆士也在一定程度上看到了实证主义哲学家的极端反形而上学立场的片面性,企图建立一种能作为其全部实用主义的基础的新的形而上学。但由于他同时也排除了哲学唯物主义的基础,他实际上仍同实证主义哲学家一样最后倒向了经验派唯心主义。

第六章　詹姆士评传

詹姆士在其早期著作中即已萌发的这种思想矛盾,后来被充分发展了。这最突出地表现在他既把实用主义当作是一种反形而上学的哲学,又提出了一种作为形而上学理论的彻底经验主义。

詹姆士为了强调他的实用主义的反形而上学立场,有时把它当作是一种纯粹的认识论和方法论,说它与他的具有形而上学和本体论意义的彻底经验主义是彼此独立的理论。他在《实用主义》一书的序言中声称:"实用主义,就我对它的理解来说,和我最近提出的理论—'彻底经验主义'并没有任何逻辑性的关联。后者是自成一体的。一个人尽可以完全不接受它而仍旧是个实用主义者。"①从某种意义上来说,这两种理论之间的确无必然联系,赞成类似詹姆士的彻底经验主义的哲学观点的人并不一定是实用主义者,而拥护实用主义的人也并不一定赞成詹姆士的彻底经验主义。实用主义者是现代哲学中最典型的折中主义者,他们所强调的是具体的实际效用,而不是某种固定的一般原则;他们既可以接受彻底经验主义,又可接受与之有别的其他主义。詹姆士也主要是在这种意义上来强调其实用主义和彻底经验主义的区别的。

但是,从詹姆士本人的哲学思想来说,他的实用主义与他的彻底经验主义是基本一致的。一方面,他的彻底经验主义是符合他的实用主义的原则的。他明确地宣称:"把实用主义的真理论确立起来,对于彻底经验主义的推行,是个头等重要的步骤。"②另一方面,他提出彻底经验主义也正是为他的实用主义提供世界观的根据的。因为,他关于实用主义的一切议论均以经验为基础,以经验所及的世界为范围,以经验的标准当作意义和真理的唯一标准。

那么,究竟什么是彻底经验主义呢? 它与传统的经验主义有何不同呢? 詹姆士在许多著作中反复作了论述。

1897年,詹姆士在《信仰意志》一书的序言中写道:"如果我不得不给

---

① 詹姆士:《实用主义》,商务印书馆1979年版,第4页。
② 同上书,第158页。

在此所谈到的态度起一个简短的名字,我愿叫它为彻底经验主义……我之所以说它是'经验主义',是因为它满足于把它最肯定的关于事实的结论当作是易于在未来的经验过程中加以改变的假设。我之所以说它是'彻底的',是因为它把一元论的学说本身当作是一种假设,这不同于在实证主义或不可知论和科学自然主义名称下流行的半节子的经验主义……我认为它(多元论)是世界的永恒形式这种概念当作假设的人称为彻底经验主义者。"①

在此,詹姆士把经验主义当作是一种认为一切事实都有待由经验不断验证的学说,而彻底的经验主义则认为经验整体本身也是待证的假设,而不是某种现成已有的、给予的东西。因此,在此所谓"一元论"指的不是关于世界是单一的实体或一个单一的事实的学说,而是指认为由杂多的事物构成一个可理解的整体,一个作为一种假设而需不断加以改造、改变的整体。因此,彻底经验主义作为一种一元论是一种"多元的一元论"。詹姆士实际上是把他的彻底经验主义当作是一种多元论,但他又企图避免像实证主义一类哲学家一样把经验当作是支离破碎的、孤立的,而强调它们具有整体性、统一性和连续性。因此,这种多元论又是"一元的多元论"。

1904年,詹姆士在给弗朗科斯·皮隆(Francois Pillon)的信中说:"我的哲学就是我所谓彻底经验主义,这是一种多元论,一种'偶然主义'(Tyschism),它体现了作为逐步取得成功和永远处于创造中的秩序。"②詹姆士在此对彻底经验主义所强调的也正是它的多元性和活动性。在《彻底经验主义论文集》(特别是其中的《一个纯粹经验的世界》一文)中和《真理的意义》一书的序言中,詹姆士对他的彻底经验主义作了更为系统、更有代表性的论述。由于这些论述在我国有关的哲学论著中已经常引用,此处不拟重复引用了。

詹姆士提出"彻底经验主义"时,标榜既要克服机械唯物主义和理性派

---

① 引自卡伦编:《詹姆士哲学著作选集》,1925年纽约英文版,第60—62页。
② 《詹姆士书信集》,1967年纽约英文版,第xxxvi—xxxvii页。

唯心主义的局限性,又要克服休谟、穆勒等人的"普通的经验主义"的片面性,建立一个新的、没有片面性的形而上学体系。那么,他是否做到了这一点呢?没有。下面我们对此进一步加以剖析。

第一,詹姆士的彻底经验主义像休谟等人的经验主义一样,把哲学、科学以及人的全部认识局限于单纯的经验范围,而排除了作为经验的基础和源泉的客观世界。他在《心理学原理》等早期著作中尽管已表现出休谟的现象主义倾向,但毕竟还是承认,甚至强调人的思想、意识、经验是物质(人脑)的产物。然而,当他建立彻底经验主义时,就不再强调甚至还有意忽视心理的东西的物质基础这一方面了,他使经验离开了客观来源,把经验本身当作实在,以致把经验与实在等同起来。

曾任密苏里大学和哥伦比亚大学哲学教授的美国哲学家奥利弗(W. D. Oliver)在《詹姆士头脑的二分法》一文中对詹姆士前后期的思想在这个问题上的区别作了如下评论:"《心理学原理》持公开的二元论观点,人们从其中对人的生理和神经器官的作用所作的肯定,可以推断出它具有强烈的唯物主义意味,它表现了一种把精神的东西归因于物理的东西的倾向以及在寻求自我的本性中的休谟现象主义倾向,我认为二者都与詹姆士的实用主义的人本主义相矛盾。这样,詹姆士的心理学就把相矛盾的论题结合在一起,从而可能推翻其本身。但是,不管怎样,他的彻底经验主义如果像我们认为的那样没有为人的思想和行动提供积极的、唯物主义的基础,那它显然将推翻其心理学。显然在提出了他的彻底经验主义以后,他的早期的著作必须重新思考和重写,在重写时它必须采取一种完全不同的形式。"①从他这段话中,我们也可看出他也认为詹姆士提出彻底经验主义以后已抛弃了前期关于意识、经验依赖物质、肉体的观点,更为明显地转向了休谟的现象主义。

第二,詹姆士之所以声称他克服了休谟、穆勒等人的经验主义以及以黑格尔主义为代表的理性派唯心主义的局限性,主要理由是他把事物之间

---

① 引自科迪编:《詹姆士的哲学》,1973年汉堡英文版,第48页。

的关系(无论是连按或分离关系)都当作是经验对象,把本来是松散的、七零八落的经验联成为一个整体,使它们有了统一性。换言之,把对象世界构成为一个完整的纯粹经验世界。这样,他就既可以不再像休谟、穆勒等人的经验主义那样因缺乏连续性、统一性而遭到责难;也可以不再像布拉德雷等黑格尔主义者那样需要用绝对的或先天的理性原则去建立事物之间的联系和统一性。

詹姆士认为,更重要的是,由于彻底经验主义把作为哲学和科学研究的一切对象连接和统一起来了,它在处理物质和意识、物理的东西和心理的东西、事物与思想等的关系时,可以不像传统哲学(包括唯物主义、理性派唯心主义以及贝克莱、休谟类型的经验主义)那样陷入"二元论"。因为这些对立的东西之间现在不再存在着对立了,它们之间的差别仅仅是机能的、方法论上的,而不再是"本体论"上的,它们都属于纯粹经验范围。它们之间也不再有何者为第一性、何者为第二性的问题,纯粹经验在一种关系上可以是物质,在另一种关系上可以意识;在一种意义上是认识对象(客体),在另一种意义上是认识者(主体)。①

在解释事物之间的关系、特别是整体和部分的关系上,休谟类型的经验主义和理性派唯心主义的确存在着很大的片面性。前者只见部分不见整体,并把事物之间存在的各种复杂的联系(包括内在的、必然的联系)简单地归结为外部的彼此并列或前后相续的关系。为了解释事物之间的关系,只好借助于超于事物之外的主观的心理联想。后者只见整体不见部分、企图用凌驾于部分之上的整体、绝对来解释事物的关系,从而把它们都当作内在的必然的联系。应当认为,詹姆士的确在一定程度上看到了休谟类型的经验主义和理性派唯心主义的这种片面性。

但是,詹姆士本人并未因此而正确地解决部分与整体等事物之间的关系问题。他在反对用心理联想或用绝对的理性原则来解释事物的联系时,同样否定了这种联系的客观实在性,把它们局限在纯粹经验(也就是他所

---

① 参见詹姆士:《彻底经验主义论文集》,1922年纽约英文版,第4、137—138页。

谓直接经验)本身的范围内。而单凭经验,是不能正确地解释世界与事物之间的联系的。因为经验总是对现象领域的东西的反映,它往往伴随着各种错觉,并不一定能反映事物之间的真实的、本质的联系。至于被詹姆士当作具有本原意义的直接经验(纯粹经验),其所能及的范围就更是有限的。

第三,詹姆士对休谟等以往的经验主义者的主要批评之一,是他们把经验分解和归结为孤立的,原子式的感觉(知觉)。他的彻底经验主义则按照他的意识流学说来解释经验,即把经验当作"纯粹经验""直接经验",也就是把经验当作是"意识流""主观生活之流"。我们在上面已谈到了他的意识流学说。在此需要补充的是：当詹姆士用意识流学说来解释经验时,他的经验主义具有更明显的反理性主义的特色。

什么叫做"纯粹经验"或"直接经验"呢？詹姆士如下的一段话是他所作的最有代表性的回答。"我把直接的生活之流叫做'纯粹经验',这种直接的生活之流供给我们后来的反思与其概念性的范畴以物质材料。只有新生的婴儿,或者由于从睡梦中猛然醒来,服了药,得了病或者挨了打而处于昏迷状态中的人,才可以被假定是具有一个十足意义的对于这个'纯粹经验',这个这还没有成为任何确定的什么,虽然它已准备成为一切种类的什么,它既充满着一,同时也充满着多,但是各方面都并不显露出来,它彻头彻尾在变化之中,然而却是十分模糊不清,以致它的各方面互相渗透,并且无论在区别点或者是同一点都抓不住。在这种状态中的纯粹经验不过是感情或感觉的别名。"①

从詹姆士的这段话可以看出,他所谓的经验,远不止是由感官所接受的感觉,还包括其他一切心理活动,例如做梦、处于昏迷状态、精神失常等非理性的和本能的冲动。他甚至还把这些非理性活动当作是经验的主要内容。他所谓"对于这个'纯粹经验'",指的是处于流动中的纯粹经验(意识流)中为人所感受到的某"一段"。它还是无以名状的,没有确定和稳定

---

① 詹姆士:《彻底经验主义论文集》,1922年纽约英文版,第93—94页。

特性的东西,只能意会,不可言传。因此,只有处于非理性状态下的人(如新生的婴儿等)才能体会到。处于理性状态下的人总是用理性的方法去把握事物,总是把事物看作具有某种稳定和确定的特性的东西,因此,他们无法领会到这种无以名状的纯粹经验。这就是说,对纯粹经验的领悟,不属于理性和科学的范围,而属于非理性的情感意志或本能冲动的范围。因此,詹姆士的纯粹经验是一种非理性的经验,他的纯粹经验的世界是一个非理性的世界,从而他的彻底经验主义是一种明显的非理性主义。

和叔本华、尼采等前辈的反理性主义者一样,詹姆士在表面上并不完全排斥科学。他承认用理性和逻辑来表达的科学在人们的日常生活中是可以利用的。但它们只能是人们自己创造的名称和符号所构成的,而且是僵固的东西。它们只有作为工具使用的价值,不能达到纯粹经验和实在。而要达到纯粹经验和实在,只有依靠非理性的直觉和体验。他露骨地说:"从我的方面说,我发觉自己最终不得不公开地、果断地和永不退缩地抛弃逻辑。逻辑在人类生活中可以永久运用,但是这种运用并不能使我们从理论上认知实在的本质……实在、生活、经验、具体性、直接性(随便用哪个名词都可以)超出于逻辑之外,不以逻辑为满足。"[1]"我宁肯径直宣称,即使实在不是非理性的(irrational),至少按其结构说是不合乎理性的(non-rational)。"[2]

四、方法论和真理论

詹姆士的彻底经验主义是他的实用主义的形而上学(世界观)的基础,但他却力图使实用主义的理论本身不成为一种特定的形而上学,或者说,力图使实用主义能为持各种不同形而上学观点的人所接受,并成为他们所能利用的方法。从这种意义上说,实用主义就是用来调和各种不同哲学理

---

[1] 詹姆士:《多元的宇宙》,1912年纽约英文版,第212页。
[2] 同上。

论的方法论。詹姆士说:"实用主义不代表任何特别的结果。它不过是一种方法。"①"实用主义的方法主要是一个解决形而上学的争论的方法。"②

詹姆士怎样用实用主义的方法来解决各种形而上学的争论呢?简单说来就是用各种理论所能导致的实际效果。实用主义的方法就是获得实际效果的方法。各种对立的理论只要能取得实际效果都可以认为是真的,都具有真理的意义。因此,实用主义作为一种方法论同时也是一种真理论。詹姆士说:"实用主义的范围是这样的——首先是一种方法,其次是关于真理是什么的发生论。"③他在《真理的意义》序言中一开始就说:"在我的《实用主义》一书中,一个关键的部分就是关于'真理'——一个观念(或见解、信仰、陈述等等)和它的对象之间所可能存在的一种关系——的叙述。"④总之,关于方法论和真理论的问题是詹姆士实用主义的最主要的组成部分之一。

詹姆士对实用主义作为一种方法论的论述,在主要方面与皮尔士的论述类似。尽管詹姆士也受到了阿伽西兹、奥斯特瓦尔德、马赫、毕尔生、彭加勒、杜恒等人的影响,但他自己公开承认主要是接受了皮尔士的观点。他在1881年的一篇讲演录的注脚中就提到了这一点⑤,他在1898年所作的《哲学概念与实际的效果》那篇著名的演说中再次肯定了这一点。

但是,在詹姆士与皮尔士之间也存在着某些区别。首先,皮尔士所提出的"怀疑—信念"的探索理论尽管归根到底倒向了主观主义,但在一定程度上的确还具有较多的科学和客观的因素。例如,他强调探索必须面向和依据客观实际,而詹姆士则往往忽视甚至抹杀这一方面。其次,当皮尔士谈到一个概念的实际效果时,他所强调的是行为习惯的一般观念,而詹姆士所强调的则是特殊的实际效果,是特殊的感觉和反应。正因为如此,皮

---

① 詹姆士:《实用主义》,陈羽纶译,商务印书馆1981年版,第29页。
② 同上书,第26页。
③ 同上书,第36—37页。
④ 同上书,第156页。
⑤ 参见詹姆士:《信仰意志》,1917年纽约英文版,第124页注。

尔士还曾对詹姆士加以指责,说他在极端的感觉主义心理学的影响下抛弃了一般而求特殊,成了一个唯名论者。这实际上意味着詹姆士较之皮尔士可说是更加彻底地贯彻了实用主义撇开客观实际而单纯追求实际效果这一根本原则,他的理论也更为直接地体现了资产阶级所追求的具体的、特殊的利益和效用,因而也使实用主义具有更为明显的市侩气息和投机取巧的特色。

究竟什么是实用主义的方法呢?詹姆士在《实用主义》第二章一开始就编了一个故事作为实例。这个故事说:他有一次和一群露营的人住在山上,当他独自漫步回来时,发现大家正在进行一场哲学(形而上学)争论。"争论的主题是一只松鼠——一只活松鼠,假定它攀着一根树干的一面,而又想象有一个人站在树干的另一面。这人绕着树快跑想看那松鼠,但是不论他跑得多么快,那松鼠总是用同样的速度跑到反面去,松鼠和那人中间总是隔着一棵树,一点也没有让他看到。最后,产生这样一个形而上学的问题:这个人是否绕着松鼠走?人的确是绕着树走,而松鼠是在树上,但人是绕着松鼠跑的吗?"人群中对此形成两种相反的看法,互不相让,都要求詹姆士来评判。詹姆士对此回答说:"哪一边对,要看你们所谓'绕着'松鼠跑的实际意义是什么。要是你们的意思是说从松鼠的北面到东面,再到南面和西面,然后再回到北面,那么这个人显然是绕着它跑的,因为这个人确实相继占据了这些方位。相反的,要是你的意思是说先在松鼠的前面,再到它的右面,再到它的后面,再到它的左面,然后回到前面,那么这个人显然并没有绕着这个松鼠跑,因为,由于松鼠也相对活动,它的肚子总是朝着这个人,背朝着外面。确定了这个差别后,就没有什么可争辩的了。你们两边都又对又不对,就看你们对'绕着跑'这个动词实际上是怎么理解的。"[①]

乍一看来,詹姆士这种分析问题的方法并不错。人们为了解决问题,首先必须了解问题的具体的实际意义,要对具体问题作出具体分析。就上

---

① 詹姆士:《实用主义》,陈羽纶译,商务印书馆1981年版,第25页。

述人是否绕松鼠跑的问题来说的确具有不同层次的含义,不应当笼统地来回答。詹姆士的错误不在于他强调了要人们了解问题的实际意义,而在于他往往把实际意义归结为人们所需要的实际效果,把这点绝对化,并由此而把全部哲学问题归结为对人的实际效果问题。他说:"哲学的全部功用应该是找出,如果这个世界公式或那个世界公式是真实的,它会在我们生活的一定时刻对你我产生什么一定的差别。"①对任何哲学问题的任何一种回答,只要能产生某种所需要的具体的实际后果,就都具有实际意义,并都应当被认为是真的。

所以詹姆士又说:"实用主义的方法,不是什么特别的结果,只不过是一种确定方向的态度。这个态度不是去看最先的事物、原则、'范畴'和假定是必需的东西;而是去看最后的事物、收获、效果和事实。"②詹姆士在此所谓"确定方向的态度"指的是怎样采取行动,"最先的事物"指的是人们的行动由以出发的客观实际条件,"原则""范畴"等则是关于事物的理论。詹姆士要求不去看这些东西,意味着人们的行动可以不根据客观实际,也不要有正确的理论指导。既然如此,他所关注的"最后的事物、收获、效果和事实"就可以是没有客观根据的,而仅仅出自人的主观愿望和目的。

显然,用詹姆士所鼓吹的这种实用主义方法来看待和解决哲学问题,势必歪曲哲学上各种论争的真实意义,抹杀不同哲学理论之间的是非的界限。在这种思想指导下,唯物主义和唯心主义的对立、科学思维和宗教信仰的对立都将失去意义,真理和谎言。正义和邪恶也不再有原则的区别,一切根本对立的思想理论也都可以得到调和。

事实上,詹姆士也明确地提出过,在实用主义的方法的指导下,理性主义和经验主义、唯物主义和唯心主义、乐观主义和悲观主义、有神论和无神论、一元论和多元论、独断论和怀疑论等对立的理论都可以得到调和。换言之,只要这些对立的理论均可以产生某种合乎需要的实际效果,实用主

---

① 詹姆士:《实用主义》,陈羽纶译,商务印书馆1981年版,第28页。
② 同上书,第31页。

义就都可以接受。也正是在这种意义上,詹姆士引述和发挥了意大利实用主义者巴比尼的一个著名比喻:"实用主义在我们的各种理论中就像旅馆里的一条走廊,许多房间的门都和它通着。在一间房里,你会看见一个人在写本无神论的著作,在隔壁的一间房里,另外一个人在跪着祈求信仰与力量;在第三间房里,一个化学家在考查物体的特性;在第四间房里,有人在思索唯心主义形而上学的体系;在第五间房里,有人在证明形而上学的不可能性。但是那条走廊却是属于他们大家的,如果他们要找一个进出各人房间的可行的通道的话,那就非经过那条走廊不可。"[1]这个比喻生动地说明了巴比尼和詹姆士的实用主义方法论只讲效用不讲是非、不讲原则的调和折中特色。

詹姆士的真理论也正是按照上述原则建立起来的。他不满足于皮尔士简单地把实用主义当作确定概念的意义的方法,认为它同时应是一种真理论。他的真理论主要包括如下几个基本观点。

第一,詹姆士强调真理只能是观念、思想的属性,而不是事物的属性。他说:"实用主义者和非实用主义者的争执大半是系于真理究竟应该作何解这一点……实用主义者所说的真理,只限于指观念而言,也就是限于指观念的'适用性'而言;而非实用主义者所说的真理,一般似都是指客体而言。"[2]又说:"实在事物并不是真,它们存在;而信念是有关它们的真。"[3]

确实,客观事物本身是无所谓真假的。人们通常所谓事物的真相、假象,也都是指客观事物所引起的人们对事物的看法。如果詹姆士只是反对把单纯的客体当作真理,不能说他就错了。他对一些理性派思想家把客体本身当作真理加以指责也有合理之处。詹姆士的错误在于:他往往在反对把单纯的客体当作真理的借口下抽掉了真理的客观内容,否认真理是人的意识对于客观对象的正确反映。他在《实用主义》以及其他著作中都公

---

[1] 詹姆士:《实用主义》,陈羽纶译,商务印书馆1981年版,第30—31页。
[2] 詹姆士:《真理的意义》,序言,引自上书,第158页。
[3] 詹姆士:《真理的意义》,1909年纽约英文版,第196页。

开反对唯物主义反映论。尽管他也经常谈到观念要"符合"实在,但他所谓"符合"主要不是指主观(观念)反映客观(实在),而是指一部分观念(新观念)符合另一部分观念,实际上,是指观念具有某种"适用性",能符合人们的某种要求。他说:"……摹写实在是与实在符合的一个很重要的方法,但决不是主要的方法。主要的事是被引导的过程。任何观念,只要有助于我们在理智上或在实际上处理实在或附属于实在的事物,只要不使我们的前进受挫折,只要使我们的生活在实际上配合并适应实在的整个环境,这种观念也就足够符合而满足我们的要求了。这种观念也就对那个实在有效。"①

值得注意的是,在詹姆士的著作中,"实在"指的是经验的实在,因此当他强调作为真理的观念要符合实在时,也仍然没有越出经验本身的范围。他也明白地宣称:"按照多元的实用主义,真理是从一切有限经验里生长起来的。它们都彼此依托;它们所构成的整体,如果有这样一个整体的话,却一无所依托。一切真理都以有限的经验为根据;而有限的经验本身却是无所凭借。除了经验之流本身之外,绝没有旁的东西能保证产生真理,经验之流只能靠它内在的希望和潜力来得到拯救。"②

第二,詹姆士把真理论与他所谓人本主义等同起来,认为真理是相对于人、相对于人的变化着的经验而存在的。它的存在及其性质是由人所决定的。真理是人按照自己的需要创造的,是以满足人的需要的程度来作为尺度的。他说:"人本主义认为,满足是区分真和伪的东西。"③真理"是由令人满意的意见来逐步代替不那么令人满意的意见的办法来达到的"④。

詹姆士在介绍英国实用主义者席勒的人本主义时说:"这个学说认为,在某种程度上我们的真理也是人为的结果。人的动机磨砺着我们的一切问题;人的满足伴同着我们的一切答案。所有我们的公式,都含有人的矫

---

① 詹姆士:《实用主义》,陈羽纶译,商务印书馆 1981 年版,第 109 页。
② 同上书,第 133 页。
③ 詹姆士:《彻底经验主义论文集》,1922 年纽约英文版,第 253 页。
④ 同上书,第 256 页。

揉造作。这种因素,与一切真理是这样地解脱不开,致使席勒有时几乎留作疑问:除了这'人的因素',究竟还有何旁的因素?他说,'世界基本上是一种原料;它只是我们造它的那样。如果要从它'原是什么'或'离开了我们是什么性质的东西'来下定义,那是得不到结果的。它是我们造成它怎样就怎样的。因此……世界是可塑的'。"①

詹姆士不仅赞同席勒的观点,而且公开表示他要"给人本主义立场辩护"。他在《实用主义》以及其他著作中一再强调,真理或者说具有真理意义的观念、理论、知识,都是人造的,是人为了达到自己的目的而造出来的。② 真理的确具有人为的一方面,任何真理都是主观对客观的正确反映,离开了作为主体的人,真理问题就不能成立。因此,詹姆士、席勒等人的错误不在于他们主张真理有人为的性质,而在于把这一点绝对化了,抹杀了真理的客观基础,以致把全部实在和真理都归结为人的主观创造。

第三,詹姆士认为,真理就是对确定人们的信念、注意、兴趣有实际效果的观念,是对满足人的需要,愿望有用的观念,是能使人取得成功的观念。观念、概念、思想、理论是否具有真理性不在于它们是否反映了客观实际,而在于它们是否能造成对人有用的实际效果,能否成为人们获得成功的工具。有实际效果、有用、使人取得成功,是真理的根本标志。詹姆士有时甚至公然把真理等同于观念的有用。这一点可以说是詹姆士真理论的一个最主要观点。他在这点上的错误不在于他肯定真理具有实际效用,能使获得成功,而在于把真理的效用同真理的客观基础割裂开来。片面夸大前者而抹杀了后者。

第四,詹姆士在强调真理的具体性和事实性,反对理性主义的先验主义和绝对主义等口实下,把真理当作是人们为了达到某种目的而采取的方便的手段、工具或者说权宜之计,是纯粹相对的,没有任何普遍的和绝对的意义。

---

① 詹姆士:《实用主义》,陈羽纶译,商务印书馆 1981 年版,第 124 页。
② 同上书,第 130、131 页。

詹姆士在阐述其真理论时,总是把它同所谓理性主义的真理论对立起来。例如,他说:"请看这两种不同看法的鲜明的对比,实用主义者坚持事实与具体性,根据个别情况里的作用来观察真理,并予以概括。对于实用主义者,真理成为经验中各种各样确定的、有作用价值的类名。对于理性主义者,真理仍旧是纯粹的抽象……典型的极端抽象主义者十分害怕具体性。"①又说:"理智主义者的伟大假设是:'真理'的意义主要是一个惰性的静止的关系。当你得到了任何事物的真观念,事情就算结束了。"②

应当承认,詹姆士对哲学史上的理性主义者的理论所进行的一些揭露并非一无是处。他强调真理的具体性和事实性,主张从动态的观点来看待真理,强调真理本身是一个发展过程,存在着积极的方面。但是,他在强调真理是一个发展过程时往往抹杀了真理中所包含了相对稳定的、客观的内容。他在强调真理的具体性、特殊性和相对性时往往抹杀了其抽象性、一般性和绝对性。在詹姆士看来,正像我们可以随意从意识流中划分出各种事物一样,我们也可以随意去肯定某一概念、命题的真伪。换言之,各人都可以按照自己的需要或兴趣去对事物形成概念、作出判断。为了证明自己的观点,他编造了大量例证③,总的说来,他是抓住了真理所的确存在的主观性、相对性的方面,但却由此而抹杀了真理的客观性、绝对性的方面,并由此而陷入了相对主义。出于与上述一点同样的理由,我们在此也不多作论述。

五、道德和宗教

在詹姆士的著作中,直接论述伦理道德问题的不多。1891年4月发表于《国际伦理学杂志》上的《道德哲学家和道德生活》一文(后来收录于

---

① 詹姆士:《实用主义》,陈羽纶译,商务印书馆1981年版,第130页。
② 同上书,第131页。
③ 同上书,第6、7章。

《信仰意志》一书中)可说是他较集中地阐述伦理学问题的著作。在他后期许多谈论心理学、宗教以及真理论、方法论等问题的著作中,有时也谈到伦理道德问题,并对他上述文章中的理论作了发挥。总的说来,詹姆士是把他的心理学和认识论当作其伦理道德学说的基础和前提,其伦理道德理论往往是其心理学和认识论的应用,并不是一种独立的理论。他在《德道哲学家和道德生活》中宣称:"如果从旧式的绝对意义上来理解伦理哲学,那任何伦理哲学都是不可能的。"① 詹姆士在《道德哲学家和道德生活》中把道德问题分为心理学问题、形而上学问题、决疑论(casuistic)问题三类。心理学意义上的道德问题,主要是关于道德情感的心理起源问题。他认为人的许多次要的道德情感与心理上的快乐和痛苦等感情相关,与人的心理进化有关。而大量的道德情感则出自人的纯粹内在的心理力量。

詹姆士后来在《心理学原理》中对人的心理情感问题作了大量发挥。首先,他肯定人的各种情绪都是人的身体中的生理变化的产物,是人的骨骼、肌肉、内脏和其他器官的反应在意识中的再现。离开了人的生理活动就谈不到人的情感。其次,他认为情感意识活动是由遗传得来的"有机的心灵结构"决定的,是"内部结构的天然财富",而与外部对象无关,它的起源"隐藏在神秘中"②,这种"内部结构"包括本能、情感和习惯,这三者密切相关。

詹姆士所谓本能,指的是个人心灵的一种盲目的、自发的,不学而能的冲动。所谓情感是指随本能而起的心灵的一种冲动,与本能实质上是一致的,二者可以相互转化。所谓习惯则是指本能和情感的连锁动作而引起的行为方式。应当怎样从心理学的角度来评价詹姆士关于人的本能、情感和习惯学说,不属本文的任务,我们在此需要指出的只是:他片面夸大了本能、情感、习惯等心理活动的作用,企图用它们来解决社会政治、伦理道德等各方面的问题。

---

① 詹姆士:《道德哲学家和道德生活》,载《信仰意志》,1917年纽约英文版,第209页。
② 参见詹姆士:《心理学原理》第2卷,1890年英文版,第632页。

第六章　詹姆士评传

例如,他把人的"占有""所有权""剥夺""残杀""好斗"等欲望等同于人的食欲、性欲等,并把它们都归结为人的心理本能。他认为人的怜悯、愤怒、恐惧、骄矜等情绪都可以通过人的"有机的心灵结构"来解释。有关这方面的问题也都可以通过控制或调整人的情绪本身来解决。"不让热情表现出来,它也就消失了。于发怒之先,数一到十,发怒的情形就好象可笑了。……反之,整天闷坐,长吁短叹,无论怎样问你,总是用凄凉的声音答复,那么你的愁闷总要迟留下去了。假如要克服我们自己的不好的情感倾向,我们必须勤勉地、最初要冷冷地表演那些我们要发展的相反倾向的表面动作……持久这样练习必定有收获的:阴沉或郁闷的心境消失了。反之,真正的兴致和慈祥的心境到来了。"①这段话清楚不过地表明,在詹姆士看来,人的一切喜怒哀乐问题都可以归结为心理学问题,都可以用心理学的方法来解决。至于被他当作是本能和情感的产物的人的习惯,在他看来不仅可以决定个人的思想和行为,而且可以维护社会的安宁和稳定。"所以习惯是社会的庞大稳定节动轮,是社会的最可贵的保守势力。只有习惯能使我们从守分安命,能使豪富的人免得被穷窘的人妒忌反抗。只有它会使从小就学做人生那些最艰苦最可厌的职业的人不改途变业。习惯使渔人、水手冬天还在海上作业,使矿工老在黑暗里开矿,使农人在雪季总是盯住他的茅屋和寂寞的田园,使我们的地盘不致被住在沙漠和冰天雪地的人民来侵占。习惯把我们人人注定……习惯使社会各阶级彼此不相混合。"②詹姆士的这段话不仅鲜明地表现了他怎样用他的心理学理论来维护资产阶级所需要的社会秩序,也鲜明地表现了他的伦理道德理论是怎样从属于其心理学理论的。

詹姆士所谓形而上学意义上的道德问题主要是关于善、恶、责任等道德范畴的性质问题。他认为它们都是相对于人而存在的。离开了人,根本谈不到道德价值。在纯粹的无机界根本谈不到有道德价值,只有当出现了

---

① 詹姆士:《心理学原理(选译)》,唐钺译,商务印书馆1963年版,第282页。
② 同上书,第21页。

人的情感意识活动时才产生道德价值问题。当一个人处于孤独境地时，他个人的愿望就是道德价值的来源。"他感受到某种东西是善的，便把它当作善的。"①当出现第二个人时，也就是说一个人在与他人发生关系，他们之间在价值问题上就会产生冲突。于是就需要协调他们的善恶观念，从而也必然提出各种道德观念。总之，道德问题是属于人的问题，是与人的需要、利益、欲望等情感直接相关的问题。一切超乎自然之外，超乎人之外的伦理学都应当加以拒斥。从这点说，可以把詹姆士的伦理学叫做人本主义的伦理学。

应当承认，伦理道德问题的确是与人的思想、情感、行为等直接相关的问题。詹姆士反对离开自然、离开人来谈论伦理学本身是无可非议的。他在这方面的错误并不在于此，而在于他把人的作用片面夸大，把人归结为孤立的个人或孤立的个人的集合，排除了对道德问题的社会的解释，更排斥历史唯物主义的解释。如果说杜威等较后的实用主义者在伦理道德问题上有时还谈论它们的社会背景，也就是把道德当作一种社会现象的话，詹姆士则宁肯强调人的个体性，认为个人的主观反应是一切伦理学的最后根源。这一点一些西方哲学家也有所察觉。例如美国纽约大学哲学教授A.艾德尔（A. Edel）就说："詹姆士在道德中所发现的统一性不是社会发展的统一性，而是个人的边缘抉择的统一性。这是这样一种统一性……它认为个人有些孤独，能有创造行动，处于危险的边缘。詹姆士的全部伦理学似乎都想装备这种个人去面对这种最后的战斗。"②

詹姆士所谓决疑论意义的道德问题主要是关于对道德价值的比较、评判问题。它寻究一种标准或尺度，用来确定应当用什么方法来解决道德问题。他认为，最能体现道德上的善的本质的，莫过于满足人们的需要。我们应当尽可能多地满足需要，减少失望。满足需要便是最高的道德价值。詹姆士关于道德价值的这种观点与他关于认识和真理的理论是一致的。

---

① 詹姆士：《信仰意志》，第190页。
② 艾德尔：《试论詹姆士的道德哲学》，引自科迪编：《詹姆士的哲学》，第258页。

第六章 詹姆士评传

他有时甚至把道德和真理直接联系起来,认为真理问题实际上属于道德上的善的问题。例如他曾说:"真理是善的一种,而不是如平常所设想那样与善有区别、与善相对等的一个范畴。"①这里最重要的一点就是把道德上的善当作是满足人们的需要的工具。其次,正像他以强调真理的具体性和事实性来否定真理的客观性和绝对性一样,詹姆士也以强调道德原则的具体性和事实性来否定道德规范和原则的客观性和绝对性,片面夸大其主观性和相对性。他否认抽象的、一般的道德原则,否认道德规律,认为每一道德原则都是独特的,没有先例的,是相对于某一独特的情景中的独特的个人而存在的。他在《道德哲学家和道德生活》中说:"就决疑学的问题而论,伦理科学很类似物理科学、它不是从一个抽象原则推演出来的、它必须等待机会,必须准备经常修正自己的结论。"②"每一真正的两难选择严格说都是一种独特的情景,每一种决定所创造的实现的理想和失望的理想的精确的结合总是属于一种没有前例的范围。对它来说,并无令人满意的既有规则存在。"③

总之,无论就所谓心理学意义、形而上学意义或决疑论意义来说,詹姆士的伦理道德理论都与他的实用主义基本理论倾向一致。伦理学问题被归结为人的问题,个人的主观冲动被当作一切道德观念的来源,满足个人的欲望和需要、使个人取得成功,是评判一切道德的是非善恶的根本标准。

詹姆士的宗教观点与他的伦理道德观直接相关。他的不少关于宗教的著作都具有明显的伦理道德性质。他继承了康德的一个著名论点:人们的宗教观念是通过道德意识来达到的。宗教意识并不是处于道德意识之外并制约着道德意识的,相反,它们应当按照道德的要求来形成。上面谈到,詹姆士把能否满足人的欲望和需要、能否帮助人取得成功当作评判道德是非的标准。按照道德要求来形成宗教,那宗教当然应以满足人的欲

---

① 詹姆士:《实用主义》,陈羽纶译,商务印书馆 1981 年版,第 42 页。
② 詹姆士:《信仰意志》,1917 年纽约英文版,第 208 页。
③ 同上书,第 209 页。

望和需要、帮助人取得成功为目标,而这一点正是詹姆士宗教观的根本特点。

詹姆士早年曾受到其父的宗教观的较大影响。但即使在当时,他的宗教观的实用主义倾向就是相当明显的。例如在《亨利·詹姆士遗著》的序言中,虽然他对其父的神学一元论表现出了某种同情,但他并不满足于老詹姆士的宗教理论体系的抽象性。他强调的是宗教的经验、宗教的体验和宗教的感情,而不是神学的宗教教条。他认为宗教如果不是活生生的经验的一部分,就会变成"刻板的俗套"(fossile conventionalism)。老詹姆士认为,任何绝对的道德论是多元论,任何绝对的宗教是一元论。他明确地把宗教和道德对立起来,使宗教凌驾于道德之上。詹姆士则赞成道德的多元论,并使宗教从属于道德,他认为,精神健全的人的工作态度是一种道德态度,即严格区分善恶,趋善避恶。他反对以宗教的寂静主义来排斥道德,认为世界应当是使道德活动成为最有价值的活动的场所。但是,詹姆士的多元论立场使他并不排斥宗教,并不认为宗教就是虚妄的。他认为,宗教信仰有时可以给予人们某种满足,使人们在不稳定的甚至面临毁灭和分解的世界面前还能怀有希望,得到安慰,使人们有为自己的未来奋斗的勇气。宗教至少可以给人们一种"道德休假日",这种休假日像其他假日一样可以用于我们的目的,而且休假日还可间接地影响工作周。詹姆士后来在《实用主义》等著作中进一步发挥了这种观点,例如他说:"上帝这个概念虽然不如机械论哲学中所流行的数学概念那样明确,但是最低限度,它有一个比它们强的实际的优点,那就是保证一个理想的秩序可以永久存在。归根结底说一句,一个有上帝的世界,自然也许会烧毁或冻僵,但是我们可以想到上帝不会忘记旧的理想,一定会使理想在别处实现。所以那儿有上帝,悲剧就不过是暂时的、局部的;毁灭与分解不是最后绝对的结果。这种永恒的精神秩序的需要,是我们心里最深刻的需要之一。"[①]又说:"任何宗教的见解都能给我们精神上的休假日。宗教不但在我们奋斗的时候给以鼓

[①] 詹姆士:《实用主义》,陈羽纶译,商务印书馆1981年版,第57页。

舞,它也占有了我们的愉快,无忧无虑,充满信心的时刻,并且证明它们是理所当然的。"①上帝、宗教既然有如此重要的作用,如此切合人的需要,按照实用主义的有用、有效就是实在、就是真理的原则,当然要对上帝、宗教加以肯定了。他甚至援引达尔文进化论来论证宗教信仰的合理性。因为在詹姆士看来,进化论肯定任何无用的东西都不能持久存在,既然宗教信仰能长期存在,就说明它是有用的。在进化的法庭面前,宗教和非宗教是平等的。

詹姆士在其论述宗教问题的主要著作《宗教经验种种》中企图对宗教的前提和价值作出解释。他举出了各种各样关于宗教经验的例证,但他所强调的是自发的宗教情绪而不是对宗教的神学解释。后来他在《实用主义》等著作中进一步阐述了这种观点。詹姆士有时甚至企图尽可能地用科学(主要是心理学)规律和原则来解释宗教现象,认为各种各样的宗教显示都是从主体本身的下意识中突然溢出的。信仰的改变是心灵能力围绕着某种新的注意中心而发生的急剧的重新配置。与此相关,詹姆士既反对自然主义者、唯物主义者用人的身体以及其他物质的原因来解释宗教并从而否定宗教,也反对理性派独断论者借助某种神秘的启示来解释宗教。他认为这二者都是错误的。评判宗教同评判其他任何事物一样,最正确的方法是考察它们是否有用,是否有助于把人们从过去引向未来。在詹姆士看来,宗教构造出各种各样的假设,而这些假设是应当维护还是推翻要以他所提出的信念理论,也就是他的实用主义的方法论和真理论为根据。詹姆士在他的《信仰意志》中对作为他的宗教观的基础的信念理论作了论述。应当指出的是,詹姆士所谓信仰意志不仅包括了宗教信仰的意志,也包括了其他各种信念,例如道德信念,人对自己的行动的信念等。它们都必须诉诸实验法庭,由实验法庭来评判它们是否有用和有效。

从上面的论述中可以看出,詹姆士的宗教理论与旧的宗教神学家的理论既有联系又有区别。他像神学家一样肯定和论证宗教对人的生活、命运

---

① 詹姆士:《实用主义》,陈羽纶译,商务印书馆1981年版,第58页。

的重要性,但又企图用实用主义所鼓吹的效用性原则来论证宗教的重要性。他不主张盲目的宗教信仰,而主张宗教信仰服从于人的需要和目的。就作为宗教信仰的主要对象上帝来说,詹姆士认为不仅人们应当对之信仰,而且应当相信其存在。他在许多著作中一再谈到他承认超乎人之上的精神力量的存在。① 但是,詹姆士又不同意传统的有神论把上帝当作是一种万能的、无限的、绝对的力量的观点。他认为,单是现实世界中存在着罪恶和痛苦这一事实,就表明上帝这种超人的意识是有限的。无论从力量、知识或二者一起说,上帝都是受到限制的。② 在他看来,如果像旧的有神论者所鼓吹的上帝创世说那样,那上帝在创世以后就没有存在的价值了。因为这样的上帝不能把我们引导到我们所希望的未来,他的价值和意义只能是已经实现了的东西,而不能创造新的东西。从价值和作用来说这样的上帝与唯物主义者所讲的现代的宇宙并无实际的区别。他说:"即使有个上帝,但他的工作已经完成,而且他的宇宙已经破碎了,这个上帝又有什么价值呢?他的价值不会比那个宇宙更多一些。"③按詹姆士的观点,上帝应当是某种能把我们引向未来,给我们以希望的力量,是某种使我们得救的力量。詹姆士认为上帝之所以使我们得救既不像理性派乐观主义所说的那样是必然的,又不是像叔本华等悲观主义者所说的那样是不可能的,应当说上帝有可能使我们得救。他称这种观点为改善主义(meliorism)。"改善主义"对于世界的得救,既不当作是必然的,也不当作是不可能的;而是当作为一种可能;随着得救的"实际条件的增多,这种可能成为事实的或然性也愈大。"④换言之,改善主义认为,如果人们能与上帝合作去把世界变好,那这个世界就可能变好。未来并不是由上帝决定必然变好或变坏的。上帝的意义和作用即在于他给我们希望,使我们有信心去把世界变好。换言之,上帝不是绝对的决定者,而只是一种希望,一种鼓舞的力量。

---

① 参见詹姆士:《多元的宇宙》,1912年纽约英文版,第307页;《实用主义》,第153页。
② 詹姆士:《多元的宇宙》,第311页。
③ 詹姆士:《实用主义》,陈羽纶译,商务印书馆1981年版,第52页。
④ 同上书,第148页。

在詹姆士看来,"'有没有上帝'就等于说'有没有希望'"①。"上帝存在"这话的真实意义并不是真指在任何形式上有上帝存在,而只是指这样说令人感到舒服②。因此,詹姆士的所谓上帝并不是指作为造物主和绝对精神的上帝,而只是一种假定:人们假定在可见的物质世界之外还有一个为科学所不能达到、我们尚未认识的理想世界,或者说有一个作为个人的内心的情感和体验对象的世界。像任何其他假设一样,上帝存在的真实性也只能由他对人的效用来评判。

总之,詹姆士的宗教哲学是他的整个实用主义思想体系的组成部分。从宗教情绪等的起源来说,首先要由他的心理学来解释;从宗教信仰的真理性来说,首先要由他的真理论和方法论来解释。

---

① 詹姆士:《真理的意义》序言,引自《实用主义》,陈羽纶译,商务印书馆1981年版,第158页。
② 同上。

第七章

杜威评传

一、杜威的生平和思想发展过程

约翰·杜威(John Dewey 1859—1952)是美国资产阶级哲学家、政治家、社会学家、教育学家,实用主义的主要代表。1859年10月20日生于佛蒙特州的伯灵顿(Burlington)城。父亲阿齐巴尔德·斯普拉格·杜威(Archibald Sprague Dewey)出身于农民家庭,后迁居伯灵顿,成了杂货店商人。他有4个儿子。长子早逝,杜威排行第三。比他二哥戴维斯·里奇·杜威(Davis Rich Dewey)和四弟查尔斯·米勒·杜威(Charles Miner Dewey)均只相差一岁半。三人一起长大,一起进附近的公立学校上学。

少年时代的杜威勤于家务劳动以及各种零星杂活,对在学校中的学习没有多大热情,而对通过接触实际生活的学习更感兴趣。如果不是他母亲的耐心劝导和督促,他甚至不想上学。杜威后来在教育学上提出"在做中学""教育就是生活"的口号,与他自己少年时代的经历不无关系。1875年杜威进了靠近他家的佛蒙特大学。这是一所开办不久、规模不大的大学,所有的课程都是必修的。杜威和他的二哥一道在此学习了四年。头两年学习希腊文、拉丁文、古代史、解析几何等。当时他对学园生活不甚习惯。第三年学习地质学、动物学等自然科学,第四年学习哲学、心理学、政治经济学、国际法等。这些学科对杜威有较大吸引力,其中进化论更对他后来的思想产生了深远的影响。当时他所接触的哲学主要是苏格兰学派的常识哲学、德国思辨唯心主义哲学和孔德的实证哲学,它们都成了后来杜威本人的哲学的理论来源。

第七章　杜威评传

1879年,杜威在佛蒙特大学毕业后,希望立即找到一个教师职务,但在佛蒙特未能成功。后来他到了宾夕法尼亚一个由他的亲戚任校长的中学任教。在那里他教过拉丁文、代数、自然科学等课程。两年以后,由于他的亲戚辞职,他被解聘回到伯灵顿,在附近的一个乡村学校任教。这时,他阅读了大量哲学史上的古典著作,他大学时代的哲学老师托莱(H. A. P. Torrey)教授也在这时给了他更多的启发,由圣路易学派的创始人哈利斯创办的《思辨哲学杂志》对他的影响更大。于是他决定今后以讲授哲学为业。他写了一篇题为《唯物主义的形而上学假定》的文章,寄给哈利斯,请他评价文章的作者是否可以从事哲学。哈利斯在回信中称赞作者有很好的哲学头脑,并在1882年4月号的《思辨哲学杂志》上发表了这篇文章。杜威由此得到很大鼓励,接着又写了两篇文章,也发表在这个刊物上。

由于佛蒙特大学没有研究生院,在托莱和哈利斯的鼓励下,杜威从他的一个姑母处借了500美元,于1882年冬到了巴尔的摩市,在此进了约翰·霍普金斯大学。这是一所以研究院为中心的新式大学,当时在美国很是著名。两年以后,杜威写成了题为《康德的心理学》学位论文,获哲学博士学位。在这期间他听了实用主义创始人皮尔士在该校讲的逻辑课程,这对他产生了深远的影响,皮尔士的实用主义后来一直是杜威实用主义的主要理论来源。不过,当时对他发生更直接影响的是来该校讲课的密执安大学教授乔治·莫利斯(George S. Morris)。莫利斯使他进一步熟悉了德国唯心主义(特别是黑格尔唯心主义)和英国经验主义以及赫胥黎的进化论,并使它们融合在一起。杜威后来提出他的实验逻辑理论在一定程度上也可以说是由于受到莫利斯启化。他也深受莫利斯的赏识,莫利斯回密执安时,让杜威接替了他在约翰·霍普金斯大学给本科学生讲授哲学史的课程。

杜威在约翰·霍普金斯大学读研究生期间,也得到了该校校长吉尔曼的关注。吉尔曼曾劝杜威不要研究哲学而转向其他领域,杜威没有同意。吉尔曼并未因此对杜威不满。当杜威取得哲学博士学位后,吉尔曼还愿意资助他到欧洲去继续深造。但杜威当时未去欧洲。

1884年,杜威研究生毕业后,在莫利斯的帮助下来到了密执安大学,任哲学讲师。到这里不久,他就结识了他的第一任夫人爱丽丝·齐普曼(Alice Chipman)。1886年他们正式结婚。杜威在密执安大学任职一直到1894年。其间有一年他曾去明尼苏达大学任教授。由于他的恩师莫利斯正好在这时逝世,他又从明尼苏达大学回到密执安大学接任莫利斯的系主任职务。不久,后来与他有过密切合作的托夫茨(J. H. Tufts)和米德(G. H. Mead)也到了这里。

这十年是杜威走向实用主义道路的准备时期,他的观点总的说来是德国的客观唯心主义与传统的英国主观唯心主义的混合,大体上接近新黑格尔主义。英国新黑格尔主义者爱德华·凯尔德从黑格尔立场对康德的修正、特别是他对黑格尔辩证法的修正对杜威产生过强烈影响。英国新黑格尔主义的早期主要代表人物格林在《伦理学绪论》中对休谟和洛克的批判,也为杜威所指责。他在这一时期的著述,例如1891年出版的《伦理学批判理论纲要》和1894年出版的《伦理学研究》都表现出了新黑格尔主义的倾向。

值得注意的是,这时他对心理学的研究产生了很大兴趣,他的伦理和哲学理论与他对心理学的研究密切相关。他之所以走上了实用主义道路,在一定程度也可以说是他研究心理学的结果。在这方面,当时已出版并享有盛誉的詹姆士的《心理学原理》对他产生了强烈的影响。在美国实用主义的发展上,为杜威所继承的詹姆士的思想,不是詹姆士后来出版的其代表作《实用主义》一书中所阐发的思想(这时杜威的实用主义思想已经形成),而正是《心理学原理》中论及的概念、区别、比较及推理等思想。他后来经常把这本书的有关这些思想的章节当作实用主义的认识论的代表作而向他的学生推荐。在詹姆士《心理学原理》中,既有作为意识理论的传统的心理学观点,又有以生物学为基础的较"客观"的方面,二者经常抵触。杜威所肯定的是后一方面。这时他出版的心理学著作有《心理学》(1891)。

杜威对心理学的研究进一步促使他去研究教育学。他认为对心理学中的"注意""记忆""想象"以及"思维"等问题的研究应直接与教和学的过程相关,并认为当时美国的教育方法特别是初等教育的方法与实验心理学的原则不相符合,因此产生了创办实验学校的意图以便按照他所赞同的心理学原理来进行教写。他认为,哲学应当在学校的教育中运用和进行实验。1894年芝加哥大学聘他去任教,那里哲学同教育学和心理学是一个系,于是杜威就欣然应聘去了芝加哥大学。他长期任该系主任。杜威在芝加哥大学执教十年。这是他生活和思想历程中最重要的十年,这时他由新黑格尔主义正式转向实用主义,并作为实用主义的主要代表之一而崭露头角。

杜威在芝加哥大学的一项引人注意的活动,就是同他的妻子爱丽丝一道在一些孩子的父母的经济上和道义上的支持下于1896年创办了有名的"实验学校"(经常被称为"杜威学校")。这里的教学方法与传统的方法不同,它不注重书本,而注重接触实际生活,不注重理论知识的传授,而注重实际技能的训练。杜威后来所一再鼓吹的"教育就是生活,而不是生活的准备""从做中学"等口号就是对这种教学方法的概括。杜威的确看到了脱离实际的旧的教学方法的弊病,但他由此走向了另一个极端,即只讲实际活动和生活,不讲理论原则,而这正是他的实用主义教育理论的一个根本特征。这一时期,杜威写了许多有关教育学的论著,如《教育与实验》(1896)、《我的教育学理论》(1897)、《学校与社会》(1899)、《教育的状况》(1902)、《学校是社会的中心》(1902)等。这些论著都表现出了明显的实用主义倾向。还有一些实用主义的教育著作(例如1916年出版的《民主与教育》)是后来出版的,但其思想也是他在芝加哥时形成的。

杜威就任芝加哥大学哲学、心理学和教育学系主任标志着他在美国哲学界已获得了一定地位。这时,他的教学对象也改变了,在密执安大学时他主要教本科学生,现在主要带研究生。这也使得他能摆脱繁重的课堂教学而有时间制定自己的理论观点,并同一些志同道合者一起研究他们共同关心的问题。在他周围,除了过去同他一道在密执安大学现在又一道在芝加哥大学的托夫茨和米德外,又增加了一些新人。其中比较重要的有摩尔(Addison Moore)和昂格尔(J. R. Angell),他同他们一道形成了所谓"芝加哥学派"。由于得到詹姆士的竭力赞赏,这个学派成了当时美国实用主义中的一个重要学派。在他们研究的问题中最为集中的是有关心理学、伦理学和逻辑方面的问题。杜威的实验逻辑或者说工具主义的逻辑理论大体上是这一时期完成的。这个学派的形成标志着杜威完全抛弃了新黑格尔主义而转向了实用主义,即他的工具主义。作为这一标志的代表作则是他们共同撰写的《逻辑理论研究》(1903)。杜威称本书是他的工具主义学派的"第一个宣言"[①]。杜威在芝加哥大学的后期,与该校校长发生了一些矛盾,于是他在1904年辞职。1905年,他在哥伦比亚大学哲学和心理学系的一个老朋友的帮助下来到了该校。从这时起一直到1929年他以名誉教授身份退休为止,他一直在这里执教。即便在退休以后,他的活动也仍以这里为中心。杜威在哥伦比亚的时期是他的哲学活动的鼎盛时期,是他完成他所宣称的"哲学的改造"的时期。

杜威来到哥伦比亚时正是美国实用主义运动方兴未艾之际。当时在哥伦比亚任教的伍德布里奇(F. J. E. Woodbridge)就是这一运动的主要代表。杜威与他交往甚密。在他影响下,杜威企图建立一种以经验证明为基础并具有自然主义外表的关于宇宙的理论。这就是他的所谓经验自然主义。在当时美国哲学界关于一元论和多元论的争论中,杜威又同在哈佛大学任教的詹姆士一样站在多元论方面。他的经验自然主义与詹姆士提出的所谓"彻底经验主义"表现形态虽有所不同,但基本思想一致。

杜威在哥伦比亚时期也是他将业已建立的实用主义理论运用于各个知识领域、特别是社会政治领域的时期。他的大部分有关社会政治问题的论著都是这一时期的产物。他已不仅是实用主义的哲学家、教育家,而且是相当活跃的政治家和社会活动家。他关于资产阶级的自由民主和社会改良的理论在当时美国资产阶级中极有影响。

从1919年起,杜威开始了一系列的国外旅行,并在国外传播他的实用主义思想。他1919年年初到日本,在东京帝国大学作了一系列讲演,他的

[①] 杜威:《美国实用主义的发展》,见伦斯编:《二十世纪的哲学》,1947年纽约英文版,第465页。

第七章 杜威评传

著名的著作之一《哲学的改造》(1920)就是这些讲演的汇集。1919年5月1日,即中国"五四"运动的前夕,他来到中国,目睹了中国的"五四"运动,并与他在中国的学生胡适等人一道力图把"五四"运动引上改良主义的道路。他在胡适等人的陪伴下在中国停留了两年多,到1921年7月才返美。他在北京、南京、上海、杭州、武汉、广州、济南、长沙等地作了一系列有关实用主义的讲演。这些讲演的记录后来以《杜威五大讲演》等书名出版并大量发行,对在中国散布实用主义的思想起了极大的作用。1924年和1926年他分别去了土耳其和墨西哥,1928年他访问了苏联。

杜威在哥伦比亚时期是他一生中活动时间最长、著述最多的时期。这一时期的主要著作除上面提到的外还有《我们怎样思想》(1910)、《实验逻辑论文集》(1916)、《明天的学校》(1916)、《人性与行为》(1922)、《经验与自然》(1925)、《确定性的寻求》(1929)。他退休以后的著作有《作为经验的艺术》(1934)、《普通的信仰》(1934)、《教育与经验》(1938)、《逻辑:探索的理论》(1938)、《评价理论》(1939)、《今天的教育》(1940),《人的问题》(1946),《认知与所知》(1949)等。

杜威是美国资产阶级哲学家中最多产的人物之一。他一生除出版了30多部著作外,还发表了近千篇论文,所论及的范围不仅包括哲学、伦理学、逻辑学、心理学和教育学,而且还涉及社会、政治、文化、艺术等各个领域。由于杜威在宣扬其实用主义理论时竭力作出"客观""科学"的姿态,避免詹姆士那种较为露骨的主观主义和庸人习气,加上他又极为崇尚资产阶级的自由、民主,甚至以社会改革家自居,这使他的理论不仅为美国垄断资产阶级所赏识,也为一般资产阶级和小资产阶级所接受。这就使他在美国学术界中获得了极高的声誉。他被捧为"美国人民的顾问、导师和良心""美国哲学中最杰出的人物"。在他生前,美国学术界就已发表和出版了大量关于他的纪念文章和文集。例如,他70年诞辰时出版了《约翰·杜威纪念文集》(1929)、80年诞辰时出版了《人类的哲学家》论文集(1940)、90年诞辰时出版了《约翰·杜威:科学与自由的哲学家》论文集(1949),在他死后,美国许多报刊发表了大量赞扬他的文章,有的还出了专号。直到现在,杜威仍被美国学术界当作 20 世纪美国头号哲学家。

二、杜威的经验自然主义

杜威是打着改造以往哲学的旗号、以哲学上的"革命家""改革家"的姿态来从事其哲学活动的。这种"改造"和"革命"的根本内容就是超出唯物主义和唯心主义的对立,走哲学上的所谓第三条路线。在这方面,他同皮尔士、詹姆士等先行的实用主义者一样继承了反"形而上学"的实证主义传统,企图建立一种以经验为基础的关于宇宙的理论,这就是他的经验自然主义。经验自然主义表面上是一种排斥"形而上学"问题,即世界观问题的理论,实际上正是杜威实用主义世界观最集中的表现;而他的经验自然主义的核心则在于他对经验概念的解释。

杜威一再声称,他对经验概念的解释与传统哲学所作的解释有着根本的区别。这种区别主要在于传统哲学的解释是"二元论"的,而他则克服了"二元论"。

杜威认为传统哲学对经验的解释的一个主要特点是把经验看作知识,即主体对于对象的一种认识。这意味着把经验领域看作不同于宇宙其余部分的精神领域,即把认知的主体或经验者与被认识的对象分割开,把经验和自然、精神和物质分割开,把它们当作两个不同领域的东西,而这正是一种"二元论"。

杜威考察了欧洲哲学史上经验范畴的历史发展。他指出,在古希腊哲学中,许多哲学家都认为经验以感性知觉为限,只涉及个体的、特殊的东西。在日常生活中,经验的结论是有用的,但它们也可能使人犯错误,它们不过是一些意见,而不是真理,不能达到实在。后来的理性派哲学家继承了这种观点。17 世纪英国经验主义者肯定了经验是一切知识的来源,但他们也仍往往陷入个体主义,看不到经验与理性之间的联系,因而陷入了怀疑论和现象主义。因此他们也同理性派哲学家一样使经验与自然、实在分裂开来了。总之,无论是经验派还是理性派,都犯了"二元论"的错误。

第七章 杜威评传

杜威还认为唯物主义和唯心主义的对立也正是由于"二元论"的错误造成的。因为无论唯物主义和唯心主义都是"把经验的对象和能经验的活动与状态分裂为二",都把存在的领域分为经验和自然:精神和物质两个对立的领域,从而都使哲学根本问题"变成了一个调整或协调两个分开的存在领域的企图"[①]。在解决这个问题的时候,唯物主义只承认自然、客观物质的实在性,否认经验、主体、精神的实在性;唯心主义则只承认经验、主体、精神的实在性,否认自然、客体、物质的实在性。[②] 哲学史上的二元论(例如笛卡儿的二元论)把精神和物质当作两个互不依赖的独立实体、不能解释物质和精神间的转化,这当然是错误的。唯心主义否定物质世界的客观存在,把人的经验思想与自然、物质割裂开来,把它们当作在物质以外独立存在的东西,这当然是荒谬的。旧唯物主义者的形而上学性也使他们不能正确地解决物质与精神的关系,有时的确也犯有二元论的错误。杜威在一定程度上的确看到了这些错误,然而他又歪曲了这种错误。因为按照他的观点,似乎只要谈到物质与精神、客观与主观之间的区分和对立,就是把它们割裂开来、绝对对立起来,就是"二元论"。在他那里,"二元论"不仅指把自然和经验、物质和精神、客观和主观完全割裂和绝对对立起来的哲学观点,而且指一切谈论它们之间的区分和对立关系的理论。这样,他就使"二元论"这个概念远远超出其本来意义之外,以致把包括唯物主义和唯心主义在内的以往一切哲学都归结为应予排斥的"二元论"了。

杜威的经验自然主义又是怎样克服"二元论"的呢?简单说来,就是不把经验当作是知识、即主体对于对象的认识,也不把经验当作是一种独立的存在(即既不是由物理的东西所派生出的心理的东西,也不是与物理的东西截然不同的心理的东西),而把经验当作主体与对象、有机体与环境之间的相互作用。正是由于这种相互作用,使主体和对象,有机体和环境、经验和自然成为一个不可分割的整体,或者说在它们之间确立了连续性。杜

[①] 杜威:《经验与自然》,傅统先译,商务印书馆1960年版,第46页。
[②] 同上书,第11页。

威把肯定经验与自然的连续性当作是他经验自然主义的一条根本原则,也当作他克服"二元论"的根本原则。在杜威看来,经验既被当作是一个统一整体,那就不会再有经验和自然、精神和物质、主体和对象二元分立了,因为它们总是联系在一起的。

应当承认,杜威强调经验和自然、主体和对象存在着不可分割的联系这一观点,并不是纯粹的胡说。在人的现实的认识和实践过程中,主体和对象、经验者和被经验者在一定范围内的确是相互依存的(也可以说具有连续性)。但是,这种相互依存或者说连续性只有在一定条件下才是存在的,也就是说只有在认识论的范围内才是存在的。杜威的错误在于,他同许多其他唯心主义者一样把认识论范围内主体和对象的相互依存绝对化,以致否定了对象本身的客观存在。在他看来,经验对象、认识对象的存在并不是由于它们本身所具有的客观性质,而纯粹是由于主体经验和认识到了它们。他说:"我们发现了,我们之所以相信许多的东西,并不是因为事物就是这样的,而是因为我们通过权威的势力,由于模仿、特权、教诲、语言的无意识的影响等等,而已经变得习惯于这样的信仰了。简言之,我们知道了,凡我们视为对象所具有的性质,应该是以我们自己经验它们的方式为依归,而我们经验它们的方式又是由于交往和习惯的力量所导致的。"①在此,杜威显然是认为对象的存在取决于主体,从而他的经验自然主义是一种主观唯心主义。

但是,杜威的主观唯心主义与贝克莱等人的主观唯心主义毕竟还是有所不同。第一,他不像贝克莱等人一样把外部世界简单地归结为人的感觉的复合;第二,他也不像贝克莱等人一样认为认识的主体是独立存在的精神实体。

按照杜威的经验与自然的连续性原则,自然是不能离开经验而存在的,没有经验就没有自然。但这是指作为经验整体中的自然,而不是经验以外的自然。对后者,他有时还是承认其存在的。例如他说:"经验就是关

---

① 杜威:《经验与自然》,傅统先译,商务印书馆1960年版,第15页。

于自然的,也是发生在自然之内的。被经验到的并不是经验而是自然——岩石、树木、动物、疾病、健康、温度、电力等等。"①他甚至还承认,经验作为有机体与环境之间的一种相互作用,其存在以预先具有生物有机体及有机体所依赖的环境为条件。他说:"没有一个忠实于科学结论的人会否认经验作为一种存在,乃是只有在一种高度特殊化的条件下才发生的事情,例如它是发生于一个有高度组织的生物中,而这种生物又需要有一个特殊的环境。没有论据证明在任何地方和任何时间都有经验。"②因此,把杜威说成同贝克莱等人一样根本否定外部世界的存在是不大妥当的。

但是,也不能高估杜威对自然界不以经验为转移而存在的承认。因为他认为经验以外的自然只能是一种无理性的存在(brute existence)。这种存在不能作为经验对象或经验的客观内容,从而也不属于哲学、科学以及人的任何认识的范围。哲学和科学上谈论的自然,是离不开经验、只能存在于经验之中的。他一再强调,认识对象完全是由认识主体所创造的,是由于认识主体赋予其意义的。这归根到底仍然通向了主观唯心主义。

杜威对认识主体的解释更加含糊。他有时把它们等同于经验,有时又是作为经验的一个方面或经验的一种作用。但有一点是他一再强调的:主体并不是一种具有独立存在意义的精神实体。当他说主体创造对象时,他的意思主要是指对象要由主体来表现、假定或规定,而不是主体派生出对象,如像贝克莱和黑格尔所认为的那样。因此,尽管杜威公开攻击和否定唯物主义,但他在表面上也不赞成唯心主义,甚至还反对唯心主义。他所竭力追求的是建立一种既否定由物质派生出精神、又否定由精神派生出物质的哲学即消除了"二元论"的哲学。他企图使他的经验自然主义成为这样一种哲学。也正是基于这种观点,杜威在解释经验概念时,既排除了唯物主义反映论所肯定的经验的客观内容,又排除了古典的唯心主义者所主张的精神主体。也就是说,经验既不是客观的,也不是主观的,而是主体

---

① 杜威:《经验与自然》,傅统先译,商务印书馆1960年版,第4页。
② 同上书,第3页。

与对象、有机体与环境之间的一种相互作用。环境对有机体产生一种刺激,有机体对这种刺激作出一种反应,这个刺激和反应的过程就是经验。换言之,经验既不是一种物质状态,也不是一种精神状态,而是一种过程、活动,其中物质和精神、客体和主体等的区别不是本体论或者说存在意义上的区别,而只是作用、机能上的区别,它们之间并无原则的界限。他说:"心灵和物质乃是自然事情的两个不同的特性,其中物质表达它们的顺序条理,而心灵表达它们在逻辑的联系和依附中的意义条理。"①杜威坚决排斥唯物主义关于物质具有独立的、客观存在和作为精神的来源的观点。他说:"物质不是事情或过程的原因或来源;不是一个绝对的君主,不是解释的原理,不是在变化背后或下面的实质……物质这个名字系指一个活动着的特性,而不是一个实体。"②"在科学实践中实际发现的物质概念和唯物主义者所说的物质毫无共同之处。"③为了与赋予物质和精神以独立存在意义的传统哲学(包括唯物主义和唯心主义)区分开来,杜威像某些语义学者那样主张禁止使用使人感到具有实体意义的"物质""精神"之类的名词,而代之以只有机能意义的有关形容词和副词。他说:"假使在几十年内禁止使用如'心灵'、'物质'、'意识'等这些名词,而我们不得不用形容词和副词如'有意识的'和'有意识地'、'心理的'和'心理上'、'物质的'和'物质上'等,那么我们就会发现我们很多问题就简单化得多了。"④

总之,在杜威看来,"经验首先是一个经历的过程,是维持某种事物的过程,是忍受和激情的过程,是爱好的过程(指这些字的本来意义说)"⑤。在杜威的经验自然主义中,活动、过程具有决定性的意义、物质、精神等的存在都是过程中的存在,都是过程的属性。世界既不统一于物质,也不统一于精神,而只是一个活动的过程。因此,杜威的经验自然主义哲学有时也被当

---

① 杜威:《经验与自然》,傅统先译,商务印书馆1960年版,第62页。
② 同上书,第61页。
③ 同上书,第62页。
④ 同上书,第63页。
⑤ 杜威:《哲学光复的必要》,引自《创造的智慧》,1947年纽约英文版,第10页。

作是一种过程哲学。在这一点上,他与柏格森、怀特海等人有类似之处。

三、杜威的实践观

实用主义者都强调行动、生活、实践的重要性,称他们的哲学是一种行动哲学、生活哲学、实践哲学。这点在杜威那里表现得更为明显。他把经验当作是有机体和环境、主体和对象的相互作用的过程,也正是强调经验不是一种静止的知识或事物,而是生活、行动、实践。因此,他的经验自然主义所主张的实际上是一种生活、行动、实践决定一切的观点。

杜威究竟怎样解释实践呢?

总的说来,他是把实践当作有机体的行为。杜威在其活协的后期索性丢掉了"实践"这个可以作各种不同解释的名词,而代之以"行为"这个名称。在他那里,实践与有机体的行为是同义的。什么叫有机体的行为呢?杜威认为这就是有机体对环境的刺激所产生的反应,即有机体对环境的适应。环境对有机体产生一种刺激,有机体为了生存便对之作出一种反应,这就是有机体的生活、行为、实践。在杜威那里,"刺激—反应"既是作为有机体的人的经验的基本公式,也是其生活行为、实践(包括认识)的基本公式。这种"刺激—反应"的过程究竟怎样发生呢?从一个方面说,杜威把人所发生的这种过程与动物所发生的这种过程区别开来了。低级有机体遇到环境的刺激,也能作出一种反应,例如粪坑里的蛆碰到坑壁会转弯,想飞出房去的蜜蜂被玻璃窗阻碍会在窗上爬来爬去以找出路。但是这些适应都只是本能地适应。人则不同,因为人是有智慧的,人在对环境的刺激作出反应以前会进行反思和推理,以便找出较好的适应方式。杜威说:"低级有机体所作的适应,例如它们对刺激的感受性的和有调剂的反应,在人这里逐渐成为合目的的适应,于是引起了思维。反思是对环境的间接的反应,而间接因素可能是巨大的和复杂的。"①

---

① 杜威:《美国实用主义发展》,引自伦斯编:《二十世纪的哲学》,第467页。

但是，杜威同其他实用主义者一样歪曲并否定人的现实的社会性。把人的存在归结为生物机体（尽管说这是高级的有机体）的存在。因此他仍然把人与环境的相互作用归结为一种生物学的适应，"它的起源仍在于生物学的行为"①。在杜威那里，人对世界的认识和改造都被归结为有机体对环境的刺激所作出的反应，即生物学的适应。他说："人的行动：作为有机体环境的事情"，"认知（包括对宇宙的认知及其设准）：作为那样的有机体—环境的行为"②。如果更具体的考察一下杜威对人的认识的解释，对他这种生物主义观点就可看得更清楚。

就人的感觉说，杜威根本否定它具有认识的意义，更谈不到是对客观世界的真实反映，而认为它不过是对人的一种刺激，促使人去进行认识。他说："感觉不是那种知识的什么成分，无论是好是坏、是优是劣或完全与否。它们毋宁是归结到知识去的研究，活动的一个激发者、鼓舞者、挑战者……它们全然不是认识的方法，它们只是反省和推理的刺激。"③

至于反省和推理，即思维也同样不是对于客观对象的一种认识，而只是作为主体的有机体对其环境的一种反应，是主体的一种行为方法或者说工具。杜威说："人们曾对心灵和思维下过很多定义，我只知道一个定义，触及到问题的核心——即对有疑问的事物进行反应。"④"思维是用来控制环境的工具，这是通过行动而完成的一种控制。"⑤思维是"对于一个特定的刺激的反应"⑥。

既然人的感觉和思维都不反映客观世界，而只是一种单纯的"刺激—反应"，那在这种"刺激—反应"下所进行的活动、行为当然也只可能是种生物学的适应行为。杜威也谈到反省和推理对人的实践的指导和调节作用，但这不是指人们根据对事物的正确认识去改造和改变事物，而仅仅是一种

---

① 杜威：《美国实用主义发展》，引自伦斯编：《二十世纪的哲学》，第467页。
② 杜威、本特雷：《认知与所知》，1949年波士顿英文版，第84页。
③ 杜威：《哲学的改造》，许崇清译，商务印书馆1958年版，第48页。
④ 杜威：《确定性的寻求》，1930年伦敦英文版，第9章。
⑤ 杜威：《实验逻辑论文集》，1916年芝加哥英文版，第30页。
⑥ 同上书，第93页。

第七章 杜威评传

权宜之计。因此尽管人们对自己的行动抱有某种预想的目的,但对于以某种观念和思维为指导去行动能否达到预期目的是毫无根据的。他们的行动、实践实质上只能是盲目的,只能是一种尝试、一种冒险、一场赌博。怪不得杜威一再声称人们生活于一个动荡的、冒险的世界。

杜威对人的认识和实践的解释与以美国心理学家华特生为代表的行为主义心理学的观点极为类似。杜威一再供认华特生的行为主义是他的工具主义的重要理论来源。他在《实验逻辑论文集》中径直称他的工具主义是"一种关于思维和认知的行为主义理论"①。他认为:"认知简直就是某种我们所作的东西,分析归根到底是物理的和活动的,意义就其逻辑值来说是对事实加以处理的观点、态度和方法。"②他在《美国实用主义的发展》一文中也阐述了同样的观点。他的晚期著作《认知与所知》更是按照行为主义的基调写的。在这里,科学、哲学等一切人类知识均被归结为对有机体的行为的研究。

行为主义心理学、特别是华特生以后的行为主义心理学不是纯粹的胡说,它的某些方面是值得研究的。但它有一个明显的缺陷:抹杀了人的社会性和人类意识的特性,从而也抹杀了人的实践与动物的行为的根本区别,把人在正确认识指导下的实践降低到动物本能地适应环境的水平。这种缺陷也正是杜威工具主义对人的认识和实践的解释的主要缺陷。

当然不能把杜威对人的认识和实践的行为主义解释仅仅归结为生物本能地适应环境。杜威竭力使这种行为主义解释与他对人的认识和实践的能动性、创造性的强调结合在一起。就是说,人不只是被动地适应环境,而且还主动地适应环境。他认为人是有情感、意志和智慧的,可以按照自己的意愿,运用反思和推理等手段,为自己制订出行动的计划和方案,以期达到自己的目的。人不应当在环境面前显得无能为力,而应主动地使环境适应自己的需要。他说:"人所必须解决的问题是适应他周围所发生的变

---

① 杜威:《实验逻辑论文集》,1916 年芝加哥英文版,第 331 页。
② 同上书,第 331 页。

化以便使这些变迁朝着为他将来的活动所需要的方向走。如果人的生活是由环境来供养,那它只能是环境的平平稳稳的发散。人必须奋斗,就是说必须利用环境所给予的直接支持,去间接地造成别种变迁。从这种意义上来说,生活是通过控制环境来进行的。它的活动必然要改变他周围的那些变化,它们必然使有害的事件变成无害的事件,使无害的事件变成有助的因素或变成新面貌的苞蕾。"①

杜威在许多著作中从不同角度对上述观点作了连篇累牍的阐述。例如,他在谈到他的经验观与传统哲学的经验观的区别时就认为,传统哲学把经验当作是僵死的东西,只要单纯地记载已经发生的、过去了的事件,而且这种经验是彼此分离的,忽视了它们互相之间的联系。一句话,抹杀了经验的能动性。而他对经验的解释则与此恰恰相反,即把经验看作是活动的、实验的,它不只是被动地记载现有的东西,而是要变更现有的东西,朝向将来的东西,使之有利于人生。一句话,肯定了经验的能动性、创造性。杜威的经验观从这种意义上说也正是他的实践观。

应当承认,杜威在某种程度上的确抓住了消极的、直观的认识论的某种缺陷,他强调人的认识和实践的能动作用本身也无可非议。他的错误在于把这种能动性夸大了,使它脱离了客观基础。就是说,他片面而且过分地强调了人的实践和认识中观念的、精神的、主观的一面,而忽视了甚至抹杀了其物质的、客观的一面,以致把外部世界也归结为人的实践、行动的产物。杜威的学生胡克在《杜威在现代思想界的地位》中论述杜威的观点时说:"在杜威看来,世界本来无所谓是合理或不合理的,而是世界的某些方面为我们称为研究的人类活动或经验方式变得成为合理的……。一切对于存在的事物所作的理智的研究,是一个发现过程,同时也是一个建设和重新建设的过程。"杜威本人同样明确地说:"知识的对象不是思维借以出发的东西,而是以之为终结的东西,是构成思维的探索和试验过程本身所产生的东西。从而,认知的对象在一种意义上说是实践的东西,即它的存

---

① 杜威:《哲学光复的必要》,引自《创造的智慧》,1947年纽约英文版,第9页。

在(它作为知识对象的存在)取决于一种特殊的实践。"①我们上面在谈到杜威的经验自然主义时曾指出他把经验当作是一个创造过程,这种创造的过程也正是他所谓的实践过程。因此,无论从世界观的意义上说,还是从认识的意义上说,杜威所强调的都是主体脱离客观实际的随意创造。

总的说来,杜威关于实践和认识的基本观点就是把人的认识和实践当作是生物的过程与当作是主体的任意创造过程糅合在一起。二者本来是矛盾的,而将相互矛盾的观点糅合在一起却正是杜威实用主义的一个重要特点。

四、杜威的方法论

总的说来,杜威的方法论接近于皮尔士的"怀疑—信念"的探索理论,不过表现形态上有所不同。他的方法论一般称为"探索方法"或"实验—探索"方法。杜威自己供认他的观点是"对皮尔士观点的一种自由的转述"②。

什么是探索方法呢?究竟怎样进行呢?杜威早在《我们怎样思维》一书中就作了比较详细的论述。他在那里指出,思维的过程可以划分为逻辑上明显不同的五个步骤:"1.感到困难;2.困难的所在及其定义;3.可能的解决方法的暗示;4.由对暗示的含义的推理所作的发挥;5.进一步进行观察和实验,以便接受或否定它,即作出信任或不信任的结论。"③这就是杜威的著名的思想五步法。胡适在《实验主义》一文中对杜威的五步法作了比较通俗的转述,这就是:1.疑难的境地(暗示);2.指出疑难之点究竟在什么地方(问题);3.假定种种解决疑难的方法(假设);4.把每种假定所含的结果一一想出来,看哪一个假定能够解决这个疑难(推理);5.证实这种解决使人信用或证明这种解决的谬误,使人不信赖(试验)。胡适还曾把杜

---

① 杜威:《实验逻辑论文集》,1916年芝加哥英文版。
② 杜威《逻辑:探索的理论》,1938年纽约英文版,第14页。
③ 杜威:《我们怎样思维》,1910年波士顿-纽约-芝加哥英文版,第72页。

威的这个五步法概括为"细心搜求事实,大胆提出假设,再细心求证"。有时他说得更简单:即"大胆的假设,小心的求证"(胡适对杜威五步法的转述和概括大体上符合杜威原意,过去在中国很是流行)。杜威在他后来的许多著作(特别是《实验逻辑论文集》《逻辑:探索的理论》)中对这方面的问题作了大量补充和发挥,但其基本观点并未改变。

从纯方法论的角度说,杜威的探索方法,特别是其五步法,不无合理之处,与马克思主义的有关论述也有类似之处,因为它在一定程度上的确揭示了科学发现的程序。人们在进行科学研究时,总是首先找出待解决的问题,即发现和确定疑难之处,然后在掌握充分材料(细心搜求事实)的基础上提出解决问题的各种可能的办法,进行比较研究,形成关于这些问题的理性的概念、判断等知识体系,它们在未被证实以前,总是以假设形式出现(大胆假设),最后对它们进行检证(试验),只有经得起实践检验的知识才是正确的、真正科学的理论(小心求证)。杜威在阐述其探索方法时,还同皮尔士一样企图克服从抽象的概念、原则出发的唯理论以及狭隘的经验主义的片面性。他就此批判了从柏拉图到亚里士多德从概念出发的理论以及笛卡儿和康德的先念论。例如他说,康德从经验之外取得而加于经验之上的那种具有普遍性和必然性的先天形式和范畴,"已令我们日益觉得是多余的——是耽误于传统的形式主义和精巧的术语学的人们所特创的无用的东西"[①]。他对狭隘的经验主义甚至对詹姆士的经验主义也表示了非议。他不同意把经验局限于感觉而忽视其中所包含的理性思维因素,而认为在经验和经验方法中包括了理智的内容(观念、概念、理论),包含了认识主体的理智活动。正是这种理智的活动,使人高出于动物,使人能从现在预见将来,从已知推出未知,使人能发挥其创造性、能动性。在杜威的这些议论中,显然包含了某些积极因素。因此,不加分析地全盘否定杜威的探索理论,把它仅仅归结为主观唯心主义和唯意志主义或者纯粹的诡辩,不是实事求是的态度。

[①] 杜威:《哲学的改造》,许崇清译,商务印书馆1958年版,第51页。

第七章　杜威评传

但是，从整体上来说，杜威的探索方法与马克思主义的方法论的确有着原则的对立。他所提出的整个探索过程没有越出经验的范围，而他对经验的解释归根到底倒向了主观唯心主义。

就以探索过程的疑难阶段来说，在杜威那里，疑难不是出于对外部世界的客观规律性缺乏认识，而只是表示作为生物有机体的人的行动受到了阻碍而处于一种不稳定的状态，也就是人这个有机体受到环境的刺激需要作出反应，但尚未找到反应的适当方法时的状态。杜威把这种状态称为"问题境况"(problematic situation)。他的确企图避免把"问题境况"当成是纯主观的。例如，他抱怨罗素歪曲了他的观点，因为罗素把他的怀疑当作了个人的怀疑。他说："罗素的出发点首先是把怀疑境况变换为一种个人的怀疑，尽管我曾反复指出了二者之间的区别。我已经清楚地表示，个人的怀疑除非是对境况(它是成问题的)的一种反映，就会是病态的。"①然而，杜威所谓境况只是表示有机体与环境的一种相互作用，也就是他所谓的经验的一种表现形式。问题境况就是这种相互作用(经验)失去平衡。他没有把境况看作是不依赖于人而客观存在的，因此，尽管杜威的疑难、问题境况等有某种客观的外表，实际上仍是主观的东西。

再来看假设阶段。杜威说："一切描述发现的和确定了的东西的命题，一切定言命题，都是假设性的。"②"所有的观念、理论、思想体系，不管它们怎样精致和首尾一贯，都应该看作假设。"③假设是怎样提出来的呢？杜威认为是人们的行动受阻时为了继续行动而提出的，而不是人们在社会实践的基础上，将感性材料进行加工制作时而提出的。杜威并不要求假设符合客观实际，成为客观真理，而仅仅要求它们能充当应付环境的工具，作为权宜之计。他虽然也认为在提出假设以前要"细心搜求事实"，但这并不是指不以人的意志为转移的客观事实，而是人自己所创造出来的事实。

---

① 杜威：《经验、知识和价值》，引自石尔普编：《约翰·杜威的哲学》，1951 年伊万斯顿英文版，第 572 页。
② 杜威：《实验逻辑论文集》，1916 年芝加哥英文版，第 347 页。
③ 杜威：《哲学的改造》，许崇清译，商务印书馆 1958 年版，第 78 页。

至于杜威的探索方法的试验阶段,也同样归根到底是在主观经验范围内进行的。因为他所谓试验并不是将思想、理论(假设)等主观的东西见之于客观的东西,以便检验它们是否反映了客观对象的本质、规律性,而只是看这些思想理论(假设)能否帮助人取得成功,获得他所追求的实际效果,即对他是否有用。

杜威的探索方法强调理性思维的作用。发现疑难,提出假设。进行推理以至试验这些都属于理智的,或者说反省思维的活动。这种思维活动与人的行为,实践又是同一的。然而由于这一切都是在经验范围内进行的,这就使杜威归根到底不能摆脱狭隘经验主义。在他那里,没有由物质到意识的飞跃,也没有由感性认识到理性认识的飞跃。他所强调的理智活动、思维、智慧都不过是人的有机体对环境的刺激的生物学的适应。尽管杜威肯定人不同于动物,人能够通过探索获得观念、智慧,用以指导、制约自己的行动。但由于他否定这些观念、智慧是对于外部世界的客观规律的反映,因此他无法理解人们能够运用正确的认识来指导自己的行动,在改造社会和自然的实践中克服盲目性,取得自由。在杜威看来,人们只能受偶然性、不稳定性的摆布。他感慨地说:"人发现他自己生活在一个碰运气的世界,他的存在,说得粗俗一些,包含着一场赌博。这世界是一个冒险的地方;它不安定,不稳定,不可思议地不稳定。它的危险是不规则的,不经常的,讲不出它的时间和季节的。这些危险是持续的,但是零散的,出乎意外的。"①

把人在世界上的生活和行动当作是"碰运气""赌博""冒险",这哪里谈得上什么受理性、"创造的智慧"的指导呢?可见,杜威的探索方法尽管具有科学和客观外表,其实它与那些真正抱着科学和客观的态度去从事活动的人们所使用的方法、特别是马克思主义的唯物辩证法是有着原则的区别的。

---

① 杜威:《经验与自然》,傅统先译,商务印书馆1960年版,第36页。

五、杜威的工具主义

广义地说,工具主义就是杜威的全部哲学。狭义地说,则是指杜威关于真理的理论。就后者而言,其基本观点与詹姆士关于真理就是有用的理论是一致的,它同样是否定关于正确的思想、理论、科学知识是客观对象的主观映象的唯物主义反映论、否定真理的客观性。他把反映论的一般原则与消极直观的反映论等同起来、把认识论上的反映同照镜子相提并论,由后者的缺陷来否定前者。他说:"知识并不是照镜子,是用的东西,各方面都用得着。感性理性都是帮助有机体生存的能力……并不是呆板去照实在是什么。思想知识是把已得的做依据,推算将来,所以是用的东西,不是照镜子。"①胡克在谈到杜威的真理观时说:"杜威对真理的见解是一种对应论,但是在这个理论中,'观念'、'对象'和'对应'这些传统名词的含义是和知识的表象论所给予的意义不同的。观念不是思想的对象,也不是对象的映象或表象。"②

正是由此出发,杜威认为,不管是怎样明晰的概念,可靠的理论,严密的学说,都不可能是对于客观实在的摹写,不可能具有客观的意义,只能把它们当作应用的假设。假设是人们任意提出的,可以不顾客观实在如何,这正如人们为了制作某一件物品而使用的工具,完全是由运用工具的人觉得如何方便而设计一样。因此他认为,思想、概念、理论等不过是人们为了达到某种预期的目的而设计的工具。如果它们对达到人们预期的目标有用,能使他们成功,便是真理,否则便是谬误。杜威在他的不少著作中对这一观点作了反复的解释。例如他说:"如果观念、意义、概念、学说和体系,对于一定的环境的主动的改造,或对于某种特殊的困苦和纷扰的排除确是

---

① 《杜威五大讲演》,北京晨报社1920年发行,第327—328页。
② 胡克:《杜威在现代思想界的地位》,引自法伯编:《法国和美国的哲学思想》,1968年纽约英文版,第488页。

一种工具般的东西,它们的效能和价值就会系于这个工作的成功与否。如果它们成功了,它们就是可靠、健全、有效、好的、真的。"①又说:"既然工具既不是真的,也不是假的,因此真假均不是判断的特性。工具往往是有效或无效的,适当的或不适当的,经济的或浪费的。"②杜威还提出、概念、范畴、判断等无非是由一系列操作构成的,这些操作的作用无非是让人们去选择其有利的条件。

杜威的上述思想就基本倾向说与詹姆士几乎完全一致,与马赫主义等一些现代西方资产阶级哲学流派也无实质区别。但是,杜威的工具主义在具体形态上与詹姆士的理论毕竟还有所不同。主要表现在如下两点上:一是竭力使之具有科学色彩;一是使之具有公众和客观的外表。

杜威竭力使人相信,他的工具主义是总结科学实验的方法而提出的。因为工具是人们从事一切实际活动所必不可少的东西。能创造和使用工具正是使人与动物区分开来的重要标志之一。因此,杜威强调工具的重要性本身并没有什么不对,他的错误在于他对工具的性质作了唯心主义的解释,并且片面夸大了工具的作用。

关于杜威对工具的性质和作用的见解胡克的如下一段话作了较明确的解释:"通过工具,人在自然过程中干涉着并真正改变着——指这个词的最基本的意义——自然的性质和关系。这些工具像它们所作用的对象一样是自然的,并且变成了新鲜事物的泉源,就像宇宙间其他任何事物一样是客观的,而且比以前更加明显的是,工具插入了获得知识的过程。假设本身、曾被过去的思想家们或者当作先验的理性真理、或者当作心加工过的、世界对于我们感官作用的余留印象的综合来加以解释,现在却根据在发现新知识中它们的工具效果来加以证实了。科学规律终究是'用来控制特定情形的手段'。科学探讨所使用的符号不反映事物的结构,而只是达

---

① 杜威:《哲学的改造》,许崇清译,第 84 页。
② 杜威:《逻辑:探索的理论》,1938 年英文版,第 287 页。

到研究目的而设计的。"①

　　胡克的这段话一方面概括了杜威工具主义的基本内容,即认为:科学概念、理论等不过是一些假设。它们固然不像露骨的先验论者所主张的那样是先天的理性真理,但也不像唯物主义反映论者所说的那样是对于客观世界的主观映象("心加工过的,世界对于我们感官作用的余留印象的综合"),它们不反映事物的结构,而只是"为达到研究目的而设计的"工具。这实际上是把科学概念、理论等当作主观的假设。另一方面,他企图借口强调"通过工具,人在自然的过程中干涉着并真正改变着……自然的性质和关系",强调工具"像它们所作用的对象一样是自然的,并且成了新鲜事物的泉源……是客观的",来证明工具主义也具有"自然""客观"等作用。这样,胡克就掩盖了杜威"工具主义"的主观唯心主义性质,而使人感到它似乎具有科学和实验的根据了。

　　工具本身的确具有二重性。人们在实验活动中所使用的工具往往具有物质性,具有自然的客观的基础。因此,就其内容来说,工具具有客观的、物质的特性。然而,任何工具都是为人所创造和使用的,而人们是按照自己的意愿和需要来创造和选择工具的。因此,就工具的使用和创造来说,工具又具有主观的特性。杜威的工具主义正是利用并歪曲了工具的这种二重性。当杜威把科学概念、理论等当作行为的工具时,他正是企图使人相信其工具主义具有科学和实验的根据,似乎工具主义是预先假定了宇宙的存在的,因而,它决不是主观唯心主义。胡克就杜威的观点指出:"如果工具是起改变作用的东西,它就既不能产生、也不能消灭它所改变的东西的存在,如果心灵是工具性的,而且是在一个留有变动不息的事物和事件的痕迹的世界中发生作用的,它就不可能是曾经创造出这世界的。"②然而,工具主义者强调他们的理论并不是主张主观精神派生出客观世界的主观唯心主义,只有表面的意义。由于他们否定了被他们当作工具的科学概

---

① 胡克:《杜威在现代思想界的地位》,引自法伯编:《法国和美国的哲学思想》,第484—485页。
② 胡克:《实用主义的形而上学》,1927年芝加哥英文版,第1章。

念、理论的客观的来源,否定了它们是客观对象的主观映象,他们实际上仍然没有越出主观唯心主义的范围。

为了与过分露骨的主观唯心主义区别开来,杜威一再强调他的工具主义并不主张把科学概念、理论的真理性仅仅归结为对个人有用或有效,而竭力使之具有客观和公众的色彩。他在《哲学的改造》中说,实用主义的真理论之所以"被人憎恶"部分原因是这种理论的"新奇和对它的说明中的缺点"。"例如当真理被看作一种满足时,常被误认为是情绪的满足,私人的安适,纯个人需要的供应。但这里所谓满足却是观念的和行动的目的和方法所由以产生的问题的要求和条件的满足,这个满足包含公众的和客观的条件。它不为乍起的念头或个人的嗜好所左右。又当真理被解释为效用的时候,它常被认为对于个人目的的一种效用,或特殊的个人所着意的一种利益。把真理当作满足私人野心和权势的工具的概念非常可厌,可是,批评家们竟将这样一个臆想归诸健全的人们,真是怪事。其实,所谓真理即效用,就是把思想或学说认为可行的拿来贡献于经验改造的那种效用。道路的用处不以便利于山贼劫掠的程度来测定。它的用处决定于它是否实际上尽了道路的功能,是否做了公众运输和交通的便利而有效的手段。观念或假设的效用所以成为那观念或假设所含真理的尺度也是如此。"①杜威在他的其他著作中,也一再声明他的工具主义并不把概念和观念的真理性归结为使个人取得效果或成功,而是肯定它们具有使人(不仅是个人、私人,而且是大家、公众)取得效用,成功的作用。他在《美国实用主义的发展》一文中提到,人们常把实用主义当作是"使思想与合理活动从属于利益和赢利的一些特殊目的",这是一种误会,而他则认为,"实用主义决不是赞美那种被视为美国生活的特点的为行动而行动","不赞成把行动本身当作目的,把目的看得太窄狭、太实际的美国生活的某些方面"②。

---

① 杜威:《哲学的改造》,商务印书馆1958年版,第85页。
② 杜威:《美国实用主义的发展》,载伦斯编:《二十世纪的哲学》,1947年纽约英文版,第454、456页。

第七章 杜威评传

杜威的这些申述,表明他的工具主义就其表现形式来说与詹姆士等人把真理直接等同于有用的比较露骨的主观唯心主义的确有所不同,但归根到底又无实质区别。这首先是因为,尽管杜威一再声称他认为概念、观念的作用并不是满足纯个人需要,而是满足观念本身的需要,即观念作为行为工具的需要。然而,观念和行动并不是什么独立的存在。观念总是人的观念,行动也总是人的行动。满足观念和行动的要求依然是满足具有这种观念和行动的人的要求。因此,把满足观念和行动的要求当作真理的标准仍然是把满足人的愿望和目的当作真理的标准。

其次,尽管杜威把对个人的满足改为对"大家""公众"的满足,认为:"科学中所运用的方法乃是一种公共的和公开的方法,而这种方法只有当在同一领域内工作的一切人们达到了同意,达到了信仰的统一的时候才得到成功和才能成功。"①从而宣称其工具主义包含了"公众和客观的条件",然而,只要杜威否定了科学的概念、观念是客观实在的反映,他就不能摆脱主观唯心主义。老牌的主观唯心主义者贝克莱为了避免明显的唯我论,早就曾把存在和真理的标准由"个人的感知"改为"共同的感知"。然而这并未使贝克莱摆脱主观唯心主义。列宁对此曾作过的揭露。②

总之,尽管杜威企图给他的工具主义涂上了"科学""客观""公众"等色彩,实质上仍然是一种否定客观真理,歪曲科学的主观唯心主义的真理观。

詹姆士由否定真理的客观性进而否定了真理的绝对性,在真理问题上走向了纯粹的相对主义。杜威的工具主义也走上了这条道路。他把真理所的确具有的相对性绝对化,把一切真理都当作没有任何绝对和稳定的意义的东西,即纯粹相对的东西。他说:"每一个有关真理的命题,分析到最后实际上都是假设的和暂时的,虽然有很多这样的命题已经经常被证实无误,以致我们有理由运用它们,好像它们是绝对真实的。但是逻辑上绝对真理是一种不能实现的理想,至少是除非等到所有的事实都被记录下来,

---

① 杜威:《人的问题》,1946年纽约英文版,第107页。
② 参见《列宁全集》第14卷,人民出版社1957年版,第241页。

或者如詹姆士所说的'囊括'起来,并且直到不可能再作其他的观察和其他的经验的时候,是不可能实现的。"①杜威在此把绝对真理当作"一种不能实现的理想",实际上就是根本否定绝对真理的存在。在他看来,人们要么可以把所有的事实"都记录下来",穷尽一切认识,达到绝对的、终极的真理。要么必须把一切认识、一切真理都当作是"暂时的""假设的"。换言之,要么是纯粹的绝对,即绝对只是绝对,要么是纯粹的相对。即相对只是相对。相对中无绝对的内容,绝对也不需要通过相对而实现。其实,他在真理问题上的这种观点也正是许多相对主义者所共有的观点:其基本错误都在于割裂和抹杀了绝对真理和相对真理的对立统一关系。

六、杜威的社会历史观

在美国实用主义者中,杜威是最注重于谈论社会历史和政治、道德、教育等问题的哲学家。用实用主义的基本理论原则来解释和论述这些领域的问题,是他的整个理论体系中的极重要的组成部分。它主要包括如下几个方面的内容。

1. 对社会哲学的"改造"

杜威是打着"哲学的改造"的招牌来宣扬他的实用主义的。在社会政治问题上也同样如此。他要求对以往一切社会政治理论加以根本的"改造",把社会政治问题的研究变成关于这个问题的行为方法的探索。他把在自然科学领域内行之有效的实验探索的方法移用于社会政治领域,并宣称"过去的社会哲学的破产、人们在社会政治领域内之陷入危机",原因就在没有把实验探索的方法用于这些领域。而他把这种"科学方法"运用于这些领域不仅将克服这些危机,而且将会在这些领域引起一场"真正的哥白尼式的革命"。

---

① 杜威:《美国实用主义的发展》,载伦斯编:《二十世纪的哲学》,1947年纽约英文版,第462页。

第七章　杜威评传

在表面上,杜威对以往的社会政治理论采取了全盘推翻的态度。他认为社会政治理论所涉及的无非是社会和个人及它们之间的关系的问题。处理这个问题上的见解可以归结为三种类型:一种主张个人至上,认为社会必须服从个人,另一种主张社会至上,认为个人应服从社会,遵奉社会为他所规定的各种目的和生活方式;再一种是认为社会和个人相互关联,是一个有机体。社会需要个人的效用和从属,而同时亦要为服务于个人而存在。[1] 杜威认为第三种见解比较适当,可以避免个人至上论者和社会至上论者的片面性。但由于它同样是用一般概念来概括社会政治问题,同样是从概念出发的,换言之,它同样预先提出了关于社会和国家等的一般概念,再用它们去规定社会和个人的特殊的环境。因而在杜威看来,"以一般的观念概括特殊的情境"[2],是上述三种理论的共同缺陷。他认为,这种由一般概念构成的社会政治理论不是针对具体的人、具体的组织和社会的,它们对指导人们的社会生活和行为不会有什么帮助。因为人们需要的指导总是特殊的,"我们所要明了的是个人的这个或那个集体,这个或那个具体的人,这个或那个特殊的制度或社会组织,而传统所接受的逻辑却以关于诸概念的意义和概念的相互辩证关系的讨论代替这种研究的逻辑。而这些讨论又是用'国家'、'个人'或普通所谓社会那样的制度的性质等字句演述出来的"[3]。例如,就家庭生活说,人们需要的是在解决具体的家事(如家庭中的具体困难)上得到指引。然而传统的社会政治理论所给予人的只是关于家庭的论文或关于个人人格的神圣性的断定。又如,人们想知道在一定时间、地点、条件下私有财产制度的意义,而传统的社会政治理论所提供的却只是某种关于财产的定义(例如普鲁东的定义或黑格尔的定义)。

杜威认为这种由一般概念构成的传统的社会政治理论不仅不能指导人们的行为,反而有害于社会的进步和改造。因为把一般概念的意义和价

---

[1] 参见杜威:《哲学的改造》,商务印书馆1958年版,第101页。
[2] 同上。
[3] 同上。

值放到特殊的、具体的情况上去,就会掩盖后者的缺陷。"隐蔽了迫切改革的需要","做了替现存秩序作理智的辩护的工具"①。例如,杜威指责黑格尔的社会政治理论起了敌视法国革命、充当维护普鲁士反动国家的工具的作用,指责社会有机体论把个人和社会说得和谐一致,掩盖了个人和社会、资本和劳动的冲突,从而也就掩盖了改革的必要。

应当承认,杜威的确在一定程度上察觉了单纯从概念出发的传统社会政治理论的缺陷。他对这些理论提出指责是应予以适当肯定的。但是杜威不仅没有因此而提出关于社会政治问题的真正的革命理论,反而否定了这种理论。问题在于,他把传统的唯心主义的社会政治理论(例如黑格尔的理论)从一般概念出发的观点,同一切社会政治理论均由一般概念所构成的观点混为一谈,并通过否定传统的社会政治理论而否定了一切由一般概念构成的社会政治理论,从而也否定了一切进步的和革命的社会政治理论,特别是否定了马克思主义的历史唯物主义和社会革命论。事实上,杜威也往往在反对社会政治领域内的"形而上学"的口实下直接反对马克思主义。杜威的追随者、美国哲学家盖格尔就杜威的这种观点说:"杜威的拒绝遵循马克思的哲学……就是拒绝接受对于社会和政治问题上的形而上学的解释。马克思的辩证法、阶级斗争、劳动价值论——这些都像它们由之而出的任何黑格尔主义学说或经济古典主义学说一样地抽象,而且,在杜威看来,一样地本质上无意义。……马克思主义像它所鄙视的个人主义的自由主义一样地是一种'关于一般概念的逻辑'。二者都依靠于一种关于一般原理的形而上学。"②

杜威在否定了各种由一般概念构成的社会政治理论以后,建立了什么新的理论呢?他怎样把实验探索方法运用于社会政治领域呢?简单说来,就是按照人们在社会政治领域内所处的特殊环境,特殊问题及特殊需要去制定特殊的方法。这实际上也就是否定人们有必要通过认识各种具体的、

---

① 杜威:《哲学的改造》,许崇清译,商务印书馆1958年版,第102页。
② 盖格尔:《杜威的社会和政治哲学》,引自石尔普编:《约翰·杜威的哲学》,第358页。

特殊的社会现象进而认识社会的本质、社会发展的客观规律,而认为只需要去制定应付特殊的社会环境的方法。而后者的标准也不在于是否符合客观实际,而在于是否使人取得成功。因此,当杜威谈到社会政治哲学的改造时,他所指的是,把一切社会政治问题归结为具体的人在处理具体的社会政治问题上的方法问题。杜威说:"是以哲学改造的真正端倪,与其说是关于制度、个人、国家、自由、法律、秩序等一般概念的精炼,毋宁说是关于特殊情况的改造方法的问题。"① 显而易见,杜威的这种社会政治哲学的方法论是一种教人忘却根本的革命目标,仅迁就眼前的、暂时的事变。取得眼前的、暂时的成功的方法论,是一种否定革命的方法论。

2. 多元的社会历史观

杜威对社会哲学的"改造"的重要方面之一就是否定历史一元论,鼓吹历史多元论。他认为,社会历史既不像唯物主义者所说的那样应从社会存在出发去解释,也不像某些唯心主义者所说的那样应从某种绝对的思想、观念出发去解释,而要针对各种不同的、具体的社会历史现象作出各种不同的具体的解释。社会、历史、政治、道德等概念都并没有什么固定的一般的所指,因而也没有固定的、一般的含义。人们可以从不同的角度和出发点去解释这些概念,从而这些概念也具有多种多样的含义。

例如,就"社会"一词说,既可以像唯物主义者那样从社会经济关系出发,把社会当作某种经济共同体;也可像唯心主义者那样从思想、观念出发,把社会当作因有某种共同的思想观念而结合起来的共同体,例如某种文化、道德、宗教、教育等的共同体。一切由这种或那种共同思想、这种或那种共同利益和目的结合起来的个人的组合,都可以称为社会。总之,"社会"不是一元的,而是多元的。它是某种无定型的、变动的、纯粹相对的、可以随便解释的东西。杜威说:"社会是一个字眼,但它是无限多的东西,它包括人们由于联合在一起用以分享他们的经验和建立共同利益和目标的

---

① 杜威:《哲学的改造》,许崇清译,商务印书馆1958年版,第104页。

一切方式,如流氓群、强盗帮、徒党、社团、职工组合、股份公司、村落、国际同盟等。而新方法的效力在于拿这些特殊的、可变的、相对的事实(与命题和目的相对,而非形而上学的相对)的研究去替换一般概念的矜持摆弄。"①类似的话,杜威在其《公众及其问题》等著作中也多次讲过。②

杜威在用历史多元论来解释社会历史时,对历史唯物主义以及各种形式的历史唯心主义在表面上有时采取兼收并蓄的态度,即在一种情况下接受唯物史观,在另一种情况下接受唯心史观。杜威的信徒、美国哲学家盖格尔就曾谈到杜威的观点与马克思主义用经济原因来说明历史的观点并不矛盾,甚至还可对后者起促进作用。他说:"在马克思主义中有许多东西杜威不仅赞成而且在一种真实的意义下,他实际上曾有助于发挥其作用。那就是,经济史观曾被杜威本人用来说明哲学史的许多段落。"③

其实,杜威的历史多元论与马克思主义的历史一元论是根本不相容的。二者对经济概念的解释就有着根本的区别。当马克思主义的历史唯物主义讲到经济因素是社会诸因素中起决定作用的因素时,它所讲的经济指的生产关系的总和,是客观的东西,而杜威则从他的历史多元论出发,把经济当作可以随便解释的东西。他曾对经济概念作过如下解释:"经济的生活,范围所包很广。第一,包括人生的欲望,饥了思食,渴了思饮,和一切人生需要的种种目的。第二,包含用以达到目的的种种工具、种种组织。第三,包含商品货物等等,即一切欲望的结果。"④在此,杜威把人的欲望、目的摆在经济的首位,其他都是作为满足欲望、目的的手段、工具、结果,是由欲望所决定的。他实际上仍是把人的主观欲望当作经济的本质,用以解释社会历史。这与马克思主义对关于经济因素的决定作用的观点是大不相同的。

对于传统的各种形式的社会历史观,杜威倒确是"兼收并蓄"的。因为

---

① 杜威:《哲学的改造》,许崇清译,商务印书馆1958年版,第107—108页。
② 参见拉特纳编:《当代世界的智慧:杜威的哲学》,1959年纽约英文版,第382页。
③ 盖格尔:《杜威的社会和政旧哲学》,引自石尔普编:《约翰·杜威的哲学》,第358页。
④ 杜威:《杜威五大讲演》,第41页。

既然对社会可以作各种不同的解释,那各种形式的社会历史观都可以并行不悖。人们可以在一种场合宣扬社会有机体论,在另一种场合宣扬社会心理决定论、情感意志决定论,而在第三种情况下宣扬绝对精神、上帝决定论,等等。究竟如何解释社会、完全取决于各人在某时某地的特殊需要,取决于哪种理论最为有利、有效。

总之,杜威的多元社会历史观是一种排斥历史唯物主义的历史观,是一种将各种类型的唯心主义历史观汇杂在一起的历史观,是一种把对个人的效用、成功当作评价社会历史的根本标准的主观唯心主义的社会历史观。

3. 人性可变论

撇开人的社会性,用抽象的人性来解释人、人与人之间的关系以及各种社会历史问题,是许多西方哲学家的一个重要的共同倾向。实用主义在这方面显得特别突出。詹姆士从心理学出发提出了一套人性决定社会的理论。杜威在这方面同詹姆士是一脉相承的。他虽然没有给人性下过明确的定义。但他经常讲到"原始的人性"(《人性与行为》)、"人类原始状态的构造"(《自由与文化》)、"人的本性的构造"(《人的问题》)。这意味着他肯定人性是由人与生俱有的心理结构所决定的,是心理学的研究对象。从杜威的这些言论中可以看出,他的观点同詹姆士关于本能、情感和习惯的观点基本上是一致的。不过,他对詹姆士的人性论有所修改,强调人性是可变的就是这种修改的重要内容。

杜威认为,人性可分为两个方面:一方面是由人与生俱有的心理结构所决定的本能冲动、欲望等所谓"天生倾向",另一方面是这些天生倾向表现的形式。前者是先天的、不变的,后者是后天的,可变的。

关于前者,他在《人性改变吗?》一文中说:"我们应当首先承认在某种意义上,人性并不改变。我不相信能证明:人们固有的需要自有人类以来曾改变过,或在今后人类生存于地球上的时期中将会改变。我所谓需要,是指人们由于其身体构造而表现的固有的要求,例如对饮食的需要和对行动的需要,等于是我们存在的一部分,因此,不可设想在任何情况下,这些需要会停止存在。还有其他不是这样直接属于身体方面的,而在我看起来也仿佛是同样植根于人的本性之中的需要,我可以举出以下的例子:对某种合群的需要,显示自己的精力并把自己的力量作用于周围环境的需要,为了互助和斗争与自己的同伴合作或与之竞争的需要,某种美感的表现和满足的需要。领导和服从的需要等。"①在此,杜威不仅把饮食男女等与人的生理结构相关的本能活动当作不变的人性,也把"合作或竞争的需要","美感的表现和满足","领导和服从的需要"等人的思想情感当作出于不变的人性。杜威往下还讲到人的斗争性、同情心、占有欲以及团结、友爱、愤怒、恐惧等思想情感同人的饮食男女等欲念一样是人性中不可移易的东西,是使人性之所以成为人性的东西,是一个人先天禀赋的一部分。这样,他不仅将人作为生物有机体的自然属性、也将人的社会属性都归结为先天的、不变的人性了。就这方面说他与詹姆士等人并无实质性的区别。

但是,杜威又说:"承认了在人的本性的构造中有些不变的因素这个事实以后,我们容易犯错误的地方是从这个事实所作出的结论。我们假定这些需要的表现形式亦是不变的,我们假定我们习惯了的表现形式如同所从产生的需要一样都是自然的和不可改变的。"②"我已说过,依我的意见,斗争性是人性的一个构成部分,但是我亦曾说过,这些本性的因素的种种表现是可以改变的,因为它们常为风俗和传统所影响。战争的存在并非由于人有战争的本能,而是由于社会情况和势力导引,差不多强迫这些'本能'走上战争的道路。"③

杜威上述这些话表面上的确强调人性可变,然而这并不意味着他抛弃了抽象的人性论。这是因为:第一,他是在肯定天生的人性不可移易这个基本前提下来承认这些人性的表现形式可以发生变化。这丝毫没有触动

---

① 杜威:《人的问题》,1946年纽约英文版,第184页。
② 同上书,第185页。
③ 同上书,第186—187页。

人性不变论的根基,人性的外表形式的变化总是受其不变的内在本质所决定的。第二,他的人性可变论丝毫没有越出关于人们的思想、情感不决定于社会存在、而决定于人的天生的人性这个抽象的人性论的基本观点的范围。杜威的确曾大谈"社会情况"对人性的作用,然而他又把社会情况当作是人性的产物,结果还是认为人性的改变是由人性本身所决定的。杜威曾说:"像希腊奴隶制和封建农奴制一样,战争和当前的经济制度都是用本能活动的材料织成的社会模式……没有愤怒、好斗、对抗、自夸和诸如此类的天生倾向,便不可能有战争。活动是这些天生倾向所固有的,而且将在任何的生活条件下继续存在下去。想象这些倾向能够根除,就好像没有饮食男女社会还能继续存在下去一样。"①这些话清楚不过地表明,在杜威看来,奴隶制、封建农奴制、战争等都是人的本能的产物,而这种本能是人的"天生的倾向","将在任何生活条件下继续存在下去"。同一万年以后人们还有饮食男女之欲一样,一万年以后,人们的本性中也还存在产生奴隶制、农奴制战争的根源。既如此,尽管杜威也经常讲到社会制度、社会现象的产生和存在决定于"社会情况",但这实际上是一句空话。

4. 社会进化论

用生物进化论来说明社会历史的发展,把社会历史的发展说成只能有不明显的渐进的、量的变化,不能有明显的质的飞跃,从而排斥对社会制度进行根本的改造,这也是杜威的社会历史理论的重要特点之一。杜威自诩、他的门徒也一再称颂他是一个"进步哲学家""社会改革家"。其实他所谓的进步和改革只是排斥社会制度的根本变革的点滴改良。

杜威反复宣扬社会的进步只能是一点一滴的、而不能是根本性的。他1919年访问中国时针对当时中国发生的五四运动在一篇讲演中说:"要知道进化不是忽然打天上掉下来的,是零零碎碎、东一块、西一块凑拢起来的……社会的进步是今天明天一点,从各个方面各个进步的;是拿人力补

---

① 杜威:《人性与行为》,1922年纽约英文版,第110页。

救它、修改它,帮助它,使它一步步朝前去,所以进化是零卖的,不是批发的,是杂凑的,不是整包的。"①

杜威的这种观点正是他用所谓实验探索方法来"改造"社会政治哲学的结果。这种"改造"的实质在于否定人们在正确的革命理论的指导下去进行社会制度的根本变更,去进行革命,而只谋求取得特定的时间、地点和情况下的特定的、暂时的、眼前的成功。杜威露骨地说:"除非进步是现在的改造,否则它就什么也不是。如果进步不能由属于转化运动的那些性质来解释,那就绝不可能对它作出评价。"又说:"每天为自己操心就够了,只要我们能够纠正行动的动力,并且力图使斗争变为和谐,使千篇一律的生活变为丰富多彩的图画,使有限的东西变为扩大的东西,这就够了。正在改进就是进步,而且是人们所能设想和达到的唯一的进步。"②总之,在杜威看来,"眼前的细小的利益,眼前的、细小的改革,眼前的细小的进步就是一切,长远的、根本的变更是可望而不可及的"。这种观点正是典型的庸俗进化论和资产阶级改良主义的观点。

---

① 杜威:《社会哲学与政治哲学》,载《杜威五大讲演》。
② 杜威:《人性与行为》,1922年纽约英文版,第282页。

第八章

米德评传

乔治·赫伯特·米德(George Herbert Mead 1863—1931)是美国著名的哲学家、社会学家、社会心理学家,美国实用主义者中最有影响的人物之一,被认为可以与皮尔士、詹姆士和杜威齐名。杜威在1931年米德逝世后不久举行的追悼会上的悼词中对米德在美国哲学中的作用给了高度评价他说:"他的思想有深刻的独创性,据我的接触和判断,是最近一代美国哲学中最有独创性的思想。……如果我不是从他那里取得某些基本观念,我就不去思考我自己的思想可能是什么。"①

米德出生于马萨诸塞州的南哈德莱。他于1883年获得奥伯林学院文学士学位。1887—1888年在哈佛大学读研究生,得到了罗伊斯和詹姆士的指导。1888—1891年他到欧洲留学,曾在柏林大学研究生理学、心理学和哲学。回国后,1891—1894年他任密歇根大学讲师,在此结识了杜威,两人成了密友。1894年他随杜威到了芝加哥大学,讲授社会心理学和哲学,并和杜威等人合作,共同形成了美国实用主义的一个最重要的派别——芝加哥学派。1904年杜威去哥伦比亚大学后,米德继续留在芝加哥,直到逝世。在这期间,他曾任芝加哥大学哲学系主任。米德在教学上名声较大,但著述不多,他在世时仅发表过一些论文。除了他的学生以及少数专家以外,他也不大为人所知。在他死后,美国哲学家墨菲将他的一份讲稿加以整理,以《当代哲学》为题出版(1932)。后来,米德的学生、美国实用主义者莫利斯等人组织了一个米德著作编委会,他们根据米德的某些课程的速记稿、手稿片断和短篇论文编辑出版了《心灵、自我和社会》

---

① 转引自莫利斯:《美国哲学中的实用主义运动》,1970年英文版,第187页。

(1934)、《十九世纪的思想运动》(1936)、《行动哲学》(1938)等著作。在20世纪50—60年代又有几种不同版本的《米德选集》问世。随着这些著作的出版,特别是在60年代末以来,米德在美国思想界的影响日益上升了。

米德哲学的基本倾向同皮尔士、詹姆士,特别是杜威等先期实用主义者是一致的,他也深受他们的影响。例如,詹姆士心理学上的功能主义及其在哲学上的运用,杜威的经验自然主义、工具主义和试验—探索的方法,都为他所接受。但在对许多具体问题的阐述上他与他们又有不同之处。米德还吸取了当代其他流派哲学家的一些思想,例如他接受了柏格森和怀特海关于突创性和过程的观点。米德对自然科学和科学史作了不少研究,其中给予他影响最大的是达尔文的进化论、冯特的实验心理学以及爱因斯坦的相对论。这些不同的思想来源使米德的哲学具有明显的折中主义色彩。米德没有对自己的哲学体系作过系统的阐述,他的有些观点不很确定,在他的著作中往往充满了矛盾和暧昧之处。

在美国实用主义者中,米德的最大特色是他把实用主义的基本哲学思想同生物进化论和实验心理学的某些观点结合起来,提出了所谓社会心理学。他认为,作为心理意识活动的人的心灵和自我既不是物质的产物,也不是某种超自然的绝对精神或个人的心理意识的产物,而是社会的产物。换言之,它们既不是物质性的存在,也不是物质、自然以外的精神的存在,而是有机体与环境之间的一种关系,也就是有机体与环境之间的相互作用的过程。米德企图使人相信,他的社会心理学把人的心灵、自我以及作为环境的自然都当作是一个不可分割的过程,从而克服了传统哲学和神学将物质和精神、心灵和环境分割开来的"二元论"。其实,米德把意识活动当作有机体与环境之间相互作用的过程的观点,同杜威等人关于经验与自然的连续性观点一样,最终仍是陷入了主观唯心主义。下面,我们先介绍米德的社会心理学的基本内容,然后进一步揭示米德在哲学上的一些主要观点。

米德的社会心理学接受了以华特生为代表的行为主义心理学的基本理论,即反对用人的心理意识活动来解释人的行为,而主张用分析人的有机体的行为来解释人的一切心理意识活动。因此他的社会心理学也被称为社会行为主义。但是米德又一再要求人们把他的社会行为主义和华特生的行为主义区别开来。他不像华特生等人那样简单地否定作为反省意识的人的心灵和自我的存在，也不把心理学归结为仅仅研究有机体对环境的刺激所作的反应。他不否定心理学要研究心理的、精神的现象，他仅仅反对把这种意识当作是精神实体的结构、习性或属性。他认为心理学的任务是通过研究有机体的行为来解释这些心理意识活动。总之，他只是认为不应当根据人的意识来解释人的行为，而应当根据人的行为来解释人的意识。

米德所谓有机体的行为，指的是有机体对环境的刺激所作出的反应。但是米德认为，就人来说，有机体不仅是机械地反应和被动地接受刺激，人可以有目的地选择环境的刺激。换言之，有机体具有能动的作用，它和环境可以互相决定。这意味着人的有机体具有反省的能力，这种反省能力正是人的心灵和自我的表现，而进行反省活动的人的心灵和自我，正是有机体和环境相互作用的产物。在这方面，米德经常援引达尔文的进化论。他认为，生物有机体的进化是它同环境相互作用的结果，而这种相互作用同时也决定了人的心灵和自我的形成，推动着它们的进化。

在具体说明人的心灵、自我的进化上，米德接受了冯特的心理学理论的影响。达尔文还只是根据纯个体的背景来研究有机体的行为，他认为这种行为只是有机体的一种自我表达。冯特比达尔文进了一步，他认为有机体的行为（例如有机体所作出的某一种姿势）不只是单个的有机体的自我表达，而且具有在不同有机体之间传递信息的意义，从而这种行为就具有社会性。米德接受了冯特的这一观点，但比冯特走得更远。他认为包括冯特在内的前人的观点有两个基本缺陷。第一，他们各以某种方式肯定心灵或自我的存在先于社会，并用这种先有的心灵和自我去解释社会过程的发生；第二，即使他们从社会的角度对心灵的某些方面作了考虑，他们也仍然未能说明心灵怎样起源于社会。米德提出了与此不同的见解。第一，人的心灵、自我完全是在社会过程中形成和发展的。除了用社会的方法，对心灵或自我的任何方面或任何阶段都无法作出正确的解释。第二,在心灵、自我产生的过程中,语言起了关键的作用。总的说来,从进化的观点出发论述有机体的行为的社会意义,论述人的心灵、自我怎样从社会背景中产生和发展,是米德的社会行为主义的基本内容。

米德认为,真正的人必定是具有自我意识的人,也就是具有心灵、能对自己进行反思的人。而这也就是具有思维能力、能对环境分生积极影响的人。这样的人与由神经和生理结构构成的单个的有机体(包括人的有机体)是不同的。后者只能作为形成具有自我意识的人的,即"自我"的条件,而并不就是自我。人要成为具有自我意识的人就必然要把自己当作对象,也就是像同其他对象发生关系一样同自己发生关系。而人把自己当作对象,就必须像别人对待他那样来对待自己,也就是通过别人来领略和把握与自己的关系。没有他人就不可能有自我。"如果我们希望有我们自己,就应当有他人的自我。"①人只有在与他人交往中才能成为自我,而这意味着只有在社会中才能成为自我,因为在米德看来,由一个以上的有机体联合进行某种活动,就具有社会的意义。人们为了与他人交往或者说过社会的生活,必须借助特殊的手段,米德认为语言正是这种手段。语言是社会行为的符号,是社会行为得以进行的基本手段。

但是,语言并不是一开始就有的,而是社会行为进化的产物。米德同冯特一样,认为有机体作出的某种姿势已经是一种社会行为。米德举狗的格斗为例。当一只狗作出龇牙咧嘴、准备格斗的姿势时,必然在这种姿态所朝向的另一只狗那里引起反应,它必须决定要么逃跑,要么作出准备迎击的姿态。在此,第一只狗作出的姿态虽然是一种尚未完成的行动,但它是一种行为的符号,这种符号对第二只狗来说已包含着一种意义。这种意义已不是第一只狗主观的、私自的东西,它已表现于社会的境况(在这里是两只狗发生了关系)中了,它们所作出的姿势已起着彼此传递信息的作用,是一种"姿势的交谈"。但是像狗的格斗这种行为还只是低级的社会行为,

---

① 莱克编:《米德选集》,1964年英文版,第103页。

第八章　米德评传

米德有时称之为亚社会的行为。因为姿势没有固定的社会性意义,狗在作出准备格斗的姿势时也并未自觉到其意义。只有当作出某种姿势的有机体如同其姿势所向的另一有机体一样地意识到这种姿势的意义时,也就是自觉到其姿势的意义并为着一定的目的来利用这种意义时,这种意义才能算是从社会方面固定下来的意义。米德认为,要完全做到这一点,必须借助一种特殊的姿势,即语言(首先是口语)。语言比一切其他姿势优越,因为说话的人能够听见自己所说的话,如同其他人听到他的话一样,因而他也能同他人一样,了解所说的话的意义。"个人可以听到他说的东西,而在听到他说的东西时,他就着手对之作出反应,就像他人对之作出反应一样。"[①]这样,由于语言的出现,个人开始真正能像他人一样同自己发生关系,成为自己的对象,从而也成为有心灵的、能进行自我意识的人,即"自我"。米德在此所谓他人已不只是某一特殊的人,而是由某一种语言联系起来的任何人,或者说"一般化了的他人",自我通过这种"他人"来洞察从而就更显示了自我的社会意义。

米德认为,通过语言来传递信息,这是人类进行社会交往的根本特点,它克服了动物通过姿势进行交往的局限性。他认为,动物没有自我意识,只能本能地交往,而人则有自我意识,能够进行自觉的、有目的的、有选择的交往。但是,无论是动物用姿势传递信息还是人类用语言传递信息,其意义均是由有机体(包括人的有机体)的行为过程所决定的。姿势和语言都是行为符号。米德说:"意义起于并基于某一给定的人的有机体的姿势与这个有机体随后的行为(用这种姿势向另一有机体表明)之间的关系。如果这种姿势确已向另一有机体表示了这一给定的有机体的随后的(或作为结果而产生的)行为,那它就具有意义。……因此意义就是……作为社会行为的一定阶段之间的一种关系。它不是对这种行为的心理补充,也不是作为一种传统上所理解的'观念'……意义是根据反应所给予和表述的。意义内含于(如果不是经常明白地的话)它所关涉到并由此所发展的社会

[①] 米德:《心灵、自我和社会》,1934年英文版,第69—70页。

行为的不同阶段的关系之中。"①"表意的姿势或符号要有意义,永远必须要有它产生于其中的经验和行为的社会过程。"②

值得注意的是,米德之肯定心灵和自我作为社会行为的产物,同他肯定思维之作为社会行为的产物是一致的。在他看来,思维之产生,以人们能利用表意符号为前提,而语言正是社会行为的表意符号,因为符号对参与交往的一切人具有共同的、普遍的意义,从而使人能够从他人的角度、从社会的角度来认识自己和其他对象。也就是能够进行思维。"思维永远以符号为前提,符号在他人那里和在思维者那里引起同样的反应。"③

米德社会行为主义的基本倾向是强调个人的心灵、自我及与之相关的思维活动决定于他所参与的社会行为,但不能因此说他轻视个人,他没有完全把个人统摄于社会中。他认为有机体和环境、个人和社会是相互作用的。社会既作用又反作用于个人,个人也既作用又反作用于社会。每一个人的每一种思维活动或者身体的行动都在某种程度上作用于社会结构,甚至引起社会结构的变化,米德同杜威一样把思维看作是一种能动活动,它可以改造其环境。他说:"在我们的反省行为中我们总是改造着我们所属的直接的社会。"④社会总是随着自我的进化而进化。在米德看来,社会不只是生物单位的集合,而是自我的共同体。由于每一个人的心灵、思维活动均是社会的产物,因此社会的观念(表现为一般化了的他人概念)也进入社会的每一个成员中。社会按照个人的行为对社会的后果来调节个人的行为,而个人的行为的后果也必然影响社会。

米德关于社会和个人相互作用的观点突出地表现在他对自我的结构的分析中。按照米德的观点,自我是由社会关系所决定,而人的社会关系是多样的,因而自我也必然表现出多样性。适应于各种各样的社会反应,存在着各种各样的自我,米德由此解释人的个性的多种多样。米德在多种

---

① 米德:《心灵、自我和社会》,1934年英文版,第75—76页。
② 同上书,第89页。
③ 同上书,第147页。
④ 同上书,第386页。

第八章　米德评传

多样的自我中，划分出它的两种基本结构，即作为受格的我（me）和作为主格的我（I）。me 和 I 构成了统一的人的自我的两个方面、部分或者说阶段。它们属于同一个个人，只有通过分析才能发现二者具有不同的含义。me 是作为社会的一员的自我，他受社会的规则、规范和倾向的约束，他同其他人一样参与社会交往，同其他人一样行为；而社会则通过作为 me 的个人对个人的行为实行社会监督，这也就是个人按照社会的规则等对自己的行为进行监督。I 是作为对社会（例如对那些将社会有机地联系起来的那些规则）作出某种反应的自我，"他对这种有机规则的反应也使这种规则发生变化"①。不同的个人对社会作出反应的方式是不相同的。他们虽然都服从这些有机规则，但又各具有某种特殊的、自生的或者说是"突创"的东西。作为 I 的个人具有自由和主动性。正是作为 I 的个人对社会（环境）的反应，能够促使社会（环境）发生变化。不同的作为 I 的个人的行为对社会改造的影响的大小是不相同的。普通人适应环境（包括社会环境）的那些活动也能使环境发生一定的变化，不过这种作用往往是缓慢的、不明显的。杰出人物的行为则能使环境发生显著的变化。但他们的作用也不能离开其他个人的作用。米德说："伟人和伟大性格的个人令人惊异地改变着他们对之作出反应的社会。我们称他们为真正的领袖。但是他们不过是把社会的变化提高到了 n 程度，而这种变化则是由那些充当社会的部分并从属于社会的那些个人所实现的。"②在米德看来，社会的变化正是由领袖人物的行为和普通人的行为所共同推动的。

　　米德关于他的社会行为主义的论述不无合理因素。例如，他强调人的心理意识和思维的产生具有社会性，他强调语言对于形成人的心理意识和思维的作用等，在一定意义上都是可以肯定的。但总的说来，米德的社会行为主义不是脱离而是论证和维护实用主义的基本哲学路线，因此不可避免地存在着严重的缺点和局限性。这主要表现在米德对社会行为（社会实

---

① 米德：《心灵、自我和社会》，1934 年英文版，第 196 页。
② 同上书，第 216 页。

践)作了实用主义所特有的生物主义或者说自然主义的解释。他在分析社会行为时举人们之间的格斗、竞技以及家庭等关系为例,然而却忽视了作为人们的一切社会实践基础的物质生产活动。米德也指出了人的社会行为是自觉的、由思维所控制的行为,这种行为与动物的本能行为存在着重大差别。但他实际上却抹杀了这种差别,因为造成这种差别的根本原因正在于人能自觉地进行物质生产劳动。米德强调了人的行为的社会性,然而他否定了人们在物质生产过程中所建立起来的生产关系是社会的基础。他像杜威等人一样对社会一词作了极为模糊的解释,把任何两个或两个以上的有机体的关系或共同活动都称之为社会,以致把人类社会和蜂、蚁的社会相提并论。米德经常谈到自我与各种社会集团的联系和关系,但他却忽视这些社会集团的构成的特征和性质的差别。这样社会集团就成了纯粹抽象的东西。也正因为如此,尽管米德强调人的行为以及人的心理意识活动、思维活动的社会性,实际上他并未真正揭示,而是在抹杀它们的社会性。他在谈到作为主格的个人(I)的创造性时,往往完全抛弃了其社会性,把它当作是生物学的个人。

当米德直接地论述哲学问题(例如宇宙论和认识论问题)时,在他的社会行为主义中已包含着的实用主义倾向就表现得更加明显了。

米德同其他实用主义者一样把实用主义标榜为一种新的经验主义,它的新就在于它把科学方法当作哲学方法,即对经验作了科学的解释。什么是对经验的科学解释呢?米德认为这就是按照生物进化论的精神来解释经验,也就是把经验看作是一个活动的有机体同它所感知的周围世界(环境)的一种能动的相互作用。在这种相互作用过程中,作为经验着的有机体和被经验的世界都不断地发生变化。总之,米德实用主义所理解的世界是一个活动和变化的世界,而一切活动和变化的根源在于有机体及其环境的相互作用。于是,有机体和环境的相互作用就成了米德哲学中的一条轴线。他企图据此解决几乎一切哲学问题。

同其他实用主义者以及一切形式的实证主义者一样,米德把经验宣布为唯一的实在。在他看来,关于经验以外的世界的问题是一个哲学所不应

第八章 米德评传

关注的形而上学问题。哲学家和科学家都可以,而且应当研究自然界或者说物理世界,米德甚至认为对它们的存在不应有任何怀疑。他说:"自然界本身是不成问题的。"①然而,他却往往把自然界和经验当作是可以彼此替代的概念,把对自然界存在的不可置疑变成了对经验的存在不可置疑。他说:"在我所提出的学说中,经验本身不是问题,它纯粹是存在。"②这样,在米德那里,哲学和科学所研究的世界只能是经验世界。他企图按照有机体和环境的相互作用来解释这个世界,建立一种实用主义所特有的宇宙论。

米德企图用有机体和环境的关系来代替传统哲学中物质和精神的关系。他认为,有机体和环境是两个相关概念,它们总是在一起被给予的,彼此不能离开其对方。有机体必然存在于某一环境中,受到环境的影响;而环境也总是属于某一有机体的环境。一定的有机体及与之相应的一定的环境的相互作用构成了一定的经验。在这种相互作用中,作为主体的有机体的作用占主导地位,而环境的性质取决于有机体的活动和选择。米德说:"在一切所谓经验的领域中,个人的行动是有选择性的。在直接经验中,事物的内容在很大程度上决定于作为活动者、作为动因的个人。在这种意义上说,个人的环境是相对于个人的。"③米德甚至认为环境是出于作为主体的有机体的创造。不过,米德不把这种创造当作是本体论意义上的,而当作是方法论意义上的。就是说,不是指由心理的东西创造出物理的东西,而是指主体赋予对象以某种新的意义。也正是在这种意义上,米德宣称"在直接经验中,环境与个人之间的分界线是机能上的"④。

米德把整个经验世界描述为一个由无数不同范围、不同层次的有机体和环境相互作用的关系构成的世界,而人与其环境的关系则是这个世界的出发点。米德认为,人的每一种直接经验的内容,决定于人与某一特定的环境之间的关系。他把每一种这样的关系叫做一个配景(perspective)。

---

① 莱克编:《米德选集》,1964年英文版,第333页。
② 同上书,第342页。
③ 安瑟伦·斯特劳斯编:《米德论社会心理学》,1969年英文版,第91页。
④ 同上书,第89页。

他说:"配景就是世界对个人的关系和个人对世界的关系的世界。"[1]有时他用"系统"一词来代替配景一词。

米德把配景的适用范围扩大,以致把每一种事物与其他事物的关系都当作是配景(系统)中的关系。经验世界中的任何事物都存在于配景中。它们的性质决定于配景中其他事物的性质。同一个事物可以处于不同的配景中,但在不同的配景中则有不同的意义。例如一个生活于小城镇的青年与他生活于其中的小城镇构成一个配景。他必有为这一配景所决定的个性。但是他后来也可进大学当大学生,这时他与生活于其中的大学构成一个配景,他也必有这个配景所决定的新的个性。他的个性在这两个配景中是不同的,但也存在着某种联系。他作为一个大学生的个性要受到他出身于小城镇的个性的影响。配景的这种转移过程可以一直延续下去,而其中的事物的性质也都会随之改变,但也将继续发生某种联系。

总之,有机体和环境的相互作用的方式是多种多样的,各种事物与其他事物的联系方式更是多种多样的,由这种相互作用和联系方式所构成的配景也是多种多样的。就大的范围说可以分为无机、有机和心灵三类,或者说三个层次。宇宙就是各个层次的具有多样性的前景的统一。米德的这种观点既受了怀特海的过程哲学的影响,也受了物理学中的相对论的启发。他强调任何事物都处于一定的体系(配景)中,与其他事物存在着有机的联系,强调各种事物体系之间的过渡和联系,反对僵死的和绝对的观点。从反对形而上学和机械论来说,米德的这种理论中不无合理因素。但是,他把事物存在的相对性无限夸大,否定了它们的客观的和绝对的意义,这样他必然陷入相对主义。而且,米德的配景实际上是指从某一主体(有机体)的角度看世界。世界究竟如何,决定于主体,主体是世界的中心,这就必然导致主观主义。不过米德企图摆脱主观主义,他强调配景的多样性,强调宇宙是无限多的配景的统一,因而他的观点又具有一定的客观的色彩。美国实用主义者莫利斯等人因此把米德的这种宇宙观称为"客观相对

---

[1] 米德:《行动哲学》,1938年英文版,第115页。

主义"。

米德也从有机体和环境的相互作用出发来解决认识论问题。他否定认识论要研究认知与所知、主体与对象、思维与存在的关系问题,认为应当把认识论变为方法论和逻辑。认识的任务并不在于发现经验以外的客观世界的规律性,用以指导人们的行动,使人的主观思维合于客观实际,而只是在于寻找选择环境、应付环境的方法。米德认为,一切真正的认识都只能存在于一定的境遇(situation)中,或者说配景中,即一定的有机体与一定的环境的相互作用的关系中。任何知识的意义和真理性都取决于产生这种知识的境遇。在一种境遇下为真的,在另一种境遇下可能是假。我们不能讲一般的知识,而只能讲在某种境遇下的知识。他说:"反省的经验世界及世界的事物以境遇的形式存在。"[1]

既然米德把人的认识归结为寻找具体境遇下的具体的行为方法,因此他也必然排斥人们在实践的基础上由认识事物的外部现象到认识事物的内部本质的深化过程。他把科学的发现以及一切认识局限于人们的行动和直接的经验范围,认为它们都是解决某一经验的境遇中的问题的方法。认识无非是解决问题。对这一点米德是再三强调的。例如他说:科学的方法"不是认识不变的东西的方法,而是根据它如何测量的尺度来确定我们所生活于其中的世界的形态的方法。它的使命是告诉我们,如果我们如此这般行动,我们可以期待什么……科学永远具有某种现实的世界以便用以检验自己的假设。但是,这个世界不是独立于科学经验的世界,而是我们应当在其中行动的直接的世界"[2]。

也正是从这种观点出发,米德在谈到真理问题时实际上也否定真理的客观基础,而把它归结为行为的工具。对真理的检验的最终标准在于它们是否能使人们克服行动中的障碍。他说:"我们所提出的对真理的检验就

---

[1] 米德:《行动哲学》,1938 年英文版,第 215 页。
[2] 莱克编:《米德选集》,1964 年英文版,第 210 页。

是使被意义的冲突中断了的行为继续下去。"①不过,米德企图摆脱詹姆士等人把真理等同于对人有用、有利或满足人的欲望这种过于庸俗的议论,而试图给它以某种公正和客观的色彩,有时甚至还鼓吹为真理而真理。

在具体论述认识和科学发现的程序时,米德认为这一程序有如下五个阶段。(1)看出问题所在;(2)根据问题的可能的解决条件对问题进行表述;(3)提出观念和形成假设;(4)对假设进行理智的检验;(5)对假设进行试验的检验。米德的这个五阶段说几乎是杜威的思想五阶段说的复述。

总的说来,米德的实用主义确有自己的某些特色。与詹姆士等人相比,米德企图使自己的理论较为客观、较为科学。但是,在基本思想路线上,他与前辈的实用主义者实际上是完全一致的。

---

① 莱克编:《米德选集》,1964年英文版,第328页。

第九章

重新评价实用主义

由于各种原因,特别是由于长期以来"左"的思想的影响,我国哲学界过去对实用主义基本上是全盘否定的,把实用主义作为一种反面理论。这是不客观的。下文从几个方面对实用主义进行了重新评价,指出不能把实用主义归结为帝国主义的反动哲学;实用主义不是十足的唯心主义;不能把实用主义归纳为市侩哲学;不能把实用主义归纳为诡辩论。运用马克思主义实事求是的观点重新全面地、客观地评价实用主义,不仅有助于我们对西方其他哲学流派作出公正的评价,而且对我国目前的改革也有某些启迪。

一、为什么要提出重新评价实用主义

提出重新评价实用主义,是认为过去对实用主义所作的评价有片面性,把实用主义当作了一种纯粹的反面理论。重评不是企图全盘肯定实用主义,更不是为了宣扬实用主义,而只是主张应当按照马克思主义的实事求是的原则全面地、客观地评价实用主义。实用主义与马克思主义在各个方面都有着原则的区别,实用主义的不少理论的确是片面的、错误的,甚至是荒唐的。但是,实用主义无论在理论上还是社会基础和作用上,都是很复杂的,其中不仅有合理的、积极的因素,甚至也包含可资我们借鉴的因素,因而将它们全盘简单否定显然是不妥当的。

提出重新评价实用主义之所以必要,还因为对实用主义的评价必然影响到对其他西方哲学流派的评价。实用主义并不是一个孤立的哲学流派,它与现代西方(特别是美国)的不少哲学流派有着极为密切的联系。当代

/ 实用主义的研究历程 /

美国著名实用主义者莫利斯说,当代美国流行的主要哲学流派,即逻辑实用主义、英国语言分析哲学、现象学、存在主义,同实用主义"在性质上是协同一致的",这四种哲学"每一种所强调的,实际上是实用主义运动作为一个整体范围之内的中心问题之一……这四种运动各自表现的关注,实用主义者都分担了"①。这种说法是否有褒实用主义贬其他流派之意,暂可不论,但实用主义与这些流派在理论上相通这一点确是事实。因此,如果对实用主义采取简单地全盘否定的态度,又怎能谈得上对其他流派作出实事求是的评价呢?值得指出的是,在现在西方哲学各流派中,实用主义还是一个比较开明的流派,至少不是最保守的和反动的,如果对实用主义全盘否定,又怎能谈得上对其他哲学流派作出包含着某种肯定的评价呢?

实用主义早已不是现代西方的时髦哲学流派了。但它在西方各国的实际影响并未有多大衰退。至于在中国,在所有的现代西方哲学流派中,影响的领域最广、程度最深,甚至时间最长的,当首推实用主义。如果说在专业队伍以及某些爱好者以外,人们对现代西方哲学的大部分流派所知甚少的话,那么,对于实用主义,大部分人(至少是思想理论界)并不陌生。人们往往按照对实用主义的评价来估量其他哲学流派。

我国哲学界对现代西方哲学长期存在着"左"的倾向,原因当然是多方面的。对待实用主义上的过左态度的影响显然是原因之一。在20世纪50年代中期,我国开展了一场大规模的对胡适实用主义的批判运动,这场运动当然也有积极成果,但由于基本上是采取简单否定的态度,对其消极影响也是不容忽视的。在一定程度上甚至可以说,这场运动在我国形成了一种批判现代西方哲学的"左"的模式,长期以来,这种模式在我国哲学界几乎起着支配作用,至少在评价实用主义上起着支配作用。从那时以来,我国哲学界发表和出版的评价实用主义的论著很多,但突破这种模式的论著少见。我自己近几年来在谈论实用主义时虽然已感到这种模式不实事求

---

① Charles. Morris, *The Pragmatic Movement in American Philosophy*, New York: George Braziller, 1970, pp. 148 – 149.

是,也企图能有所突破,但终因种种顾虑而未敢迈出大步。

对于我国哲学界在评价实用主义方面所存在的"左"的倾向,应当有历史的态度。实用主义在中国和在美国所发生的影响显然有着较大差异。实用主义与马克思主义大体上是同时传入中国的,二者一开始就处于对立地位,而且这种对立与我国不同阶级在政治上的对立直接相关。从"五四"时期著名的"问题与主义的论战"开始,反对和批判实用主义,不仅是使马克思主义在中国思想领域取得支配地位的重要条件,在一定程度上甚至也可以说是中国共产党领导下的革命势力取得政治上的胜利的重要条件。在这种情况下,对实用主义的批判是必要的,在评价上出现一些"左"的偏向,也是不难理解的。而且,"五四"以来胡适等人对实用主义的介绍也并不全面,这也促使人们对实用主义难以有所肯定。在我国革命取得胜利以后,特别是20世纪50年代对实用主义作了大量批判,实用主义已不再成为威胁马克思主义的支配地位,更不成为威胁我国革命成败的力量以后,"左"的倾向仍未得到克服,有时在政治的干预下还有所发展,因而未能对实用主义作较全面的、客观的研究。

近几年来,我国哲学界对现代西方哲学的研究取得了重大进步,越来越多的人认识到,全面地、客观地研究现代西方哲学,对于丰富和发展马克思主义哲学,对于促进我国的四化建设,特别是社会主义精神文明的建设是极为重要的。经济体制改革的进一步发展对思想文化领域以及政治体制等方面也提出了进行改革的迫切要求。改革需要"引进","引进"不仅是经济的、技术的,也包括思想文化的。哲学当然也包括在内。正是改革的客观需要促使我国在思想文化领域内现在出现了难得的宽松、和谐、融洽的局面。这种局面为我国哲学界对现代西方哲学的研究提供了最好的条件。现在我们可以从马克思主义的实事求是的原则出发对现代西方哲学进行全面的、客观的研究,引进值得我们借鉴的成果。也正是这种局面使我们可以提出重新评价实用主义的问题。我们认为,如果在对实用主义的研究中能打破过去"左"的模式,那它将促使对整个现代西方哲学客观的、实事求是的研究。

二、不能把实用主义归结为帝国主义的反动哲学

认为实用主义是适应帝国主义时代腐朽没落的资产阶级的需要的哲学,这在我国哲学界曾一度成为定论。20世纪50年代中期,我国翻译出版过美国哲学家哈利·威尔斯一本批判实用主义的著作,书名就叫《实用主义——帝国主义的哲学》。这种观点曾被普遍接受。在许多人心目中,实用主义始终与马克思主义哲学处于尖锐对立的地位。从实用主义盛行于帝国主义时代,从垄断资产阶级利用实用主义以及一些资产阶级哲学家利用实用主义来反对马克思主义来说,这种观点不是毫无道理。我们过去的失误在于往往把这种观点绝对化,不加具体分析,而必然导致与客观事实相背离。

就实用主义产生和形成的背景来说,不能简单地说它只是适应帝国主义资产阶级的需要的哲学。美国由资本主义转化为帝国主义发生在19世纪末,实用主义的主要代表詹姆士和杜威是在帝国主义时期活动的,他们的理论在某些方面可说是适应了当时美国垄断资产阶级的需要,不少美国政治的上层人物,垄断集团的代表们公开承认他们信奉实用主义。但也不能由此得出结论说詹姆士、杜威的理论就是垄断资产阶级的意识形态。至于实用主义的创始人皮尔士,他提出实用主义是在19世纪70年代初,当时美国并未进入帝国主义,就更不能说是为了适应帝国主义的需要。就皮尔士、詹姆士、杜威等人的政治态度说,也并非都是垄断资产阶级的代表。例如皮尔士主要是作为一个自然科学家活动的,对政治过问不多。他之所以提出实用主义,主要是当作一种科学方法,即在科学实验中使概念清楚明确的方法,并无使之适应某一阶级私利的意图。杜威把实用主义运用于广泛的社会政治领域,其中有的言论的确适应了垄断资产阶级的需要,但就其主要倾向来说更体现了资产阶级自由派的呼声,例如他反对垄断制度和极权主义,强调民主自由。

美国实用主义产生和流行有着多方面的背景,它与美国资本主义历史

第九章　重新评价实用主义

发展的特殊条件密切相关,有人认为它在一定程度上体现了主要由欧洲移民构成的美国资产阶级的轻视传统,崇尚实际,鄙弃抽象的空论,强调有效的行动,反对守旧,鼓励开拓的精神。这种说法虽有些过头,但也不无根据。不管怎样,实用主义的产生和流行绝不能仅由垄断资产阶级的需要来解释。更值得注意的是,实用主义像任何其他哲学一样,除了阶级根源外,还有其他根源。当代美国实用主义者莫利斯在讲到美国实用主义的背景时指出了如下四点:"(1)科学方法在19世纪所享有的威望;(2)当代哲学中经验主义力量相应的上升;(3)生物进化论的流行;(4)美国民主制理想的流行。"①许多实用主义者以及其他西方哲学家经常把实用主义说成是体现了美国的科学与民主精神的哲学。这与莫利斯的说法大体一致。实用主义在"五四"时期传入中国后之所以曾被许多人接受并发生较大影响(这种影响不纯粹是消极的),主要原因之一就在于它的科学与民主精神和"五四"所提倡的科学与民主精神有相一致之处。

现代西方社会是存在着阶级分化和阶级斗争的社会,对现代西方社会的哲学应该作阶级分析,但是,不能把阶级分析绝对化、简单化、庸俗化。哲学毕竟是一种离物质经济基础较远的意识形态,远非仅由某一阶级或阶层、集团的需要所能充分解释。无论是对于实用主义或其他什么西方哲学流派,生硬地套上一顶阶级帽子都是不妥当的,需要我们作具体分析。就实用主义来说,它既有适应垄断资产阶级需要的内容,也有反映资产阶级自由派要求的内容,还有超出资产阶级狭隘的利害关系范围之外而在一定程度上反映认识和科学进步要求的内容。因而无论是把哪一点绝对化而忽视其他都是片面的。

实用主义是不是一个反马克思主义的哲学流派呢? 当然是。因为实用主义的理论与马克思主义有着原则的区别,有的实用主义者(主要是当代的实用主义者)还有不少直接攻击马克思主义的言论。但是,如果像过去那样认为实用主义始终同马克思主义处于势不两立的地位,似乎实用主

---

① 莫利斯:《美国哲学中的实用主义运动》,1970年英文版,第5页。

义的攻击目标就是马克思主义,那就错了。从皮尔士、詹姆士和杜威提出其基本理论的思想背景来说,他们都主要不是针对马克思主义,而是针对以德国古典唯心主义为代表的理性派思辨唯心主义的,詹姆士和杜威都是从背叛他们原来所接受的理性派唯心主义的立场而走上实用主义道路的。他们在提出和论证自己的理论时,还与当时理性派的唯心主义的代表英美绝对唯心主义者进行了论战。詹姆士、杜威等人之所以用实用主义来反对和取代理性派唯心主义,主要不是像我们过去常说的那样是为了更好地反对唯物主义,而是因为理性派思辨形而上学不符合当时已取得重大成就的实证自然科学,特别是达尔文进化论的精神。因此,也不能像我们过去那样认为他们仅仅是抛弃以往哲学的优良传统而走向反动方面,而毋宁说他们在一定程度上体现了一种进步。我们甚至可以说,在反对理性派思辨形而上学上,实用主义与马克思主义尽管有原则区别,但也未尝不存在某些共同之处。

在评价各种现代哲学思潮时,我们必须抛弃曾长期被采用的这么一个逻辑:不是属于革命无产阶级的,便是属于反动资产阶级的,不是马克思主义便是反马克思主义,不是进步就是反动。对于实用主义不能如此地评价,对其他流派也不能如此地评价。

三、实用主义不是十足的主观唯心主义

实用主义是一个主观唯心主义哲学流派,这在我国哲学界已是得到公认的说法。实用主义者像实证主义者、马赫主义者、新实证主义者一样,拒绝对思维和存在、精神和物质何为第一性的问题作出明确回答,认为这是一个可以不了了之的形而上学问题,他们的哲学则以经验所及范围为限,而经验超出心物、主客对立之外。因此他们宣称自己的哲学是超出唯物和唯心对立之外的中立的,或者说第三条路线的哲学。长期以来,我们一直把这种所谓中立的、第三条路线的哲学当作是隐蔽的唯心主义,是贝克莱主观唯心主义的变种。实用主义也正是由此而被当作主观唯心主义哲

第九章 重新评价实用主义

的。从归根到底的意义上来说,这种说法不是毫无根据的。列宁在《唯物主义和经验批判主义》中就曾把马赫主义当作是十足的主观唯心主义。但是,从直接的意义上说,这种说法显得牵强,甚至不尽符合客观事实。皮尔士、詹姆士、杜威等实用主义者的哲学观点虽然归根到底可以归属于主观唯心主义的范围,但从直接的意义说,他们都不是纯粹的主观唯心主义者,在一定意义上甚至还包含某些自发的或者自然科学的唯物主义的因素。

先看看皮尔士的观点。

皮尔士一生在哲学观点上变化较多。他早年不是实用主义者,晚年超出了实用主义的范围。就他在 19 世纪 70—80 年代提出和发挥实用主义的时期来说,他的观点也存在着不少矛盾。但有一点是很明确的,作为一个杰出的自然科学家,他从来就没有像露骨的主观唯心主义者一样认为整个世界仅仅是个人的主观经验或者由主观经验派生,从来就没有否认在个人经验以外还有外在的世界存在。他同其他实用主义者一样接受了实证主义的经验主义传统,强调应当反对思辨形而上学(特别是笛卡儿从普遍怀疑出发用逻辑推理的方法所构造出来的形而上学体系),认为应当把全部哲学建立在经验科学的基础上,依据经验研究和判断一切命题。只有可以用科学的观察方法(即经验方法)来证实的概念才是真正有意义的概念。但是,他又明确指出他不同意一般实证主义笼统地反对形而上学的做法,而认为经过用科学方法加以改造以后,形而上学还是可以保留,他由此要求建立一种既与传统哲学不同,又与一般实证主义不同的科学的形而上学,其中包含了实在论。在皮尔士的实在论中,既有与把一般概念、共相当作实在相关的柏拉图主义因素,又有与把人的主观感觉(不仅包含色、声、味等经验性质,也包括人的各种主观感受)当作实在相关的主观唯心主义因素。但与此同时,他又肯定苹果、桌子等具体事物具有独立存在的意义,而且唯有这种具体事物才是现实的存在。他把实用主义当作是一种科学方法,而科学方法的基本假设则是:"存在着现实事物,它们的特点完全不以我们对于它们的意见为转移。这些现实事物按照永恒的规律作用于我们的感官。……我们能够通过讨论来确定事物实际上和真正是什么。每一个人只要有充分的经验和思考,就可得出同样真实的结论。"[1]尽管皮尔士在解释什么是现实事物的问题时存在着许多糊涂观念,例如他往往把事物使人产生感觉的实际效果当作是现实事物存在的证明,从而把人的感觉当作事物存在的标准,而这在一定条件下(或者说归根到底)可以导致主观唯心主义。但是就直接的意义说并不如此,因为皮尔士在此不是把感觉当作纯主观的东西,而肯定它们是由外部世界刺激人的感官所引起的。

在实用主义者中,詹姆士哲学的主观唯心主义性质几乎被认为是毋庸置疑的。他的著名的意识流学说和彻底经验主义一直被当作主观唯心主义的典型。其实,实际情况也并非完全如此。先从他的意识流学说谈起。

詹姆士的意识流学说是作为一种心理学理论提出来的。但它同时具有明显的哲学意义。詹姆士心理学的一个重要前提就是认为人的心理意识活动依赖人的机体的生理活动。他反对把意识活动神秘化,认为它们是人的大脑的功能,相应于大脑的活动的变化而变化,二者之间的关系是因果关系。他具体地考察了大脑的多种状态怎样决定心灵的状态,并反对将精神过程与物质过程割裂开来的二元论。他在论及自我概念时,认为自我有不同层次的意义,它们都以人的生理活动为基础,他一再强调人的意识不能独立存在。例如他在《"意识"存在吗》一文中明确地说,"意识是一个无实体的空名,无权立于第一本源的行列中"[2]。尽管詹姆士对意识的解释有种种缺陷,但他显然是不赞成主张意识第一性的唯心主义的。他也正是在这个基本前提下来提出和发挥他的意识流学说的。然而我们过去评价他的意识流学说时却恰恰撇开他再三强调的这个重要前提。

詹姆士的意识流学说是他在反对所谓构造主义心理学中所提出的。后者是洛克、休谟以来的心理联想主义传统的继续,其最大特点是用原子主义来看待意识活动,即认为人的精神世界是彼此严格划分的原子性的"观念"或"知觉"的总和。各种心理现象和事实即是根据联想律由这些原

---

[1] 《皮尔士文集》(5-38)。
[2] 詹姆士:《彻底经验主义文集》,1922年英文版,第2页。

子性的"观念""知觉"构成。詹姆士的意识流学说是针对这种观点而发的,它肯定人的精神意识世界是不间断的,是一道不可分割的流。詹姆士在具体论述这一学说时,指出意识(思想)具有如下五个特征:(1)意识总是属于个人,既不属于这个人,又不属于那个人的纯粹意识是无法证明的;(2)意识永远是变化的,总是处于流动变化之中,永远不会静止于某一点;(3)意识总是连续的,没有间断,没有裂痕,没有分离状态,意识不是彼此衔接的链条,而是不断的流;(4)意识必有不以意识为转移的对象,意识总是关于不以它为转移的对象的意识;(5)意识总是有选择性的,总是与人的利益、兴趣相关。詹姆士认为,人所面对着的外部世界本身是一个混沌的,没有区分的,绝对连续的世界。至于作为人的意识对象的东西则是人们按照自己的兴趣和注意采取世界这一部分、撇开其余部分而构成的。

詹姆士的意识流学说,当然有很大的片面性。例如,他往往把意识的选择性夸大了,以致认为意识的对象出于意识本身的创造(尽管不是凭空创造),这的确将引向主观唯心主义甚至唯意志论。他在强调意识的连续性(不间断性),流动性时忽视了其间断性和相对稳定性,这将陷入相对主义,而相对主义往往通向主观唯心主义和非理性主义。但是,我们不要忘记,詹姆士是在首先肯定意识是人的大脑的功能,不是第一性的存在这个前提下来谈论意识流的,他并未企图把外部世界本身当作是出于意识的创造。他所说的意识的创造只是意识对象的创造,而意识对象是处于人的意识之中的对象,不是客观的对象本身。同样一个客观事物在不同的人的意识中,由于这些人的注意和兴趣不同,便成了不同的对象,但这并不意味着客观对象本身因此发生了变化。因此,我们不能从直接的意义上说詹姆士的意识流的学说是主观唯心主义的和唯意志主义的。

詹姆士的彻底经验主义是由他的意识流学说演化而来的。在一定程度上可以说,意识流学说是他的彻底经验主义的科学根据,彻底经验主义是他的意识流学说的哲学论证。关于什么是彻底经验主义。我国的有关论著已作过不少具体介绍,不需要过多引述了。我们过去说詹姆士的彻底经验主义陷入了主观唯心主义并带有明显的非理性主义以致唯意志主义色彩。从归根到底的意义上说是可以的。但这里有两点值得我们注意。第一,詹姆士彻底经验主义中所说的作为一切经验对象来源的纯粹经验指的正是意识流(他有时称为"感觉的一种原始混沌","主观生活之流"),它不是一种精神实体,不是本源性的存在,而是人的大脑的活动、功能。第二,彻底经验主义强调哲学和科学的对象均是经验对象,均以纯粹经验为素材,但这并不等于说外部世界本身是由纯粹经验构成的,关于外部世界是否存在的问题。在此虽未明确肯定,但更没有否定。如果考虑到詹姆士肯定心理意识活动(意识流)受生理活动的支配,而生理活动是一种物质活动,那么他实际还是肯定了经验以外的世界的存在。不过是没有把这个世界当作哲学的直接的对象。作为哲学和科学的对象的总是人化了的世界,即经验世界。总之,不能把彻底经验主义简单地归为纯粹唯心主义。

与詹姆士相比,杜威在哲学上的客观性更明显一些。杜威也是一个经验主义者(他自称其哲学为经验自然主义或者说自然主义的经验主义),从归根到底的意义上说他的经验主义是主观唯心主义的(他否定经验是客观对象的主观映象)。但也应看到,在杜威对经验的许多直接论述中,他往往企图避免主观唯心主义。例如,他在《哲学光复的必要》一文中反对把经验看作是纯粹主观的、心理的东西。而认为它是客观世界进入人的行为遭遇里通过人的反应所引起的变化。一句话,是客观和主观相互作用的结果。① 他在《实验逻辑论文集》中甚至标榜自己与"实在主义"一致。因为他承认在人的经验和思维之外还存在着"无理性的存在"(brute existence),这种存在是由思维发现的,"但绝不是由思维或任何精神过程产生的"②。在《经验与自然》中,他固然强调经验与自然的连续性,即认为二者是不可分割的,不能离开经验去谈论自然,但他的意思主要是指在认识论范围内自然不能离开经验,人类认识所及的自然总是他们经验中的自然,离开经验,自然界就不能作为人的认识和行动的对象而存在。因而他

---

① 参见杜威:《创造的智慧》,1917年英文版,第7页。
② 杜威:《实验逻辑文集》,1916年英文版,第35页。

认为正是人的经验为人创造认识对象。当然,离开自然界的第一性这个基本前提来谈论经验和自然的连续性是错误的,但这也并不等于说杜威认为经验成了造物主,世界上的一切都是出于经验的创造。他只是认为作为认识和行动对象的东西才是经验的创造。至于在认识范围以外是否有自然界存在,他并未否定,有时甚至还承认自然界存在于经验之外,认为应当把经验同自然区分开。例如他说:"经验是关于自然的,也是发生在自然以内的。被经验到的并不是经验而是自然——岩石、树木、动物、疾病、健康、温度、电力等。"①当杜威谈到人类经验产生与环境、自然界的关系时,他有时甚至承认后者是在先的。他认为经验是指有机体(主体)与环境(对象)之间的相互作用,这种相互作用以预先存在着生物有机体以及生物有机体所依赖的环境为条件。他说:"没有一个忠实于科学的结论的人会否认经验作为一种存在,乃是只有在一种高度特殊化的条件下才发生的事情,例如它是发生于一个有高度组织的生物中,而这种生物又需要有一个特殊的环境。没有证据证明无论在任何地方和任何时间都有经验。"②杜威的这些议论无疑具有客观的色彩,与贝克莱关于存在就是被感知的观点,以至于与关于精神创造物质的一般唯心主义观点都显然有所不同,甚至可以说在一定程度上接受了某些自然科学和常识的唯物主义的因素。胡克就杜威的这种立场说:"照杜威看来,经验是一个生物和一个环境之间交互作用的关系……作用总是以某种被作用的事物为条件的。因此经验的过程不是一种完全的创造活动,于是,贝克莱主教的上帝和创世纪的上帝一下子排除于真正的创造的过程之外。"③当然,我们不能凭杜威、胡克的这些议论否定杜威哲学的实质。但是这些议论毕竟告诉我们,对杜威的关于经验验的论述不作具体的实事求是的分析,简单地斥之为纯粹的主观唯心主义是不妥当的。

---

① 杜威:《经验与自然》,傅统先译,商务印书馆1960年版,第4页。
② 同上书,第3页。
③ 胡克:《杜威在现代思想界的地位》,转引《现代美国哲学》,第239页。

总之,无论是皮尔士、詹姆士还是杜威,都把哲学局限于经验范围,他们对经验的解释都与唯物主义有着原则的区别(都反对反映论),但也都没有把经验看作是纯粹主观自生的东西,更没有把整个客观世界都归结为主观经验世界。因此与本来意义的主观唯心主义还是有所不同。他们不接受唯物主义,也不赞成唯心主义。这种在经验的旗号下超越唯物主义和唯心主义之外的企图固然不能成功,最后往往倒向主观唯心主义。但不能因此就把它们在最后倒向之前的全部哲学谈论都当作是唯心主义的胡说。事实上,在认识论范围内,实用主义者对于主体和客体的关系所作的不少论述,特别是他们对主体的能动作用的强调,是包含有积极因素的。实用主义之所以被当作崇尚行动,鼓励进取和开拓精神的哲学,而被那些崇尚行动和开拓的美国人所欢迎和利用,也可以说正是由于它告诉了他们应当怎样去发挥主体的能动作用,来达到自己的目标。这一点也许是实用主义一类哲学的优点。这个优点本来是马克思主义哲学同样具备而且比实用主义高明得多。因为马克思主义哲学不仅同样承认主体的能动作用,而且是在唯物主义基础上承认的。然而,事实上,由于我们往往过分强调了唯物唯心划分的问题,甚至把这种划分当作哲学研究的根本内容和目标,而忽视了不直接涉及这种划分的广泛领域,特别是忽视了对主体性(或者说主观能动性)问题的研究,从而使我们的研究变得贫乏。我认为,为了丰富我们的哲学研究,并使这种研究更能促进我们的行动,很有必要在坚持唯物主义的基本前提下研究和借鉴现代西方哲学家(包括实用主义者)在这方面的论述。

四、不能把实用主义归结为市侩哲学

长期以来,实用主义被认为是一种最为集中,最为突出地体现了资产阶级的贪得无厌、唯利是图的利己主义阶级本性的哲学,是一种只讲功效不讲原则、只讲私利不讲信义的庸人哲学,是把资产阶级的大利大干、小利小干、无利不干的生意经、处世诀上升到哲学理论高度的市侩哲学。实用

主义也正因此而声名狼藉。应当认为，对实用主义的这种评价是有一定根据的。因为实用主义的确具有这样的阶级基础，实用主义者（特别是詹姆士）的不少理论（主要是其真理论）的确具有这样的色彩（例如詹姆士把观念的有用性等同于其真理性），并因此而受到资产阶级庸人以及具有类似世界观、人生观的人的欢迎。这点不仅已为我国哲学界所公认，即使在西方，实用主义也受到这样的批评。在研究实用主义时，我们当然应当指出它的这种特性并进行严肃的批判。问题是，我们在这方面不要简单化和绝对化。因为，这不是实用主义的全部理论，甚至也不是实用主义的全部真理论。皮尔士和杜威甚至还竭力使自己的理论不具有上述特性。如果我们比较客观地考察实用主义的有关理论，便可以发现它除了上述消极方面外，还具有更广泛的内容。

还是先从皮尔士说起。

皮尔士把实用主义当作一种使科学概念的意义清楚明确的科学方法或者说逻辑。他明确地指出，他的实用主义"不试图确定事物的任何真理性。它只是一种发现实际的词和抽象概念的意义的方法"[①]。他所关心的并不是个人或者集团能否获得利益、效果、成功，而主要是使人们的思想、概念清楚明确的逻辑技巧和方法。他不满意詹姆士在实用主义（pragmatism）这个名称下把真理等同于有用的庸俗说法。为了与之划清界限，他甚至放弃使用实用主义这个概念而代之以"实效主义"（pragmaticism 或译实用化主义）。皮尔士曾就此事的始末说："在1871年，在马萨诸塞州的剑桥的形而上学俱乐部，我把这一原则（指他的实用主义——引者）当作一种逻辑的真理……在交谈中我称它为'实用主义'……但是在1897年，詹姆士教授把事情作了改变，使它成了一种哲学理论，其中有的部分我高度赞赏，而其他部分，也是更重要的部分，我过去认为，现在仍认为违背健全的逻辑……我不得不得出结论，我的不幸的学说应当改

[①]《皮尔士文集》(5-464)。

用另一个名称。于是在1905年4月,我改称它为实效主义。"①据他说,这个名称丑陋不堪,不会再被人拐骗了。也就是说不会再被人歪曲了。单从这一点就可看出,不分清红皂白地把包括皮尔士理论在内的全部实用主义归结为市侩哲学是违背事实的。

正是由于皮尔士把实用主义当作是一种使名词和概念的意义清楚明确的方法,因此他把意义理论当作其实用主义的核心。什么是皮尔士的意义理论呢？这首先与他对符号学的研究密切相关,也就是概念和词的意义被当作一种符号关系(如符号与对象以及思维者之间的关系)来研究。尽管皮尔士的符号学有不少缺陷,但在符号学的发展上,他作出了非常重要的贡献。其次,皮尔士还企图提出一种关于词和概念以及命题、论断的意义的实际标准,这一标准就是它们所引起的实际效果。他说:"为了获得理论、概念的意义,人们就要考虑从这一概念的真理必将得出什么样的可以设想的实际效果,这些效果的总和将构成这个概念的全部意义。"②一个名词、概念的意义,就在于它可以由它所引起的感性后果来确定。例如,"硬"这个概念的意义就在于它不可为许多其他东西所刺破,后者正是表示"硬"的感性的效果,或者说,是对"硬"的经验证实。

由概念可能引起的实际效果来确定概念的意义这个原则被称为"皮尔士原则",是使皮尔士成为实用主义创始人的重要原则,而这也正是后来被詹姆士发挥为有用便是真理的实用主义的一条根本原则。应当指出,皮尔士的这条原则与詹姆士的有用(有效)便是真理的原则有着内在的联系,由皮尔士的原则可以逻辑地发展为詹姆士的原则。因而,不能认为我们过去对皮尔士的批判都不符合实际。但是,我们也应当看到,他们两人毕竟还有所区别。当皮尔士讲到实际效果时,他很少考虑到对个人或集团的利害得失关系,而主要只是考虑证实经验概念的意义的经验证据,而这种经验证据的范围比利害得失要广泛得多。例如,不可刺破之所以为硬的论证就

---

① 《皮尔士文集》(6-482)。
② 同上书(5-58)。

第九章 重新评价实用主义

是超出利害关系的。因此,皮尔士的理论并不直接带有市侩和庸人色彩。还应当指出的是,当皮尔士提出可感觉的效果是概念的意义的标准时,他特别强调对这种效果应当从行动、实验中去把握,感性效果就是引起行动、实验的效果。换言之,一个概念的意义可以从它所引起的行为习惯来衡量。他由此提出了为后来的操作主义者所发挥并作为其理论基础的观点:一个概念或命题的意义在于一套与之相应的操作,获得关于某一对象的意义的过程是一系列相应的行为的过程,一套相应的操作的过程。在这方面,皮尔士既犯有后来操作主义者所犯的错误,又包含有他们的理论所包含的那些积极因素。

在实用主义者的理论中,市侩和庸人习气最浓的莫过于詹姆士了。如果我们在把实用主义者当作一种市侩哲学、庸人哲学时单指詹姆士的理论,那可以说是比较恰当的。但是,即使对于他的真理论,我们也不能简单地归结为资产阶级生意经、处世诀的堆积。为了使自己的理论能言之成理,詹姆士不能不作出各种论证。这些论证虽然从整体上说是错误的,但局部地说不是一无是处。下面简单举出几点。

第一,詹姆士反对唯物主义关于客观真理的理论,反对反映论。这当然是错误的。但他为此而对那些把真理等同于客观对象本身的观点提出指责,强调真理是观念的属性则不是没有道理的。客观事物本身的确无所谓真伪,真伪总是相对于人们关于事物的观念而言,也就只能是观念的属性。可是在我们的一些著名的哲学文献中,为了强调真理的客观性,有时把客观真理与客观实在等同起来,这至少应当说是概念不清。第二,詹姆士把真理等同于它们对人的功效(即把观念的有用性当作其真埋性的唯一标志),这当然是错误的,但肯定真理具备有效、有用的属性则并不算错。人们在获得了正确的认识,即真理以后,就可以用来指导自己的行动,使之取得成功,这正是真理的功用、效果。而且与那些把真理仅仅当作抽象思辨概念,不问其是否能给人们带来实际效果的倾向相比,詹姆士之所以强调真理必具有效用也许更积极些。因为我们追求真理、认识世界只能是为了达到我们某种预期目的的一种手段,而不能是目的本身。第三,詹姆士把对真理的检验,证实归结为被当作真理的观念是否有满足人的需要、利益的实际功效,这当然是错的,但他肯定实践是检验真理的标准则显然有合理因素。第四,詹姆士反对绝对真理、普遍真理的存在,在真理问题上宣扬相对主义,但他对绝对主义者、抽象主义者的缺陷的揭露,他之所以强调真理的相对性、具体性,则包含积极的因素。

杜威在真理与认识问题上的观点(即他所谓工具主义)与詹姆士的真理论并无本质区别。但是,他也同皮尔士一样,企图把工具主义变成一种科学方法论,并尽量避免詹姆士理论所具有的那种市侩和庸人色彩。他在《哲学的改造》中针对实用主义在这方面受到的批评作了一段著名的辩解。他说,实用主义真理论之所以被人憎恶,部分原因是说明不当。"例如当真理被看作一种满足时,常被误认为是情绪的满足、私人的安适、纯个人需要的供应。但这里所谓满足却是观念和行动的目的和方法所由产生的问题的要求和条件的满足。这个满足包含公众的和客观的条件。它不为乍起的念头或个人的嗜好所左右。又当真理被理解作效用的时候,它常被认为对于纯个人目的的一种效用,或特殊的个人所着意的一种利益。把真理当作满足私人野心和权势的工具的概念是非常可厌的,可是批评家们竟将这样一个臆想归诸健全的人们,真是怪事。其实,所谓真理即效用,就是把思想或学说认为可行的拿来贡献于经验的改造那种效用。道路的用处不以便利于山贼劫掠的程度来测定。它的用处决定于它是否实际尽了道路的功能,是否做了公众运输和交通的便利而有效的手段。观念或假设的效用所以成为那观念或假设所含真理的尺度也是如此。"[①]杜威在他的许多其他著作中也有类似的申诉。例如他在《美国实用主义的发展》一文中提到,人们常把实用主义当作是"使思想与理性活动从属于利益和赢利的一些特殊目的",这是一种误会。而他则认为,"实用主义决不赞成那种被视为美国生活的特点的为行动而行动","不赞成把行动本身当作目的、把目的看

---

① 杜威:《哲学的改造》,许崇清译,商务印书馆1958年版,第85页。

得太狭窄、太实际的美国生活的某些方面"①。

杜威的这些话过去在我国的有关批判实用主义的论著中曾被广泛引述,但大多数被当作是杜威对实用主义所作的虚伪的粉饰而简单地予以否定。现在看来这样作有点片面性。尽管有不少实用主义的信奉者是从"私人安适""纯个人需要的供应""满足私人野心和权势"等意义上来接受和鼓吹实用主义的,但对杜威本人来说,主要不是抱着这样的目的。至少,他的工具主义比对这种目的的适应要广泛一些。他曾指出,已证实的真理,即使不符合人们的利益,仍不失为真理,仍具有工具的效能。

关于认识和真理的理论是实用主义理论的核心部分。实用主义理论的消极方面和积极方面在此都表现得最为突出。与其他西方哲学流派相比。实用主义的确可以说是最为集中和突出地体现了资产阶级的贪得无厌、唯利是图的利己主义阶级本性。"有用就是真理,真理就是有用",这既是资产阶级的真理观的突出表现,也是对实用主义理论的一种概括。因此,一方面,不管皮尔士、杜威等人自己的主观目的如何,他们的理论在某些方面客观上适应了资产阶级市侩和庸人的精神状态。在这种意义上我们未尝不可以说实用主义是一种市侩哲学和庸人的哲学。另一方面,与其他西方哲学流派相比,实用主义是一种最为强调理论与实践的统一、最为强调发挥人的主观能动性(或者说主体性)、最为反对脱离实际的抽象思辨以及消极无为的机械论的哲学。因而不能说实用主义这些理论不包含任何积极因素。

五、不能把实用主义归结为诡辩论

在方法论上,实用主义一直被认为是一种以诡辩来代替科学论证的反辩证法哲学。在实用主义者(特别是詹姆士)的著作中的确不乏玩弄诡辩的文字。詹姆士关于人是否绕着松鼠走以及他所推崇的意大利实用主义

---

① 引自伦斯编:《二十世纪的哲学》,1947年英文版,第454、455页。

者帕比尼关于实用主义像旅馆中的走廊的著名比喻,被公认为是玩弄诡辩和搞调和折中(这本身就是诡辩)的典型例证。应当认为,对实用主义在方法论上的这种评价大体上符合实用主义的实际。问题是我们不能把整个实用主义的方法论都归结为玩弄诡辩。在实用主义方法论中也还有许多其他内容,其中不乏积极因素。至少皮尔士和杜威如此。

皮尔士把实用主义当作一种使名词和概念、命题的意义清楚明确的科学方法。这种方法的目的是帮助人们确定信念。他认为人们只要确定了坚定的信念,便可据之采取行动,并进一步达到人们所预期的效果。他由此把确定信念当作人的认识的根本任务。认识过程就是确立信念的过程,即通过探索(研究),使人由缺乏信念(即怀疑)而达到确立信念。这就是他的著名的由怀疑到信念的探索理论。这一理论已被广泛介绍,我们在此仅指出两点。第一,尽管由于皮尔士没有自觉地接受唯物辩证法而使他有某些糊涂观念,但总的说他强调确定信念不能是随心所欲,而必须有客观根据。在谈到确定信念的具体方法时,他不赞成所提及的固执的方法、权威的方法、先验的方法,而提倡科学方法,后者的根本前提就是从客观实际出发。第二,皮尔士这一理论是他对自然科学研究方法所作的一种总结和概括。尽管不甚完善,但毕竟在一定程度上反映了科学研究的实际进程。因为在一定意义上我们可以说,科学研究的过程是由怀疑(未知)到信念(知)的过程。

值得注意的是,皮尔士的探索理论非常强调人的认识需要不断进步和发展,反对保守和停滞。这突出地表现在他所提出的可误论(fallibillism)上。这一理论认为,用科学方法所得出的任何结论——信念都可能包含错误而被推翻,因而都处于不断修正的过程中。那些已确立了的真理在很大程度上需要改变。任何一种可以称为真理的假设都需要改进,任何信念的确定性都相对于其证据。随着新的证据的发现,这些信念也需要改变。任何经验命题都不是绝对可靠的。甚至数学和逻辑的推理也不能排除错误的可能性。他说:"存在着三种我们绝对不能达到的事物……即绝对的确定性、绝对的精确性、绝对的普遍性。"①皮尔士坚决反对科学研究中的固步自封,一再要求"不要阻塞探索的道路"。他鄙弃崇拜权威,主张自由讨论和自由研究。对某些形式的独断论和怀疑论他还作了不少批判,认为它们是科学研究的主要障碍。② 皮尔士的这种理论显然是合理的。

杜威在方法论上基本上是继承和发挥皮尔士的思想。他自称他的观点是对皮尔士观点的一种自由的转述。③ 这最突出地表现在他所提出的著名的思想五步法上。对于他的这一理论(以及胡适对这一理论的概括和转述:大胆假设,小心求证),近年来已有一些同志撰文指出应当适当予以肯定,因为它大体上符合科学研究的程序。我们同意这种意见,在此就不多说了。

在方法论上,在实用主义者中,很少值得肯定的莫过于詹姆士了。他除了经常玩弄诡辩和折中主义以外,还对以黑格尔为代表的辩证法一再公开进行攻击。但是,也不能因此把詹姆士的著作当作是诡辩伎俩的堆积。在方法论上,詹姆士一再声称他反对各种形式的独断主义、绝对主义,提倡求实和开放精神。他说,实用主义方法的胜利,意味着"极端理性主义的导师一定会受到排斥,正如朝臣式的官僚在共和国中被排斥那样,又如主张教皇有绝对权力的神父在基督教国家中会被排斥那样"④。当然,真正能克服各种独断主义、绝对主义,发扬求实和开放精神的方法只能是唯物辩证法,而不是詹姆士的实用主义方法。但詹姆士对独断主义和绝对主义所作的种种揭露中有些论述还是可供参考的。列宁说,当一个唯心主义者反对另一个唯心主义者的唯心主义基础时,对唯物主义是有利的。詹姆士之反对和批判独断主义和绝对主义也可起这种作用。此外,实用主义提倡的反对抽象空谈、注重实际功效,对一切有助于达到实际目的理论、方法采取兼收并蓄,这种态度尽管是资产阶级世界观的表现,但它客观上适应美国

---

① 《皮尔士文集》(1:141)。
② 同上书(5:416)。
③ 杜威:《逻辑:探究的理论》,1938年英文版,第14页。
④ 詹姆士:《实用主义》,陈羽纶译,商务印书馆1981年版,第29页。

资产阶级采取一切可能的手段,通过一切可能的途径来发展其事业的需要,也适应了使美国社会形成为一个开放社会的需要。这一点是值得我们批判地加以研究的。

当然实用主义者在方法论上的某些积极因素,是不能与马克思主义唯物辩证法相提并论的。但我们仍应具体地加以研究,从正反方面吸取有益的东西。

实用主义的理论内容是多方面的。在社会政治、伦理宗教、教育等方面,实用主义者(特别是杜威)都作了不少阐述。过去我们同样对之采取全盘否定的态度。其实在这些领域中他们也有积极方面。例如,杜威的社会政治理论尽管带有明显地为资本主义制度辩护的性质,但他之鼓吹实现普遍的民主、自由、和平等,他之要求官吏民选并始终对选民负责、接受选民监督,他之反对官吏的任何特权,要求他们的"私欲"服从"公德",他之反对官吏的终身制、世袭制而主张任期制,这些都不是没有道理的,甚至还可以给我们的改革以某些启迪。关于这方面问题,这里就不说了。

(原载《现代外国哲学》第 10 辑,人民出版社 1987 年版)

第十章
《重新研究实用主义》引言和序

一、引言

1988年5月25—30日,在四川省成都市举行了全国第一次"实用主义学术讨论会"。这次会议是由中国现代外国哲学学会、中国社会科学院哲学研究所、北京大学外国哲学研究所、复旦大学现代哲学研究所、四川省现代外国哲学学会、四川师范大学政教系等单位发起的。全国各高等院校和学术研究机构的六十余位学者参加了会议,三十余人向大会提交了论文。此书就是在会议的讨论以及部分论文的基础上组织编写的。

在20世纪传入我国的现代西方各种哲学流派和思潮中,影响领域最广、程度最深、时间最长的,当首推实用主义,而受到最激烈的批判和非议的哲学流派,同样也首推实用主义。新中国成立以来所进行的各次思想批判运动,几乎毫无例外地直接或间接地导致对实用主义的批判;在我国出版的成百本马克思主义哲学教科书中,也几乎没有一本不把实用主义当作头号批判对象。这些批判对于维护马克思主义在中国的主导地位,促进对马克思主义的学习,加强人们对于马克思主义和社会主义的信念,起过较大的积极作用。但是,由于其中有些批判具有明显的简单化、僵化的倾向,没有真正按照马克思主义的实事求是的原则对被批判者作出具体分析,没有把它们之中可能包含的积极的合理的内容与消极、荒谬的内容区别开来,而是对之全盘否定,把马克思主义也应当进行研究的一些问题以及可以批判地吸取的某些思想材料,都简单地否定了。结果在某些方面反而损害了马克思主义。

近十年来,随着改革开放政策的推行,哲学上的僵化闭塞局面逐渐有所改变，人们对现代西方各派哲学比以往有了较多、较具体和较深入的了解。大部分人改变了以往那种对它们全盘否定的态度，着手从事认真的、实事求是的研究，取得了不少优秀的研究成果。这种研究大都没有背离马克思主义，而往往是更好地贯彻了马克思主义并对丰富马克思主义哲学起了积极的作用。当然也有一些研究没有很好地贯彻甚至背离了马克思主义，产生了某些消极影响。这是值得引起我们注意的。但发生这种情况并不奇怪，更不可怕，完全可以通过学术讨论的方式获得解决。

不过，近十年来我国哲学界对现代西方哲学的研究主要着重于分析哲学、科学哲学、现象学、存在主义、结构主义等当前西方较为流行的哲学流派，对实用主义的研究相对较少。这当然与实用主义目前在西方哲学界的地位并不突出这种情况相关。但是重要的原因在于实用主义在中国已长期被当作是最浅薄、最荒谬的哲学的代名词。在广大群众中，由于长期受到片面的评价的影响，实用主义使他们想到的也往往只是一种鼓吹追求个人私利、满足个人贪欲、不讲原则、只讲实惠的哲学。在这种情况下，提出重新研究和评价实用主义比提出重新研究和评价其他各种西方哲学，遇到的阻力和风险要更大一些。

然而，对实用主义研究的这种相对被忽视的情况毕竟是不合理的。相反，在对现代西方哲学的研究中，我们首先应当加强对实用主义的研究。

第一，实用主义的理论内容比我国过去的批判中所提到的那些要广泛得多，其中除了不少的确荒谬、浅薄甚至反动的内容外，也还有不少积极的、合理的内容。在现代西方哲学的各种流派中，实用主义可说是一个具有较多积极内容的流派。美国在20世纪上半期之所以迅速成长为头号资本主义强国，美国的科学技术和资本主义经济的迅速发展，正是以实用主义作为其重要思想工具的。我们固然不能盲目接受实用主义，但实用主义中毕竟有不少内容值得我们研究。

第二，实用主义在西方哲学的各种流派中也是一个最有代表性的流派。它在美国哲学中长期占主导地位，渗透于美国全部社会、政治、文化以致科学等多个领域，甚至可说具有美国民族精神的"国家哲学"的意义。尽

第十章 《重新研究实用主义》引言和序

管 20 世纪 40 年代以后它的主导地位曾被一些其他更新的哲学流派所取代，但这只是在专业哲学领域是如此。从对现实社会生活和思想文化的影响来说，它仍一直占主导地位，远非任何其他西方流派可比。任何其他西方哲学流派(哪怕是与实用主义相对立的流派)要想在美国立足，几乎都得向实用主义靠拢。例如，逻辑经验主义、英国语言分析哲学、现象学存在主义等发源于欧洲的哲学流派，在传入美国以后，几乎都与实用主义合流。而且，近几十年来，实用主义有了不少新的发展，在美国哲学中出现了越来越明显地回到实用主义的趋势。(当然，这不是简单地复归，而是在吸取其他哲学流派、特别是分析哲学的成果的基础上的重建。)为了更好地实行改革开放的政策，我们需要更好地了解西方各国，特别是美国，而为了了解美国，就必须全面深刻地了解作为精神支柱的实用主义。

第三，在中国，从"五四"以来，实用主义曾经产生过比任何其他西方哲学流派都更为深远的影响。这种影响不仅远远超出哲学的范围，也超出了思想文化范围，而直接或间接地涉及了社会政治领域。如果不重视对实用主义的重新研究和评价，我们就很难顺利和全面地总结几十年来我们在哲学上甚至整个思想和政治领域内的许多经验教训。

我国是一个以马克思主义为指导思想的社会主义国家。我们对实用主义以及其他一切西方哲学的重新研究和评价都应当在马克思主义的指导下进行。我们应当看到马克思主义哲学与实用主义等西方哲学的原则区别，绝不能把这些哲学理想化。我们的任务是克服"左"的、僵化的、教条主义的倾向，更好地坚持马克思主义的实事求是的批判原则，对实用主义进行具体的、深入的研究和分析。过去对实用主义的批评中正确的东西我们仍然应当坚持，但片面的、不符合实际的批评应当抛弃，更不应当由批判实用主义而回到实用主义所反对的封建专制主义和教条主义的东西上去。

正是出于上述考虑，1986 年在贵阳召开了全国现代外国哲学学会年会以后，上述几个单位的一些学者发起举行实用主义的专题讨论会。经过一段时期的酝酿和准备，1988 年 5 月这个会议终于在成都召开了。

这次会议原定的议题主要有两项：一是关于实用主义的重新研究和

评价问题,二是实用主义的最新发展。会议所收到的论文大部分是关于第一项议题的,在会议过程中,这项议题也讨论得最多。与会学者对实用主义产生的背景、实用主义的基本特征及其历史影响,实用主义实践观、真理论、意义论、方法论以及皮尔士、詹姆士、杜威等主要实用主义哲学家各方面的理论,都进行了热烈的讨论。尽管大家的见解不尽相同,但几乎都认为我国哲学界以往对实用主义所作的那些评价,都存在着较大的片面性,都认为实用主义同许多其他现代西方哲学流派一样具有两重性:既有许多错误和荒谬的内容,又有不少积极因素,因此有必要重新深入研究,作出较全面的评价。关于第二项议题的讨论未能深入。主要原因是我国哲学界对实用主义的最新发展大都尚缺乏研究,有几位在这方面较有研究的学者由于种种原因而未能出席这次会议。但毕竟也有几位在这方面有造诣的专家向会议作了有关实用主义最新发展的发言,引起了与会者的很大兴趣,对推动大家进行这方面的研究很有启发。总的说来,尽管这次会议对实用主义哲学理论的讨论还不够全面、深入,但可以说它将会成为中国哲学工作者对实用主义研究的一个新的转折点。

会议期间,许多与会者提出把会议的论文汇编成书出版。经过四川师范大学骆天银等同志的交涉,得到了四川人民出版社副总编辑邓星盈等同志的支持,使本书能列入该社出版计划。我受大家的委托,具体负责主编工作。考虑到近几年来各类学术会议出版的文集受欢迎者不多,为了避免(至少减少)出版社可能的亏损,我们尽可能压缩本书的篇幅,并采取了将文集专著化的形式。即仍以提交给会议的论文为基础,但按专著的形式编辑。具体办法有二:一是不收重复的文章,对主题和论文内容大致相同的论文,我们一般只选用一篇。例如,关于詹姆士真理论的论文有五篇,我们只选用了其中一篇。二是尽可能使全书成为一个连贯的体系。有些问题(例如实用主义关于宗教、道德、教育的理论)原来没有收到相应的文章,或者只是在其他内容较广的文章中有部分论及,我们便请有关学者或在会上作了有关发言的专家另外撰写。经这样调整,全书现在分为四个部分。第一部分是对实用主义的综论,第二部分为对实用主义三个最主要代表皮尔

第十章 《重新研究实用主义》引言和序

士、詹姆士和杜威的各论,第三部分介绍杜威以后实用主义的演变,第四部分为介绍实用主义在我国的研究情况的资料。我们主观上希望这种编辑办法能使本书在一定程度上较为系统地反映我国现阶段对实用主义研究的状况,大体上相当于一本集体写作的专著。这种编辑方法当然也有缺陷,最主要的是不少同志为撰写给会议的论文费了不少精力,文章也有特色,而我们却未能选刊。这是我们感到非常遗憾的。另外,为了使文章能成为较系统的著作中的某一部分,我们不得不请好几位作者将他们的文章重写,在汇编过程中,又不得不对少数文章作了较多的删节或者修改,这种删改很可能有不当之处。只好请大家谅解了。

本书本来应当在1988年5月会议以后很快就编成。由于其中一些文章要改写或另写,一些同志未能及时将稿子寄来,致使编辑工作一拖再拖。直到现在,仍有几位作者未能将文章寄来。会议已开了将近一年,国内外一些读者又在催促本书的出版,我们实在不能再拖了,只好就此截稿。

我国哲学界对实用主义的重新研究起步较晚,研究尚不深入、全面,这也使本书不能不有许多缺陷。但我们希望这部集体完成的著作能对我国哲学界以致整个思想文化界重新研究实用主义起到一定的推动作用。使我们感到高兴的是,在实用主义发源地的美国,一些著名的哲学家对我们这次会议及将要出版的这部著作都给予了很大关切。当代美国最著名的实用主义哲学家之一、斯坦福大学胡佛研究所高级研究员悉尼·胡克给会议寄来了热情洋溢的贺信,会后又两次给编者来信,表达了他对中国的实用主义研究状况的关切。耶鲁大学教授约翰·斯密士和新墨西哥大学荣誉教授阿奇·巴姆等人也给编者来信,表示他们很希望能尽快读到本书。巴姆教授还希望本书能用英文出版。这些说明,重新深入和全面研究实用主义,对促进中美文化交流,也是很有意义的事情,我们为本书能在这方面起到一定的作用而感到高兴。

1989年4月

二、序：实用主义研究的歧路

前几天四川师范大学骆天银教授打电话来告诉我，他已从四川人民出版社把《实用主义论文集》的书稿取回，另行想法出版，嘱我写篇序言。对此我当然义不容辞。但究竟写点什么为好？这两天倒有些举棋不定。按说应当大致介绍一下本书的内容，以便让读者对它有一个总体了解。但编辑此书已是十多年以前的事了，我已记不起其具体内容，无法作这样的介绍。我想还是讲一下这部书稿的由来和它在出版上所走过的崎路吧！

这部书稿是中国现代外国哲学学会1988年在成都举行的实用主义学术讨论会的主要成果之一。要说它的由来自然应当首先回顾一下那次会议的背景和会议的讨论情况。

我国的现代西方哲学研究在"文革"以后恢复以来，道路一直不很平坦。改革开放的要求决定了本学科需要重建和发展，但现代西方哲学与马克思主义哲学究竟是什么关系？如何使本学科研究在马克思主义指导下进行？学界的观点一直很不一致。

学会1978年在太原的成立大会与1979年的西安会议还处于学科初创期，大家关心的是解决从无到有的问题，在如何评价上的分歧并未凸现出来，学科以外的人士对之也未见有何疑虑。在1981年的庐山会议上就开始出现风波了。有的同行由于会前说过一些超越特定时空界限许可的话差点未能与会，到会后又受到东道主中的个别人的怀疑和限制。往后一段时期情况有所缓和，甚至还出现过带有几分浮躁的泡沫性热潮，但不久随着国内对"西化"和"自由化"的批判的兴起，现代西方哲学研究又被某些人当作"化"源而受到限制。批判高潮过后，同行们结合自己对具体的西方哲学流派的深入研究，又重新对学科的性质和评价问题加以反思，大部分人觉得简单地把本学科研究当作"西化"和"自由化"的根源既不符合现代西方哲学的实际，又不符合当时中国出现的各种思潮的根源的实际，因而纷纷以各自以不同方式继续从事这方面的问题的探讨。1986年学会在贵

第十章　《重新研究实用主义》引言和序

阳又开过一次全国性讨论会，据说会议开得很是热烈。我因突然生病未能出席，但托人带去了一篇题为《重新评价实用主义》的文章，其中对我国以往关于实用主义的过"左"批判作了比较系统的否定。我曾经担心是否会受到持"正统"观点的人士的指责。但后来听说反响尚好，此文在《现代外国哲学》第10辑发表后，更听到过一些赞许声。

我写这篇文章的目的既是为了澄清以往对实用主义的偏见，更是企图以此为突破口，促进排除对整个现代西方哲学的偏见。这当然不是简单地为它们"翻案"，而是真正以马克思主义的求实态度来对之作出客观和具体的分析，既批判它们的确存在的种种谬误和片面性，又肯定它们可能具有的积极因素，由此使本学科研究更好地为丰富和发展马克思主义服务。重新评价实用主义之所以能成为这样的突破口，是因为实用主义在现代西方各派哲学中有较大代表性，体现了它们的不少共同特征；而且它早已传入中国，既最为中国学界所熟悉，又受到更多误解。如果能对实用主义采取一种真正符合马克思主义的求实态度，那就不难由此及彼，对其他哲学流派也采取这样的态度。

正是出于这种考虑，我就觉得最好能专门开一次全国性的实用主义学术讨论会。既然《重新评价实用主义》一文没有引起什么麻烦，开这样的会，由本学科同行一起来讨论也应当不会遇到什么麻烦。更重要的是：我个人对实用主义虽然也作过一些研究，毕竟局限性很大，同行中根基比我扎实的大有人在。由大家一道来商讨如何对实用主义如何重新作出评价，必将有更大的说服力，也必将更好地促进对整个现代西方哲学重新作出正确的评价。我把我的想法告诉了学会的负责人，他们告诉我在贵阳会议时就有人提出过开实用主义讨论会的设想，这样大家就想在一起了。学会由此与骆天银等四川的理事商量，决定在成都开这个会。骆天银同志为了安排这次会议在各个方面都作出了大量努力，使会议得以如期举行。

从我个人的回忆说，成都实用主义学术讨论会的背景大致就是这样。

成都会议已经过去十多年了。我已难以说清楚会议的某些细节，但对大致情况还有较深印象。记得参加这次会议的人和提交的论文都相当多。

一些在本学科中造诣很深、但由于种种原因极少参加学会活动的专家（例如北京大学的陈启伟教授），这次也例外地来了。由于骆天银同志的努力，四川省的有关领导人参加了会议的开幕式并作了颇有学术内涵的发言。还值得一提的是：这次会议也引起了一些重要的国外人士的关注。美国当代著名的实用主义哲学家胡克（Sidney Hook）通过我向会议发来了贺信，信中表示如果不是因为生病，他原本希望来参加这次会议。另一位与我有较多交往的美国资深哲学家巴姆（Archie Bahm）也写信来对会议寄予厚望，后来还寄来了论文。

会议的讨论也相当热烈。刚开始时一些同行还显得小心谨慎，深恐犯什么错误。从提交给会议的论文看，相当多的人大体上还保持着传统的批判模式。然而随着讨论的深入，大家几乎都摆脱了旧有的思想框架，大胆提出了许多全新的看法。会议的讨论也没有局限于实用主义，而是由对实用主义的重新认识走向到其他哲学流派的重新认识。记得当时就有几位同行发表了对当代科学哲学、语言哲学的许多新见解，引起了大家的关注。这次会议的成功表现在与会者在经过深入认真的讨论后，在主张抛弃过去的简单否定的批判模式、真正做到用马克思主义的求实态度来重新评价和对待实用主义等现代西方哲学流派上，达到了很大的一致。它对我国哲学界进一步沿着马克思主义的道路开展对实用主义及其他西方哲学流派的研究无疑具有重要的促进作用。在全国现代外国哲学学会举办的历次学术讨论会中，本次会议无疑是最有成效者之一。

现在轮到要交待一下这部书稿的编辑以及在出版上所遭遇的意外麻烦了。

在会议以前，骆天银教授就告诉我，他已同四川人民出版社说好出版此次会议的文集。开会时出版社有两位同志曾到会并与我们学会的几位负责人商量过出书的事。我们当时都感到出版不会有什么问题，因此就向与会的同行们作了通报。记得为了使论文集有较好质量、特别是能有整体感和系统感，我们还对收到的稿子作了初步筛选，将确定选用的稿子通知了作者，希望他们能及时作些修改。有个别专家会上发言很精彩，但没有

第十章 《重新研究实用主义》引言和序

成文,我们还要求他们会后能及时成文。为了落实具体工作,学会确定论文集由我负责编辑,骆天银负责与出版社联络出版。谁也没有想到论文集的出版后来这么为难。

先是由于一些作者会后没有及时修订稿子,有的作者的稿子虽经再三催促,仍是拖了很长时间才寄给我。待我大体收齐稿子并作了适当加工交给骆天银、再由他交给出版社时,已经早过了原定的交稿时间。20世纪90年代之交的国内政治形势使现代西方哲学研究再次受到冷落和怀疑,接着而来的经济大潮使学术类书籍的出版越来越难。骆天银告诉我四川人民出版社由此不再愿意出版此书,除非给予经济补贴。但鉴于事先有口头约定他们也未便正式退稿。这样出版的事就年复一年地拖下来了。据我所知,开头一些年,一些作者对此颇有怨言或微词,但当他们得知骆天银的难处,也都能体谅,再也不提此事。只是骆天银自己一直为此不安,每次见到我都要说到没有办好此事的遗憾。这次他索性把书稿从四川人民出版社取回自行安排出版,也是要付出很大经济代价的。我并不要求他这样做,但考虑到作者们的期待、特别是本书出版的价值,我也不反对。但愿作者和读者们了解骆天银教授为此作出的贡献。

我不想简单地高估这部书稿的学术价值。它毕竟是十多年以前的产物。其中究竟收集了哪些文章我已记不完全清楚。有些文章可能较为一般化,但我记得像涂纪亮、陈启伟等资深教授的文章是写得非常认真的。这些文章大体上可以反映我国实用主义研究在1988年左右所能达到的水平。考虑到经过那次会议的讨论,本学科同行在对实用主义的认识和评价上可以说有质的飞跃,这部文集作为当时的记录至少具有一定的历史价值。当然,这些论文在一些方面已无法与十多年后的现在相比。这十多年来我国学者对实用主义的研究有了明显的进步。有的学者曾到实用主义的产生地美国留学多年,他们的研究成果在内容的客观性和准确性等方面无疑比以往进步得多。然而对于没有经历20世纪八九十年代的风雨的年轻读者来说,知道一些当时的情况,从中吸取经验教训,对于自己的治学不无裨益。

关于这部论文集所论及的实用主义,我想顺便说几句话。

实用主义这个名称的本来意义几十年来(甚至可以说是近百年来)在中国受到了很大的误解和扭曲,有的人甚至将其当作一切丑恶的根源。例如,人们常把有些实用主义者的确讲过的"有用就是真理"简单地归结为一切能使个人获利、达到某种私利的东西都当作真理。其实皮尔士和杜威等人早就明确地否定了这种含义,指出他们所说的有用指的是能为人们提供行为的指导,也就是能指导人的实践。又如,人们常把实用主义强调个人主义简单地归结为主张自私自利、反对集体主义。其实杜威等人倡导的个人主义的含义主要是指发挥个人的自主性和能动性,而非鼓吹自私自利。杜威伦理学的一条根本原则就是主张人们的私利要服从公益。诸如此类曲解原意的情况可以找出许多,不再一一列举。这种扭曲的情况不只是中国有,在美国同样有。那里有的人也常把实用主义的真理观等同于由资本主义制度决定的极端个人主义或者说利己主义真理观,实际上就是把实用主义粗俗化了。作为哲学理论的实用主义与这种粗俗的实用主义既有联系,又有重大差异。

我这么说一点也不是要美化实用主义。实用主义的确有许多片面性,需要我们揭露批判,划清它与马克思主义的原则界限。但曲解它的本意并不能使人们坚持马克思主义,反而可能更易陷入粗俗的实用主义。一些文化出版单位颠倒了经济效益和社会效益的轻重,对于出版明星秘史逸闻、剑侠警匪打斗之类市场看好的书刊往往趋之若鹜,而对无利可图的学术书籍则能推就推,有的固然有其难言之隐,但未尝没有受这种粗俗的实用主义的影响。如果谁以坚持马克思主义的名义在行动上遵循这种粗俗的实用主义、在理论上不屑于谈论主张私利服从公益的杜威等人的哲学上的实用主义,那实在是对马克思主义的嘲弄。

把实用主义简单地归结为腐朽没落的资产阶级反动哲学的人现在不会多了,但把实用主义粗俗化或者过分政治化的情况并不罕见。随着改革开放的深化,人们对于美国科学技术之日新月异、经济之多年持续发展印象很是深刻,很少有人反对我们要在这些方面向美国学习,但也很少有人

第十章 《重新研究实用主义》引言和序

会把美国的这一切与实用主义联系起来。这不能不说是一个很大的疏忽。其实,美国的这一切都与美国人奉行的实用主义有着密切联系。说实用主义是美国的国家哲学是不符合事实的,因为美国从来没有确定什么国家哲学,但说实用主义在很大程度上体现了美国人的民族精神,或者说它是美国人中最普遍的思维方式,则是有些道理的。为了较为深刻地了解在美国所发生的一切,很有必要对其实用主义有较多和较准确的了解。

我说这些话不是针对任何具体的人和单位,而只是想说明,以真正的马克思主义的求实态度来研究和对待实用主义是多么具有现实意义。如果我的这些话多少有些道理,那么骆天银教授花了那么大的力气把这部沉睡了十多年的书稿重新拿出来出版,实在是一件很有意义的事。我想作者们应当为自己的论文得以问世感谢他,读者们也应为有这么一部水平不见得很高、但具有一定历史意义的书而感到高兴。

2001年2月20日

第十一章
实用主义研究的六十年轮回

1987年夏在桂林举行《现代西方哲学(修订本)》审稿会期间,杨文极同志曾多次同我讨论如何进一步重新研究实用主义的问题。我们一致认为重新研究和评价实用主义,对于促进在马克思主义观点指导下开展对现代西方哲学的研究,丰富和发展马克思主义以及促进改革开放政策的推行,都具有极为重要的意义。他建议建立一个实用主义研究课题小组,有计划、有步骤地来进行研究。我很赞成他的想法。虽然由于我其他工作较多,无法具体参加课题组的工作,但我很愿意同课题组合作。就在这次会后不久,在罗志野、石倬英、汪永康、邓遇芳、余怀彦等同志的参与下,这个课题组正式成立,并获得了国家社会科学基金的资助。两年来,他们全力以赴,通力合作,完成了他们的第一部著作——《实用主义新论》。就我所知,在迄今为止我国学者撰写的实用主义论著中,本书是内容最为丰富的。文极早就嘱我为本书作序,我不敢违命。但真到提起笔来时就不知从何写起。我并不是研究实用主义的专家,又尚未仔细阅读《新论》全稿,当然不能在此妄断本书的是非成败,我相信读者们自会作出公正和客观的评价。考虑再三,还是决定占用本书几页篇幅,再次讲一下我对我国实用主义研究的一些想法。

大概两个多月前,香港法住学院院长霍韬晦先生来复旦大学访问时曾约我写一篇介绍我国西方哲学研究状况的文章。我写了一篇《中国西方哲学研究的"六十年怪圈"》交差。在西方哲学中,我当时首先想到的是实用主义,因为"六十年怪圈"(或者说"六十年轮回")现象在实用主义研究中最为明显。不过既是谈整个西方哲学研究,就不好多谈实用主义。由此我想到,在这里,我似乎可以专门谈谈实用主义研究的"六十年轮回"。

第十一章　实用主义研究的六十年轮回

首先要说明,"六十年轮回"这种现象并非我的发现。近两年来,国内一些学者在研究和讨论"五四"新文化运动时,已有不少人把从1919—1979年这60年间的曲折发展比喻为一个"花甲轮回""六十年怪圈"。我大致同意这种观点,并认为就对实用主义等西方哲学的研究来说,似乎也存在着这么一种轮回。揭示这种轮回,从中吸取经验教训,是有意义的。

实用主义早在20世纪初即已开始传入中国,1906年,张东荪和蓝公武等人在东京创办的《教育》杂志,即发表了一些介绍实用主义观点的文章。但是,实用主义之成为在中国发生强大影响的西方思潮则出现于"五四"新文化运动兴起之际。1917年胡适留美归来后,先后发表了一系列宣扬实用主义思想的文章,成为实用主义在中国的主将。陶行知、蒋梦麟、傅斯年等在美国接受了杜威思想的学者回国后也提倡实用主义。1919—1921年杜威本人来华讲学,对实用主义在中国的流传更起了重大作用。在这一时期,许多中国知识分子,特别是不少较为开明和进步之士,对实用主义在不同程度上抱有好感。陈独秀早年也接受了实用主义的某些观点,对杜威来华的讲学曾表示称赞。可以说,实用主义是投入新文化运动的许多知识分子所较为普遍接受的一种思潮。当时传入中国的西方思潮除了实用主义以外,还有叔本华和尼采的唯意志主义、柏格森等人的生命哲学以及马赫主义等流派。来中国访问的著名西方哲学家除杜威外,还有罗素、杜里舒等人,然而其在中国的影响远在实用主义之下。

实用主义在"五四"时期之所以成为在中国影响最大的西方哲学流派,根本原因在于它较能适应新文化运动的要求。

"五四"新文化运动是从文学革命发端的,但很快发展成为一场以反帝反封建为主要内容的政治和社会思想的革命。投入这一运动的人们的社会阶级地位和思想倾向以及政治要求都各有不同。但他们在要求重新估价中国的旧传统和旧文化,重新创建具有科学和民主精神的新文化这一点上存在着共同性,这种共同性与他们在不同程度上都反对国内封建和军阀势力对人民大众的禁锢、反对帝国主义在中国的特权以及强加给中国的不平等条约是一致的。因此他们也在一定程度上能结成较为广泛的统一战线。他们当时所谈论的文化都越出了单纯的文学或狭义的文化范围,而具有政治和意识形态的意义,因为以科学和民主为特征的新文化的创建以及由此出发对旧文化的重估都包含了政治、道德等有关社会制度和意识形态等多方面的内容。民主当然是一个政治范畴,而当时所说的科学主要是指作为一种能取代传统的玄学世界观的新的世界观和方法论,具有意识形态的意义。科学和民主在当时代表了对新社会的理想以及为达到这种理想所应采取的态度和方法。

面对着"重估",特别是"重建"的历史使命,当时的许多知识分子都纷纷从西方输入各种思想学说,使"五四"时期成了中国近代史上中西文化碰撞最为激烈的时期。一些最进步的人士受到俄国十月革命的影响,开始接受了马克思主义,而广大资产阶级和小资产阶级知识分子则由于他们的革命要求不能超出资产阶级民主革命的范围,因此只能是从当代西方的各种资产阶级的思想学说中去寻找适应其科学和民主要求的理论。对于他们许多人来说,具有科学和民主特色,主张社会的不断革新和进步,提倡人的个胜解放的实用主义,是最易接受的。

对于什么叫做实用主义,人们可以作出各种不同的但都有根据的回答。因为实用主义本来就是一个具有多种含义的概念,美国实用主义的三个最主要代表皮尔士、詹姆士和杜威的理论又有着很大的差异。因此很难给实用主义下一个简单而又确切的定义。但从整体上说,实用主义大致具有如下几个主要特点。第一,它继承了实证主义的反形而上学传统,反对唯物主义和传统的理性派唯心主义在经验之外寻求绝对的物质或精神实体以及客观的或先天的必然性、绝对原则等企图,认为哲学的范围以人的生活和经验所及的世界为限。第二,援引达尔文进化论,认为经验不是指作为认识结果的知识,不是与客体相分离的主体的意识状态,而是作为有机体的人与其面对的环境的相互作用;不是现成已有的、静止的,而是正在发展的,积极能动的,是一个不断进步和进化的过程。人之必须适应环境意味着人必须永远奋斗和进取,永远不断向前。第三,反对包括唯物主义反映论在内的传统认识论的符合论,认为一切思想、理论、学说都不应是脱离实际的、绝对的、神圣的教条,而是人的行为的工具,任何一个被认为是真理的观念的意义不在于其是否反映实在,而在于它可能引起的实际效果。思想、理论、学说的真理性的标准在于其对人的行动、实践是否有用、有效,即是否具有实际价值。第四,认为人的思想、理论之所以成为行动工具,使人的行动取得成功,必须具有科学根据。人的行动、生活、实践不同于动物的单纯的本能活动。人是有理智的,其行动、实践总是在追求某种目的,并运用反省思维作为导向。而人怎样运用理智来作为导向的问题就是科学方法论问题。第五,认为行动、实践着的人总是每一个个人。个人为了生存必须依靠自己奋斗,既不依赖他人,也不受他人或任何绝对权威的约束。应当解放人的个性,尊重每一个人自由行动和表达自己意志的权利。因此应当反对任何形式的专制独裁,实行充分的民主和自由制度。但也应反对过分的任性和极端利己主义,人不应以个人自由来损害他人自由,个人自由应受社会调节。

实用主义的上述特征彼此相关,它们从不同侧面体现了实用主义的基本思想。实用主义者在概括他们的思想时往往由于角度不同而有不同说法,例如说它是一种新的经验主义科学方法论,工具主义、实践哲学、人本主义等。从实用主义作为一种社会哲学来说,他们往往把它说成是一种具有科学和民主特性的哲学。

当"五四"时期实用主义传入中国的时候,它正是以其上述特点,特别是其科学和民主的精神,而受到许多要求改革和进步的中国资产阶级和小资产阶级知识分子欢迎的。他们当时在不同程度上都反对封建专制制度和军阀统治,要求批判束缚人们思想的旧的封建的文化和道德,提倡人的个性的解放和自由;他们反对迷信提倡科学,反对因循守旧提倡进步和改革。"五四"运动中游行学生所高举的"外争国权,内惩国贼"的旗帜,新文化运动代表人物提出的"打到孔家店""欢迎德赛二先生"的口号,正是他们的这种思想倾向的集中表现。而实用主义正好与这种思想倾向相符合。瞿秋白在谈到这点时指出:"中国五四前后,有实验主义出现,实在不是偶然的。中国宗法社会因受国际资本主义的侵蚀而动摇,要求一种新的宇宙观和人生观,才能适应中国所处的新环境——实验主义哲学,则刚好用它的积极方面来满足这种需要。"①

应当承认,"五四"时期实用主义的传入,对当时新文化运动的发展,起过积极的作用。当时中国的许多资产阶级和小资产阶级知识分子,是把实用主义这种"新的宇宙观和人生观"当作去弊利政、破旧立新的思想工具来看待和接受的。年轻的胡适在五四时期之声誉鹊起,杜威来华讲学之受到广大知识分子(甚至包括许多左派的知识分子)的欢迎,原因也在于他们所宣扬的实用主义适应了五四时期中国的思想潮流。

但是,"五四"时期实用主义的传入也有严重的缺点。这主要表现在:对实用主义的缺陷和消极方面没有足够的认识,对实用主义与中国国情的关系缺乏认真的研究。

实用主义几乎被公认为是一种体现了美国民族精神的哲学。美国社会形成和发展的特殊历史条件使美国文化及其所体现的美国的民族精神具有如下特色:鄙弃先天和彼岸世界,关注现实的经验世界;轻视思辨的抽象的理论,崇尚实际的、具体的行动;卑视因循守旧,力主革新创造;藐视绝对的权威,颂扬个人奋斗和个性自由;反对专制,要求民主;反对盲从和迷信,提倡理智和科学;等等。实用主义哲学大体上体现了这些特性。这种哲学对推动美国人民几乎是从平地上建成一个世界上最发达的资本主义国家,对促进美国科学文化的繁荣和资产阶级民主制度的完善起了重要作用。这一点对于谋求社会和文化的革新与进步的中国知识分子无疑产生了强烈的印象。"五四"时期胡适等人之所以宣扬或接受实用主义正是由于他们把实用主义理想化,认为只要采用实用主义的方法,中国文化的重估和重建问题以至中国社会革新和进步的种种问题,都可以迎刃而解。

但是,实用主义并不是一种完善的哲学,更不是一种对中国也同样适用的哲学。

---

① 瞿秋白:《实验主义与革命哲学》,引自蔡尚思等主编:《中国现代思想史资料简编》第2卷,浙江人民出版社1982年版,第408页。

第十一章 实用主义研究的六十年轮回

就实用主义的理论体系来说,它固然有值得肯定的积极内容,但也有严重的片面性。第一,它在反对形而上学的借口下,把思辨唯心主义的形而上学与唯物主义相提并论,又把机械唯物主义与唯物主义的一般原则相提并论,不分青红皂白地对它们都加以否定,这势必使其理论失去客观基础。因此,尽管实用主义并不是纯粹的唯心主义,有时甚至还反对唯心主义,但归根到底仍然倒向了主观唯心主义。第二,它在强调人的认识和实践的能动性时忽视了它们所必须遵循的客观规律性,它所主张的进步和进化具有很大的主观随意性。第三,它在反对独断论、绝对主义以及形形色色的权威崇拜,反对理论脱离实际时,否定了客观真理和绝对真理的存在,把真理的实践检验与真理对人的价值混为一谈,从而把真理当作以人的主观好恶为转移的东西。第四,由于排斥了认识和实践的客观性,实用主义所提倡的科学方法也失去了客观性,往往与主观的虚构、诡辩划不清界线。第五,实用主义所提倡的发扬人的个性以及他们所鼓吹的民主自由均属于资产阶级的范畴,带有资产阶级人生观和世界观所不可避免的局限性,与无产阶级的世界观和人生观往往处于对立地位。等等。

实用主义的诸如此类的片面性和局限性,即使在西方国家,包括实用主义的发源地美国,也为不少哲学家所指责。詹姆士、杜威的同代人,英国哲学家布拉德雷、罗素,美国哲学家桑塔亚那、洛夫乔伊等人都曾对实用主义理论的矛盾、含混以及各种片面性提出了批评。例如,罗素就不同意詹姆士关于只要一个信念的效果是好的,它便是真理的观点,认为这个观点从理智上讲有"重要困难"。因为依这个观点,连哥伦布 1492 年横渡了大西洋这种简单的事情也无法确定。为什么说是 1492 年而不说是 1491 年或 1493 年呢?信念的"效果"并不能回答,因此,罗素认为詹姆士的哲学"不过是近代大部分哲学家所持有的主观主义病狂的一种罢了"[①]。对杜威,罗素也作了类似的批评。

正因为实用主义有这些片面性和局限性,所以即使在它的发源地美

---

① 罗素:《西方哲学史》下卷,商务印书馆 1976 年版,第 377 页。

国,它起到的重要的作用也是有前提的。其中最主要的是在美国已确立了资本主义的社会和政治制度以及与之相应的价值原则。而这种制度和原则并非仅以实用主义作为理论根据。作为美国立国之本的《独立宣言》的理论根据的是18世纪法国启蒙思想家孟德斯鸠、卢梭等人关于自由、平等、博爱的理性主义学说。因此,尽管实用主义声称反对形而上学,反对建立理性主义的理论体系,但它恰恰是在肯定了论证资本主义制度、原则的那些理性主义体系的前提下来发生作用的。

从外表上看,奉行实用主义的美国人只强调行动,不重视理想,只追求现实利益,不关心理性原则。其实,美国人是在遵循了资本主义的理想和原则的前提下来关心其行动和现实利益的。实用主义在美国形成和发展的过程是在美国资本主义的形成和发展过程中发生的,是在前辈资产阶级思想家关于资本主义制度的理想、原则、制度和价值体系被美国人普遍接受的过程中发生的。如果没有这些条件,实用主义在美国不会产生,即使产生了,也不可能成为美国人普遍接受的哲学。因此,不能认为美国社会的特殊性可以否定思想、理论的客观性,可以排斥具有普遍和绝对意义的原理、原则的重要性;不能把美国资产阶级的世界观、人生观归结为实用主义,更不能把美国社会和文化的发展完全归功于实用主义。

实用主义在其发源地美国,由于具有上述必要条件,因而能够发挥重大作用。它的片面性和局限性也往往由此被人忽视。然而,当它在"五四"时期传入中国以后,尽管对推动"五四"新文化运动起过积极作用。但这种作用一开始就受到了很大限制。其根本原因在于中国不像美国那样具备使实用主义得以充分发挥其作用的社会和思想文化条件。

中国是一个有着数千年封建传统的国家,封建的社会制度成了阻碍中国社会进步的严重障碍,封建的文化成了束缚中国人民的思想的沉重的精神枷锁。鸦片战争以后随着外国资本主义的入侵,中国社会发生了不少变化,沦落成了一个半封建半殖民地的国家。在"五四"时期,中国正处于急剧的动荡中,旧的社会制度和思想文化已处于深刻的危机之中,但尚未完全崩溃。新的社会制度、思想文化尚处于朦胧状态。当时的中国既有像胡

第十一章　实用主义研究的六十年轮回

适等人所大串提出的种种具体问题需要解决,更需要确定解决这些问题的方向、原则。如果没有后者,前者也是无法解决的。因此,当时的中国所最需要的是指出中国社会发展的前途和道路的革命理论,是扬弃而不是全盘抛弃中国旧的文化传统的新的文化。虽然实用主义所倡导的科学和民主精神及其所提出的科学方法论等其他一些思想在某些方面适应了当时许多中国知识分子的要求,鼓舞了他们破旧立新的热情,但它并未正确指出中国社会发展的前途和方向,不能引导中国人民走上一条自觉的、确定的斗争道路。而且,当时许多实用主义的宣扬者是全盘西化论者。他们对中国固有的文化传统往往只是简单地否定,没有深刻研究中西文化的关系及如何使西方文化适应中国的土壤的问题。因此,实用主义不是一种能适应中国特定条件下的要求的哲学。当"五四"新文化运动进一步发展并与青年学生及广大工农群众的反帝反封建的革命汇流在一起的时候,胡适等实用主义在中国的主将逐渐退出了向旧制度、旧传统进攻的战场,有的甚至站到了革命力量的对立方面。而不少原来欢迎过实用主义的先进知识分子,随着运动的进一步发展而越来越认识到了实用主义的弊端,抛弃了实用主义,有的人越来越接近和接受了马克思主义。这意味着实用主义在中国已失去了作为进步和革命哲学的意义。

这里需要特别提到这样一种情况:当"五四"时期中国知识分子输入和宣传实用主义时,也正像他们输入和宣传其他西方思潮一样,没有将它们的知识系统和价值系统区分开来。从实用主义等西方哲学思潮中寻找对当下适用方策的功利倾向占了支配地位,而对其学理往往没有深入研究。换言之,人们注意的主要只是实用主义等西方哲学的知识系统和其价值系统的联系,甚至把二者混同起来,而忽视了二者之间的区别,即知识系统对政治需要等价值取向的相对独立性。他们在接受和提倡实用主义时,主要并不是基于对其理论系统的真理性的认识,而是对其在政治上和道德上可能存在的功效,即价值的信念。"五四"时期传入中国的实用主义主要是杜威的学说,而杜威的学说的重点是论述社会政治、道德、教育等具体的问题。无论是杜威本人在华所作讲演,还是胡适等人所作的介绍,所偏重的都是对现实的具体问题特别是政治问题的关注,而不是对实用主义的深层的理论结构的阐释。胡适在著名的"问题与主义的论战"中主要正是从解决当时中国的现实社会政治问题的角度,即从符合为他们当时所作的政治和道德选择来提倡实用主义的。然而,当着"五四"运动进一步发展,他们的政治和道德选择发生了变化时,他们中一些人对实用主义也就越来越不信任以致完全否定了。

"五四"时期既已存在的单纯由政治和价值取向来决定哲学取向的倾向在"五四"以后被进一步发展了。"五四"时期,中国旧的一统的封建君主专制制度已经动摇,新的一统的政治格局尚未形成。由军阀混战以及各派政治势力之间的争斗造成的多元政治格局在一定程度上为多元的意识形态格局提供了条件。当时人们的学术取向还较少受某种单一的政治结构所左右。由于实用主义具有明显的多元和调和折中特色,能为抱不同政治倾向的人在不同程度上接受,因而得以特别时兴。"五四"以后,特别是中国共产党和国民党两种对立的势力支配中国政治的格局形成以后,包括西方哲学研究在内的各种思想学术的研究总的说来也受这种格局所左右。实用主义的研究仍在继续,在教育等方面的影响还有所加强。但总的说来,从学理上对实用主义进行深层研究的仍然极少。人们对实用主义的理解也往往仍停留在其政治和价值的层次上。它在中国的命运实际上决定于上述两种政治势力对它的态度。

早期中国国民党的政治成分相当复杂。其中固然有封建守旧势力,也不乏为在中国实现民主革命并为中国的富强而奋斗的进步之士。但后来其内部分化愈演愈烈,1927年蒋介石叛变革命后,它也越来越被依附于帝国主义并为封建主义和官僚买办资产阶级为主要社会基础的右派势力所支配。他们不仅抛弃了"五四"以来的民主革命运动的反帝、反封建的要求,对"五四"时期的科学与民主口号也越来越改变了原有的革命意义。例如,民主被蒋介石以及各地军阀的独裁所取代。在这种情况下,不仅马克思主义哲学的研究受到很大限制,甚至被视为非法,一般的西方哲学研究也越来越受到反民主的独裁政治的强烈影响,在1935年左右所进行的民

第十一章 实用主义研究的六十年轮回

主和独裁的讨论中，五四时期曾经高歌民主的一些人士这时却在加强国家的凝聚力、迅速实现统一的借口下，主张实行"新式独裁"。实用主义的宣传、实用主义的影响虽然仍然存在，但已受到了来自不同方面的各种挑战，它在理论上的各种片面性和局限性以及其在实践上的消极性，越来越被从不同立场出发加以揭露和批判。这使实用主义越来越失去其在传入中国的各种西方思潮中的独占鳌头的地位。例如胡适等人在政治上所鼓吹的全盘西化的主张就受到了一些强调中国固有儒家文化的作用的人的非议。后者虽然在实行西方式的议会民主上与胡适等人有一致之处，但他们反对照搬西方，而主张立足于中国固有文化传统。他们之间的这场被称为自由主义与保守主义之间的争论，在国民党退居台湾地区以后仍在继续，所谓自由主义与新儒家的争论即是这种争论的集中表现。

中国马克思主义者和实用主义者在"五四"时期虽已存在着原则分歧。但在拥护科学和民主这个共同要求上尚能结成统一战线。即使在著名的"问题与主义的论战"中，代表马克思主义一方的李大钊对胡适的实用主义主张并未全盘否定。他甚至指出自己的观点和胡适有的"完全相同，有的稍有差异"[①]。

"五四"以后，中国马克思主义者与实用主义者之间的政治分歧越来越尖锐，原有的统一战线受到破坏，因而彼此对对方也越来越采取否定的态度。这种变化在20世纪30年代可谓达到了一个转折点。当时，斯大林的"左"倾路线已在苏联形成。由于杜威等人对斯大林时代所发生的对托洛茨基等人的审判公开抱批判和怀疑态度，甚至组织托案调查委员会，宣布托洛茨基无罪。这样就与苏联当局处于直接对立的地位。杜威由此从原来所称颂的卓越、进步和民主的学者转而被指责为"帝国主义的反动哲学家""苏联人民的最凶恶的敌人"。与杜威的名字联系在一起的实用主义哲学被宣称为腐朽、反动的帝国主义哲学。苏联对待实用主义的态度的这种变化不久就影响到中国。以往那种对实用主义尚有所肯定的比较客观和

---

① 李大钊：《再论问题与主义》。

实事求是的评判基本上没有了,起而代之的是对其政治倾向以及思想理论的全盘否定。

这种纯粹由政治取向决定对思想理论的评价的左的倾向在20世纪50年代初从上而下发动的对胡适实用主义的批判运动中进一步发展了。当时发表了大量批判实用主义的论著。它们都是服从特定的政治需要,并非出于对实用主义的学理的深刻研究。不少作者很少研读,甚至没有研读实用主义的第一手资料。他们的立论的根据是权威人物早已确定了的结论。这场批判运动在政治上可以说取得了预期的成果。它大树了马克思主义的权威,大灭了资产阶级思想的影响,对于在全国造成在马克思主义基础上的思想统一无疑是有积极作用的。但这种忽视学理上的深刻研究而单凭政治决定取舍的批判也造成了相当严重的消极后果。因为它并没有真正从理论上划清是非对错的界限。在批判实用主义时批判了一些马克思主义也可接受的积极的东西,而对实用主义所的确存在的片面性和局限性反而没有深刻的揭示和批判。这种批判显然偏离了真正的马克思主义,因为它忽视了实事求是这条马克思主义的根本的批判原则。遗憾的是,这种偏离真正的马克思主义的"左"的倾向未能及时克服,反而随着政治上的"左"倾的加强而愈演愈烈,并由此而形成了一种对整个现代西方哲学以致所有非马克思主义的思潮的批判模式,即对它们都采取简单全盘否定的态度。

对实用主义以及其他西方思潮的这种全盘否定的态度,表面上似乎是维护了马克思主义,实质上是极大地损害了马克思主义。马克思、恩格斯、列宁等马克思主义的创始人和杰出代表一再强调他们的理论不是封闭的、静止的教条,而是一种开放性的学说。它可以而且应当汲取其他一切哲学的优秀成果,它可以而且应当根据对自然和社会的最新认识成果而使自己不断丰富和发展,抛弃那些与实际不再符合和过时的内容。实用主义等现代西方哲学流派的理论中的确有不少片面性和局限性甚至有种种谬误,马克思主义者无疑应当与之划清界限。但其中也大都包含了反映对现代社会和自然的最新认识成果的积极内容,对之应当批判地加以汲取。如果不分青红皂白地笼统加以否定,拒斥那些本来是可以为马克思主义所汲取的积极内容，使马克思主义不能随着对自然和社会的认识的深化而不断得到丰富和发展，那就会使马克思主义贫困化、停滞化、僵化，实质上这意味着使马克思主义变成与真正的马克思主义格格不入的东西。

上述这种状况在"文革"十年中可谓达到了极点。林彪、"四人帮"表面上标榜"高举"马克思主义，大批实用主义以及其他资产阶级思潮，实际上却奉行排斥了科学和民主精神的那种最坏类型实用主义，以及连实用主义也批判的那些与封建专制主义相吻合的绝对主义、独断主义。他们在政治上的独断独行，对广大群众的民主权利的扼杀，在思想理论上对科学的肆意践踏，对个人迷信的竭力颂扬，这些不仅与真正的马克思主义根本对立，与实用主义等西方资产阶级关于科学和民主的学说也大不相同。他们仿佛又把人们带回到了"五四"以前的旧中国那种封建专制主义和蒙昧主义的时代的境况之中。

1976年初夏，在北京天安门广场发生了著名的"四五运动"，它表达了广大人民群众对在"文革"中横行暴戾的"四人帮"的极度憎恨和摆脱所受政治和思想禁锢的强烈愿望。这一年冬天，"四人帮"终于被推翻，"文革"结束，中国社会重新走上革新与发展的道路。1979年"凡是派"失势，中国共产党的十一届三中全会制定了坚持四项基本原则和改革开放的新的政治和思想路线。人们开始重新研究被歪曲和篡改了的马克思主义，也开始在马克思主义的指导下重新研究实用主义等各种西方哲学思潮。

这一新的开端与1919年的"五四"运动正好相距60年，好似一个花甲轮回。这60年来，中国社会可谓发生了天翻地覆的变化。半封建半殖民地的中国变成了一个社会主义的中国。因此不能认为这个花甲轮回是简单地回复。但是，二者之间的确存在着很大的类似。例如，都处于经济贫困落后、政治缺乏民主、科学不发达、思想僵化的国情之下，都企图输入新的学理来促进中国的改革，为中国的富强寻找方策。"五四"运动是以科学和民主为主要口号的，从1979年开始，人们在重新呼唤科学与民主。人们把"五四"运动当作中国现代史上一次思想启蒙运动，把1979年以后的思想和观念更新的潮流称为新启蒙运动。

/ 实用主义的研究历程 /

为什么 1919 年所开始的争取科学和民主的运动在经过了大约 60 年后会回到与原来大致相似的起点呢？原因当然是多方面的。中国旧的封建政治和经济势力以及封建传统文化影响的强大，帝国主义入侵等外来影响的干扰，中国民主革命和社会主义革命的道路的崎岖以及所发生的种种失误，都会在不同程度上阻碍中国近代社会及与之相应的思想文化的顺利发展。从我们上面对 60 年来实用主义在中国的状况的分析来看，未能处理好思想理论的知识系统与价值系统的关系，或者说学术与政治的关系是中国现代思想文化发展出现反复的重要原因之一。把思想学说的知识系统和价值系统混为一谈，单纯以其眼前的功利价值，特别是政治上的功利价值来判定其是非，至少必然产生两种消极后果：一是妨碍了对其知识系统的深入探索并进而达到真正认识其是非功过；二是妨碍用正确的理论来指导行动，使行动取得成功，从而也妨碍理论发挥其功利（包括政治上的）价值。60 年来中国实用主义研究上的主要教训，似乎也正在此。

正如上面谈到的，由于赞成和反对实用主义的人都以实用主义当下可能发生的功利价值为评判准绳，因此他们都未能对实用主义的理论本身进行全面、深入的研究。尽管实用主义传入中国远远超过了 60 年，然而至今尚无一本全面、客观地介绍实用主义的论著。人们在谈论实用主义时指鹿为马的现象随处可见。在现代西方哲学中，实用主义的理论内容称不得是最艰深的。然而，由于它与政治的关系较为密切，更易受漂浮不定的政治需要所左右，因而人们对它本身的真正含义反而更为模糊。甚至在哲学界，不少人对什么是实用主义，特别是实用主义与马克思主义的关系，始终没有一个较真实和确定的认识，以致出现理论上极度混乱的局面。对于同一种符合实用主义理论的思想（例如关于凡使人获得成功的思想、观念就是真理的思想）用某些话表示出来，人们把它批判为资产阶级利己主义、市侩生意经的突出表现；在丝毫不损原意的情况下用另一些话表示出来（特别是借用政治领导人的话），有人则把它论证为深刻的马克思主义。在 20 世纪 50—60 年代大批修正主义时，曾把修正主义的思想基础归结为资产阶级实用主义而大肆讨伐。近十年来不提批修了，原来被讨伐的东西转而

第十一章　实用主义研究的六十年轮回

被当作符合马克思主义了。于是实用主义与马克思主义的界限也越来越使人模糊了。

理论上的混乱导致行动上的混乱。在中国并非没有理论。一些人一再宣布他们最为遵循和坚持马克思主义。然而，由于把马克思主义理论僵化、教条化了，与实践往往脱节，当然无法用来指导实践。那么实践如何进行呢，只有依靠注意观察其可能发生的效果，依靠经验，即看一步走一步。然而，这种仅仅依靠日常经验及其效果来指导行动的方法并非马克思主义的理论，倒是接近于实用主义的狭隘经验主义。当实践所要解决的问题较为简单和纯粹时，这种经验方法未尝不可奏效，当问题较为复杂时这种方法显然无能为力。坚持用这种方法往往导致行动的失误和失败。

对思想、学说的评判的单纯政治功利主义导致对理论研究的简单化、粗糙化和庸俗化，并进一步导致认识和理论上的混乱，而后者又导致实践和行动上的混乱和失误。这种混乱和失误使人重新去研究理论，而如果仍仅仅以短视的政治功利主义为准绳，势必造成另一个循环。从1919—1979年这个60年大循环中，包括了无数的小循环，至于对实用主义的研究的"六十年轮回"则仍然只是大循环中的一个小环节罢了。

从1979年开始的新的思想启蒙运动已经过去十年了。中国的思想文化在这十年中所取得的进步和成就是"五四"以后的十年无法比拟的。但是，就对实用主义等西方哲学思潮的研究来说，似乎仍然存在一些与"五四"以来类似的偏向，其中最为突出的仍是短视的政治功利主义。有的同志仍然企图用马克思主义的政治来判定实用主义等西方哲学的是非。他们往往把在中国研究实用主义等西方哲学思潮应当用马克思主义作指导与对这些思潮的客观的、实事求是的研究对立起来，后者往往被认为是违背四项基本原则。个别同志甚至把一些用马克思主义观点批判西方哲学的著作也当作是传播精神污染，宣扬资产阶级自由化。与此相反，另一些人把实用主义等西方思潮理想化，不加批判地接受。似乎只要把它们"引进"来，便可当作解决中国所面临的各种社会问题的有效方策。例如个别政治学家近年来提出的关于政治体制改革的理论，基本上是从杜威那里搬来的,只是未提实用主义和杜威的名字。这是新的全盘西化论。它同历史上的全盘西化论一样,忽视了中国固有的思想文化传统,更忽视了中国复杂的社会政治生活条件。它是另一种形式的短视的政治功利主义,在实践中必然碰壁。

上述两种倾向表面上是相反的,实际上可谓"相辅相成"。简单地用马克思的政治来判定西方哲学的是非会使西方哲学的研究简单化、粗糙化,而这必然损害马克思主义本身,使人误以为马克思主义不实事求是,没有科学态度,从而可能导致他们不相信马克思主义,而相信实用主义等西方哲学,客观上为全盘西化论创造了条件。反过来说,全盘西化论由于的确违背四项基本原则,也不符合中国的国情,因而使人对西方哲学产生误解,以致把西方哲学研究与搞资产阶级自由化相提并论。这两种倾向如果不能克服,将不仅损害实用主义等西方哲学的研究,也将损害马克思的丰富和发展,损害四项基本原则,归根到底将损害中国的社会和思想文化的进步,甚至导致发生另一次"轮回"。

在中国当前的现实条件下,对实用主义的研究应当怎样进行呢？这是一个需要从各方面来加以研究的题目。从"五四"以来对实用主义的研究的经验教训来看,我认为重要的方面之一是正确处理好实用主义的知识系统和价值系统的关系,在注重用马克思主义作指导、为一定的政治服务的同时,不要忽视对其理论体系的深入的、全面的、客观的研究,既不要像过去那样对它简单否定,也不要因过去的偏向而对它简单肯定。

我们既要敢于肯定实用主义哲学中所包含的积极内容,又要注意揭露它的片面性和局限性,划清它与马克思主义哲学的界限。这种研究不仅不会损害马克思主义,不会损害四项基本原则,反而有利于丰富和发展马克思主义,有利于贯彻四项基本原则。我觉得杨文极等同志正是这样做的,我相信,他们的工作将会产生积极的成果。

(杨文极主编:《实用主义新论》一书代序,陕西人民教育出版社 1990 年版)

第十二章
重新认识和评价杜威

去年寒假前不久,孙有中同志向我讲起他应上海社会科学院出版社之约编译一部供广大读者、特别是青年朋友阅读的杜威文选。我很赞成他从事这一课题。因为杜威不仅被许多美国人当作美国的精神象征,在整个西方世界也被公认是20世纪少数几个最伟大的思想家之一。他关于哲学、伦理学、社会学、政治学、教育学、心理学等诸多领域的不少论著被西方各该领域的专家视为经典之作。它们不仅对促进这些领域的理论研究起过重要作用,在西方各国、特别是美国有关领域的实践中也产生过深刻影响。在我国改革开放的新形势下,我们很有必要对西方世界各个方面的状况有更新和更深刻的认识,从中汲取经验教训,以促进我们的事业更好地发展。而沉下心来认真地读一点杜威等最有代表性的西方思想家的著作,了解他们的思想真谛,是极为有益的。因为它们在某种意义上正是西方世界有关方面状况在理论上的集中体现。然而,杜威数十卷之多的论著可谓是一个浩瀚的海洋。非从事专业研究和不熟悉英语的广大读者即使想读也可能会有望洋兴叹之感。如果能将其中一些精粹之篇或有代表性的段落挑选出来,编译成册,必将为这些读者提供很大方便。

从那时以来,孙有中同志几次和我见面时都谈起过这部文选的编译情况,他为了更好和更快地完成编译,还邀请了另两位朋友参与其事;我也向他们提供过一些可供选择的材料。前两天他告诉我文选已编译完成,定名为《新旧个人主义——杜威文选》。在稿子交付出版社以前,他送来让我简单翻阅了一下,要我写个序。我欣然接受了他的要求。然而我不愿仿效时下在一部分人中颇为盛行的将写序当作捧场的风尚,他们也不希望我这样做。尽管我知道他们几个年轻人才华卓著,对自己承担的工作认真负责,为编译这种篇幅不大的文选花费了不少精力,从而相信他们应会完成得相当出色,但我不想在此就这方面多说什么。本书究竟编译得如何,只有广大读者才有资格作出公正的评判。下面我只拟就杜威其人、其思想倾向及其在中国的影响简单作些介绍,供准备阅读本书而又对这方面的情况缺乏了解的朋友参考。

对杜威其人,中国知识界本来并不陌生。作为20世纪上半期在美国盛行的实用主义哲学的最大代表,他的情况早在20世纪初就由一些中国学者作过简单介绍。"五四"前后,杜威成了中国知识界中最著影响的西方思想家。从外在原因说,这是由于胡适等他在中国的弟子和信奉者对他作了广泛宣扬;杜威本人"五四"前夕也来华讲学,遍访了中国东西南北十多个大中城市,所到之处都作过系列讲演。然而更重要的原因似乎是:他的实用主义理论标榜以科学和民主精神为核心,这正好与"五四"时期中国先进知识分子倡导科学和民主的潮流相一致。正是这种一致使杜威的理论受到了投入"五四"新文化运动的广泛阶层人士的普遍欢迎,使他在中国各地的讲演往往能引起某种程度的轰动效应,他原本只是一次临时安排的短期顺道访华也因此被延长到两年多。

在此值得一提的是:尽管杜威的实用主义与马克思主义有着原则的区分,但"五四"时期中国的马克思主义者对杜威及其实用主义并未采取全盘否定的态度。陈独秀那时就肯定了实用主义的某些观点,甚至还是杜威在广州讲学活动的主持人。1919年李大钊和胡适关于"问题与主义"的著名论战固然表现了马克思主义与实用主义的对立,但作为当时中国马克思主义最杰出代表的李大钊在文中既否定了胡适的"多研究些问题,少谈些主义"的基本主张,又指出自己的观点有的和胡适"完全相同,有的稍有差异"。他们当时的争论并未越出事实上存在的新文化运动统一战线这个总的范围。在倡导科学和民主精神上二者毋宁说是大体一致的。在往后一段时期,上述统一战线趋向分裂,中国马克思主义者对杜威等人的实用主义的批判态度也越来越鲜明,但也仍未采取全盘否定的态度。例如瞿秋白在《实验主义与革命哲学》一文中既严厉地批判了实用主义(实验主义),又指出它之传入中国符合中国的现实需要。他说:"中国五四前后,有实验主义出现,实在不是偶然的。中国宗法社会因受到国际资本主义的侵蚀而动摇,要求一种新的宇宙观和人生观,才能适应中国所处的新环境——实验主义哲学,刚刚用它的积极方面来满足这种需要。"

"五四"前后中国马克思主义者对杜威及其实用主义的某种程度的肯定与当时其他国家、特别是苏联马克思主义者的态度是一致的。十月革命后的苏联对许多西方哲学和社会科学家纷纷进行激烈批判,但对在美国被当作"左"派学者的杜威在相当长一段时期内却基本上抱友好甚至赞扬态度。1928年杜威应邀访苏,不少党政高级官员与他亲切会见,称他为"进步人士";杜威对当时苏联所进行的变革同样未简单否定,他在回国后发表的著名的"苏俄印象"中称它们为"伟大的实验"。

然而,到20世纪30年代后期,由于杜威对在斯大林控制下进行的对托洛茨基等人的审判这个敏感的政治问题上抱怀疑和批判态度,甚至还与一批美国自由派人士一道组织进行了对托案的调查并宣布托洛茨基无罪(附带说一下,从政治和哲学立场说,杜威与托洛茨基并非同道,在此以前,他还曾撰文批判托洛茨基,他只是不同意斯大林对托的审判方式)。苏联当局对杜威的态度由此骤变,立即指责杜威是"苏联人民的凶恶敌人""帝国主义的反动哲学家"。

苏联这种由政治原因而出现的对杜威的态度的骤变直接影响到了中国。大致也是从20世纪30年代后期起,中国马克思主义者对杜威及其实用主义越来越持根本否定态度。50年代中期,在"左"的政治思想路线的支配下,从上而下发动了一场大规模批判实用主义的运动。这场批判主要是服从特定的政治目的,多数批判论著脱离了杜威等人的实用主义的本身所是,由此在中国形成了一种对西方思潮的"左"的批判模式,后者长期以来在中国学术界起着支配作用。从此以后,人们在对杜威等现代西方思想家、对实用主义等现代西方思潮的评判中,往往是"左"的政治标准支配了学术标准,简单否定取代了客观的具体分析。杜威等西方学者及其理论的真实面貌往往因此被扭曲了,如实地辨认他们仿佛变成了一件相当困难、有时甚至包含着某种风险的事。对西方思想家及其理论的简单否定的态度造成了多方面的消极后果,其中最突出的一点是使我们在思想理论领域长期处于封闭状态,与当代世界的发展脱节,从而也阻碍了马克思主义本身的进一步丰富和发展。

直到十年动乱结束、"左"的路线受到清算,人们才逐渐提出如何重新认识和评价杜威等现代西方思想家及其学说的问题。尽管最近十多年来这方面还存在着不少困难,一些习惯了旧的思维方式的人士一时还无法完全摆脱对杜威等西方思想家及其理论的某些偏见及由此而保有的过多戒心,在这方面行动迟缓,有时甚至还出现过一些反复;然而,谁只要愿意面对我国改革开放的新形势,特别是赞成在我国建立和健全社会主义市场经济体制并在社会、政治、道德、文化、教育等各方面实行相应改革,以加速实现我国的现代化,谁都会感到迫切需要重新认识已经实现了现代化的西方世界各个方面的历史和现实,其中包括重新认识杜威等现代西方思想家和他们的理论的本来面貌及其在西方现代化中的积极作用。正因为如此,人们越来越认识到,在坚持和发展马克思主义的同时,应当抱着实事求是的态度重新研究和评价现代西方思想家及其理论。从整体上说,这些年来我国学术界这方面的研究可谓取得了突破性的进展。

不过,就对杜威这个较特殊的人物以及实用主义这种较特殊的学说的重新认识和评价来说,所发生的变化和取得的进展相对小一些。这说明这方面存在着更多的困难。原因较为复杂。有一点可以肯定:长期以来由于政治因素等的影响,人们对杜威的误解比对其他思想家更深,在一系列重要问题上与杜威及其理论的真实所是不仅存在差距,有时甚至大相径庭。

例如,人们通常把杜威当作反对唯物主义的主观唯心主义哲学家、从而不可能有真正的科学态度。其实,杜威哲学的根本特点在于反对笛卡儿以来近代哲学的心物二元论,强调人所面对的、生活于其中的、作为认识对象的世界是人的视野(经验)中的世界,是经过人的作用和改造(人化)的世界,而不是人以外的世界本身。他对后者自在地存在并不否定,只是认为

第十二章　重新认识和评价杜威

它一旦成为人的生活和经验的对象，就必然为人的生活和经验所制约，也就是被人化，失去了其自在性。他由此认为哲学所应关注的不是去论证唯物主义所说的物质世界或唯心主义所说的精神世界如何自在地存在，而是去揭示人（主体）与世界（对象、客体）之间的相互依存和相互作用的关系，后者也正是人的生活和经验，或者说人的实践。因此，生活和实践的观点可谓是他的哲学的基本观点。尽管他远没有像马克思那样揭示人的生活和实践的社会性和历史性，但他毕竟超越了近代哲学思维方式的界限，也更加符合现代科学的精神。

又如，人们通常把杜威看作是维护资产阶级、特别是垄断资产阶级的利益的思想家，从而他所鼓吹的民主和自由精神必然是虚伪的。其实，尽管杜威有关这方面的论述的确未能越出资产阶级民主自由论的界限，但只要对之作出较为具体的分析就可发觉，杜威所竭力维护的是占社会大多数的中下层群众的民主自由。他反对西方社会少数人的特权和垄断地位，对各种剥夺和削弱广大群众民主自由的现象作了许多揭露和批判。为此他强调要对西方传统的民主自由观念加以改造，使之既不把个人的民主自由绝对化、又符合大多数人的利益的目的。西方社会中的一些人把杜威当作"左"派知识分子，甚至被"赤化"，这当然并无充分根据，但笼统地指责他的民主自由理论是虚伪的显然不够实事求是。

再如，过去人们往往仅仅从个人利害关系的角度来理解实用主义关于真理就是有用等观点，从而断定杜威关于道德、人生的理论必然是一种主张个人可以不择手段地维护自己的私利的极端个人主义。其实杜威一再解释他所谓真理就是有用指的是观念的真理性的标准在于它们是否能产生预期的效果、即是否经得起实践检验，并非指能否使个人获利。杜威虽然把提倡个人主义当作其道德和人生理论的出发点，但他所谓个人主义指的是充分发挥作为个体的人的能动性和创造性，而不是维护个人私利。他认为对个人利益的追求要受到社会、集体的限制，私利要服从公益。为此他激烈批判西方社会中普遍存在的极端利己主义和享乐主义，即他所谓"经济个人主义"，要求建立一种超越这种局限性而专注发挥个人能动性和创造性的"新个人主义"。

　　对杜威及其实用主义的误解还表现于其他许多方面。例如,这本文选的标题中所提到的"伟大共同体"可谓是杜威的社会理想。它虽然是乌托邦式的,但毕竟要求对现存资本主义的某些消极方面有所超越,至少不是像过去许多批判文章所认为的那样旨在粉饰和维护这些消极方面。这些在此就不一一列出了。

　　如果我上面提到的有关杜威在中国的历史变故和理论是非大体符合事实,那它们似乎可以说明:我国学术界对杜威及其实用主义的研究走了很长一段弯路,或者说兜了一个很大的圈子。

　　70多年前,当包括胡适在内的"五四"时期中国年轻一代知识分子在不同程度上对杜威及其实用主义表示欢迎时,他们大都肯定了实用主义的科学和民主精神,企图通过倡导实用主义来批判阻碍中国社会进步的旧文化,创建和发展具有科学和民主意义的新文化。然而,他们当时对实用主义的认识都还很不完整和深刻,无论是对于实用主义的积极方面或消极方面所是及它们出现的条件都缺乏具体分析。加上其他各种复杂因素的作用,致使实用主义这种对美国社会的发展和进步、特别是美国的现代化起过重大促进作用的理论在中国并没有产生预期的积极作用。在往后的发展中,人们对实用主义的理解越来越片面化。有时甚至认为它集西方现代思潮中各种荒谬、反动、丑恶理论之大成。对各种敌对政治倾向的批判在思想理论根源上往往归结为对实用主义的批判。实用主义在中国自然声名狼藉。

　　"五四"以来的70多年中,中国社会发生了翻天覆地的变化。我们今天所面临的形势自然与"五四"时期大不相同。但从封闭走向开放、进行全方位的体制改革以至发扬科学和民主精神方面,又存在着某些类似之处。我们今天提出重新研究和评价杜威等现代西方思想家及其学说具有与"五四"时期类似(当然也只是类似)的目标。因此,在一定意义上可以说:在兜了一个大圈子后,我们今天又回到了类似"五四"时期的起跑线上。

　　当然,这70多年的弯路并非白走。它在各方面都为我们留下了极为

第十二章 重新认识和评价杜威

丰富的经验教训。我们大可不必去过多地指责前人,重要的是能否做到引以为鉴。从对杜威等西方思想家及他们的理论的研究来说,如果我们还像胡适等人那样对它们全盘肯定或者像某些"左"派人士那样对它们全盘否定,那我们无异抛弃了历史。出现这种情况的可能性虽然不大,但并非没有。反之,如果我们善于吸取以往的经验教训,做到对它们真正采取马克思主义的实事求是的态度,在现代哲学和思想发展的大背景下,在它们与马克思主义的相互作用的关系上,对它们进行深入、认真的研究,我们一定可以取得更为丰硕、更具有创造性的成果。这对促进我们的事业的发展、特别是促进马克思主义的丰富和发展,将是极为有益的。

现在回到孙有中等同志编译的这部文选上来。尽管这个篇幅不大的选本只是杜威有关著作中的某些片断,对于全面和深入研究杜威的思想当然是不充分的。但就我所知,本书所选的各组文字在杜威著作中都较有代表性,耐心的读者仍然能够从中窥见杜威思想的端倪。我建议对这方面有兴趣的读者不妨选来一读。杜威作为当代西方最杰出的思想家之一,其著作是对当代西方社会许多方面的状况所作出的非常有价值的理论概括,在一定意义上可以说是关于西方社会的智慧的宝库。只要我们能在马克思主义的指导下勤于思考、勇于探索,我们一定能从中学到许多有益的知识。

1996 年 6 月 8 日于复旦大学

第三编

实用主义与西方近现代哲学转型

引　言

《重新评价实用主义》一文是为了修订《现代西方哲学》投石问路而写的。本文在同行专家和读者中引起的共鸣提高了我摆脱旧的批判模式来修订《现代西方哲学》的信心。但是，无论是该文还是1990年出版的《现代西方哲学》修订本也都局限于对传统的批判模式的破除，至于究竟怎样在马克思主义指导下对实用主义等现代西方哲学流派作出较为全面的求实的评价，特别是如何联系西方现代资本主义社会的发展来揭示这些哲学流派对以往哲学的超越，以及这种超越与马克思在哲学上的革命变更的关系，都还没有具体涉及。主要原因是我当时对这方面的问题还缺乏研究，没有能力提出有根据的见解。另外，20世纪八九十年代之交中国社会出现的动荡以及由此引起的政治和意识形态风波也使我感到，要对这方面的问题发表与传统观点相悖的见解，必须慎之又慎。正因为如此，在这一时期我较少发表文章，更未提出有悖于传统观点的见解。但我并没有停止对有关这方面的问题的思索。恰恰相反，我一直在考虑怎样在坚持马克思主义立场的前提下在这方面能有所突破。

按照马克思主义的求实原则，不能简单地把实用主义等哲学流派归结为"帝国主义反动哲学""主观唯心主义哲学"，那么究竟怎样来评价它们呢？它们与前此的西方近代哲学以及同一时代的马克思主义哲学究竟是什么关系呢？那几年我一直在研究和思考这些问题。编写教科书的需要促使我接触并尽可能熟悉现代西方的各种不同哲学流派，促使我去研究它们之间的关系以及它们与西方近代哲学的关系。正是这种研究使我发现它们在超越西方近代哲学上有着重要的共同之处。这种超越主要也不是像以往人们经常所说的那样是由唯物主义转向唯心主义、由辩证法转向形

引 言

而上学,而是在一定程度上克服使西方近代哲学陷入困境和危机的主客分裂和绝对理性主义以及由此导致的独断论和怀疑论等局限性,从而也在一定程度上使西方哲学发展转向现实的人及其所牵涉的世界,或者说在一定程度上转向现实生活和实践。如果这种论断能够成立,那么西方哲学从近代到现代的转化就成了西方哲学发展上具有整体性意义的哲学思维方式的转型,它意味着西方哲学发展进入了一个新的、更高的阶段。

对西方哲学从近代到现代的转化的这种评价是否会将其与马克思在哲学上的革命变更相提并论以致混淆二者之间的界限呢?这是必须高度重视的问题。为此,我重新学习和研究了马克思主义哲学,特别是具体考察了马克思实现哲学上的革命变更的过程。我由此认识到,从思想文化背景来说,马克思所面对的同样是以主客分裂和绝对理性主义、独断论和怀疑论为特征的西方近代哲学的思辨形而上学,因此在克服这种思辨形而上学上,或者说在超越西方近代哲学的种种局限性上,马克思在哲学上的革命变更与西方哲学家实现的从近代到现代的转型必然有着共同之处。但是,从社会阶级基础来说,马克思与这些西方哲学家有着天壤之别。与西方哲学家本质上从属于资产阶级不同,马克思是革命无产阶级的思想家,是领导无产阶级进行现实的革命斗争的导师。马克思不是从纯理论上,而是从理论与现实实践的统一中来实现哲学上的革命变更的。马克思一再强调他的哲学与无产阶级的现实斗争的一致性。马克思在哲学上的革命变更不仅自觉地从根本上克服了西方近代哲学的局限性,而且自觉地为人类哲学发展指出了新的方向。这种哲学发展的方向与以实现共产主义为目标的人类社会发展的方向完全一致。因此,马克思哲学是时代精神的精华的高度体现。西方哲学家实行的从近代到现代的转型尽管也具有转向现实生活和实践的意义,但他们大都不是自觉地、而往往是以扭曲的形式在有限的程度上实行的。更重要的是:他们是在维护资本主义现存制度的范围内实现这种转型;他们的哲学当然也不可能真正自觉地体现时代精神的前进方向。

肯定西方哲学从近代到现代的转型意味着西方哲学发展到了一个新

阶段不仅不会与马克思在哲学上的革命变更相提并论,反而可以更好地揭示马克思的哲学变革的伟大意义。因此尽管我的见解与以往马克思主义哲学教科书中阐述的观点有很大不同甚至是对后者的否定,我还是可以,而且应当把它们明确地提出来。我1996年发表在《天津社会科学》的《西方哲学的近现代转型与马克思主义哲学和当代中国哲学的发展道路(论纲)》一文就明确地表述了上述观点。经过《新华文摘》等权威刊物的全文转载,这些观点引起了哲学界的较大关注。它们当然不为那些坚持传统观点的人所接受,但却在从事西方哲学研究的专家中以及从事马克思主义哲学研究的大部分中青年专家中引起了广泛共鸣。有的专家甚至说这些观点"振聋发聩","为现代西方哲学摆脱对西方哲学的旧的、近代的研究方式而提高到一个更新、更广阔的视野,打开了无限的可能性"。

我在此着重提及我对西方哲学从近代到现代的转型的见解,是因为这些观点的提出与我对实用主义的研究直接相关。在揭露和批判传统思辨形而上学的种种片面性和局限性上,在倡导哲学应当由抽象思辨转向现实生活和实践上,具有美国国粹意义的实用主义在现代西方哲学的各种流派中最具有典型意义,而杜威有关这方面的论述在实用主义哲学家中又最具有典型意义。我在研究西方哲学从近代到现代的转型时,利用得最多的材料就是杜威等实用主义哲学家的理论。但是,我并不是仅仅依据实用主义,而是将实用主义与现代西方其他哲学流派联系起来。我发觉实用主义哲学家的较为直接的论述往往也能在其他哲学流派的哲学家的理论中找到。他们虽然往往没有像实用主义哲学家那样说得那么直接、明确,但基本含义大体上是一致的。因此,实用主义所体现的西方哲学从近代到现代的转型在现代西方哲学流派中具有很大的普遍性。

正是考虑到我对西方哲学从近代到现代的转型的研究与对实用主义的研究是联系在一起的。这一部分选编了两篇关于转型的一般论述的文章。这两篇文章的基本观点相同,第二篇是从另一个角度对第一篇文章的补充。另外考虑到实用主义在实现近现代转型上虽与欧洲哲学大体一致,但毕竟具有一些美国的特殊背景,选编了两篇有关美国背景的文章。另

引　言

外,《皮尔士与美国哲学的现代转型》与本书第二篇中的皮尔士评传在具体内容上存在较多重复,但整篇文章是按一种新的评价方式来写的。除此以外,我把新近写成的《再论重新评价实用主义》一文也收入此篇。这篇文章把我对西方哲学的近现代转型和对实用主义的重新评价较好地结合起来了,还对过去只是含蓄地暗示过的两个重要观点作了明确的阐释。一是西方哲学的现当代走向从根本上说是实践的转向,这与马克思在哲学上所实现的转向是实践的转向大体一致。至于流传甚广的所谓语言的转向、存在论的转向等都只是实践的转向的表现形式。二是现当代哲学发展的主要趋势是马克思主义哲学与以实用主义为代表的现当代西方哲学之间的对立统一。

第十三章
西方哲学的近现代转型与马克思主义哲学和当代中国哲学的发展道路

关于现代西方哲学研究对马克思主义哲学及当代中国哲学发展可能产生积极影响,现在已很少有人再简单否定,但还有不少问题需要进一步探讨。例如,近年来我国现代西方哲学的研究水平大为提高,现象学等个别领域的研究成果已可与国外媲美。然而这些成果似乎还未充分运用于促进马克思主义哲学和中国传统哲学的研究,在一定程度上与后二者仍处于分离状态。这说明人们对它们的关系还缺乏较明确的认识,对有关问题还需作更具体的追问。其中如下几个问题可能是较为重要的:从整体上说,现代西方哲学的形成和发展在哲学史上是否是具有进步和革命意义的重大变更?在哲学思维的基本方式上,它们与马克思主义哲学是否有一致之处?在马克思主义哲学和迈向21世纪的中国哲学的发展过程中,借鉴它们的有关成果是否具有不可或缺的意义?下文拟从近现代哲学转型的角度对此发表一些意见。

一、西方近现代哲学转型的进步和革命意义

为了从整体上对西方现代哲学作出较恰当评价,首先要考察19世纪中期以来西方哲学发展中所发生的思维方式的转换(转型、转向)的意义?

19世纪中期以来的许多西方哲学流派纷纷宣称自己开辟了哲学发展的新方向。19世纪末20世纪初以来,西方哲学界中各种转向之声更是不绝于耳,例如尼采等人对理性主义传统的批判与否定,狄尔泰等人之要求建立一种与自然科学方法论不同的精神科学方法论,实用主义之要求以生

活和实践取代对物质和精神本质的探究,现象学运动(特别是存在主义)之要求转向非反思的生活世界或人的生存,弗雷格和维特根斯坦等分析哲学家之要求把哲学变成语言的用法和意义的分析,释义学家们之把哲学当作对文本的意义的阐释,以及后现代主义思潮对传统哲学的消解等,都被宣称改变了西方哲学发展的方向。这些转向的具体含义往往有重要区别,但在对传统、特别是近代西方哲学的一些基本观念采取批判态度并要求代之以一些与之相反的观念、从而改变西方哲学的发展方向上,它们之间仍然存在着重要的共同之处,后者体现了一种把西方现代哲学和近代哲学区分开来的方向性转换。这种转换的基本意义是消极的还是积极的,甚至意味着西方哲学发展上的一种革命性变更?人们的意见还很不一致。我认为,如果从哲学发展的基本方式上将近现代西方哲学实事求是地加以比较研究,似应肯定后一种回答。

1. 西方哲学的近代转型(认识论转型)及其意义

对于从笛卡儿(甚至可上推到文艺复兴)到黑格尔这一段时期(通常称为近代)的西方哲学,过去大致被归属于资本主义上升时期的意识形态而有所肯定。尽管各家肯定的方式和程度不同,但大都承认这一时期的哲学家各以其独特的方式在不同程度上倡导哲学的理性精神(主要表现为人文精神),反对贬低理性、抬高信仰的中世纪宗教神学和经院哲学,主张哲学应以人本身为中心。笛卡儿的理性主义哲学体系可谓是这种精神的典型表现。这种理性主义精神与随着近代自然科学兴起而被强调的科学精神是一致的。当时先后兴起的各门自然科学都是作为主体的人的意识、理性对作为客体的自然界的认识和研究。而自然科学的胜利也正是理性的胜利。西方哲学史上这一历史时代因此被称为理性的时代。

正是这种对理性的倡导使西方哲学发展中发生了一次被称为认识论转向的重要变更。当时的哲学家们正是以理性为出发点为人的行动及全部现实生活制定了认识论和方法论,尽管他们的哲学仍把世界的本质、人与世界的关系等问题当作核心问题,但在理论形态上已与建立在感性直观和素朴猜测基础上的古代哲学以及把人与世界的关系归结为人与上帝的关系并使人完全处于从属地位的中世纪哲学有着重要区别。他们大都自觉地把作为认识主体的人与作为认识对象（客体）的世界（也就是把心灵和肉体、精神和物质、思维和存在）区分开来，并由此来探讨主体如何认识和作用于客体，客体如何作用和呈现于主体。哲学基本问题突出地表现为主客、灵肉、心物、思有之间的关系问题。这标志着西方哲学进入了一个新的、更高的阶段。

2. 近代西方哲学的缺陷和矛盾与新的转型的出现

但是，西方哲学在取得重大进步时却又隐含了严重的缺陷和矛盾。这首先表现为：对理性的倡导由于走向极端而变成了对理性的迷信，理性万能取代了上帝万能。这导致了理性的独断。按照理性主义原则构建的哲学体系往往变成了凌驾于科学和现实生活之上的思辨形而上学体系。其次，它虽然以理性思维（反思）克服了古代哲学的素朴性和直观性，却又因将主客、心物等分离开来而陷入了二元论。而二元论必然导致与理性精神相悖的独断论或怀疑论。特别值得指出的是：它是以提出以人作为哲学的中心而开始其发展历程的。它要求摆脱旧的传统和权威对个人全面发展的束缚，倡导发挥人的个性和创造性，尊重人的自由和尊严。然而，主客、心物、灵肉的分裂和思辨形而上学倾向使人要么沦落为一架没有血肉和灵魂的机器，要么成为形而上学体系上的一个环节（如体系中的"人"概念的外部表现）。人的主体性和创造性、自由和人格的尊严等由此被消解于理性思辨体系中了。这意味着近代西方哲学走向了自己的反面。

近代西方哲学的上述片面性和矛盾被一些当代哲学家称为"基础主义""本质主义""本体论的思维方式""逻各斯中心主义""在场的形而上学"等。这些不同名称从不同视界上表达了同一种哲学思维方式，即要求建立无所不包的形而上学体系，使之成为一切知识的基础。这种哲学思维方式在一定历史时期是不可避免的，对近代西方社会历史和包括哲学在内的思

第十三章 西方哲学的近现代转型与马克思主义哲学和当代中国哲学的发展道路

想文化的发展都起过积极作用。然而它的缺陷和矛盾即使在当时就已被一些哲学家(例如与笛卡儿同时代的帕斯卡尔、著名的启蒙思想家卢梭、意大利哲学家维科、德国浪漫主义思想家、特别是德国古典哲学家康德)所揭示。只是那时的社会和思想环境使它仍然有存在甚至发展的条件。从19世纪中期以后,随着西方社会各方面的剧变,特别是现代自然科学的发展对作为这种思维方式的认识基础的经典自然科学的超越,这种思维方式的片面性和矛盾就显得特别突出了。它必然被新的哲学思维方式所取代。这意味着西方哲学的发展必然出现新的转型。19世纪中叶马克思主义的产生在哲学上所实现的革命变革是这种转型的突出表现。而从那时以来西方一系列反近代哲学发展方向的新的哲学流派(即通常所谓现代西方哲学)的出现在不同程度上也同样是这种转型的表现。

3. 西方现代哲学对近代哲学的超越

毫无疑问,不少现代西方哲学流派的理论存在着种种片面性甚至谬误。它们也的确抛弃了近代西方哲学的不少积极因素,在某些方面甚至有所倒退。但是,如果将整个西方现代哲学的理论走向与近代哲学作比较,我们还是可以发觉它们至少在如下几个重要方面在不同程度上超越了后者。

第一,大部分现代西方哲学流派继承了康德等人对传统形而上学的批判,进一步否定了建立无所不包的哲学体系以及把哲学当作科学的科学的企图。这虽然限制了传统哲学的范围和职能,甚至是对后者的一种消解,但却是哲学上的一种重要进步。随着各门特殊科学的形成和发展,越来越需要改变由哲学来支配,特别是代行其职能的状况。人们必须重新研究哲学的意义和功能。现代西方哲学家正是适应这种需要而提出各自见解(例如作为生活和行为方法或科学方法论、对意义的澄明和解释、对世界和人本身的超越及理想和终极关怀的探究、作为超形而上学的人文研究的文化学或后哲学文化等)。它们虽都有片面性,但大都不失为对哲学的意义和功能的有价值的探索,是对作为体系哲学的近代形而上学的超越。

第二,现代西方哲学家大都企图排除作为近代认识论基础的二元分立倾向。这并不都是简单地否定主客、心物、思有等之间的差别和联系,而往往只是要求将它们看作一个不可分割和统一的过程。其中起主导作用的是主体(人)的能动和创造性活动。康德的"哥白尼变更"在一定程度上超越了主客二分以及与之相关的经验论和唯理论等的对立,他关于实践理性高于理论理性和道德自由的理论也超越了以自然科学方法论为核心的认识论哲学模式的界限。然而他又在现象与自在之物之间、理论理性与实践理性之间划了一道鸿沟,从而没有真正克服甚至从另一方面加剧了二元论倾向。不少现代西方哲学家企图进一步强调主体的能动性来克服康德的不彻底性。尽管有时走向极端,但这毕竟包含了对与二元分立相关的机械论、独断论和怀疑论的某种程度的否定。有的人还主张用人的实践活动取代主客二分作为哲学的出发点,使哲学由主客分离的世界转向二者统一的现实生活世界。这是对二元分立哲学模式的超越。

第三,许多现代西方哲学家对人的非理性的精神活动进行了多方面和多层次的揭示和研究,试图揭示与人的精神活动直接相关的研究(社会历史和心理等学科)与自然研究之间的区别,制定与自然科学方法论不同的精神科学方法论。这些研究有时也有走极端的倾向,但毕竟批判了将理性绝对化和凝固化的片面性,揭示了人的精神识活动的更多的层面和特性,扩大和加深了对它们的认识。这些未经理性改装和凝固化的本真的精神活动如同人的理性活动一样是通向人的现实生活世界和达到对人的更完整的认识的重要门户。对它们的研究具有重要意义。这是对传统理性主义的超越。

第四,近代哲学是以倡导人文精神开始的。然而其思辨形而上学和二元论思维方式必然把人对象化,使人失去其本真的个性(异化)。现代西方哲学家(特别是人本主义哲学思潮的哲学家)大都要求重新认识人的存在及其活动的价值和意义,强调要把人看作完整的人,看作目的而不是手段。人是整个哲学的核心,不是其中某个环节或组成部分。哲学重建的根本途径说到底是向人的回归。这种理论虽然同样有片面性,但毕竟是在提倡一种新的人文精神,至少对西方社会中人的异化现象及传统人道主义的种种弊端作了有较大深度的揭露和批判。这是对近代哲学关于人的学说和人道主义的超越。

西方现代哲学对近代哲学的超越不只是在个别哲学流派和哲学家那里发生的个别理论观点的改变,而是西方哲学发展中一种具有相当普遍意义的理论思维方式的转型,即有关哲学研究的对象、方法和目的等基本观念的重大变更。许多现代西方哲学家都在用一种不同于近代哲学的思维方式来重建哲学,企图以此摆脱近代哲学的困境,为哲学的进一步发展开辟新的道路。总的说来,他们的哲学的确也更能体现这一时期西方社会的政治、经济和文化发展的状况,特别是科学技术的飞速发展所导致的各种问题,因而具有重大的进步意义。与近代西方哲学比,现代西方哲学的出现标志着西方哲学发展到了一个新的、更高的阶段。

二、西方哲学的现代转型与马克思主义在哲学上的革命变更的关系

西方哲学的近现代转型与马克思主义在哲学上的革命变革当然有重大区别。然而二者又同是对近代哲学的否定和超越,在社会历史条件和思想文化背景上有类似之处。导致近代哲学趋于终结的种种原因同是二者形成的重要根源。这些现在大致不会有很大争议。需要进一步研究和讨论的问题是:二者对近代哲学的否定和超越以及所要建立的新理论仅仅是根本对立的呢还是有着较大的共性?

1. 坚持近代哲学思维方式必定认为二者只能是根本对立

过去得到普遍认可的一种观点是:马克思主义摒弃了近代等传统哲学的唯心主义和形而上学,批判地继承了其唯物主义和辩证法,建立了辩证唯物主义和历史唯物主义的科学体系;至于现代西方哲学,由于都否定和排斥唯物主义和辩证法,归根到底必倒向唯心主义和形而上学。因此,

尽管二者都是对近代哲学的否定和超越，但由于所否定和超越的截然不同，必然处于根本对立的地位。前者是哲学上的革命，后者并无进步意义，甚至是一种倒退。近些年来，虽然越来越多的人承认现代西方哲学包含有合理因素，但上述基本观点似乎仍为较多人接受。主要原因是人们仍往往按照近代哲学的思维方式来看待二者所实现的变更。

从追问世界的本质和本原、建立关于整个世界的图景的体系的观点看，从立足于心物、主客二分并把由此而产生的唯物唯心等的对立当作哲学发展的基本路线的立场看，现代西方哲学的形成的确很难说是哲学上的进步，因为它们不仅明确地反对各种唯物主义，而且还企图通过反对二元分立来根本取消作为划分唯物唯心的标准意义下的主客、心物、思有等的关系问题，这就否定了唯物主义赖以存在的基础。它们对基础主义、本质主义、实体本体论等的否定也意味着对唯物主义的否定。

在评价现代西方哲学时，如果把是否归属唯物主义作为其是非的根本标准，那对它们的评价只能是否定的。而如果把马克思主义在哲学上所实现的革命变革简单地归结为建立了一种与唯心主义相对立的彻底的唯物主义理论体系，那必然认为它与现代西方哲学根本对立。如果谁企图通过从现代西方哲学中发现唯物主义因素来寻找它们与马克思主义哲学的共同点，大概难以有多大成果，甚至还会曲解现代西方哲学。因为超越和排斥以主客、心物、思有二分为特征的唯物主义和唯心主义正是现代西方哲学作为一种新的哲学思维方式不同于近代哲学的基本特征之一。在一定程度上可以说，谁肯定西方现代哲学的唯物主义成分越多，谁就会离开它们的实际所是越远。

总之，只要人们遵循近代哲学思维方式，就必然把二者看作仅仅是根本对立的。最近一些年来，许多马克思主义哲学家虽然无意再全盘否定现代西方哲学，甚至试图批判地从中汲取合理因素，但一涉及对现代西方哲学的具体理论评价却往往感到困惑，主要原因也许正在未能越出近代哲学思维方式的界限。

2. 超越近代哲学思维方式和转向现代哲学思维方式

为了坚持真正的马克思主义哲学立场并对其与现代西方哲学的关系作出合乎实际的解释,笔者认为必须超越近代哲学思维方式,转向现代哲学思维方式。

按照近代哲学思维方式来解释马克思主义哲学的一种突出表现是把它归结为一个由几条能反映自然、社会和精神等一切领域的普遍规律为基本框架的理论体系,认为只要掌握了这些基本规律,就可由之出发或以之为基础而揭示出一切领域的特殊规律。这种解释可能导致把马克思主义哲学当作穷究一切存在和认识的基础和本质,并成为一切科学和知识的根据的体系,而这正是近代哲学由以构建其理论的基本观念。尽管人们强调马克思主义哲学和近代哲学有本质区别,他们对马克思主义哲学理论所作的解释有时也的确超越了黑格尔、费尔巴哈等近代哲学家的学说,但未能超越这些学说由以建立的哲学思维方式和基本理论框架,也就是仍然按照追求万物本源、本质并成为人的一切行动和认识的基础这种传统形而上学思维方式来理解和构建马克思主义哲学。结果必然是背离马克思主义在哲学上所实现的超越和变更,使它倒退到传统形而上学的水平。

那么,马克思主义所体现的现代哲学思维方式是怎样的呢?或者说,马克思主义是怎样扬弃和超越近代哲学而建立其实现了哲学上的革命变更的新哲学的呢?这是一个需要从不同层面加以研究和讨论的复杂问题。但我想至少可以肯定:上面提到的西方现代哲学对近代哲学的那些超越也在马克思主义哲学所实现的超越之列。事实上,近代哲学的思辨形而上学倾向(特别是建立无所不包的体系并把哲学当作科学的科学的企图),将理性绝对化的倾向,将主客、心物、思有等二元分立绝对化的倾向,将人当作手段和使人异化的倾向,都是马克思所一直激烈批判并要求克服的倾向。

马克思在扬弃一切旧哲学之后所建立的哲学不只是在具体的理论观

点上与以往哲学不同,更重要的是它彻底打破了一切旧哲学由以出发的前提。它所关注的不是去揭示世界的物质或精神本原,不是去建立描绘整个世界的严密完整的理论体系,而是直接面向人的实践和现实生活。实践观点是马克思主义哲学的首要的、基本的观点。但这不是把它当作本原或本体,不是企图在实践基础上去建立一种包罗万象的哲学体系,而是通过客观实践来充分发挥人的能动性和创造性,促进人的自由和全面发展。在如何理解实践作为马克思主义哲学的核心概念上还有许多问题需要探讨,但我认为至少应当肯定:实践不是单纯的物质或精神活动,而是包含了二者的统一的能动的活动;实践不只是感性的或理性的,而是感性和理性的统一;实践既是主观的又是客观的,是主客的统一;与实践相应的不只是知,而是知情意的统一。在一定意义上可以说,近代哲学之陷入种种片面性、矛盾和迷误,根本原因是忽视或未能正确理解人的实践的意义,而马克思主义则通过对人的实践的意义的深刻揭示和全面阐释彻底地实现了对传统形而上学的超越,实现了哲学上的革命变革。

3. 马克思主义哲学和现代西方哲学在超越近代哲学上的同一与区别

总之,不是以实体和本原为基础和出发点,而是以实践为基础和出发点;不是建立一个无所不包的哲学体系,而是超越一切僵固的、封闭的体系,回到人的现实生活世界;不是在理性独断和心物等二分的基础上使人片面化和异化,而是回到活生生的、知情意统一的、具体的、完整的人,并为人的自由和创造开辟广阔的道路:这些也许正是马克思主义哲学所体现的新的哲学思维方式超越于近代哲学思维方式的主要所在。

当我们回头来重新考察西方现代哲学对近代哲学的超越时,我们不难发觉它们并未越出马克思主义所实现的超越的范围。换言之,西方现代哲学各个流派从各自角度对近代哲学的缺陷和矛盾的种种超越,马克思主义哲学在其初创期就已以更加明确和彻底的形式提出了。这说明从超越于西方近代哲学的角度说,西方现代哲学与马克思主义哲学之间存在着很大

第十三章 西方哲学的近现代转型与马克思主义哲学和当代中国哲学的发展道路

的类似。二者可谓殊途同归。均属于现代哲学思维方式，具有某种程度的同质关系。

这当然不是否定二者之间存在着重要的，甚至是原则性的区别。与马克思主义哲学相比，现代西方哲学的各个流派在超越近代哲学时几乎都存在着种种不彻底性，甚至自相矛盾。他们往往以不同形式重犯甚至发展了近代哲学的某些片面性。例如，他们大都激烈抨击传统哲学的形而上学倾向，但往往把哲学所应有的对真理、理想等的形而上的追求与近代哲学之将这种追求思辨化、绝对化混为一谈，对之简单否定。然而他们自己又不得不以新的形态去构造某种形而上学。他们对传统哲学的理性独断和绝对主义作了可谓淋漓尽致的揭露和批判，却又因忽视甚至排斥理性的作用而往往走向另一极端，即某种形式的相对主义和非理性主义。他们揭示了主客、心物等二元分立的种种弊病，特别是使人对象化和物化（异化）的弊病，强调发挥人的能动性和创造性，然而却由此走向了无视客观实际的主观主义。

总的说来，西方现代哲学对近代哲学的超越有很大局限性。就个别的、具体的哲学流派来说，往往只是在某些方面或环节上有一定程度的超越，在其他方面则可能仍然徘徊于传统哲学的框架之中。只有通过整个现代西方哲学的长期发展历程才能实现对近代哲学的超越。换言之，马克思主义在19世纪中叶就已基本实现的哲学思维方式的变更，现代西方哲学是通过迂回曲折的道路在一个多世纪的漫长的发展历程中在某种程度上实现的马克思主义对近代哲学的超越不是简单否定，而是将其去伪存真，也就是批判地继承。它在克服传统哲学的种种片面性时不会陷入另一种片面性，而只会在汲取原有优秀哲学遗产的基础上实现哲学发展的新飞跃。从这种意义上说，马克思主义哲学既超越了传统哲学，又超越了现代西方哲学。

4. 坚定对马克思主义哲学的信念和大胆借鉴现代西方哲学

如果上面关于西方哲学的现代转型与马克思主义在哲学上的革命变

革的关系的论述大体能够成立,那从中至少可以得出如下两个结论。

第一,应当对马克思主义哲学有坚定的信念。

由于马克思主义哲学在整体上既超越了传统西方哲学,也超越了现代西方哲学。比后者更为全面和深刻地体现了现代哲学思维方式的特征,也更能适应现代社会的新形势和各方面发展的要求,因此我们不应为在它的发展中出现了某些曲折而对之失去信念。

在这一点上最重要的是:对马克思主义哲学之真实所是要有更全面的理解。不能按照为马克思主义哲学所扬弃的近代哲学思维方式去解释它,而要恢复它作为实现了哲学上革命变革的新思维方式的本来意义。最近一些年来,马克思主义哲学的威信受到了很大损害,有的人动摇了对它的信念。重要原因之一就是它被按照近代哲学的思维方式去解释,以致其本来意义受到扭曲。这种被扭曲的理论就像被马克思主义哲学所超越的旧哲学一样必然陷入困境和危机。为了使人们坚定对马克思主义哲学的信念,必须揭露和克服这种对它的扭曲现象。

第二,必须认真研究和大胆借鉴现代西方哲学。

如果承认西方现代哲学在整体上是对近代哲学的超越,是西方哲学发展上一个更高阶段,在体现一种新的、即现代哲学思维方式上与马克思主义哲学具有共性,那对它们一些过去常被简单否定的理论就要重新考察。它们也许正体现了对近代哲学的某种超越,在哲学发展上起着进步作用。从整体上说西方现代哲学对近代哲学的超越没有越出马克思主义哲学所超越的范围;但从某些局部和方面说,它们很可能包含了更为丰富和深刻的内容。考虑到马克思主义哲学长期被扭曲,它本来应实现的超越未能完全实现,有时甚至反而被拉回到近代哲学的思维方式上去,在这种情况下,从现代西方哲学所实现的那些超越中批判地汲取有益经验,用来补充马克思主义哲学某些方面的不足,或促进在这些方面的研究,就更显得重要了。正是在这种意义上我们可以说,研究和借鉴现代西方哲学是丰富和发展马克思主义哲学必不可少的环节。

三、西方哲学的现代转型与迈向 21 世纪的中国哲学

如何建立和发展与迈向 21 世纪的中国社会相适应的中国哲学,这是一个可以而且需要从不同层面、视角来探讨的问题。例如,中国是一个将马克思主义作为指导思想的社会主义国家,发展中国哲学首先应当发展适应中国特殊环境的马克思主义哲学;中国是一个有着数千年优秀文化传统的国家,发展中国哲学必以继承和发扬中国固有的文化遗产为前提;当代中国社会各个方面正在经历深刻的变革,发展中国哲学必须适应这些变革;等等。这些方面本身又包含着多方面、多层次的内容,需要分别加以研究,我在此想说的只是:它们也都应当与重新研究和认识西方哲学的近现代转型联系起来。

1. 发展中国的马克思主义哲学与重新认识和评价西方哲学的近现代转型的关系

关于丰富和发展马克思主义哲学必须研究和借鉴现代西方哲学,上面已经谈到。在此再提一下的只是:在中国,由于马克思主义哲学被按照近代哲学思维方式来理解的倾向曾经特别突出,为了促使它恢复作为现代哲学思维方式的本来面目,更加需要研究和借鉴对近代哲学思维方式作了多方面批判的现代西方哲学,马克思主义哲学在中国有过举世公认的创造性发展,但在不同时期又都曾出现过偏离其本来意义的倾向,特别是将它僵化和教条化。出现这种状况的原因是多方面的。从理论根源说,这与没有如实认识西方近现代哲学的转型的深刻意义、错误地将其与马克思主义在哲学上的革命变更绝对对立起来有一定联系。人们对以二元分立和理性独断为特征的某些近代哲学往往因其有唯物主义或辩证法因素而过分地加以肯定,而对现代西方哲学中那些超越了传统哲学思维方式的理论往往当作唯心主义而加以简单否定,在多次发动的对西方哲学思潮的批判中,所批判的有时也许正是其能在一定程度上体现现代哲学精神的内容。这在对实用主义的批判中就表现得相当明显。

在现代西方哲学思潮中,实用主义因鼓吹调和折中和过分强调谋取实利、忽视原则而受到来自各方的非议。从马克思主义立场出发对之进行批判无疑是必要的。然而实用主义又是一个具有较多现代哲学特征的哲学流派,对之应作具体和全面分析。例如,杜威等人的理论的最显著特点之一是拒斥以心物、主客二元分立和实体本体论为特征的传统形而上学,要求哲学和科学把注意力移向人的现实生活世界(经验世界)。不过他们不把经验看作物质或精神存在,而看作人与其对象世界之间(主客、心物之间)的相互作用。经验不是实体性存在,而是作为上述相互作用的活动、过程,也就是人的现实生活和实践。他们一般并不否定经验以外的世界自在地存在,但认为它们只有处于与作为主体的人的关系中才能作为客体存在,才成为哲学和科学的对象。正是由此出发,他们认为哲学家不应当去建立关于超经验的物质和精神实体的体系,也不应去论证这种意义上的唯物主义和唯心主义,而应使哲学成为一种关于人的现实生活、实践的方法论。尽管他们的这些理论的确存在着种种片面性,但毕竟突破了传统形而上学对经验和实在的理解的界限,具有现代哲学思维方式的特征。与古典哲学相比,它与马克思主义哲学有着更多的共同之处。本应给予更多肯定,并从中得到某些启迪。然而长期以来,人们却往往把它归结为主观唯心主义而予以全盘否定。

对实用主义的其他方面及对其他现代西方哲学流派的批判也存在类似情况。其主要消极后果是把人们的注意力由具体的现实生活和实践引向关于物质、精神等抽象的一般概念,由对近代哲学的超越又回复到近代哲学。这意味着在坚持和维护马克思主义的名义下颠倒了西方近现代哲学(特别是它们的转型)的是非,从而也使马克思主义哲学在某些方面被扭曲成近代形而上学类型的哲学。

2. 继承和发扬中国传统哲学必须与研究和借鉴西方哲学及其近现代转型相结合

继承和发扬中国传统哲学之所以也必须与研究西方哲学、特别是其近现代转型结合起来。主要理由有三。

第一,这种继承和发扬必须坚持用马克思主义作指导,而后者从理论来源说是西方哲学发展的产物,它在现当代的丰富和发展仍然与西方哲学在现当代的发展和转型密切相关。为了更准确和全面地理解并创造性地运用马克思主义,必须认真研究西方哲学。

第二,这种继承和发扬必须适应实现中国的现代化、建设有中国特色的社会主义的要求。一方面,由于中国传统哲学和文化是在个体的、狭隘的小农经济基础上建立起来的,受宗法血缘关系及以家国一体为特色的社会结构的制约。尽管它们具有非常丰富和优秀的遗产,但本身并不能完全适应上述要求,必须对之加以改造,而批判地汲取具有现代特征的西方哲学和文化是进行这种改造必不可少的环节。另一方面,中国的现代化应当避免西方现代化过程中的许多弊端,而现代西方哲学在这方面所进行的种种批判至少可以唤起我们在这方面的警觉。

第三,这种继承和发扬必须适应面向世界、面向未来的需要。为此,中国哲学和文化必须是开放性的,能与世界各国、特别是西方各国在哲学和文化上相互对话和交流。这也意味着必须使中国传统哲学和文化与体现当代特色的西方哲学和文化相互沟通。

3. 中西沟通和融合是迈向21世纪的中国哲学发展的必由之路

无论从中国或世界范围说,迈向21世纪都意味着科学技术、经济和社会等各个方面将发生深刻的变化。哲学也必将如此。对于21世纪的哲学将向什么方向发展?中国和西方哲学界都在进行热烈的讨论。回答可谓众说纷纭。就21世纪哲学发展的具体形态说,谁也难以作出精确的判断。然而,在各种可能的趋势中,不同类型哲学(包括西方哲学中的不同思潮和流派,马克思主义和非马克思主义哲学,东方、特别是中国哲学和西方哲学等)之间的接近和会通也许将是一种必然趋势。

如果说19、20世纪是各种对抗和冲突激化的世纪,那么随着冷战不可逆转地结束和人类面临各种共同的挑战,21世纪也许将是以和平竞赛和对话协商为主调的世纪。对抗和冲突不会很快消失,在局部范围仍可能很激烈,但它们最终只能通过对话和协商来解决。在这种情况下,哲学领域以往那种势不两立的对抗必将有所缓解,商讨式的论争会被更多的人接受。事实上,西方哲学界已开始显示出这种倾向。许多哲学家不仅在试图超越西方哲学中各种流派和思潮的对立,也试图在马克思主义与非马克思主义哲学之间寻找共同语言。这不意味着要求各派哲学放弃自己的原则和信念,而只意味着不将其绝对化,并对其他各种思潮和流派采取较为宽容和开放的态度。马克思主义哲学作为一种开放型哲学同样应当在坚持自己的基本原则和信念的同时更加注意与各种非马克思主义哲学对话,从中汲取一切有价值的成果。

关于东西文化、中西哲学的关系问题曾长期引起激烈争论。人们在这方面之所以难以达成共识,原因很多。历史文化传统、思维方式等的不同以及由此所造成的彼此之间的偏见和误解属主要原因之列。当西方各国处于其现代化的上升和巅峰时期,他们的思想家对以理性和科学为特征的西方哲学和文化必然深信不疑,而对缺乏这种特征的东方哲学和文化的优秀成果必然视而不见。同样,当中国等东方各国尚处于所谓前现代时期时,这里的思想家们对西方哲学和文化也不可能有深刻的了解。在这种情况下,要做到中西哲学和文化的会通是不现实的。然而,当历史走向 21 世纪,当西方各国经历了"现代"哲学和文化的种种危机和矛盾,失去了对理性和科学的迷信、要求超越它们,并企图转向从东方文化中寻找出路的时候,当东方各国进入了"现代化"时期,对在西方最早出现的理性和科学精神有了更多的认识而要求超越固有传统的时候,二者之间自然会找到相互理解和沟通的桥梁。因此,如果说以往的世纪是东西(中西)哲学和文化相互分离和对立的世纪,21 世纪也许是二者之间的相互沟通和融汇的世纪。

如果上面的分析能够成立,那么面向 21 世纪的中国哲学将是一种在马克思主义哲学的指导下汲取和容纳百家的开放型哲学,是在继承中国传统哲学优秀遗产基础上与体现了现当代的时代特征的西方哲学相衔接的哲学。西方哲学在经过扬弃后将成为丰富和发展中国哲学的重要资源。

而中国传统哲学将在克服种种局限性的前提下发扬光大,成为世界哲学中的瑰宝。把中国优秀的哲学遗产推向世界,把西方哲学的现代精神引入中国,这也许正是迈向21世纪的中国哲学发展的必由之路。在这一基础上重新形成和发展的中国哲学必将是一种既超越中国传统哲学,又超越西方哲学的崭新的哲学。它将处于时代高峰,并随着社会的发展而不断丰富和发展。

(原载《天津社会科学》1996年第3期;《新华文摘》1996年第8期转载)

第十四章
对西方哲学近现代转型的历史和理论分析

一、重新认识和评价西方近代哲学的意义

不同倾向的哲学家对近现代西方哲学发展的评价往往大不相同,但他们都会承认,在近现代西方哲学之间存在着重要的甚至是根本性的区别。这意味着西方哲学的发展在近现代之间发生了重要的甚至是根本性的转折(转向、转型)。马克思主义哲学家根据对西方社会和哲学发展史的深刻分析,揭示了19世纪中期马克思主义的产生实现了哲学上的革命变更。19世纪中期以来的许多西方哲学家和哲学流派也对传统欧洲哲学采取批判态度,要求对之进行根本性的改造,并纷纷宣称自己的哲学理论开辟了哲学发展的新方向。从那时以来,在西方哲学界不断传来各种转向之声,例如语言的转向、生活世界的转向、历史和实践的转向、后现代的转向,等等。它们的意义往往有重要区别,也往往有得以成立的理由。究竟何种"转向"更加深刻、更能体现这一时期时代精神的变更,这不仅在马克思主义者与非马克思主义者之间有极不相同的回答,在西方哲学家内部也往往难以、事实上也从来没有达成共识。

但是,在对西方传统哲学、特别是近代哲学(包括它们的理论前提、研究的问题的性质、范围和方法以及它们的基本理论框架和目标等方面)采取批判态度并要求改变哲学发展的方向上,在对哲学问题的提法和回答上,它们之间仍然存在着某些可能是相当重要的共同之处。正是后者把西方现代哲学和近代哲学区分开来,从而成了西方哲学发展的新转向的主要标志。为了对现代西方哲学有较为客观和深入的了解,当然需要对各家各

第十四章 对西方哲学近现代转型的历史和理论分析

派的理论进行具体的研究和分析,揭示它们各自的特征以及它们之间的差异;但也应研究它们的共同之处,特别是那些使它们与近代哲学区别开来的特征。这也就是了解西方哲学由近代向现代的转化在整个哲学发展上所具有的真实意义。

对于西方哲学从近代到现代的转化,我国哲学界由于受"左"的影响,以往大都采取简单否定态度,如下两种看法曾相当流行。第一,从"文艺复兴"到黑格尔的西方哲学反映了处于资本主义上升时期、具有一定革命性和进步性的资产阶级的利益和要求,存在符合唯物主义和辩证法要求的合理和积极因素,而自此以后,特别是马克思主义哲学产生以后的西方哲学则主要是作为反动资产阶级的意识形态,从本质上说不可能包含合理和积极因素,在理论上表现为纯粹的唯心主义和形而上学。第二,只有马克思主义哲学才克服了以往西方哲学的种种缺陷,继承和发扬了其唯物主义和辩证法等优秀遗产和进步传统,并由此而实现了哲学史上最伟大的革命变更,开辟了哲学发展的新方向;现代西方哲学恰恰相反,它们抛弃了西方哲学的唯物主义和辩证法等优秀遗产和进步传统,而发挥了其消极、落后以至反动的方面。因此,马克思主义哲学和现代西方哲学处于根本对立地位。这两种看法密切相关、互为表里。人们无论从理论上或历史现实上都可以为其找到印证的理由。问题是:这些理由是否具有普遍和绝对的意义?或者说现代西方哲学是否只能是由唯心主义和形而上学堆集而成?是否应当简单否定?在"左"的年代,人们很少、实际上也难以对之作出真正合乎实际的考察。

随着"左"的影响的不断克服,人们开始对一些过去几乎被认为无容置疑的结论重新加以研究。对上述问题人们不再采取简单否定的态度,而在不同程度上企图对之作出求实的分析;他们既坚持马克思主义的批判态度,从原则上划清马克思主义哲学和现代西方哲学等非马克思主义哲学的界限,同时对后者不简单否定,而是试图发现其中可能包含的合理和积极因素,有的人还企图将其与对中国传统哲学以及马克思主义哲学的研究结合起来,以此丰富和发展马克思主义哲学,使之更为符合当代中国建设社会主义的现实的需要。然而,如果不重新认识西方哲学从近代到现代的转向的真实意义,就不能从根本上改变过去习惯了的那种看待现代西方哲学的思维方式,就不能真正了解西方哲学由近代转向现代所具有的进步和革命含义,也不能如实地认识西方近代与现代哲学以及马克思主义哲学之间的真实联系,从而不能达到上述哲学研究的目标。

为了了解西方哲学由近代转向现代的真实意义,必须重新从整体上认识和评价近代西方哲学,特别是分析它们的成败得失。

二、西方哲学在近代的转向和进步

对于从"文艺复兴"到黑格尔这一段时期的近代西方哲学所取得的重大成就及它们在整个西方哲学发展上所处的重要地位,除了个别走向极端的非理性主义哲学家和个别当代后现代主义者外,很少有人会表示怀疑。尽管哲学家们因立场不同而对这一时期哲学的评价和取舍标准在某些方面存在差异,但大都在不同程度上肯定了它们所具有的理性、人文和科学精神的进步意义。

近代西方哲学的理性、人文和科学精神是统一的。从理性不仅是人所固有、而且是人的本质属性来说,理性精神实际上就是人文精神;从人文精神的根本特征就在于肯定人本身所固有的理性的权威地位和力量来说,它必然突出地表现为理性精神。当时的许多先进思想家都力图确立人的独立地位,在不同程度上使人摆脱对神的从属关系。他们对作为中世纪封建专制主义的意识形态、并以贬低理性和抬高信仰为特征的传统宗教和神学以及以基督教神学为基础的经院哲学,都进行了淋漓尽致的揭露和批判;由此来论证和讴歌人本身所具有的理性能力,并否定立足于后者的哲学对神学的依存关系。文艺复兴时期的思想家们(特别是人文主义者)就已把具有理性的人当作他们关注的中心,把尊重和发扬人的个性、促进人性的解放当作他们的理论出发点。他们号召人们冲破传统神学(特别是基督教禁欲主义)和经院哲学的禁锢,把注意力由彼岸的天国返回到现实的人间。

第十四章 对西方哲学近现代转型的历史和理论分析

17—18世纪的欧洲哲学中有着唯物主义和唯心主义、经验论和唯理论等各种派别的分野,但各派在提倡理性、限制信仰上有着很大一致。笛卡儿运用理性演绎法建立起来的哲学体系固然是典型的理性主义体系,培根等人的经验主义也同样以尊重和颂扬人本身所具有的认识能力、即与盲目的信仰相对立意义下的理性为前提。正如马克思所指出的,在培根哲学中,"归纳、分析、比较、观察和实验是理性方法的主要条件"[①]。18世纪的法国唯物主义者和启蒙思想家大都把理性当作是人的本质,并把是否符合理性当作衡量是非善恶美丑的根本尺度,由此对理性主义的原则作了进一步发挥。康德揭示和批判了以往哲学家停留于理论理性(认识和科学领域)所必然陷入的矛盾,企图通过论证人具有先验认识能力来克服这种矛盾,以此使科学知识的普遍性和必然性得到确证;同时他又把理性由科学所属的理论领域扩展到道德自由所属的实践领域,扩大了理性的作用范围。他关于限制理性、为信仰留下地盘的口号的真实含义也正在限制理论理性的作用范围、肯定与之不同的实践理性,而不是排斥理性和倒向传统意义的信仰主义。黑格尔在揭露和批判包括康德在内的前人的理性主义的矛盾的基础上建立了一个无所不包的理性主义体系。正因为如此,这一整个历史时代在西方哲学史上被称为理性的时代。

近代西方哲学中体现人文精神的理性精神与随着自然科学兴起而出现的科学精神是互为表里、彼此促进的。当时的自然科学的一个重要特点是它们从神学以及以神学为基础的经院哲学的束缚下解放出来,开始成为真正的科学。科学家们已不再援引神力(天启)去洞悟某种神秘的本质,而是凭借人本身固有的意识、理性能力(经验和思维)去认识所面对的客观世界。当时先后兴起的各门自然科学都是作为主体的人的意识、理性对作为客体的自然界的认识和研究。这种认识和研究的成果有时达到了可以用精确的数学公式表达的程度。哥白尼、刻卜勒、伽利略和牛顿这些科学大师的发现为近代自然科学提供了光辉的范例。自然科学从神学和经院哲

[①] 《马克思恩格斯全集》第2卷,人民出版社1957年版,第163页。

学的桎梏下的这种解放促进了哲学获得同样的解放。哲学已不再像在中世纪那样是神学的婢女,而是人本身的意识、即理性的产儿。上帝的万能被代之以理性的万能。凡人所需要了解的一切均可通过人本身的理性获得,而且能做到像数学推理一样清晰和精确。这样,自然科学的胜利也就是理性的胜利,或者说是理性和人文精神以及以之为基础的哲学的胜利。

近代西方哲学在从当时形成和发展起来的自然科学获得其所需的论据和知识材料的同时也为自然科学的发展提供了指导。这具体表现在它们对实验自然科学的成果从哲学上作了总结和概括,不仅以之为基础而重新提出和发展了唯物主义自然观,更为自然科学以及人的全部现实生活制定了认识论和方法论原则,这对近代自然科学以至整个社会的发展都起了很大的推动作用。培根的经验归纳法和笛卡儿的理性演绎法正是这种认识论和方法论的典范。他们以后的许多哲学家,特别是从康德到黑格尔的德国古典唯心主义哲学家,对认识论和方法论问题作了更为深入和具体的论述。其中最值得注意的是他们对认识的辩证法作了相当深刻的揭示和论述。康德对主体的能动作用的强调成了西方哲学发展中的一个重要转折点,黑格尔的辩证法则可谓集古典西方哲学的辩证法的大成。

这种在实验自然科学基础上对认识论和方法论问题的深入和具体的研究意味着这一时期的哲学家已普遍地把自己的理论建立在反省思维的基础上,克服了古代哲学所特有的素朴性和直观性。这标志着西方哲学的发展发生了一次被称为认识论转向的重要转向,使西方哲学的发展进入了一个新的阶段。

尽管当时的哲学家仍把世界的本质、人与世界的关系问题(而这也正是哲学作为人的一种精神活动所必然要研究的基本问题)当作关注的核心,但他们的哲学在理论形态上已与建立在感性直观和猜测基础上的古代哲学以及把人与世界的关系归结为与上帝的关系,并使人完全处于从属地位的中世纪哲学有着重要区别。这突出地表现在他们大都自觉地把作为认识主体的人与作为其对象(客体)的世界区分开来,即把心灵和肉体、精神和物质、思维和存在区分开来,并由此来探讨主体如何认识和作用于客

第十四章 对西方哲学近现代转型的历史和理论分析

体、客体如何作用和呈现于主体。哲学基本问题非常明确地表现为主客、灵肉、心物、思有关系问题。正像恩格斯指出的那样,思维对存在、精神对自然界的关系这个全部哲学的最高问题虽然早已存在,"但是,这个问题,只是在欧洲人从基督教中世纪的长期冬眠中觉醒以后,才被十分清楚地提了出来。才获得了它的完全的意义"①。这意味着认识论的转向之得以实现,西方哲学发展之进入一个新的阶段,与哲学基本问题之明确表现为主客、心物、思有等的关系问题是密切联系在一起的。前者可以说正是后者的结果。因为没有主客心物之明确区分,就谈不到建立以关于主体如何认识客体为主要内容的认识论,更谈不到有认识论的转向;而且,哲学基本问题之明确表现为主客、心物、思有等关系问题也意味着确立了人作为主体的独立地位,肯定了人本身具有的理性(包括人的感觉、思维、情感、意志等多种形态的心理意识活动)能力使人不仅能认识世界,而且能在这种认识的基础上按照自己的意志来处理与其所面对的世界的关系。

哲学基本问题作为主客、心物、思有关系问题的明朗化及由此导致的西方近代哲学中认识论的转向的实现,与西方各国由封建的自然经济制度转向资本主义的商品经济制度以及与之相应的政治和思想文化等各个方面的变化是一致的。它不仅对西方哲学本身的发展起了重要的作用,也是经济、政治、科学文化等近代西方社会各个方面发展的必要前提。没有这种转向,个人作为独立主体的地位就不能得到确认,以肯定这样的主体的地位为前提的市场经济体系就不可能充分发展起来,西方资本主义的自由民主等体制就无法建立;没有这种转向,就不可能有对自然界的深入具体的探索和近代实验自然科学的发展;没有这种转向,西方各国的现代化运动就不可能顺利实现。

从对西方哲学本身的发展来说,认识论转向和哲学基本问题的明朗化的重要作用既表现在确立了哲学中的主体性原则,又表现在促进了近代唯物主义学说的形成和发展及其反对唯心主义,特别是中世纪神学唯心主义

---

① 《马克思恩格斯选集》第 4 卷,人民出版社 1995 年版,第 224 页。

的斗争。正因为如此,与古代和中世纪相比,唯物主义和唯心主义的对立和斗争在西方近代哲学中表现得更为突出,甚至可以说构成了这一时期哲学发展的主要内容。谁如果离开或忽视这种对立和斗争,就不仅不能深刻理解、而且还会歪曲这一时期哲学发展的真相。

但是也不能简单地用唯物唯心的对立来概括全部哲学发展的丰富内容,更不能简单用这种对立来概括某一历史时代的哲学的成败得失,即使在这种对立特别突出的近代哲学中也是如此。因为正如恩格斯所指出的,唯物主义和唯心主义这两个用语只是表明二者对上述主客心物等关系的问题作了相反的回答。除此之外,"这两个用语本来没有别的意思,它们在这里也不能在别的意义上被使用"①。恩格斯严厉地驳斥了一些资产阶级庸人把唯心主义说成是崇尚道德理想、把唯物主义说成是追求享乐、吝啬、虚荣。他认为对二者不应作出某种偏颇的价值判断。不能认为唯心主义进步、唯物主义落后,反之亦然。"关于人类(至少在现时)总的说来是沿着进步方向运动的这种信念,是同唯物主义和唯心主义的对立绝对不相干的。"②恩格斯接着谈到思维和存在的关系问题的另一个方面,即人的思维能否认识现实世界的问题,他认为包括唯心主义者黑格尔在内的绝大部分哲学家都对之作了肯定回答。这意味着对这方面问题的回答与唯物唯心的划分也无直接联系。

因此在讨论和评价西方近代哲学在西方哲学发展上所取得的进步时,不能将这种进步仅仅归结为丰富和发展了唯物主义。事实上,对近代西方哲学的发展起过重大作用的哲学不仅有17世纪英国唯物主义,18世纪法国唯物主义、费尔巴哈唯物主义,也有从笛卡儿到黑格尔的唯心主义。笛卡儿被认为对近代哲学的正式形成起过关键作用,但这主要并不在他的具有唯物主义倾向的物理学,而是他从"我思"出发建立起来的理性主义的认识论和方法论体系,后者为近代主体性(理性)形而上学开辟了道路。至于

---

① 《马克思恩格斯选集》第4卷,人民出版社1995年版,第224页。
② 同上书,第232页。

黑格尔的唯心主义辩证法在西方哲学史上的作用，更是一再受到马克思主义创始人的高度肯定。总之，就在近代西方起过进步作用的哲学来说，唯物主义无疑是其主流，但简单地用唯物唯心来为一切是非对错划界、对唯物唯心作出本来并不（至少并不必然）隐含的价值判断，看来并不符合历史真实。为了更为全面地认识西方近代哲学的成败得失，似乎应当从体现西方近代哲学的基本倾向，特别是其人文和科学精神的理性主义精神这个更为广阔的视野来对之加以分析。

三、近代西方哲学的缺陷和矛盾

体现了科学和人文精神的理性主义精神使近代西方哲学取得了光辉夺目的进步，但同时又包含了严重的缺陷和矛盾，由此孕育着深刻的危机。这首先表现为：对理性的倡导由于走向极端而变成了对理性的迷信，理性万能取代上帝万能导致了理性的独断；用理性主义精神构建的哲学体系往往变成了凌驾于科学和现实生活之上的思辨形而上学体系。其次，近代哲学所实现的认识论转向虽然以反省（理性）思维克服了古代哲学的素朴性和直观性，然而它之以主客、心物等分离为前提又往往使人忽视了二者之间不可分割的联系，以致在不同程度上陷入了二元论，而二元论最终必然导致与理性精神相悖的独断论或怀疑论。

当欧洲人从中世纪长期"冬眠"中觉醒以后，先进思想家们纷纷拨开神学的迷雾，重新开始探索古代先哲们既已提出并进行过较为笼统的研究的关于现实世界的本质、人与这个世界的关系等哲学的基本问题。在文艺复兴时代，哲学家们所关注的主要是如何使人从旧式的神学禁欲主义禁锢下解放出来，面向现实人生。对人文精神的倡导是当时哲学的主旋律。理性在当时实际上被理解为具有广泛含义的人性；而世界在人的目光下也同样具有丰富多彩的特性。甚至在被马克思称为"近代英国唯物主义的鼻祖"的弗兰西斯·培根那里，人和世界大体上仍是活生生的，"物质带着诗意的感性光辉对人的全身心发出微笑"①。不过,他们对理性的这种认识仍是笼统的,带有很大朴素性。

在近代西方哲学往后的发展中,对人的心理意识活动的研究越来越深入具体。17—18世纪的哲学家分别对感觉经验和理性思维作了相当系统的研究,制定了对西方哲学的认识论转向起了重大作用的经验归纳法和理性演绎法。然而他们在取得这些重大成就的同时却往往忽视了各种认识活动之间的联系,更未能看到人的认识活动与人的情感意志等活动的联系,把本来相互渗透、不可分割的感觉经验和理性思维等分割开来,各执一端,由此走向了都有很大片面性的经验论或唯理论。人和世界也都被狭隘化了。人的理性往往成了与具有多方面价值和意义的人的现实存在相分离的思辨理性(在唯理论者和思辨哲学家那里)或工具理性(在经验论者和实验自然科学家那里)。后二者表现形式虽不同,在与人的活生生的现实存在、特别是丰富多彩的内心世界相分离上则是一致的。人被抽象化成了狭隘的理性的化身,世界也成了由这样的理性所构建的世界。马克思就培根以后近代唯物主义的这种片面化倾向说:"霍布斯把培根的唯物主义系统化了。感性失去了它的鲜明的色彩而变成了几何学家的抽象的感性。物理运动成为机械运动或数学运动的牺牲品;几何学被宣布为主要科学。唯物主义变得敌视人了。为了在自己的领域内克服敌视人的、毫无血肉的精神,唯物主义只好抑制自己的情欲,当一个禁欲主义者。它变成理智的东西,同时以无情的彻底性来发挥理智的一切结论。"②马克思的这段话深刻而生动地揭示了本来在唯物主义上比培根更为彻底和系统的霍布斯怎样由于把理智片面化和绝对化而使唯物主义变得"敌视人""毫无血肉"。霍布斯如此,其他近代哲学家(无论是唯物主义者还是唯心主义者)在不同程度上也大都如此。

近代哲学之"以无情的彻底性来发挥理智的一切结论",必然导致一系

---

① 《马克思恩格斯全集》第2卷,人民出版社1957年版,第163页。
② 同上书,第163—164页。

第十四章 对西方哲学近现代转型的历史和理论分析

列极端化的结局。这首先表现在把自然、社会和精神世界的一切都纳入理性框架,把哲学变成一种无所不包而带有浓厚思辨性的理性形而上学。

这种状况的出现与17世纪以来理性精神在各个领域的胜利直接相关。以理性为基础的数学和实验自然科学的光辉成就,使许多西方思想家相信理性具有无上权威,可以作为普遍有效的尺度和万能的工具。对理性的倡导由此走向极端而变成了对理性的迷信,理性万能取代了上帝万能。似乎一切都可以而且应当由理性来建立和判决。任何科学都由理性概念构成,都以是否符合理性的要求为真伪标准;任何社会现象和社会问题也都应由理性来认识和解决;社会秩序应当是理性秩序。理想的社会只能是理性社会。而一切思想和文化体系也同样应当是理性体系。

近代西方哲学家们正是在理性的这种五彩光环照耀下从事哲学活动的。他们以为,哲学家的任务是去发现那些最普遍的、绝对可靠的、自明的理性概念和原则。只要他们在这方面取得了成功,他们就可以用以构造出关于整个世界的图景,推演出全部知识甚至存在体系。而一旦这样的哲学体系被建构出来,就应当成为一切科学的基础和真理的标准,就具有凌驾于一切科学之上的无上地位,哲学由此被当作"科学的科学"。

这种由绝对化的理性概念建构出来的哲学体系必然带有强烈的独断和思辨形而上学倾向,这在理性派哲学家那里表现得最为突出。笛卡儿由绝对可靠的"我思"出发构建出全部哲学和知识体系可谓开了这种倾向的先河,斯宾诺莎之直接用几何推理来构建其哲学体系并由之推出人类全部知识体系是这种倾向的进一步发展,莱布尼茨和沃尔夫的体系从康德以来就被认为是独断论的典型形式。康德批判了他以前欧洲理性派哲学家,认为他们在没有详细探讨人的理性认识的性质和适用范围以前就肯定理性认识的可靠性和确定性,不适当地扩大了它的运用范围,因而陷入了独断论。但他关于在理论理性领域为自然立法(用先验论论证科学知识的普遍性和必然性),在实践领域为道德立法(由实践理性颁布绝对命令)的思想也未能避免思辨性和独断性。黑格尔用他的辩证思维方法对思辨形而上学,特别是其独断性作了更为深刻的批判。然而他的绝对唯心主义体系却又成了理性派思辨形而上学的典型形态。其所以如此,根本原因即在他们实质上都是企图运用思辨理性去建立关于存在和认识的无所不包的形而上学体系。

带有思辨和独断倾向的远不止是理性派哲学家,大部分近代西方哲学家(包括狄德罗、霍尔巴赫等18世纪法国唯物主义者)在不同程度上都如此。他们无不企图按照普遍和自明的理性原则来构建出一个内容广泛,甚至无所不包、能描绘出整个世界图景的形而上学体系,我们在一定意义上甚至可以说,西方哲学史上的这个理性时代同时又是建构体系哲学的时代。然而,从特定时期人类的知识水平说,建立这样的体系而无独断性实际上是不可能的。就这一时期的情况说,自然领域的知识虽已开始成为科学并已有很大发展,但其所提供给人们的关于自然界的知识仍然是片断的、局部的、残缺不全的,对世界的许多方面和许多事物还远未涉及,因而还远不能提供关于整个世界的图景。为了描绘出这样的图景,他们无法根据客观事实,只好依靠理性的独断和思辨。

从应用绝对化了的理性去建立无所不包的理论体系说,近代西方哲学家必然在不同程度上走向思辨形而上学;从运用这种理性去建立认识论和方法论来说,则必然在不同程度上落入二元论。二者又是一致的。因为其形而上学体系是通过其认识论和方法论建立起来并主要表现为认识论和方法论。这意味着其思辨形而上学是一种具有二元论倾向的理论。

近代西方哲学家的二元论倾向的根源在于:当他们把理性作为工具去建立认识论时,必然假定认识就是主体以理性的不同形式(感知、直观、推理、反思等)去把握与其不同并处于其外的客体。尽管他们对主体和客体的本性(例如是物质的还是精神的等)的看法各不相同,但都肯定在认识中主体与客体(心与物)是彼此分离开来的。当人把自己当作认识对象(客体)时,后者与人作为主体也是分离的。认识中主客体的这种分离是认识得以进行、并取得进展的必要条件。从这种意义上说,这一时期的哲学家对主客体的划分应当看作是人类哲学思维和认识发展中一种重要的进步。问题在于,当他们把主客、心物、思有等区分开来后,却未能看到它们之间

第十四章 对西方哲学近现代转型的历史和理论分析

的相互依存和转化关系,而往往把它们分裂和绝对对立起来。这正意味着在一定意义上陷入二元论。笛卡儿之把心物当作两个相互独立的实体是这种二元论的最典型形式。不过具有这种倾向的远不只是笛卡儿等少数人,当时绝大部分哲学家在不同程度上都未能幸免。

其所以如此,与当时自然科学发展的状况所体现的人的认识发展的状况,以至人本身的发展状况密切相关。因为一定时期的哲学发展状况总是与人在当时的认识发展水平相应,当时自然科学刚从神学的桎梏下解放出来,往往还带上神学的痕迹。笛卡儿物理学之最后归顺神学、牛顿关于第一推动力的思想等就是突出的例证。自然科学已有一系列光辉成果,但还远未扩及意识和精神领域,不能说明意识的起源和性质,从而也不能说明它们之间的相互依存和转化。物质的基本属性是广袤,意识的基本属性是思维;物质不能产生意识,意识不依赖物质。这在当时的科学和哲学中几乎是众所公认的。18世纪法国唯物主义者曾提出意识是物质的属性,但也因不能对此作出科学解释而缺乏说服力,未能从根本上改变哲学中心物分离的状况。为了把心物统一起来,人们在不同程度上还需仰赖超乎心物之上的神力。总的说来,意识和精神领域在很大程度上仍受神学的制约。

更值得注意的是,这一时期的自然科学家虽然已不满足于古代科学对自然只是进行一般的、笼统的研究,而发展到进行分门别类的研究,即研究自然的各个局部、方面和过程,但这种研究仍只是刚刚起步,远不足以使他们得以进行新的综合和概括。因此他们没有、也不可能看到这些局部、方面、过程之间的联系,看到世界的整体性及其运动和发展。这样势必只见树木不见森林。以孤立和片面为特征的形而上学思想方法在当时必然占支配地位。自然科学中这种状况势必影响到哲学,使这一时期的哲学同样受这种思想方法支配。虽然许多哲学家都把以主客、心物、思有关系为核心的认识论问题当作哲学的中心问题而进行了相当深入和具体的研究。但形而上学的思想方法使他们不能正确解决主客、心物、思有等的关系问题。也就是不能把这种关系看作对立统一关系,而是把它们分裂开来和对立起来。在不同意义上陷入了二元论。

与将理性绝对化相关的思辨形而上学倾向和二元论倾向使近代西方哲学遇到了一系列难以克服的矛盾,使它们原来所倡导的科学和人文精神在不同程度上都走向了其反面。

近代西方哲学家大都把制定符合科学精神的认识论和方法论为己任。他们在这方面虽然获得了巨大成果,但最后却又陷入了不能自拔的困境。例如,具有普遍性和必然性的知识从何而来呢?以休谟为代表的经验派哲学家由于把人的认识局限于主体所及的感觉经验范围,不了解主客、心物、感性理性等之间的相互依存和转化关系,对这类问题只能避而不答,并由此得出了怀疑论的结论。以笛卡儿为代表的理性派哲学家同样不了解这种关系,只好借神学的余荫,以人人具有天赋观念或天赋认识能力等独断来作答。这意味着他们以不同方式倒向了独断论。而当这类独断观念被移去或被驳倒,同样会落入怀疑论。康德企图用主体的先天综合能力在科学范围内统一经验和理性,然而所谓先天综合能力本身就是出于独断。他为了给道德和宗教等留下地盘而把科学和知识局限于现象世界,并进一步肯定现象世界与自在之物世界、事实世界与价值世界、自然领域与社会伦理领域、纯粹理性与实践理性之间的分离。他由此既否定了科学的客观实在意义,又否定了道德等学科的科学意义。这意味着他实际上否定了以倡导理性万能为特征的近代哲学传统。从费希特到黑格尔等康德以后的德国唯心主义者企图借助"绝对自我""绝对精神"来克服各种二元分裂现象,但他们不过是把主客、心物等的关系问题归结为意识内部关系问题。科学和知识在他们的哲学中仍从属于形而上学。18世纪法国唯物主义者及费尔巴哈等人提出了反映论,但由于他们的反映论是消极的、被动的,未能肯定主体的能动性,也未能正确解决主客、心物等的关系问题,更谈不到建立科学的认识论和方法论。

总之,实现了西方哲学中的认识论转向的近代西方哲学实际上却以在认识论上的失败而告终。它们对科学精神的强调也未能摆脱科学对思辨形而上学的从属地位。

第十四章 对西方哲学近现代转型的历史和理论分析

近代西方哲学是以提出应当以人、而不是神作为哲学的中心而开始其发展历程的。文艺复兴时代的思想家们在倡导人文精神时，既强调人的理性，更强调人的全面发展。绝大多数近代西方哲学家都要求摆脱旧式的基督教神学和经院哲学以及其他一切绝对的传统和权威对个人发展的任何束缚，主张思想解放。他们大力倡导发挥人的个性和创造性，尊重人的自由和尊严。然而，近代西方哲学的发展却使他们事与愿违。主客、心物、灵肉的分裂使人要么沦落为一架没有灵魂的机器（正像马克思说的，在一些机械唯物主义者那里，唯物主义变得"敌视人"）；要么成为没有血肉身躯的纯粹精神，即精神性的形而上学体系中的一个环节。在此，人无非是理性思辨体系中作为"动物"中一个类的"人"概念的外部表现。人的本质不是存在于人的现实存在中，而是存在于体系中的"人"概念中。这正像柏拉图理念论中人的理念是原型，而具体的人是摹本一样。于是，人的主体性和创造性，人的自由和人格的尊严都被消解于思辨体系中了。人们在摆脱了神学和经院哲学的束缚后，现在却又受到机械论和思辨形而上学体系的束缚。

对近代西方哲学存在的问题，现代西方哲学家（例如所谓"后现代主义者"）往往把它们当作"本体论的思维方式""基础主义""本质主义""逻各斯中心主义""在场的形而上学"等来加以批判。这些提法的所指与上面所讲的类似。各种提法的不同主要只是表述的角度和着重点不同。例如"本体论的思维方式"着重于把"本体"（存在本身、先在的本质、实体）当作事物的具体和特殊的存在及其各种特性的基础。本体概念是体现事物的存在及其特性的本质属性的概念。哲学思维的任务就是揭示和阐明本体概念，然后据以推论出其他一切。基础主义主要是就哲学和其他学科的构成以及哲学与其他学科的关系而言的。它认为哲学和人类其他知识都具有某种坚实的基础，这种基础本身就是自明的、直接的、无需证明的，应当成为一切知识的合理性的源泉，而哲学的使命和功能正在寻找和充当这种基础。本质主义具有较多认识论和方法论的意味。它认为事物的本性甚至其存在取决于其本质属性，从而主张人们把寻找和认识事物的本质当作哲学的出发点。它往往把事物的理性概念当作其本质属性的体现,从而企图从理性概念的体系推出存在的体系。总的说来,无论是本体论的思维方式、基础主义或本质主义,都是以把理性概念绝对化并用以作为哲学的出发点为基本特点。

按照传统的哲学教科书的表述,近代西方哲学的缺陷主要表现为唯物主义不彻底,而且基本上是机械的、形而上学的;其辩证法往往与唯物主义相分离而为唯心主义哲学家所发挥;在对认识论的研究中由于把经验或思维片面化、绝对化而走向了怀疑论或独断论,并归根到底转向唯心主义;在社会历史领域内唯心主义始终占支配地位。这种对近代西方哲学的缺陷的表述是符合近代西方哲学的实际情况的。马克思和恩格斯在这方面作过许多深刻的论述。这些论述过去一直是、现在仍然是所有愿意用马克思主义的观点来研究西方哲学的人所必须认真学习并用以作为指导的。不过,由于"左"的教条主义的影响,这些论述在相当长一段时期内被人简单化和僵化了,以至往往远离了它们的原义。鉴于上面提到的对近代西方哲学的缺陷的提法也完全符合马克思、恩格斯的论述,而且较易与西方哲学家的提法衔接,所以近年来中国哲学界往往也使用这些提法。

四、近代西方哲学的终结

不管使用什么提法来表述近代西方哲学的缺陷和矛盾,都可得出一个共同的结论:从文艺复兴到黑格尔的近代西方哲学在取得了一系列伟大成就以后,在一定意义上仿佛又回到了它原来的出发点上。不过现在它的地位改变了。它已失去了过去那种唤起人的觉醒、维护人的自由与尊严、推动人的全面发展的朝气蓬勃的精神,而转到了它过去所反对的东西方面。换言之,它在否定了自己的对方后,现在轮到自己该被否定了。尽管这并非全盘被否定,而毋宁说是被扬弃,但它毕竟意味着西方哲学的发展现在必须实现新的重大的变更。这一变更包括了近代哲学怎样走向终结和现代哲学怎样形成两个不可分割的方面。

第十四章　对西方哲学近现代转型的历史和理论分析

近代西方哲学之走向终结是西方哲学发展中一次根本性的变更。它标志着从文艺复兴时代开始准备、由笛卡儿正式发端、以黑格尔为顶点的近代西方哲学思维方式从整体上说已完成了其发展历程，在某些方面成了哲学进一步发展的障碍，现在需要对它重新加以反思甚至开始扬弃了。

近代哲学思维方式的基本特点是以主客分立（也就是所谓主体性原则的确立）为前提，以主体所固有的理性为手段、以研究认识论问题为中心、以建立关于整个世界的体系为目标。尽管在近代哲学中有着唯物主义和唯心主义、经验论和唯理论等派别的对立，它们之间往往存在着激烈的争论，但它们研究的问题的性质、范围、方法和目标以及它们的基本理论预设和理论框架大体类似。即使像对二元论及作为其逻辑结果的独断论和怀疑论作了尖锐批判、并试图通过提出"实体就是主体"的命题而克服主客分立的黑格尔，最终也不仅未能摆脱这种本体论思维方式，反而建立了一个集这种方式的大成的思辨形而上学体系。正因为如此，这一时期的哲学家既具有共同的成就，也存在共同的问题。我们上面提到的近代西方哲学的缺陷和矛盾不只是属于某一哲学家或某一哲学派别的，而是属从笛卡儿到黑格尔的整个时代的。因此人们在评价这一时代的哲学时，不宜孤立地来肯定或否定某一流派或思潮，而应把它们放在整个时代的哲学思维方式的背景下来作分析。这样，近代西方哲学的终结就远不只是某个特殊的哲学流派或某种特殊的哲学理论（不管它表现为唯物主义还是唯心主义、经验论还是唯理论）的终结，而是整个这一时代所特有的哲学思维方式的终结，在一定意义上类似库恩所谓范式（方式、模式）的变换。

西方近代哲学发展上的这种变更既合乎哲学和思想文化本身发展的逻辑，又符合社会历史发展的规律。它既有思想和文化（包括然科学）发展的根源，又有社会历史根源。

促使近代西方哲学走向终结的思想文化根源涉及诸多方面。哲学发展本身的内在矛盾无疑是重要方面之一。近代哲学也像其他时期的哲学一样，其发展并不是单一和纯粹的。尽管二元分立和理性独断是这一时期的哲学的具有普遍意义的特征，但从一开始就有与之相反的倾向存在。早在近代哲学的盛期,就有一些西方思想家(例如与笛卡儿同时代的法国哲学家帕斯卡尔、著名的法国启蒙思想家卢梭、意大利哲学家维柯、德国浪漫主义思想家等)对近代哲学中的二元分立和理性独断等弊病进行了尖锐的揭露和批判。尽管他们的哲学在他们所处的那个理性主义时代并不特别引人注目,但却为叔本华、克尔凯郭尔、尼采等早期现代哲学家超越近代哲学思维方式、开创现代哲学思维方式提供了重要的启示,被他们当作自己的理论先驱。

自然科学发展中的变更也是促使近代哲学走向终结的重要因素。近代西方哲学无论是就其成就或缺陷说,都与同时代自然科学息息相关。近代哲学发展模式之取代古代模式在很大程度上是由于近代对自然的研究超越了古代那种对自然进行一般的、笼统的研究的层次,进到了对其各个局部和过程进行具体的、分门别类的研究的层次,从而开始正式形成为科学。这种研究对促进人对自然界的深入认识和使人在与自然的关系中取得更大自由起过极重要的作用。但这种研究以认识主体与其对象(客体)相分离、认识对象与其周围的事物相分离以及主客均处于某种静止状态为前提,从而必然导致二元分立和把认识绝对化的思维取向。这正是造成近代哲学存在上面提到的那些缺陷的重要原因。然而,到了19世纪中期,西方自然科学的发展已开始明显地显露出新的范式转换的征候。这特别表现在当时一系列自然科学已开始从自然事物的运动变化和发展中、从它们与其他事物的联系中对它们进行系统的、整体性的研究。细胞学说、能量守恒和转化定律和生物进化论以及其他重要科学发现都突破了原有的科学研究模式的界限。在这种情况下,哲学上的形而上学思维方式也必然要被新的思维方式取代。正像恩格斯所指出的,当自然科学对生物和非生物的研究"已经进展到可以向前迈出决定性的一步,即可以过渡到系统地研究这些事物在自然界本身中所发生的变化的时候,在哲学领域也就响起了旧的形而上学的丧钟"[①]。

[①]《马克思恩格斯全集》第21卷,人民出版社1965年版,第339页。

第十四章 对西方哲学近现代转型的历史和理论分析

促使近代西方哲学转型的社会历史根源同样是多方面的,不同立场的人们可以从不同方面对之作出分析。对于如下两方面的情况,谁都应当加以关注。

第一,无论从哪方面说,19世纪中期欧洲各国的社会历史状况已发生重要变化。经济危机的出现、社会和阶级关系的重组、思想文化上的堕落,都是谁也无法否认的事实。这些都极大地动摇了人们对资本主义的理性社会的信念,打破了他们对理性万能的幻想。人们也必然要重新审视作为这种信念和幻想的基础的理性主义哲学。由于近代西方哲学广义地说都属于理性主义的范畴,人们对理性主义哲学的怀疑就不只涉及某一思潮或哲学家,而必然涉及以二元分立和理性独断为特征的整个哲学思维方式。这种对理性普遍失去信念的社会背景必然导致理性主义哲学的危机。

第二,19世纪中期欧洲思想领域内最重要的事件是马克思主义哲学的产生。尽管人们对它的态度大相径庭,但都无法否定它在西方哲学史上引起的历史性变更。它与包括近代哲学在内的全部西方古典哲学有根本区别,它的出现是对全部近代西方哲学的一种范式变换,宣告了后者的终结,意味着西方哲学必然要改变发展方向。人们可以不赞成马克思主义哲学,但难以再坚持以往的哲学思维方式,必须按照变化了的历史条件创造和提出新的哲学思维方式。尽管19世纪中期以后欧洲各国出现的各种哲学流派与马克思主义哲学往往处于对立地位,但它们在理论模式上大都与近代哲学有着根本性的区别。

总之,无论从思想文化(包括作为文化形态之一的哲学本身)或社会历史条件说,西方哲学发展到19世纪中期已到了一个转折关头。以二元分立和理性独断为特征的近代哲学思维方式被取代或者说被超越已是不可避免的了。

五、现代西方哲学的形成

近代西方哲学思维方式走向终结为一种新的哲学思维方式、即现代西方哲学的形成开辟了道路。不过近代哲学的终结和现代哲学的形成并不意味着后者对前者的简单否定,而毋宁说是后者对前者的一种批判和超越,其中包含着对前者的某些因素的继承。因此它也不是一种立即完成的突发式的断裂,而是一个相当长的由此及彼的转型过程。在这个转型期中存在种种不同的哲学,它们往往具有不彻底、新旧混杂、折中等特点。这使人们对之可以作出各种不同解释,而且在一定意义上都可能是持之有故、言之成理的。人们之所以对近现代哲学的转型在性质、作用甚至发生的时间上有不同看法,与此密切相关。

19世纪中期(可往前推到19世纪30年代黑格尔逝世或更早一些)前后一段相当长的时期内,西方哲学经历了一段可谓冷落、凋零,甚至动摇和混乱的岁月。这一段时期正是现代西方哲学开始形成的时期。

在率先实现了资本主义政治和经济革命的英国,对传统哲学思维方式的批判实际上可以上推到休谟,因为他的怀疑论在一定意义上就是对传统哲学思维方式的怀疑。在休谟以后的英国哲学中,尽管没有很快产生具有新的哲学思维方式特征的哲学派别,但在18世纪末和19世纪上半期这段时期内,当以黑格尔为最大代表的理性派思辨形而上学在德国空前得势时,在英国却没有再出现过有重大影响的传统模式的哲学。这意味着英国哲学的发展向新的模式的转化已在酝酿之中。

在这一时期的法国哲学中,过去盛极一时的作为理性主义典范的启蒙思想家和唯物主义者的哲学越来越受到怀疑,以至被抛弃,在公众中流行的往往是各种形态的折中主义甚至唯灵论。这些哲学本身并未摆脱旧的形而上学,但它们的出现毕竟暴露了后者的堕落和陷入危机。这种状况在一定程度上预示着哲学变更的年代快要来临。

在德国,早在18世纪下半期,康德的批判哲学已在很大程度上意识到近代理性主义和思辨形而上学的哲学思维方式的缺陷,他的"哥白尼倒转"在一定意义上就企图为哲学的发展另辟蹊径。但是他本人并未能摆脱旧的哲学思维方式,以致以黑格尔为最大代表的以后的德国古典哲学家由他出发合乎逻辑地建立了集理性派形而上学大成的哲学体系。然而,随着黑

第十四章 对西方哲学近现代转型的历史和理论分析

格尔的逝世(1831)和黑格尔学派的解体,哲学中的理性主义和思辨形而上学传统也很快受到怀疑和否定。德国所谓有教养的阶层之对哲学失去兴趣而热衷于谋取实际利益也正是这种怀疑和否定倾向的体现。

总之,这一时期欧洲各国哲学领域明显地处于萧条、冷落和凋零状态。但是,这种状态似乎并不能笼统地说就是西方哲学的没落,更不意味着哲学的绝对荒芜,而是转型期往往难以避免的暂时的沉寂。因为新的哲学思维方式无论是就其提出和被人接受来说,都需要有人们一段时间的反思和比较。在这段旧的哲学思维方式已失去影响力、新的哲学思维方式尚未成熟的时期内,人们对哲学显得冷落或提出一些奇谈怪论,都是很正常的现象。

对研究这一时期西方哲学的变迁来说,最重要的是要看到:就在这段冷落、动摇和混乱的时期内,甚至更早一些时候,已有一些哲学家在酝酿新的哲学思维方式了。

尚在 19 世纪上半期,当以黑格尔为代表的理性主义在欧洲大陆还占统治地位时,就有一些哲学家(以德国哲学家叔本华和丹麦哲学家克尔凯郭尔最为突出)向传统的理性主义公开提出挑战。他们大都接受并发挥了康德关于实践理性高于理论理性以及限制理论理性为道德自由留下地盘的思想,主张哲学应当超越理性派形而上学的独断倾向、突破以二元分立为出发点的认识论界限,而转向人的本真的存在,由此重新认识宇宙人生的意义。他们认为以往哲学(无论是经验派或理性派)从主客(思有、灵肉等)二元分立出发所进行的研究只能及于现象界,而不能达到人和世界的真正存在;为了揭示后者,必须超出二元分立的界限,转向对人及事物本身的研究,而这需要越出理性(感觉经验和理性思维)的界限,转向非理性的直觉。他们要求超越理性派思想家对普遍的人性,即人类共同本性以及普遍的自由、平等、博爱的颂扬,主张转向强调个人的独特个性、生命、本能。这也就是要求冲破以往哲学家用普遍的、绝对的理性概念(不管是哲学的、神学的还是科学的)编织的束缚人的独特的生存和个性的罗网,恢复和维护人的本真的存在,发现和发挥人的内在的生命力和创造性。他们的这些思想为后来的许多西方哲学家所继承和发展,形成为现代西方哲学中一种重要思潮,即所谓"人本主义"或者说"非理性主义"思潮。

另有一些哲学家(特别是英法实证主义者)则着重批判传统形而上学的思辨性,强调哲学应以实证自然科学为基础,应成为自然科学的方法论和认识论。他们由此既反对以黑格尔为代表的理性派思辨唯心主义,也反对17—18世纪那种企图给出关于整个世界图景的唯物主义,认为它们都把哲学变成了脱离人的现实生活和经验的形而上学,而后者束缚和限制了科学的发展。但他们由此否定哲学对事物的本质和客观规律的探究,否定哲学作为世界观的意义,认为哲学应以描述经验事实为范围、以取得实际效用为目标。他们大体上继承了以休谟派经验主义的传统,但不满意休谟的怀疑论,更不满意旧的经验论由于缺乏实证自然科学根据而带有的思辨性。他们要求建立一种排除思辨形而上学、追求实证(经验)知识的可靠性和确切性的哲学,由此开创了现代西方哲学中的"科学主义"思潮。

总之,尽管19世纪上半期,特别是40年代以前,欧洲哲学领域的状况相当混乱,已经受到强烈冲击的以理性独断和主客心物二分为特征的近代哲学(包括德国古典哲学)在某些情况下仍占主导地位(特别是德国尚如此)。上面所说的两股哲学思潮(它们往往相互交织)尚未引起西方舆论界的充分注意,未成为具有强大影响的哲学学派。但它们的出现却已无可逆转地预示着西方哲学的重大转向的来临。

19世纪40年代以后,欧洲各国的社会历史条件、科学和认识发展的状况以及思想文化的各个领域的状况都发生了重大变化。这些变化各以其特有的方式对那里的哲学发展状况发生了深刻影响,而这些影响都在不同程度上导致对近代西方哲学的进一步否定,这意味着以黑格尔为代表的理性主义哲学传统进一步受到批判,而上述两种思潮倒是越来越得势,以至于形成为一百多年来在西方世界影响最大的思潮。这期间,在西方产生了数不胜数的哲学流派,其中也有不少流派在理论上仍较多地保留着传统形而上学甚至思辨唯心主义特征,它们与一些古典实在主义和唯心主义哲学或宗教哲学流派关系密切,往往是由后者脱胎而出的。在一定意义上未尝不可把它们当作上述两种思潮以外的第三种思潮,即形而上学和宗教哲学思潮。但即使这些流派也仍与传统哲学有着重要区别,倒反而在不同程度上与上述两种思潮有较密切联系,甚至也可以列入后者之中。因此我们仍然可以说,19世纪中期上述两种哲学思潮的正式形成,标志着西方哲学发展到了一个与近代哲学有重大差别的新阶段,一百多年来西方哲学的发展大致上都可归属于这个阶段。

六、现代西方哲学的"超越"

从追问关于世界的本质和本原、建立关于整个世界的图景的哲学体系的传统哲学思维方式的观点看,从把心物主客二元分立绝对化、并把由此产生的唯物唯心等的对立绝对化的立场看,上述两种哲学思潮的出现和流行,很难说是哲学发展上的进步。因为它们不仅批判和要求超越近代唯物主义哲学,而且也否定了近代唯物主义赖以存在的基础,也就是在反对二元论的口实下要求根本取消作为划分唯物唯心标准意义下的主客、心物等关系问题。从唯心主义是一种认为世界的本质和本原是精神、物质是由精神派生的学说看,绝大部分西方哲学家也都反对唯心主义。但如果把从作为主体的人出发来看待世界并认为人所面对的现实世界为人本身所建立和规定(人化)的学说当作唯心主义,那这两种思潮大体上都可归属于唯心主义。不少西方哲学家也正是在这种意义上称自己的哲学为唯心主义。因此在评价现代西方哲学时,如果把是否可归属于近代意义下的唯物主义作为是非的根本标准,那对其评价只能是否定的。与此相关,如果谁试图在现代西方哲学中寻找近代意义下的唯物主义因素、并把是否具有这种因素当作评价它们的根本尺度,那必然会脱离现代西方哲学发展的实际趋势,把它们自己认为应当否定的东西当作肯定的东西。

是否应当因现代西方哲学否定了近代唯物主义而笼统地对之加以否定呢?这实际上涉及到应当坚持还是超越近代哲学思维方式的问题。如果坚持,那必然否定。即使人们有对现代西方哲学作实事求是、具体分析的愿望,只要他们仍然坚持近代哲学思维方式,他们就会因为现代西方哲学企图超越后者而对之否定。如果人们能顺应时代的发展而愿意超越近代哲学思维方式,他们就会从西方现代哲学中发现与这种超越有关的积极因素。

从19世纪中期西方哲学的发展出现方向性转型以来已有一百多年。在这漫长的岁月中又经历了多种多样的变迁,大小的思潮和流派此起彼伏,使人目不暇接。它们的理论特征彼此相异,各种思潮和流派内部多不统一。就对它们的具体的思想评价说,往往是真理与谬误并存,进步与倒退交织,革命与反动共在。抱着完全相反的立场和观点的人都不难从其中找到自己所需的例证。但是,如果将整个西方现代哲学的理论走向与近代哲学作比较,我们还是可以发觉它们至少在如下几个重要方面在不同程度上超越了后者。

第一,大部分现代西方哲学流派放弃了建立无所不包的哲学体系以及把哲学当作科学和一切知识的基础、即置于它们之上而成为"科学的科学"的企图。这大大地限制了传统哲学的范围和职能,甚至是对后者的一种消解,但却是哲学发展中的一种重要进步。随着各种特殊科学的形成和发展,现代自然科学越来越具有独立存在的意义,不需要建立在某种绝对的哲学原则的基础上,更不需要哲学来代行其职能。它们为了自身的进一步发展,必须突破原有的知识体系,更不能继续被当作哲学的分支。在现代西方哲学家中的确存在由此走向极端、以至主张根本取消哲学等片面性倾向;但大多数人认为科学也并不能完全取代哲学,哲学仍然具有存在的意义。他们只是要求重新思考哲学和科学及其他一切知识的关系,重新思考哲学的本性和功能。哲学只应去做它自己该做的事情。后者究竟是什么,哲学家中很难有普遍同意和完全确定的回答。现代西方哲学家提出了各种各样的说法。例如,作为生活和行为方法或科学的方法论,作为对意义的澄明和解释,对世界和人本身的超越及人的理想和终极关怀的探究,作为超形而上学的人文研究的文化学或"后哲学文化",作为对智慧的训练,等等。尽管这些说法也都存在片面性,但毕竟在不同程度上对现代条件下

第十四章 对西方哲学近现代转型的历史和理论分析

哲学的新的意义和功能作出了新的、有价值的探索。这是对作为体系哲学的思辨形而上学,特别是其本体论的超越。

第二,现代西方哲学家大都企图排除作为近代认识论基础的二元分立倾向。这并不是简单地否定主客、心物、思有之间的差别和联系,而往往只是要求将它们看作是一个不可分割的、统一的过程。其中起主导作用的是作为主体的人的创造性活动。康德的"哥白尼变更"在一定程度上超越了主客二分以及与之相关的经验论和唯理论等的对立,他关于实践理性高于理论理性以及道德自由的理论也超越了以自然科学方法论为核心的认识论哲学方式的界限。然而他又在现象与自在之物之间、理论理性与实践理性之间划了一道鸿沟,从而没有真正克服二元论倾向。不少现代西方哲学家企图进一步强调主体的能动作用来克服康德的不彻底性,企图把仍处于分裂状态的理论理性世界和实践理性世界归属于统一的现实生活世界,后者正是人的创造性活动所发现或界定的世界。他们在这样做时同样往往走向另一个极端。这特别表现在他们撇开(尽管并不都是简单否定)人的创造性活动的客观基础,从而具有相对主义、主观唯心主义甚至唯意志主义倾向。但是其锋芒毕竟主要是针对与二元分立相关的机械论、独断论和怀疑论,是对这些倾向的某种程度的否定。有的人还以人的生活和实践来解释人的创造性活动,提出不应以主客二分、而应以人(而且是与他人共在的人)的实践作为哲学的出发点,正是实践使主客分离的世界转向了二者统一的现实生活世界。这在一定程度上意味着他们通过迂回曲折的道路、以某种片面甚至歪曲的形式走向了与马克思的实践观相似的思想。这是对二元分立哲学模式的超越。

第三,许多现代西方哲学家(特别是所谓"人本主义"思潮的哲学家)对近代哲学中所表现出的理性万能和理性独断倾向进行了公开挑战。他们要求超越理性的界限、转向非理性世界,并对人的非理性的精神活动(其中包括、但不限于人的情感意志活动)进行了多层次和多方面(包括它们的性质和作用)的研究,试图揭示与人的精神活动直接相关的研究(社会历史与心理等学科)和自然研究之间的区别,制定与自然科学方法论不同的精神科学方法论。这些研究有时也有走向另一个极端的倾向。例如有贬低甚至否定理性的作用,夸大情感意志等非理性的心理活动的作用,从而在不同程度上走向唯意志主义和反理性主义。但他们对非理性活动的揭示和研究毕竟扩大和加深了人们对人的精神活动的认识,而那些未经理性改装和凝固化(其中可能包含着各种扭曲)的本真的精神活动是通向人的现实生活世界和达到对人的更全面和完整的理解的重要门户,是对人的理性活动的一种重要补充,对它们的研究具有极为重要的意义。这是对传统理性主义的超越。

第四,西方近代哲学以倡导人文精神开始,然而思辨形而上学和二元论思维方式使哲学家们把人的存在抽象化了:把人要么看成与其对象相分离的纯主体,要么将其对象化而失出作为主体的意义,而这都掩盖了人的现实存在和人的本真性。现代西方哲学家(特别是"人本主义"思潮的哲学家)在从哲学上重新研究人时大都一方面反对把人对象化,要求恢复人的本真的存在,重新认识人的存在及其活动的价值和意义。他们强调要把人看成完整的人,看成目的而不是手段;认为人不是哲学体系中的某个环节或组成部分,而是整个哲学的核心,任何哲学问题都是因人的存在及其活动而获得意义。传统哲学的失误归根到底是由于它们实质上"遗忘"了人;而哲学的重建归根到底是向人的回归。另一方面,他们中一些人又反对把人当作纯粹主体,即孤立的、原子式的自我存在,而认为应当看成与其对象不可分割地联系在一起的存在,或者说一定境遇中的存在。对人作为主体的肯定意味着同时对自我、他人和环境(客体)的肯定。他们要求以交互主体取代个体主体,以主体间性(主体交互性)取代主体性,以主客的相互作用(生活、实践、过程)代替主客互为独立的实体。这种理论虽然同样有片面性,但毕竟是在提倡一种新的人文精神,至少对西方社会中人的异化现象及把人的存在抽象化的传统人道主义的种种弊端作了有较大深度的揭露和批判。这是对近代哲学关于人和人道主义理论的超越。

西方现代哲学对近代哲学的上述超越不只是个别哲学流派和哲学家的个别理论观点的改变,而是西方哲学发展中一种具有相当普遍意义的理

第十四章 对西方哲学近现代转型的历史和理论分析

论思维方式的转型,即有关哲学研究的对象、方法和目的等方面的基本观念的重大变更。许多现代西方哲学家都在用一种不同于近代哲学的思维方式来重建哲学,企图以此摆脱近代哲学的困境,为哲学的进一步发展开辟新的道路。总的说来,他们的哲学的确也更能体现这一时期西方社会的政治、经济和文化发展的状况、特别是科学技术的飞速发展所导致的各种问题,因而具有重大的进步意义。与近代哲学相比,现代哲学的出现标志着西方哲学发展到了一个新的、更高的阶段。

第十五章
美国哲学发展的特殊性及其近代变更

美国哲学是西方哲学的组成部分。对它的评价与对整个西方哲学的评价应当大体一致。但是美国哲学又是西方哲学的一个特殊部分，其产生和发展的条件与英德法等欧洲国家既有重要的共同之处，又有不容忽视的差异。这种差异势必影响到对它们的评价，有时这种影响还相当显著。许多欧洲哲学家不无根据地嘲笑美国哲学肤浅和缺乏原创性。由于特定的政治和意识形态等复杂的原因，一些马克思主义哲学家在相当长时期内也往往只关注美国哲学的确存在的负面意义。然而，尽管美国哲学在体系性和原创性上不如英德法等国哲学，但它作为美国立国的精神支柱却又促使美国资本主义的发展得以后来居上，在政治、经济、军事、科学技术等方面在西方各国中都处于明显强势地位，使美国成了当今世界头号发达国家。出现这种情况的原因是多方面的，不能仅仅用哲学发展来解释，但也不能否认在促进社会各个方面的发展上，美国哲学较欧洲哲学确有明显优势。还应当看到，美国是各种现当代西方哲学发生影响的主要场所。即使是那些发源于欧洲国家的哲学思潮，也往往只有在美国获得广泛流传后才能获得世界性意义。这就要求我们从与整个西方近现代哲学发展趋势相比较的角度来重新研究美国哲学的特殊性及其与其他西方国家哲学的联系。这种研究不仅能促进我们揭示美国近现代哲学发展的实际所是及其与美国社会发展的联系，也能促使我们更好地认识现当代西方哲学及其与现当代西方社会发展的联系，从而对它们作出更为适当的评价。

第十五章 美国哲学发展的特殊性及其近代变更

一、美国立国的背景及美国哲学发展的特殊性

1. 美国之作为后起的资本主义国家

在西方世界，与具有较为优久历史和文化传统的英法德等欧洲各国相比，美国是一个后起的国家。在 16 世纪初第一批欧洲移民到达北美新大陆以前，印第安人早已在那里繁衍生息，但他们当时还处在部落集居阶段，远未形成统一的民族国家。而这时的欧洲各国在经历了具有反封建意义的文艺复兴运动后，已开始在不同程度上先后走上资本主义发展道路。欧洲各国向美洲的移民本身就具有资本向外扩张（占有殖民地、开辟新的市场和原料来源、加速原始资本积累）的意义。欧洲和美洲社会和文化发展的这种巨大差距，使欧洲移民在进入新大陆后得以较为顺利地以征服者的姿态成为那里的殖民统治者。英国人踏上北美大陆晚于法荷等国，但英国走上资本主义发展的道路较早，其对外扩张与对殖民地的占据都能较好地与资本主义的发展相适应，因而在向北美移民、特别是在占有和经营殖民地上得以后来居上。经过 17 世纪上半期的多次移民以及与法荷等国的争夺，英国占有了北美最大数量的殖民地，由英王委任或认可的总督分别管理。随着在政治、经济等各方面的发展，它们都在不同程度上与宗主国英国的统治发生了越来越尖锐的利害冲突，到 18 世纪中叶，在富兰克林、杰弗逊等启蒙思想家的倡导下，各殖民地的人民展开了反对英王的封建殖民统治的斗争，并建立起了殖民地联盟，后来的美国就是通过联盟所进行的摆脱英国统治的独立战争而在 1776 年正式建立起来的。这意味着美国作为一个国家存在的历史迄今只有两百多年，如果从欧洲移民开始成批进入北美算起，也不足四百年。

2. 美国社会政治和思想文化发展的后发性

美国资本主义的后发性决定了其社会政治和思想文化等方面发展的特殊性，美国之由以欧洲为主的世界各地的移民构成及其建国历史的短

暂,决定了美国的社会经济和政治制度及与之相适应的包括哲学在内的思想文化的发展必然具有一些与其他各国都有所不同的特色。这突出地表现在所有这些方面都几乎是移民们从"空地"上从新建立起来的,都具有明显的后发型性质;而这种后发型性质使它在所有这些方面都既可现成地吸取欧洲各国先行的经验,又可从欧洲各国的各种挫折以及矛盾和冲突中吸取教训,做到更有适应性和进步性,因而其发展往往能更为快速。

就社会经济和政治制度说,尽管移民中不乏封建制度甚至奴隶制度的维护者,但多数人对它们都持反对态度,而较为赞同或者毋宁说更为适应当时欧洲正在形成中的资本主义生产关系。对走向后者,他们可借鉴英国等欧洲各国在这方面的经验教训,因而也较为顺利。他们在反对封建等级和专制制度、建立资本主义制度等方面同样遇到阻力,但与欧洲各国也有所不同。这是因为北美原来并没有强大的封建势力,而当时的移民,除了少数人属于欧洲的保守和反动阶层(例如由英国派往北美的统治者)、企图把欧洲的封建等级制移植到北美外,大多数人是随着旧的农业社会的解体而出现的破产农民,以及随着经济危机的出现而处于失业等困境的手工业者和工人,还有的是受到封建专制制度的政治迫害的部分上层人士以及受到英国国教迫害的广大清教徒。这些人来到北美后大都希望在此从新建立的国家和社会应当尽可能避免他们在故国所受到的种种压制。因此,尽管北美走上资本主义发展的道路步的是英国等欧洲国家的后尘,却能在一定程度上避免欧洲各国在这方面的某些不彻底性,特别是相对顺利地克服封建专制制度的阻碍,使资本主义在此获得更为快速的发展。

包括哲学在内的思想文化在北美的发展情况与此相适应。

当欧洲移民来到北美时,他们不仅带来了在当时是较为先进的资本主义生产方式,也带来了与之相适应的思想文化。事实上美国的哲学发展无论就其基本方向或主要思潮来说都与欧洲各国大体一致。其中最突出的是个人主义思潮和宗教情怀。个人主义思潮是与商品经济的兴起直接相关的。因为商品经济以买方和卖方在商品市场上具有独立身份,即作为个体主体来进行等价交换为前提。不肯定个人在市场上的独立地位就不可

第十五章　美国哲学发展的特殊性及其近代变更

能有市场经济。正因为如此,从文艺复兴时期开始,个人主义思潮就以不同形式在欧洲各国流行。当欧洲移民来到北美时,由于他们带来的主要是商品经济制度,因此个人主义自然一开始就成了这里的主要思想潮流。由于欧洲商品经济制度下的个人主义思潮一开始就依靠宗教伦理来调节,当个人主义成了北美的主要思潮时,宗教情怀在此也必然广为传播。在17世纪北美作为英国的殖民地的时代,最为流行的意识形态起初主要就是在加尔文教教义影响下原在英国形成的清教神学,这与移民中有大量为逃避英国国教压制而来到北美的清教徒这一情况相关。后来清教神学本身虽然衰落,但它所播下的宗教情怀却在美国产生了根深蒂固的影响,以致与个人主义一道成了后来整个美国思想文化的主要因素。它们对美国社会各方面的发展都有深刻影响。

另外,在英国发生过重要影响的牛顿的科学和哲学思想、洛克的哲学和政治思想以及与宗教有着密切联系的贝克莱哲学也传入了北美。到了18世纪,北美反对英国的殖民主义和要求独立的思潮得到越来越强大的发展,与之相适应,以倡导天赋人权、并以自由、平等、博爱等为口号的欧洲各国的启蒙思潮、特别是法国启蒙思想家和唯物主义者的理论在此受到了越来越广泛的欢迎。正是在其直接影响下,产生了与北美具体情况更相适应、特别是与北美争取独立的运动相适应的启蒙思潮。18世纪70年代前后美国独立运动的许多代表人物(如富兰克林、杰斐逊、潘恩等人)同时又是当时最有代表性的启蒙思想家。从18世纪末到19世纪上半期,德国古典哲学在欧洲哲学中占有突出地位,美国哲学中的德国因素也由此越来越显著。19世纪中期以来在欧洲哲学的发展上发生了重要的方向性的转折,产生了许多要求超越欧洲哲学原有传统、特别是反对与绝对理性主义、思辨形而上学有着密切联系的传统哲学的哲学思潮和流派。这些哲学思潮和流派大都也流传到了美国,有的甚至还成了美国的主要哲学流派。例如,与进化论的流行有着密切联系的实证主义(特别是斯宾塞的实证主义)、与在新的条件下对德国古典哲学重新解释的新康德主义和新黑格尔主义,与对生命现象的新解释相关的德法的生命哲学,以及各种类型的实在主义以及宗教哲学在美国不仅都有不同程度的影响,而且也都有其重要代表人物。20世纪在美国流行的哲学流派(例如曾长期占领美国哲学讲坛支配地位的各种类型的分析哲学)也大都源于欧洲。即使是在美国本国产生的人格主义、实用主义等流派,也同样具有欧洲思想的渊源。因此在一定意义上可以说美国哲学是欧洲哲学的翻版和继续。

3. 美国哲学发展的特殊性

然而,美国哲学的发展毕竟有不同于欧洲之处。美国建国的历史不长,它的哲学不可能具有欧洲哲学那样深厚的历史底蕴,较难产生具有完整理论体系的原创性理论。但也正因为美国历史不长,它的资本主义发展较少受到沉重的历史包袱的拖累,在哲学上也较少受到封闭、僵固的理论体系的桎梏。尽管在美国流行的哲学流派大都发源于英德法等欧洲国家,但当它们被移植到美国后,往往能在不同程度上摆脱在这些国家较难摆脱的封闭、僵固和绝对化的理论框架,适应美国这个较为开放的社会的要求而进行某些改造。这主要表现为冲淡某些哲学的思辨性、能在较大程度上使之具有面向现实生活和实践的特色。无论是从殖民地时期到19世纪中期以前的近代哲学发展时期或在此之后的现代转型时期,情况都是如此。例如,从殖民地时期到美国建国后,美国哲学大都有相当深厚的宗教情怀,各种哲学流派大都打上了宗教烙印,这使直接形态的唯物主义和无神论很难在此立足,更难在这方面建立完整的理论体系。但与欧洲相比,美国的宗教大都具有较多世俗化倾向,在强调启示和信仰的同时大都又肯定理性和科学的作用,在鼓吹天国幸福时又强调尘世生活的价值。这些都使美国哲学能有较多的现实性和实在性。到19世纪中下期,以康德、黑格尔为代表的德国唯心主义传入美国,但它们在此也有了新的特色,例如对德国的思辨形而上学作了某些改造,特别是对黑格尔的绝对概念重新作了解释、使之能具有更多肯定个体的作用等特征,甚至使之与美国思想文化中一开始就显得特别突出的个人主义和自由主义倾向相结合。至于在美国产生的人格主义、特别是实用主义,则更加明显地具有以反对思辨形而上学和

第十五章　美国哲学发展的特殊性及其近代变更

绝对理性主义为特征的体系哲学的倾向以及强调现实生活和实践的品格，从而更加能够超越近代哲学、具有现代哲学的特色。

还应当看到，由于美国是一个以欧洲各国为主的世界各地的移民组成的国家。这些移民带去了世界各地的传统文化。由各种传统文化融合而成的新文化又是对这些文化传统本身的否定，任何一种传统都失去了作为判断标准的意义。这使美国文化必然具有多元的特色。在哲学上也是如此。一些在欧洲和其他国家中彼此尖锐对立的哲学流派流传到美国以后往往能彼此相容甚至相互融合。例如，以黑格尔为代表的德国的思辨唯心主义能与英国经验主义传统的哲学相融合。这具体表现在以罗伊斯为代表的美国绝对唯心主义（新黑格尔主义）在不少方面具有经验主义特征，以致后来与实用主义等经验主义传统的哲学流派合流。在适应美国资本主义发展需要这个大前提下各种哲学流派和思潮新旧混杂、多元并立、相互融合，这大概可以说属于美国哲学发展不同于其他西方国家的重要特征。

美国哲学发展的上述特征决定了它在近代和现代转型过程中既与欧洲各国大体上同步，又有某些独特之处。这里既包含了美国哲学的弱点，又包含了美国哲学的优势。二者在近代转型和现代转型中都有体现。

二、西方哲学的近代转型及其在美国的表现

从古希腊以来，西方哲学适应着西方社会的政治经济和思想文化等方面的变迁经历了一个复杂的发展过程，出现过多次具有划时代意义的理论形态的变更，也可以说是哲学思维方式的转向、转型。美国哲学是西方哲学的组成部分，以西方哲学为理论渊源，必然随着整个西方哲学的变更而发生变更。由于美国哲学本身的发展短暂，其所直接经历的变更限于西方哲学的近代和现代转向。美国哲学发展的特征突出地表现在其近代和现代转向中，对美国哲学发展的评价也应当主要依据对其近代和现代转向的评价。本文限于阐释美国哲学的近代转型，关于美国哲学的现代转型，我已经或将要结合评价皮尔士、杜威等人的哲学另行阐释。

1. 西方哲学的近代转型

关于西方哲学的近代和现代变更(转型)的具体内容以及它们的理论和现实意义,我的看法在《新编现代西方哲学》《马克思主义与西方哲学的现当代走向》等论著中已反复作了阐释。此处再简单提及西方哲学的近代转型,并由此进一步说明这种转型在美国的表现。

西方哲学的近代转向是随着西方商品经济(市场经济)体制和资本主义制度的形成而发生的。其主要特点是哲学的基础由凌驾于人和宇宙万物之上的神转向作为独立主体的人及其世界、由神的启示(或者说对神的盲目信仰)转向人所固有的理性(知性、理智)。哲学的基本问题由此突出地表现为主体与其周围世界(客体)的关系问题,也就是精神和物质、心和物、思维和存在的关系问题。这个基本问题的第一方面涉及心和物的区分以及二者的主从关系,即何者为第一性并构成世界的基础,这就是世界观问题;第二方面涉及主体如何认识和对待周围世界(对象),这就是认识论的问题。哲学基本问题的这两个方面密切相关。离开世界的基础和本质就谈不到对世界的认识;而没有对世界的正确认识也无法确定世界的基础和本质。哲学的这两个方面早就存在,但它们只有到了近代才明确地提出并区分开来。关于这些,恩格斯在《费尔巴哈与德国古典哲学的终结》中作过非常明确的论述。我们在此仅提出如下两点。第一,哲学基本问题及其两个方面,特别是其第二方面的明确提出及与之相关的对理性的权威的肯定,正是以所谓认识论转向为主要标志的西方哲学的近代转型的核心内容。尽管在此之前的哲学也已有认识论的内容,但无论在以素朴的猜测为依据的古代还是以启示和信仰为依归的中世纪,都不可能有科学的认识论,后者只有在肯定了人类理性本身的权威的近代才可能真正建立起来。第二,西方哲学的近代转型不仅为西方近代哲学的发展开辟了道路,也为西方近代社会的发展创造了必要条件。因为这种转型确立了由独立的个人所体现的主体的地位,而这一点正是资本主义市场经济得以建立和以近代实验自然科学为核心的科学认识得以发展的必要前提。因此,无论从西

第十五章　美国哲学发展的特殊性及其近代变更

方哲学本身的发展来说还是从它对西方社会的发展的促进来说，对其近代转型都应当，而且必须予以肯定。

2. 西方哲学的近代转型在美国的体现

西方哲学的近代转型在欧洲各国经历了从文艺复兴开始到德国古典哲学形成的漫长过程，美国在很大程度上则是继承欧洲哲学变更的这些结果，并在阻力相对较少的情况下使之与现实社会的变更有较好的结合。

美国到 1776 年才正式形成为一个独立国家。当 17、18 世纪英法等欧洲国家随着资本主义市场经济体制的形成而开始在哲学上进行以认识论转向为核心的向近代的转型时，北美大陆尚处以英国为主的欧洲国家的殖民地的时期。它在哲学等思想文化上正如在政治上一样还不得不从属于英国等宗主国。当时可以说还没有真正意义上的北美哲学，而只有从欧洲输入到北美的哲学。这些从欧洲输入的哲学中固然包含了在欧洲仍然存在并还有一定影响的前近代（premodern）哲学，但大部分是在欧洲新近出现、流行较广的哲学，大体上属于近代哲学范围。因此可以说美国哲学是从近代哲学开始的，美国哲学的近代转型即寓于美国哲学的形成之中。

如果说 18 世纪仍处于近代转型期的欧洲哲学还有继续批判以中世纪哲学为主的前近代哲学、特别是反对前近代哲学复辟的任务，在北美这样的任务就不是很迫切和突出。尽管北美哲学中也存在近代哲学与前近代哲学的冲突，但由于前近代哲学在此没有发生过强大影响，无法与日益强大的近代哲学思潮相抗衡。因此以近代哲学来反对前近代哲学不可能成为当时美国哲学冲突中的主要内容。从整体上说，欧洲国家那种具有冲突性甚至对抗性的由前近代到近代的转型过程在美国毋宁说表现为近代哲学与美国现实相结合的成长过程，这一个相对平和的过程。在美国哲学中当然也存在近代和前近代的冲突，但这种冲突大都能通过使前近代哲学实现某种程度近代化的改造来克服，一般不会导致激烈对抗。当时美国哲学家的主要任务是怎样使从欧洲输入的近代哲学能更好地适应北美的现实环境，符合美国社会各方面发展的需要。这样近代哲学在美国的成长过程就必然具有一些不同于欧洲哲学近代转型的特色。我们在上面论述美国哲学发展的特殊性时已经谈及。这里再从近代转型的角度作些说明。

第一,欧洲哲学的近代转型与以理性反对盲目的宗教信仰、使哲学从作为神学的附庸下解放出来成为独立的学科的斗争密切相关。从文艺复兴时期的人文主义和宗教改革运动到18世纪法国唯物主义和无神论运动都表现出了这种特征。对西方哲学的认识论转向具有标志意义的笛卡儿哲学尽管不敢触动上帝的权威,但笛卡儿在谈论认识论问题时完全撇开了上帝,而只诉诸人本身固有的理性能力。与此不同,美国哲学以清教等宗教文化为开端,18世纪才从宗教中分离出来,后来也一直与宗教保持着某种联系。因此,在美国近代哲学的形成和发展过程中,宗教与其说是其桎梏,不如说是其助产士。在此自然难以出现作为哲学的重要基础的科学和理性与宗教直接相对持的情况,而毋宁说二者在一定范围内能相互融合。一般说来,宗教在此具有很大世俗性,容许科学和理性发展。这是因为在美国流行的宗教基本上是在欧洲经过宗教改革以后出现的宗教。它所倡导的世界观、人生观、价值观尽管仍然存在很大的保守性,但毕竟大都能符合新兴资产阶级建立和发展其世俗生活的要求。这种宗教的发展与资本主义的发展在一定程度上能够相适应,特别是为后者提供了必要的道德基础。

这当然不是说在美国近代哲学中没有反对宗教的斗争。事实上,以富兰克林(Benjamin Franklin 1706—1790)、杰斐逊(Thomas Jefferson 1743—1826)和潘恩(Thomas Paine 1737—1809)等为代表的美国启蒙思想家就正像欧洲启蒙思想家一样把反对宗教当作他们的思想理论活动的重要组成部分。但是,他们也往往是在自然神论等宗教形式下来反对那些不适应美国资本主义发展的传统宗教的影响,而不是笼统地排斥宗教。其中潘恩最有代表性,他在反传统宗教方面也显得更是坚决。他的名著《理性的时代》(The Age of Reason)的主旨就是从自然神论的立场来反对传统宗教,被西方学界认为是"自然神论的宣言"。潘恩认为"在政治制度的

第十五章　美国哲学发展的特殊性及其近代变更

革命以后会跟着来一个宗教制度的革命"①。他写这部书的主要目的正是推动美法英等国的宗教变更。在传统的宗教意识的影响还很强烈、无神论和唯物主义还不易为广大群众所接受的年代，潘恩为宗教制度革命所定的目标只能是批判扼杀人性、人权并与封建专制主义相勾结的传统的宗教，建立一种不干预社会生活和人的行动、尊重人的理性的新宗教。自然神论在欧洲早已为牛顿等人所提出。自然神论承认上帝存在，但不是传统宗教中的上帝，而是作为宇宙的第一因的上帝。潘恩认为"人可以和上帝的名称联系在一起的惟一的观念就是关于第一原因的观念，即一切事物的原因"②。认识这种上帝不是依靠圣经和教会的信条，而是依靠人的理性。"人惟有依靠理性才能发现上帝，离开了理性，他将什么东西也不能了解。"③潘恩由此对各种教会所传播的传统宗教、特别是以圣经为根据的基督教作了猛烈的攻击，宣布"我不相信犹太教会、罗马教会、希腊教会、土耳其教会、基督教和我所知道的任何教会所宣布的信条。我自己的头脑就是我自己的教会"④。潘恩的这种自然神论立场当然存在着很大的不彻底性，但它适应了美国的根深蒂固的宗教环境，在保持宗教的形式的前提下对传统宗教进行了很大改造，使它能适应美国当时的科学和社会发展的要求。其实，不仅潘恩等启蒙思想家如此，当时在美国流行的其他哲学流派大都也有这种倾向。如果说新教伦理促进了欧洲哲学的近代转型，那么在自然神论等形式下对传统宗教的改造则适应了美国哲学的近代转型。

第二，正像我们上面曾提到的，欧洲哲学的近代转型意味着哲学的基础由凌驾于人和宇宙万物之上的上帝转向作为独立主体的人及其世界、由上帝的启示和盲目信仰转向人所固有的理性。哲学的基本问题由此突出地表现为主客、心物等的关系问题。这一时期的哲学家们都企图从反对和取代中世纪的神学和经院哲学的形而上学体系出发建构出包括关于宇宙

---

① 潘恩：《理性的时代》，上海人民出版社 1959 年版，第 2 页。
② 同上书，第 25 页。
③ 同上。
④ 同上书，第 2 页。

人生以及认识和方法等在内的无所不包的新的形而上学体系,以适应被当作理性社会的新的资本主义社会的要求。从笛卡儿到黑格尔,欧洲近代哲学中有着唯物主义和唯心主义、经验论和唯理论等不同哲学思潮和流派。他们对主客、心物关系的解释各不相同,有时甚至直接相反,但他们都企图建构这样的理论体系。因此近代欧洲哲学表现为一种体系哲学。由于各种哲学体系都企图穷究世界的基础和万物的本质,因此这时的体系哲学又表现为基础主义和本质主义。这种情况对美国近代哲学也必然产生深刻的影响。从美国哲学开始从清教神学中分离出来的时候起,就企图结构这样的体系。被认为是北美最早的哲学家的塞缪尔·约翰逊(Samuel Johnson 1696—1772)和乔纳森·爱德华兹(Jonathan Edwards 1703—1758)就是这样。例如爱德华兹企图把清教教义与柏拉图主义、信仰与理性、宗教与科学融合在一起,由此结构出了一个在北美殖民地时期最为庞大的神学-哲学体系。后来的美国哲学家同样如此。

但是,与欧洲相比,由于美国哲学缺乏欧洲哲学那种深厚的历史底蕴,特别是由于美国哲学所面临的任务主要不是像欧洲哲学那样首先反对和取代中世纪神学和经院哲学那种形而上学体系,而是主要是解决推翻殖民统治、在空地上建设资本主义新社会的任务。美国哲学对现实问题的关注远远超过纯粹的理论思辨。尽管哲学家们受欧洲近代哲学的影响也企图建构形而上学体系,但他们任何这样的构建都受到对现实问题的关注的制约。正因为如此,在近代美国占主导地位的那些思想家,特别是他们之中最杰出的代表人物富兰克林、杰弗逊和潘恩等启蒙思想家都未能像从笛卡儿到黑格尔等欧洲哲学家那样建立严密完整的哲学理论体系。例如,富兰克林的启蒙思想具体贯彻在他的社会政治和科学活动中。由于忙于这些方面的活动,他没有像传统哲学家那样写出系统的哲学论著,只有大量论文和书信。但除了早期少数几篇具有较为专门的哲学意义外,其余大都属于较为通俗的时评和政论。因此人们主要只能从他的这些具体的活动和通俗的论说中去把握他的哲学的基本倾向。就理论层面来说,富兰克林的启蒙思想主要在于他赞同和发挥英国、特别是法国启蒙思想家的理论,并

第十五章　美国哲学发展的特殊性及其近代变更

使之适应美国的清教思想的传统。这特别表现在他利用欧洲启蒙思想家的自然神论的思想来改造传统宗教,强调信仰自由;利用自然科学的成果来强调理性的权威,反对宗教蒙昧主义;将当时美国流行清教道德观念的世俗化,使之与资产阶级个人主义道德观的结合。美国哲学家维因认为富兰克林是一个过渡期的人物。他的双脚立于传统宗教和道德的土地上,双手在处理时下的公众问题,而头脑却面对着现代科学和哲学的使命。① 杰弗逊的情况更是如此。作为美国 1776 年《独立宣言》的主要执笔人、美国独立后最重要的政治活动家之一(先后担任国务卿和两任总统),社会政治活动占有了他大部分精力。他虽然深受笛卡儿、洛克、爱尔维修、卡巴尼斯等近代英法哲学家的思想影响,但未能写出系统的哲学论著,更未建立完整的哲学体系,他的具有启蒙意义的哲学观点主要正是体现在他的社会政治活动中,特别是体现在他关于社会、政治、伦理、宗教等各方面的大量论述以及他的许多政论、社会政治决策和演说及通讯中。其中《独立宣言》更具有标志性意义,被认为是关于美国普遍自由的大宪章。相对说来,潘恩的理论活动较多。他的《常识》(1776)、《人权》(1791—1792)和《理性的时代》(1794—1796)三书构成了一个统一整体。但涉及的大体上也局限于一般启蒙思潮所关注的理性与信仰、宗教与科学以及社会政治、伦理等方面,不同于欧洲近代的形而上学哲学体系。以爱默生(Ralph Waldo Emerson 1803—1882)为代表的先验唯心主义以及与自然科学的发展相关的各种实在论和唯物主义哲学思潮具有更多的本来意义上的哲学的含义,但它们在美国也未能建立像在欧洲那样的相对完整的哲学理论体系。爱默生本人首先是一位杰出的作家和诗人,而不是严格意义上的哲学家。

美国近代哲学之缺乏像欧洲哲学那种庞大的形而上学理论体系也与其产生和流行的时代形而上学体系哲学已开始陷入困境相关。因为以笛卡儿、霍布斯、斯宾诺莎和莱布尼茨为代表的形而上学体系在 18 世纪不仅已受到法国唯物主义者的坚定批判,也受到休谟的公开质疑。在现成形式

---

① Cf. American Philosophy, edited by Ralph B. Winn, New York, 1955, p. 236.

下已不可能得到广泛流行。而驳倒18世纪具有自然主义色彩的唯物主义的德国唯心主义到19世纪中期以后才传到美国,而这时这种形而上学(例如黑格尔的绝对唯心主义体系)在欧洲也已随着现代转型的出现而开始解体。以欧洲哲学为主要理论来源的美国近代哲学自然再难以产生像欧洲那样的体系哲学。

第三,欧洲哲学的近代转型是对中世纪宗教神学和经院哲学的超越,它之以现实世界的人及其固有的理性取代天国的神及其启示蕴含着对人的现实生活和实践的某种肯定。文艺复兴时期的思想家以及18世纪法国启蒙思想家和唯物主义者的最突出的特色就是对人的现实生活的关注。欧洲近代哲学之陷入绝对理性主义以及与之相关的独断论,成为脱离实际的思辨形而上学,经历了一个反复的过程,只是到以黑格尔为代表的德国古典唯心主义哲学中才达到了其典型形态。尽管德国古典唯心主义哲学(特别是黑格尔哲学)也不是纯粹的思辨形而上学,其中也富有生活和实践的内容,但它毕竟是包含着重重矛盾和危机的绝对理性主义的典型形态。

欧洲的思辨唯心主义当然也会影响到美国。但是这是发生在19世纪中期以后,也就是西方哲学出现现代转型之后。在18世纪和19世纪上半期的美国哲学中,占主导地位的仍然是我们上面提到的那种把社会政治和自然科学等现实问题放在首位的启蒙主义思潮。由于美国启蒙主义的形成和发展大体上没有思辨形而上学的背景,在很大程度上能摆脱其影响。其实,从殖民地时期到美国独立战争之后,美国哲学的核心问题就是在"空地"上建立北美社会、并在借鉴欧洲资本主义建设的经验教训的基础上更好地在美国建立更为"健全"的资本主义制度。社会政治经济等现实问题必然成为哲学所最关注的问题。思想文化领域的发展也必然直接围绕着这些现实问题,甚至向来与现实距离较大的宗教在美国也比在其他国家有更多的世俗意义。像近代欧洲那种思辨形而上学很难在美国立足。正因为如此,不仅以关注现实的社会政治问题为特征的启蒙思潮成了当时美国最具影响的思潮,一些具有思辨意义的哲学也必须向现实靠拢。到19世纪中期,在美国曾出现过以康德、黑格尔等为旗号的思辨唯心主义运动、特

第十五章　美国哲学发展的特殊性及其近代变更

别是绝对唯心主义运动。但是，美国的绝对唯心主义往往与英国经验主义，甚至苏格兰的实在论结合在一起，在很大程度上冲淡了德国绝对唯心主义那种对绝对的思辨性解释。更值得注意的是：美国的思辨唯心主义者同样强调对现实问题的关注。例如，对美国绝对唯心主义思潮的形成具有标志性意义的圣路易学派的一些代表人物大都积极参与现实的社会政治活动、其领袖布罗克迈尔（Henry Conrad Brokmeyer 1828—1906）同时又是积极政治活动家。当南北战争爆发时，他毅然弃学从军。其实这一派成员的共同目标并非在美国构建思辨唯心主义哲学体系，而是企图利用黑格尔的哲学来实现美国社会的改造。这突出地表现在他们最为重视黑格尔的社会哲学与他们的时代美国社会所面对的问题和挑战的关系，并由此而强调黑格尔的《法哲学》和《历史哲学》的意义。集美国绝对唯心主义之大成的罗伊斯的哲学不仅有别于黑格尔本人的哲学，也有别于英国的绝对唯心主义，而具有更多强调实践和行动的意义，以致后来与实用主义相融合。由于罗伊斯哲学已显然属于现代哲学的范围，我们在此就不具体涉及了。

还应当注意的是：在19世纪美国哲学发展中，认识论和方法论的问题往往成了其哲学理论体系的核心问题，而人的行动和实践又往往是其认识论和方法论的归宿。欧洲那种关于物质自然或绝对精神的哲学在美国往往被人的哲学所取代。实用主义突出地表现了这种特色。由于这也是属于美国哲学现代转型的范围，在此也不具体涉及了。

美国的特殊的社会历史和思想文化发展的条件，使美国哲学的近代转型有一些不同于欧洲的特征。其中最重要的是美国资本主义发展的后发性所决定的美国近代哲学发展的后发性。这种后发性使得美国哲学的确缺乏英德法等欧洲哲学那种原创性，未能构建出在欧洲以之为骄傲的那种深刻严密的哲学体系。从对整个西方哲学本身的发展来说，近代美国哲学的贡献毋庸讳言逊于欧洲。但是，在美国哲学的这种劣势中同时又包含了其优势。不拘泥于形而上学体系的构建而对外来哲学兼收并蓄，并使之促进现实生活问题的解决，使美国近代哲学具有更大的现实性和实践性的品格，对促进美国社会各方面的发展起了重要的推动作用。正如我们一开始就提到的，美国资本主义发展之所以能后来居上，美国之所以能发展成为头号资本主义强国，与美国哲学的这种现实性和实践性密切相关；发源于欧洲的哲学只有在美国获得广泛流传后才能获得世界性意义，原因也正在其现实性和实践性往往只有在美国才能获得更好的检验。因此，在我们的西方哲学研究中，不仅不应当忽视对美国哲学的研究，反而应加强这种研究。

但是，美国哲学毕竟是整个西方哲学的一部分，而且以欧洲哲学为主要理论来源。对美国哲学的研究不能脱离对欧洲哲学的研究。美国哲学的近代转型归根到底与欧洲哲学的近代转型一致，服从西方哲学的近代转型的一般规律。它们之间的差别主要只是表现形态和重点的差别。在我们关注美国哲学近代转型的特征时同时应当关注它与整个西方哲学的近代转型的本质上的一致。

第十六章
从美国哲学的形成和发展看其近代转型

在《美国哲学发展的特殊性及其近代变更》一文中,我们分析了美国资本主义发展的后发性以及由此决定的美国哲学发展及其近代转型的特殊性。但那里未对美国哲学的形成和发展作出具体阐释,论证显得单薄。下文拟从后一方面作出适当补充。为了不把文章拉得太长并避免与一般的美国哲学史论著重复,我们在此的阐释仍只能是概括性的,较为关注必要的理论分析,而无法列举大量事实材料。

一、北美殖民地时期哲学的宗教倾向及其近代性

美国哲学发轫于殖民地时期。当时移民们最为关注的问题是寻找和巩固立足之地。借鉴故国的生活方式来从新安排自己的生活成了最先和最主要的选择。在思想领域也与此类似。移民们初来乍到,面对着陌生的环境,当然不可能迅速提出有原创性的思想文化,而不得不把较为适应他们要求的故国的思想文化带到北美来。由于北美(特别是其核心地带东北部)移民多数来自英国的清教徒,清教文化由此成了最早移植到北美、而且影响最大的文化。它虽然包含了大量前近代内容,却又显示出了较多近代意义。

清教运动是欧洲宗教改革运动中加尔文主义的一个分支,发生于16世纪中叶的英国。它原属英国国教教会(圣公会)中的改革派,16世纪末又分化为较温和的长老会派和激进的独立派。总的说来,清教要求"清洗"英国国教中所保持的某些正统天主教的繁缛仪节,提倡勤俭纯净的生活,在一定程度上体现了新兴市民等级反对封建贵族的心态。当17世纪英国国内经济、政治和宗教矛盾激化时,许多清教徒被迫移民到北美。主要集

中在东北部的新英格兰地区。他们在此的生活和思想所遵循的正是清教等宗教和道德原则。由于他们都是出于个人决定来到北美,他们在北美的生存也主要依靠个人奋斗,因此移民到北美的清教徒较之在英国具有更多的世俗性、特别是强调个人的自主性以及反对中世纪式地将教会权威绝对化。但是清教运动作为英国国教内部的分支,无论是在英国或传入美国以后,仍然具有英国国教的某些保守性。例如它排斥甚至迫害异教徒;在保持清教的纯净、简朴、安定等要求下回避甚至反对经济和社会文化的交流。这样清教对新兴资本主义生产关系的发展就从适应转向不适应了。清教运动的这种内在矛盾使它在北美移民中既能在一定程度上起到促进新兴资本主义制度成长的积极作用;但超出了一定限度,它反而成了阻力。因此,清教运动在北美最初虽然曾一度兴盛,但当北美资本主义制度的建立和发展到了一定程度时,就因不能适应这种前进的要求而衰落下去,被更具有近代意义教派和思想文化思潮所改造,甚至取代。

北美哲学早期几乎融浸于清教等宗教文化中,从18世纪起才越来越具有相对独立的意义。塞缪尔·约翰逊(Samuel Johnson 1696—1772)和乔纳森·爱德华兹(Jonathan Edwards 1703—1758)被许多西方哲学史家看作最早的北美哲学家。他们都还是宗教神职人员,思想倾向仍属于清教范畴,但毕竟有了一定近代哲学的意义,超越了单纯清教神学的某些消极性。

约翰逊的思想除了宗教神学以外,还受到培根和洛克,特别是贝克莱的经验论以及牛顿力学的影响。例如他赞成牛顿关于绝对和无限时空的概念,因为后者为众多的有限的心灵的并存提供了可能性。如果没有绝对的空间,那所有的心灵就会交融在一起。尽管他在哲学上并无独创性,但他推动了北美知识界对欧洲近代哲学问题的研究;他强调个人意志自由,反对预定论(宿命论),这也适应了当时北美移民推崇个人奋斗的心理。

爱德华兹与一般牧师和教徒不同,他总是企图把对清教神学的论证与对他所接触的传统和同时代哲学的阐释结合起来。使宗教神学具有较多的哲学意蕴。例如,早在他做学生的年代,他就受到牛顿和洛克学说的影响。他在当时写的《关于心灵的札记》(Notes on the Mind)曾提到,牛顿关

第十六章 从美国哲学的形成和发展看其近代转型

于思维中的逻辑因果关系的论证、洛克关于一切知识毫无例外地起源于感觉的学说都对他产生了深刻的印象。但他认为,为了解释宗教,通常所说的五种感觉是不够的,必须加上第六种,即"超自然"的感觉。这导致一种与贝克莱的主观唯心主义类似的哲学,即认为只有经验材料才是实在,作为感觉的基础的物质完全是多余的,而一切经验最后又都源于上帝。[①] 爱德华兹后来企图把清教教义与柏拉图主义、信仰与理性、宗教与科学融合在一起,由此结构出了一个在北美殖民地时期最为庞大的神学-哲学体系。其中肯定以牛顿为代表的新兴的自然科学。承认在自然科学范围内人们完全可以谈论自然事物或者说物质的齐一性、因果性、规律性,谈论人借助其感觉和思维的能力能够认识自然事物,掌握自然规律。但他又认为从神学及由神学所支配的哲学的角度来说,科学所谈论的一切都只是现象,它们本身都没有实在性,它们都是出于上帝的创造。只有上帝才是最后的原因和动力。整个宇宙都存在于上帝的心灵之中,必然性、无限性、永恒性等都只能是上帝的属性。爱德华兹的体系并无独创性,也未完成,但它仍是北美最早的哲学体系,这使他成了北美殖民地时期最具影响的神学-哲学家。正如美国哲学家维因所指出的,"爱德华兹的思想中并没有多少真正有创意的东西,但他在与人争论中很是机智,又善于表达自己的观点"[②]。在当时北美哲学领域仍相当贫乏的情况下,爱德华兹能把近代欧洲的宗教和哲学介绍进来,在一定范围内肯定了科学和理性的作用,显示了一定近代性[③],对美国近代哲学的形成仍然起了重要推动作用。

---

① Cf. *American Philosophy*, edited by Ralph B. Winn, New York, 1955, p. 233.
② Ibid., p. 234.
③ 近代性的英语对应词为 modernity,由于它可以相对于古代和中世纪,泛指包括现代在内的西方资本主义兴起以来的整个时代,中文通常都将其译成现代性。由此衍生的 modernizatiom 通译为现代化。但这样一来,现代性和现代化就成了把近代和现代都包含在内的范围广泛的概念。为了将这整个时期的不同阶段区分开来,于是就出现了后现代性(postmodernity)、第二次、第三次现代化等提法。在我国西方哲学界,通常都从笛卡儿(也可上推到文艺复兴)到黑格尔的哲学称为西方近代哲学(modern philosophy),把自此以后,特别是马克思主义哲学产生以后称为西方现代哲学(contemporary philosophy)。为了体现西方近代哲学的一般特性,本文将 modernity 译成近代性。

二、北美启蒙思潮对欧洲启蒙思潮的继承和发展

如果说殖民地时期的清教文化以及约翰逊和爱德华兹等人的哲学对西方哲学的近代转型体现得还不够明朗,那么 18 世纪下半期盛行、以本杰明·富兰克林(Benjamin Franklin 1706—1790)、托马斯·杰弗逊(Thomas Jefferson 1743—1826)、托马斯·潘恩(Thomas Paine 1737—1809)等人为代表的启蒙思潮已相当直接地体现了近代思潮的基本趋向。

发源于欧洲的启蒙思潮是一场反对封建专制制度及作为其意识形态的宗教蒙昧主义的运动。启蒙思想家在政治上大都举着自由、平等等资产阶级民主主义旗帜,他们中较多的人在自然神论的形式下反对上帝对自然和社会发展的具体进程的干涉,肯定人的能动作用;有的人虽然还维护宗教,但力图使宗教理性化,反对将理性置于启示之下,由此在宗教的名义下维护理性和科学,反对盲从和迷信。在 18 世纪前后,启蒙思潮对推动欧洲社会和思想文化的发展起过重要作用。

历史短暂的北美殖民地各方面的条件与欧洲都有所不同,但从 18 世纪中期以来,随着资本主义经济的发展,其反对殖民主义运动越来越迅猛发展。1776 年通过了由杰弗逊、富兰克林等五人小组起草的《独立宣言》,宣告美国独立。马克思对美国独立战争给予了高度评价,他说:"……18 世纪美国的独立战争,已为欧洲的中等阶级鸣起警钟。"[①]这里需要注意的是:北美反对英国殖民者的独立战争与反对英国殖民者和他们在美国的附庸所维护的封建专制主义以及与之相关的蒙昧主义等思想文化紧密联系在一起。因此以反封建蒙昧主义为突出特征的欧洲启蒙思潮也非常符合美国的需要。事实上,面对着反对封建主义和殖民统治的历史使命,当时北美的先进人士对欧洲的启蒙思潮抱着很高的热情,企图从中寻找力量。他们在输入欧洲的启蒙主义理论时大都使之符合北美的现实环境。

---

① 《资本论》第一卷,人民出版社 1956 年版,第 4 页初版序。

第十六章 从美国哲学的形成和发展看其近代转型

除了使之适应美国深厚的清教传统外,特别关注启蒙思潮的现实方面。他们对欧洲的启蒙思潮较少作深层的哲学论证,而相当直接地将其运用于在北美建立独立的资产阶级民主国家的具体实践。马克思之所以指出美国独立战争"已为欧洲的中等阶级鸣起警钟",主要就是因为以启蒙思潮为指导思想的独立运动在民主自由等政治等要求上有较大的彻底性和现实性,而这在一定程度上可能超越作为中等阶级的资产阶级的软弱性和不彻底性。本文不可能全面阐释美国启蒙思潮,仅简单提及富兰克林等人的理论的两个突出特征。

第一,富兰克林、杰弗逊和潘恩都接受了欧洲的自然神论,并将其作为反对传统宗教以及各种神秘主义和迷信、促进理性的发扬和科学的进步、特别是为与启蒙相关的资产阶级民主政治作论证。

从在自然神论形式下强调理性和人权,反对传统宗教来说,潘恩的《理性的时代》最有代表性,西方学界认为它是"自然神论的宣言"。其中谈道:"人惟有依靠理性才能发现上帝,离开了理性,他将什么东西也不能了解。"① 他由此对各种教会所传播的传统宗教、特别是以圣经为根据的基督教作了猛烈的攻击,宣布"我不相信犹太教会、罗马教会、希腊教会、土耳其教会、基督教和我所知道的任何教会所宣布的信条。我自己的头脑就是我自己的教会"②。潘恩的这种自然神论立场尽管存在着不彻底性,但在当时现实条件下对美国思想文化的历史发展还是起了积极作用。

美国启蒙思想家们还直接用自然神论等形式改造过的宗教来论证和维护资产阶级民主制度。由富兰克林等人参与、杰弗逊执笔起草的美国《独立宣言》突出地显示出了他们把上帝从传统封建专制制度的捍卫者改造成为资产阶级民主自由的维护者。其中谈道:"我们认为这些真理是不言自明的:人人生而平等;他们都从他们的'造物主'那边被赋予了某些不

---

① 潘恩:《理性的时代》,上海人民出版社1959年版,第25页。
② 同上书,第2页。

可转让的权利。其中包括生命权、自由权和追求幸福的权利。"①也正因为如此,杰弗逊等人坚决反对宗教对政治的干涉,主张信仰自由和政教分离。

总的说来,在突破欧洲启蒙思想家的自然神论的某些局限性,使之更直接地为与反殖民主义、反封建而维护资产阶级的民主自由等要求上,美国启蒙思想家对欧洲启蒙思想显然有所发展。

第二,富兰克林等人不仅是北美最有影响的启蒙理论家,也是当时北美自然科学研究的重要推动者,特别是独立运动等北美政治活动的重要参与者。他们的思想理论与他们的现实活动紧密联系在一起。例如,富兰克林在从事启蒙思想的传播时积极参与科学实验,在光学、特别是电学研究方面取得具有世界声誉的成果,并自觉地运用方面的成果来倡导理性与科学,有力地推动了北美启蒙思想的发展。他还直接参与了北美殖民地的各种政治和公务活动,特别是参与起草了美国的《独立宣言》。杰弗逊的启蒙思想与社会政治活动的联系更加显得紧密。他不仅是《独立宣言》的主要执笔人,还先后担任驻法大使、国务卿、总统等要职。

尽管富兰克林、杰弗逊和潘恩等北美启蒙思想家在纯哲学的意义上的创见不多,但他们在将近代欧洲的理论运用于北美的实际上取得了重要进展。他们虽然较少有严格意义上的哲学专著,但他们关于社会、政治、伦理、宗教等各方面的大量论述都有重要的哲学意义。富兰克林和杰弗逊参与起草的《独立宣言》不仅在北美政治上具有划时代意义,对包括哲学在内的北美,甚至整个西方思想文化的发展同样具有重要意义,这已是众所公认。即使他们的社会政治论著,像潘恩的《常识》(*Common Sense*,1776)、《人权》(*Rights of Man*,1791—1792),在北美也有深刻而持久的影响,《常识》当时就是鼓动殖民地人民开展争取独立斗争的最重要文献,至今仍被认为是改变美国历史的少数几本书之一。还应当提到的是:尽管杰弗逊和富兰克林的主要精力在从事社会政治或自然科学等具体领域的活动,但他们对北美哲学的发展倾注了极大的关怀。杰弗逊发起成立了美国哲

---

① 引自《人权宣言》,求实出版社1989年版,第9页。

第十六章　从美国哲学的形成和发展看其近代转型

学学会(the American Philosophical Society),1797—1815年间(期间他两任美国总统)他一直担任学会的主席。

在18世纪,启蒙思想家在北美不仅是占主导地位的思想家,也是占主导地位的政治活动家,能把启蒙思潮与政治实践高度统一起来,因而在思想文化和社会政治领域都能产生强大的现实影响。尽管在理论层面他们主要是输入欧洲启蒙思潮,在现实上则明显地超越了欧洲。18世纪法国的启蒙思潮是整个欧洲启蒙思潮的典范,它对具有伟大历史意义的法国大革命无疑起了决定性的推动作用。但是,法国的社会现实使启蒙思潮遭遇到强大阻力,启蒙思想家难于直接参与政治变更的实践,他们的理论和实践的直接影响都受到限制。尽管法国大革命具有划时代的历史意义,但它在法国仍无法避免封建势力的反攻倒算。正因为如此,近代法国在政治和哲学等思想文化上的发展的道路都相当曲折。英德等欧洲各国也是这样。与之相比,美国的启蒙思潮以及以之为理论依据的资本主义制度的发展要顺利得多。在经历南北战争(1861—1865)、废除农奴制以后,再也没出现过严重的曲折。包括哲学在内的北美思想文化领域原本就具有的开放、面向现实生活和实践以及多元并立的特征,在经过启蒙思潮的洗礼后更加突出了。

三、爱默生与美国先验主义思潮

在启蒙思潮之后、19世纪中期西方哲学的现代转型明朗化之前,美国出现过众多的哲学思潮,它们以不同形态在哲学上发展了启蒙思潮的近代性的基本路向。其中影响较大的是以爱默生为代表的先验唯心主义思潮以及与自然科学的发展相关的实在论和唯物主义思潮。

美国的先验主义思潮大致出现于19世纪30—60年代,以德国哲学家康德、谢林等人的思想为理论来源,不过往往以英国历史学家卡莱尔(Thomas Carlyle 1795—1881)特别是柯勒律治(Samuel Taylor Coleridge 1772—1834)和华兹华斯(William Wordsworth 1770—1850)等一批英国浪漫派诗人为中介,而这些人当时正是康德和谢林思想在英国的主要传播者。

美国先验主义思潮的形成以1836年在波士顿建立先验俱乐部为标志,著名的美国作家和诗人拉·瓦·爱默生(Ralph Waldo Emerson 1803—1882)是其主要成员之一。成员们的宗教、哲学和社会政治观点各有不同,但也有重要的共同之处。从宗教方面说,他们认为上帝对世人说话并不通过圣经、教会、牧师,而是直接对此时此地的每一个人关于上帝的知识与心灵的自我认识重合。如果说上帝渗透于自然界,那么人的心灵通过沉思可见的自然界,在关于自己的知识中可以同时获得对上帝的知识。上帝用以显示自身的支配自然界的规律与道德规律是同一的。在哲学上,他们大都强调感觉以外的经验的实在性,反对传统的绝对主义。他们既肯定物质世界,又肯定精神世界,但认为心灵、观念是第一性的存在。人所具有的特殊的直觉能力使他既能认识感觉领域,又能认识超感觉领域。超感觉的直觉能力使人能够达到普遍真理。每一个人不仅能获得真实的自我知识,他作为宇宙的缩影同时能够发现宇宙的真理。在社会政治领域,他们是民主哲学的倡导者,认为正像北美殖民地有能力取得独立一样,个人同样应当对自己的能力有高度信念。他们就此强调个人在社会中的地位和作用,要求尊重个人的民主权利。也正因为如此,他们反对奴隶制以及社会在政治和经济等各方面对个人自由的限制,特别是反对限制个人的思想自由。[1]

总的说来,美国的先验主义是清教运动以来在宗教和唯心主义哲学内部所发生的一场改革运动,主要目的是在不违背宗教和唯心主义一般原则的前提下扩大资产阶级和小资产阶级知识分子在思想文化领域内的自由活动的范围。他们反对盲从,倡导自我信赖(self-reliance),即个人可以通过自我体认、直觉而获得心灵的充分自由。这种对个人自由的强调正是从一个重要方面体现了形成中的美国资产阶级对个人自主行动和选择的强

---

[1] Cf. *American Philosophy*, edited by Ralph B. Winn, New York, 1955, pp. 134-136.

第十六章 从美国哲学的形成和发展看其近代转型

调,大多数美国哲学流派也都有这种特征。

爱默生是美国先验唯心主义思潮中影响最大的人物。他把众多的思想各异的先验主义的拥护者团聚起来,把新英格兰的那些无定型的先验主义思想形成为一种哲学。他的著作《自然》(1836)被许多人当作美国先验主义的《新约》。爱默生不是传统形而上学意义上的哲学家,极少有体系化的专门哲学论著,但他的诗篇、日记和随笔式的论文,特别是富有启发性和挑战性的讲演富有哲学意蕴。他把强调能动性的先验唯心主义的哲学思想与当时的一般美国人共有的,或大体上能接受的某些思想,特别是追求个人的独立自主和现实利益的思想统一起来,对那些默守陈规的传统的宗教和哲学思想倾向作了批判,这促进了具有美国特色的思想的形成和发展。正是在这种意义上,林肯曾把爱默生称为美国精神的先知。尼采也因为爱默生的批判风格而对他大加赞扬。

爱默生的《论自然》虽然只是一部由 9 篇短文组成的小书,却已体现了认识论转向以后欧洲近代哲学的基本倾向。这表现在他已明确地把自然和精神的关系当作其论证的核心。他认为"从哲学上考虑,宇宙由自然和心灵构成"①。通常意义上的自然事物(例如空间、空气、河流、树木)的存在不以人为转移,但哲学研究的自然还包括人工加工过的事物,后者是通常意义的事物与人的意志的一种混合。从自然与心灵的关系的角度来谈论自然不再是不以人为转移的自然本身,而是自然在人的意识中的显现,或者说人的意识对自然的构造作用。在诗人和艺术家的眼中,自然事物不再处于它们在通常意义下那种固定不变的状态,而是千姿百态、栩栩如生。他认为这才是自然界的最真实的存在,并肯定这种观点源于康德关于人的先验直观(直觉)对对象的构造作用。他在 1842 年发表的题为《先验论者》的讲演中明确肯定美国的先验唯心主义"获得先验的这个名称来自伊曼努尔·康德对它的使用"②。

---

① R. W. Emerson "Nature", Introduction, web edition.
② Cf. Ralph Waldo Emerson, "The Transcendentalist", web edition.

不过，爱默生不是简单地接受康德的学说，而是适应美国的宗教环境，使之与基督教神学的某些方面结合在一起。这突出地表现在他在强调个人的直观对自然事物的构造作用时还肯定各种不同的这种作用之间存在着统一性，而自然界的这种统一性以具有普遍意义的宇宙精神为根据。只有这种宇宙精神才是包括人在内的一切事物的创造者，而这种宇宙精神正是上帝的体现。这样个人的创造就与上帝的创造结合起来了。但他反对传统基督教的陈旧观念，主张要有新的宗教情怀；不要顺从外在的权威，而要依靠个人内在的道德感悟，特别是内在的道德律。"我们之误入迷途和堕落是由于跟随别人的意见。"爱默生并不直接肯定个人是自足的，而是通过个人对上帝的直接领悟，以宗教的形式来肯定个人的独立性和自主性。"自我信赖，人的高度和完满，是以上帝为基础的自我依赖。"①

爱默生 1837 年在哈佛所作的一次题为《美国的学者》的讲演使他获得了崇高和长久的声望，因为他号召人们在思想文化方面不要只是简单地模仿欧洲，而要立足于美国的环境和资源。这篇讲演当时被人称为"美国思想上的独立宣言"②。爱默生在世时虽然受到许多保守人士的攻击，但他对个人自主性以及美国思想发展的独特道路的强调适应了近代美国在思想文化领域的兴起，从而声名卓著。20 世纪后期，对爱默生思想的重新研究在美国蔚为潮流。人们越来越多地谈论他对效用的关注，认为好的应是有用、有效的，因而认为他是美国实用主义的重要先驱之一。他对天才的强调以及他对生命力概念的阐释被认为对尼采和柏格森发生过影响。

四、近代美国哲学中的唯物主义和实在论思潮

在 19 世纪中期以前的近代美国哲学发展中，唯物主义未能像 17 世纪英国和 18 世纪法国那样成为占主导地位的哲学流派，对整个西方哲学中

---

① Cf. Frank Schulman, "Ralph Waldo Emerson", web edition.
② Ibid.

第十六章　从美国哲学的形成和发展看其近代转型

唯物主义的发展也谈不到有突出贡献。其所以如此,主要是由于从殖民地时期起,清教等宗教神学在美国思想文化领域长期占有支配地位,公开的唯物主义很难立足。另外,美国哲学在较长时期内是从欧洲、特别是其原宗主国英国输入的。美国正式建国已是18世纪后期,这时在英国哲学中占主导地位的已不是唯物主义,而是贝克莱等人的唯心主义。18世纪法国哲学在美国独立战争前后发生过很大影响,但那主要是追求资产阶级自由民主等的政治哲学。至于德国哲学对美国哲学的影响主要也是从康德到黑格尔的唯心主义。

这当然并不意味着在美国没有唯物主义哲学。我们上面曾提到,美国哲学的一个重要特征是较为关注人的现实生活和行动。这种特征本身就要求在一定程度上接近唯物主义。尽管美国近代哲学中没有出现占支配地位的唯物主义哲学流派,但唯物主义思想因素仍然以各种不彻底的形式(自然神论、实在论、自然主义等)在其他哲学中表现出来。

美国启蒙思想家就大都是自然神论者,而自然神论大都把上帝等同于自然,在上帝的名义下肯定自然的实在性。美国启蒙思想家正是利用这种独特的神学形式来肯定自然和理性的实在性,反对传统宗教。以具有实在性的自然为研究对象、以人所固有的理性为手段,是他们从事科学和哲学研究的基本方向。这与近代唯物主义的立场大体一致。

18世纪下期在英国流行的苏格兰实在论(常识学派)也传入了美国。这种实在论虽然把物质和精神的实在性相提并论,企图超越唯物主义和唯心主义的对立,但它毕竟肯定了常识所肯定的自然的实在性,在作为近代哲学的基本问题的心物关系问题上力图摆脱唯心主义的扭曲。这一派的美国代表之一麦科什(James McCosh 1811—1894)原来就是英国苏格兰学派的重要成员之一。他之所以在美国传播这一派的理论,就是认为它较为符合美国人强调现实生活以及对现实的考察的倾向。另一个代表波特(Noah Porter 1811—1892)则引入了康德和康德以后的德国唯心主义中强调心智的能动性的因素,给英国苏格兰学派遵循的英国消极被动的经验主义原则加上一定的活力,促进了美国哲学崇尚行动和实践的传统。

/ 实用主义的研究历程 /

自然科学研究中的唯物主义是西方近代哲学中唯物主义的主要形式之一。这在美国也有体现。原籍英国的科学家普里斯特列（Joseph Priestley 1733—1804）由于后期在美国活动也被认为是美国科学家。他在电学、光学、特别是化学领域都有重要发现。他在哲学上的贡献在于在贝克莱等人的唯心主义在英美已占支配地位的情况下恢复了培根、霍布斯和洛克等人的唯物主义经验主义传统。由于他精通电学，提出了引力和斥力是物质的重要特性的新观点，对驳斥宗教唯心主义在这方面的谬论、维护唯物主义原则起了很大的作用。普里斯特列的哲学观点为他的女婿库伯（Thomas Cooper 1759—1839）所继承和发挥。库伯往往以生理学的观点来论证唯物主义，驳斥唯心主义和笛卡儿的二元论。积极参与过独立运动并与杰弗逊等人交往甚密的著名医生拉什（Benjamin Rush 1745—1813）也被认为是美国唯物主义的主要代表。他企图将身体和心灵、医学和道德、感性和理性、自然和社会统一起来。尽管他从小笃信宗教，但当他谈论医学及哲学问题时都是把牛顿物理学的原理作为出发点。例如用因果决定论的观点来解释病人的生理和心理过程，否定对人的生命的神秘主义解释。他甚至用物理原因来解释人的道德能力，特别是肯定社会环境对人的道德观念形成的影响，并由此肯定社会教育和学校教育的作用。他的这类观点在当时的启蒙思想家中是比较激进的。

普里斯特列等美国自然科学家是在宗教传统尚在美国思想文化领域占支配地位、西方近代唯物主义因其本身的种种缺陷而受到唯心主义的种种攻击的条件下活动的。尽管他们在自然科学甚至社会政治领域相当激进，但在哲学上并不能越出 17—18 世纪西方唯物主义的不彻底性和机械性的范围，也未能成为整个美国哲学发展中的主流。

从殖民地时期到 19 世纪上半期，美国哲学大都是从欧洲输入的。这些哲学在欧洲往往存在各种对立甚至冲突。但当它们传入美国后，适应美国特定的多元的历史环境，特别是适应移民们在新的环境下生存和发展的需要而在形态上进行了种种改造。它们之间仍然存在差异和争论，有时还相当显著。但由于它们大都关注于解决美国某些特定的现实问题，未能形成自己严密和完整的理论体系,彼此之间的差异和争论在理论上往往未导致严重冲突,有时甚至能并行不悖,它们与前近代哲学的差异和冲突也没有像在欧洲那样尖锐和突出。

如果说以笛卡儿哲学的提出为标志的近代欧洲哲学实现了具有划时代意义的哲学思维方式的转型,即所谓认识论转向的话,在美国由于缺乏强大的前近代哲学这个对立面,近代哲学转型的意义主要表现为将欧洲近代哲学移植到美国,而且这种移植的重点不是欧洲近代哲学中那些彼此相异的严密完整的哲学体系,而是与美国资本主义发展相适应的那些强调理性和现实生活的基本倾向。在上面我们所提及的那些近代美国哲学思潮中,几乎没有哪一个有独特的严密完整的理论体系,也没有将理性绝对化和独断化的明显的绝对理性主义和独断论倾向,但在强调理性和现实生活上却有着明显的共同之处。没有严密完整的理论体系当然是缺乏深刻的理论底蕴的体现,这无疑是美国哲学的弱点;但不受这种体系的约束而专注于理性和现实生活则又是美国近代哲学的显著的优点。后者突出地表现在能对美国资本主义的发展产生更为直接的促进作用。

还要提到的是:在美国近代哲学中没有产生过17、18世纪英法那种明确的唯物主义和无神论,宗教信仰几乎是近代美国思想家难以逾越的一个界限。但是,在美国流行的宗教、特别是各种教派的基督教大都比在欧洲有更多的世俗化特征。美国人接受宗教信仰并不妨碍他们强调科学和理性以及现实生活。在教堂里他们是虔诚的教徒;在现实生活中他们是道道地地的俗人,不会为了宗教信仰而放弃他们对现实生活的关注。美国哲学中的理性往往是浸透着信仰等非理性内涵的理性,而美国哲学中的信仰也是给理性留下了充分余地的信仰。这大概也是在宗教信仰根深蒂固的美国能有高度发达的现代科学的重要原因之一。

第十七章
皮尔士与美国哲学的现代转型

在美国哲学发展由近代到现代的转化中,以皮尔士为创始人的实用主义具有特别重要的地位。这一方面是因为新黑格尔主义、人格主义等一些在美国先起的哲学流派后来大都转向实用主义,而在实用主义出现之后从欧洲传入美国的一些哲学流派,例如逻辑和语言分析哲学、现象学、存在主义等也都先后为实用主义所同化,各以其独特的方式体现实用主义某一方面的特征。当代美国实用主义者莫利斯说,逻辑经验主义、英国语言分析哲学、现象学、存在主义同实用主义"在性质上是协同一致的",它们"每一种所强调的,实际上是实用主义运动作为一个整体范围之内的中心问题之一"①。因此,实用主义的发展在一定意义上可以体现为美国哲学的发展。另一方面是因为实用主义在理论上最能体现美国哲学由近代转向现代的要求。实用主义哲学家大都公开宣称要超越和改造西方近代哲学的形而上学思维方式,反对将心物、主客、思有等二元分立作为哲学的出发点,拒绝对关于世界的基础、本质等传统哲学的基本问题作出回答,要求抛弃各种声称具有普遍和绝对意义的哲学体系。他们大都把哲学的主要任务归结为制定科学的认识论和方法论,把哲学和科学研究的对象限定于人的现实生活和经验所及范围,也就是由自在世界转向人化(经验)世界。实用主义哲学的最主要特点在于它明确强调哲学应立足于现实生活,主张把确定信念作为出发点,把采取行动当作主要手段,把获得效果当作最高目的。实践和行动概念在实用主义哲学中具有主导地位。莫利斯说:"对于实用

---

① Charles Morris, *The Pragmatic Movement in American Philosophy*, New York: George Braziller, 1970, p. 148.

第十七章　皮尔士与美国哲学的现代转型

主义者来说，人类行动肯定是他们所关注的核心论题。"①实用主义者甚至宣称自己的哲学是一种行动哲学、实践哲学、生活哲学。总的说来，在众多的西方哲学流派中，实用主义最具现代哲学的特色。尽管他们对生活、实践等的解释存在着严重的片面性，与马克思主义关于这方面的理论有着原则的区别，但毕竟体现了现代哲学的基本倾向。

在经典实用主义哲学的发展中，皮尔士和杜威代表了两个不同时期。皮尔士处于近现代哲学转型的过渡期，他的哲学具有更多新旧混杂的特征，杜威则扬弃了旧的哲学而较为全面地转向了现代哲学。对他们两人的个案分析可以帮助我们较为具体地了解美国哲学中近现代转型的过程。本文限于分析皮尔士哲学及其对现代哲学转型的体现。

一、皮尔士其人及其哲学的基本倾向

皮尔士(Charles Sanders Peirce 1839—1914)不仅是美国哲学史上最具影响的哲学家之一，也是美国整个思想史上最受肯定的学者之一。他不仅是最具原创性的哲学家，也是杰出的逻辑学家和数学家，对天文学、物理学、化学、生理学、心理学、计量学、大地测量学、药物学、科学史等各门自然科学以及语言学、符号学、修辞学、人类学、数理经济学等人文和社会科学也都有很高造诣。美国著名的皮尔士研究学者费希(Max H. Fisch)在发表于皮尔士网站的一篇文章中谈道："美国迄今为止所出现的最有原创性、最为博学的人是谁？无疑是查尔士·皮尔士。因为任何其次的人物都与他相距很远，以至不值一提。"②

皮尔士被公认为美国实用主义的创始人。詹姆士于1898年在伯克利加州大学所作《哲学概念与实际效果》(Philosophical Conceptions and

---

① Charles Morris, *The Pragmatic Movement in American Philosophy*, New York: George Braziller, 1970, p.10.
② Max H. Fisch in Sebeok, *The Play of Musement*.

Practical Results)的讲演中首次正式将"实用主义"(Pragmatism)一词引入文献,他在其中讲到"皮尔士原则"和皮尔士的"实际主义和实用主义原则"①,并说这是他早在 19 世纪 70 年代就在剑桥、即设在哈佛的形而上学俱乐部听皮尔士阐述的。不过皮尔士直至 1902 年给鲍德温(Baldwin)的《心理学哲学辞典》撰写的《实用主义》条目时才使用 Pragmatism 这个词。杜威 1916 年在《皮尔士的实用主义》一文中谈到,实用主义的"名称和观念都是由皮尔士先生所提供的"②。皮尔士在哲学上的建树不止是提出实用主义,他对关系逻辑、符号学、真理和意义等问题的研究使他受到后来的逻辑经验主义者、语言分析哲学家、实在论者甚至现象学家的重视,被当作他们的理论先驱。

但皮尔士又是一位因存在种种思想矛盾而引起争议的人物。批判和超越笛卡儿以来的西方体系哲学、建立以实践和过程为核心的哲学是他的思想的主旋律,但他早就企图建立一个统一各门学科的广泛的理论体系(尽管他未能完成);他接受了康德先验论的某些思想,却又竭力批判康德的不彻底性;在逻辑学上他既接受和发展了布尔(G. Boole)和德摩根(A. De Morgen)等人开创的符号逻辑,把逻辑学当作关于符号之间的联系的纯形式科学,又接受了经验派哲学家的心理主义逻辑及康德的先验逻辑;他既提出不要使科学服从信念,而只服从实验,又承认宗教高于科学。加拿大哲学家高治就皮尔士的这种思想矛盾指出,在皮尔士著作中"提出的见解很难彼此调和。许多地方对于同一对象提出了相互对立的观点。例如……科学方法被宣布是确定信念的唯一可靠的方法。然而感觉又是伦理学、宗教和实际生活的最后权威。又如他肯定哲学是以观察为基础的实证科学,如果其概念不是根据其实验结果来确定,就没有意义。然而皮尔士在其形而上学中又得出了不以观察为根据、而只用观察这个词进行思辨

---

① *The Writings of William James*, edited by John McDermott,1977,Chicago University Press, p. 348.
② John Dewey, *The Middle Works Volume* 10,1985,Southern Illinois University Press, p. 71.

的结论"①。皮尔士的诸如此类的思想矛盾,正是他作为处于西方哲学转型期的具有创新精神的哲学家必然存在的新旧思想矛盾的表现。当时许多西方哲学家(例如尼采)都在不同程度上存在这种矛盾。皮尔士哲学的主要意义正在于他在超越旧的哲学思维模式的界限、建立符合现代时代精神的新哲学上迈出了重要的步伐。

皮尔士虽是实用主义的创始人,但又不是纯粹和狭隘的实用主义者。他在19世纪70年代以前主要致力于关系逻辑的研究,具有明显的反心理主义倾向,尚不是实用主义者。他的实用主义思想是19世纪70年代提出的。他当时发表的《信念的确定》和《怎样使我们的观念清晰》两文被公认为是他的实用主义的代表作。后来他对其实用主义思想还有所发挥,但他始终未把实用主义当作庸人们所理解的实利主义,而主要是当作一种使科学概念清楚明白的方法。80年代后期起,他主要致力于建立包括有本体论的广泛的哲学体系,这与一般实用主义也不一致。由于嫌詹姆士、特别是当时一些作家对实用主义的解释偏离了他的原意。为了与他们有所区别,他于1905年4月把他的理论改称为"实效主义"(pragmaticism),并说这个名称丑陋不堪,不会再被人拐骗了(6·482)。②

二、对笛卡儿哲学传统的批判与实践哲学

同西方近现代哲学转型期企图开辟哲学发展新方向的其他哲学家一样,皮尔士把对笛卡儿哲学传统的批判当作其哲学探索的重要出发点。他早在1868年就在《逻辑规律有效性的基础》等文章中指出笛卡儿主义是人类精神活动的障碍,要求对它的一些基本哲学概念重新审视,使哲学发展

---

① T. A. Goudge, *The Thought of C. S. Peirce*, Toronto and London, 1950, pp. 2-3.
② *Collected Papers of Charles Sanders Peirce*, 8 vols, edited by Charles Hartshorne, Paul Weiss, and Arthur Burks (Harvard University Press, Cambridge, Massachusetts, 1931-1958),以下凡引用是本文集,仅在引文后注明其卷数和段数,如6·482即为6卷482段。不另加注。

走上新的道路。

笛卡儿哲学在西方哲学史上的主要意义在于它在理性主义旗帜下推动了西方哲学的认识论转向。中世纪的经院哲学把理性置于信仰之下,人们不是依靠理性和知识,而是按照宗教信仰来规范自己的行动。笛卡儿以普遍怀疑为手段对信仰的权威发动了挑战,并要求人们凭借自己生而固有(天赋)的理性能力、运用理性推理的方法去建立无所不包的、确定的、绝对可靠的知识体系。笛卡儿以后的许多西方哲学家的具体理论各有特点,但在要求从少数毋庸置疑的基本原理或观念出发来建立确定和可靠的知识体系上则大体上走的是笛卡儿所开辟的道路。这条道路就是被许多现代西方哲学家称为基础主义的道路。皮尔士是较早察觉到笛卡儿哲学这种具有为基础主义奠基意义的西方重要的哲学家之一。他由此把笛卡儿看作近代哲学之父,认为大部分近代哲学家都是以不同的方式效法笛卡儿。因此他对笛卡儿主义的批判在一定意义上就是对整个近代哲学传统、特别是基础主义传统的批判。尽管有些西方哲学家不赞成皮尔士对笛卡儿的批判,但当他们自己以及其他一些人批判笛卡儿时,却仍然不得不直接或间接地援引皮尔士。

皮尔士对笛卡儿传统的批判主要有如下两个方面。

首先,他认为作为笛卡儿哲学出发点的普遍怀疑实际上不能成立,只能看成是一种虚构。在人们的具体的和现实的认识过程中必然存在着没有正当理由加以怀疑的东西,不应对一切都加以怀疑,人们应当做的是进入具有共同性的合理的探索过程之中,而不是去怀疑那些没有正当理由加以怀疑的东西。离开具体和现实的认识过程而去作普遍怀疑是一种非时间性的认识方式,它没有越出同一自我的范围。所以他说:"我们不能从完全的怀疑开始","不要佯装对我们在内心并不怀疑的东西在哲学上加以怀疑",普遍怀疑"完全是一种自我欺骗,而不是真正的怀疑"(5·265)。在人的认识和行动中不能仅仅是怀疑,而必须有一定的信念,要将认识和行动看作是一个具体和现实的探索过程,也就是肯定它的现实性和时间性。

其次,皮尔士认为被笛卡儿当作唯一不能怀疑的"我思"未能越出自我

第十七章 皮尔士与美国哲学的现代转型

的狭隘范围,由之出发来肯定知识和观念的确定性和绝对可靠性意味着认为个体意识的直观具有确定性和绝对可靠性,认为"凡我清楚地确信的任何东西就是真的"(5·265)。皮尔士否定知识和观念具有这样的确定性和绝对可靠性。他认为个人并不是一种孤立的、确定的存在,而是处于"共同体"、即社会中的存在,处于行动和实践过程中的存在。人的知识也不可能是孤立的个人的自我确认,而只能是人与人之间在不同条件和因素下进行商讨的过程,也就是共同体中进行的不断的探索。在科学研究中,不同领域的研究有不同的结果,它们彼此支持,并以此拓展自己的范围。真理并不只是个人的事情,而是一个社会过程。经院哲学尚且肯定在圣人和教会中的各种商讨,而笛卡儿则将真理归结为超越共同体的自我的确认,把自明性当作第一原理,因而在这方面反而倒退了。

皮尔士在批判笛卡儿传统时之援引中世纪经院哲学不是全盘否定笛卡儿以来近代西方哲学发展所取得的进步,更不是要求从笛卡儿倒退到经院哲学。他只是认为笛卡儿没有从批判经院哲学中得出正确结论,反而抛弃了经院哲学中本来存在的关于现实的人类精神活动的多样性的因素,而后者则超越了绝对理性主义的局限性。

总的说来,皮尔士对笛卡儿传统的批判主要是反对其认识论的直观性和绝对性,特别是反对把知识看作个人作为主体的自我确定,而强调应当将其看作是"共同体"中充满活力的不断商讨的过程,即具有现实性和社会性的实践和探索过程。知识并非确定的、绝对化的和终极的东西,而只能存在于这样的探索过程之中,不断受到否定和批判。皮尔士认为,笛卡儿主义的关键所在简单说来就是以确定性的知识体系取代具体现实的展开过程,各种反笛卡儿主义的共同之处则在反对其对确定性的追求。他自己反对笛卡儿主义的主要之点也正在此。

皮尔士企图由此实现其对传统哲学的改造,将其从有关确定性的知识论转向有关现实性的实践论,也就是将以认识论为中心的传统形而上学改造为一种强调探索和实践过程的实践哲学。他所要论证的正是人类探索的现实过程,也就是从科学和理性出发具体探索展开这一过程所需要的各种现实要求。换言之,不是去探究这一过程的具有确定性的标准,而是探究这一过程是如何现实地展开的。而这正是他的实用主义实践观的基本含义。他对西方近代哲学的态度以及他自己的全部哲学理论在不同程度上都体现了这种基本思想倾向。

三、对康德先验论的符号学改造

在西方哲学家中,皮尔士研究得最多、受到影响最大的哲学家是康德。他提出实用主义思想正是受到康德的启发。康德在《纯粹理性批判》中提出了关于意见、知识和信仰(信念)的关系问题,认为人们一般是根据其知识来行动,但经常存在着这样的情况:我们没有获得真正的知识,而问题又比较重要,不能依据意见来解决,在这个时候就需要确定信念。例如医生对病势危殆的病人必须作出处置,但又不知其究竟患何病,这时他就依据症状作出某种诊断,并把它当作仿佛就是正确的诊断,据此进行治疗。康德把这种构成一定行动的实际使用方策的偶然信念称为实用的(pragmatisch)信念。① 这种信念的正确性的标准只有一个:治疗上的实际成功。在此康德所谓"实用"与"经验"和"实验"同义。康德还在《实践理性批判》中确立了"实用的"与"实践的"(praktisch)二者之间的区别。前者指技巧和技术规则,这些规则适用于经验,需要行动和实践检验。后者指先验的道德律。人们不依赖任何实验和行动就能对之表示确信,或者说,它无关于试验的类型是否能够获得坚实的基础。皮尔士不赞同康德分裂理论理性和实践理性的基本观点。他认为他的"新理论的最突出的特征是它肯定在理性认识与人类目的之间存在着不可分割的联系"②。但皮尔士却从康德关于"实用的信念"以及"实用"和"实践"的区别得到启发。也正因为如此,尽管他所要建立的是一种超越传统体系哲学界限的实践哲学,但

---

① 参见康德:《纯粹理性批判》,三联书店 1957 年版,第 561 页。
② John Dewey, *The Middle Work Volumel 10*, p.72.

第十七章　皮尔士与美国哲学的现代转型

他拒绝称其为"实践主义"(practicism 或 practicalism)，而宁肯称其为实用主义或实效主义。

皮尔士的实效主义与康德关于实用的思想虽有密切联系，但又有重要区别。康德尽管提出了"实用的信念"等观点，他对经验、实验等的解释以及他的整个认识理论也都局限于现象范围，否定了人的经验和知识是对外部世界的描绘；但康德在肯定先验意识活动的能动作用时并没有否定自在之物的存在及其对经验的影响，也没有否定获得具有普遍性和必然性的知识的可能性。皮尔士不满意康德的这种矛盾立场。他曾谈道："我所非常崇敬的康德无非是一个有些含混的实用主义者。……但是，自在之物既不能被指出，又不能被发现。从而不能用任何命题来指称它，也谈不到它的真假。因此，关于它的一切指称都必须当作无意义的累赘而加以抛弃。……康德像任何其他人一样看待空间、时间和他的范畴，从不怀疑它们的客观性。他之把它们限制于可能的经验是一般意义上的实用主义，而实效主义者完全像康德一样承认这些概念中的精神成分，不过是……较之康德，他以某种不同方式更为明确地确定了这种成分怎样来之于个人的精神。……这种既批判批判哲学又承认其对康德的接近的常识主义，肯定有一定理由称自己为批判的常识主义。"(5·525)皮尔士在此所谓批判的常识主义指的正是他的实用主义或者说实效主义。

值得指出的是，康德在理论理性领域虽然用先验逻辑取代了洛克和休谟的知识心理学，但是他的探究方法仍是与意识的综合统一相关联。他用包括直观、想象、知性和理性等意识的先天综合取代了休谟等人的心理联想，但仍然停留于意识的范围。皮尔士看到了康德对洛克和休谟的超越，也看到了康德在追求普遍性和先天性时并未超越意识和经验的范围，而这也正是皮尔士本人的理论的基本倾向。皮尔士1871年在谈到自己的实在论之后写道："实际上，康德所谓的哥白尼式转向，准确地讲，乃是从关于实在的唯名论观点到实在论观点的过渡。认为实在对象是由心灵决定的，这一观点乃是康德哲学之本质。而这无非是认为，任何概念和直观都必然地进入到关于某个对象的经验中，它们并不是短暂的和偶然的，相反都具有客观有效性……"(8.15)正是按照上述观点,皮尔士在1868年和1878年用康德关于综合判断的最高原理来回答综合判断如何可能的问题。"无论我的经验的真理性如何普遍……却都与经验的条件不可分割。"(2·691;5·332)

皮尔士肯定了康德的先验主义对洛克和休谟的心理联想主义的超越,也肯定了康德用经验综合来解决普遍和必然的问题,但他企图从康德仍然存在的心理主义中解脱出来,或者说使逻辑和整个认识进一步超越作为心理主义表现形态的个体的意识活动的界限。他提出达到这一目标的主要途径是用他所创立的符号学对康德的先验逻辑加以改造。

如果说康德的先验主义是用先验的感性直观和知性范畴来建构逻辑和认识的统一性,皮尔士则是借助符号的统一性来建构逻辑和认识的统一性。皮尔士著作中经常谈到的"一致性统一体"概念指的不是自我意识中客观的观念统一体,而是主体间对客体的表达的语义学上的一致性,后者是通过符号达到的。这种一致性也只有在符号解释的维度上才能确定。皮尔士在1866年说:"我们发现,任何判断都受某一个一致性条件的支配;它的诸因素必定能形成一个统一体,这个一致性统一体属于我们所有的判断,因而可以说是属于我们的;或者不如说我们是属于它的,因为它属于全体人类的判断。"[①]

由此可见,皮尔士所求的一致性、统一性超越了自我意识的个体的统一性。他要在符号的一致性中寻求人的意识的统一性。人的思想甚至人的存在本身都是通过符号来表达的。"意识是一个模糊的术语……有时意识常指'我思',或者思想中的统一体;但这个统一体无非是一致性,或对一致性的认知。一致性属于每个符号,就它是一个符号而言……无论如何决没有人的什么意识因素不能在语词中找到相应的东西……人使用的语词或符号就是人本身……人这个有机体只是思想的一个工具。而人的同一

[①] 转引自阿佩尔:《哲学的改造》,孙周兴、陆兴华译,上海译文出版社1994年版,第96页。

性在于他的行为和思想的一致性。"①皮尔士由这种一致性概念进一步提出了无限的共同体概念。主体间的统一性正是通过这种无限的共同体达到的。

皮尔士对康德先验逻辑的这种符号学改造对美国哲学由近代到现代的转化产生了深远的影响。莫利斯所提出的实用主义符号学是美国实用主义发展上的重要的一环,在超越近代哲学的实体性形而上学上起了推动作用。这种符号学的具体含义虽然与皮尔士所指有很大不同,但它的形成受到皮尔士的直接启发。当代分析哲学中关于通过逻辑句法和逻辑语义学来解决传统哲学的种种问题的那些学派的主张同样可以在皮尔士的符号学中找到理论来源。人们甚至可以说,皮尔士的符号学开了现代西方科学逻辑分析的先河。

四、信念和方法

皮尔士的实用主义把一切知识都归结为"实用的"信念,其作用是成为人们行动的工具。他也企图建立一个包括本体论、知识论和范畴论等在内的完整的哲学体系,但这不同于康德等人的形而上学体系。他的实用主义"本身并不是关于形而上学的学说,不试图确定事物的任何真理性。它只是一种发现现实的词和抽象概念的意义的方法"(5·464)。他一再指出他所关心的主要是使人们的思想、概念清楚明白的逻辑技巧和方法。实用主义就是一种科学逻辑或者说科学方法论,用来分析词、概念、思想或者说符号的意义,使它们能成为人们确定信念、采取行动以达到目的的工具。关于怎样确定信念的问题以及为了确定信念而澄明概念、思想的意义问题是皮尔士实用主义探讨的主要问题。

皮尔士关于确定信念的理论强调人的行动对人的生存的作用。他认为任何人为了求得生存,必须采取一定行动,而为了有效地行动,必须有一

---

① 转引自阿佩尔:《哲学的改造》,孙周兴、陆兴华译,上海译文出版社1994年版,第97页。

些有效的行为规则或习惯,它们确定人在一定条件下应怎样行动才能获得预期的效果。这些行为规则或习惯如果被人接受,就成了他们的信念。"真正的信念或意见是人们借以准备行动的东西。"(2·148)"不同的信念由它们所引起的不同的行为方式而区分开来。"(5·398)反过来说,人们只要有了确定的信念,就可以采取行动。传统哲学谈论的作为真理的对世界的正确认识与行动无关。人的行动所依赖的是确定的信念,而思想、观念能否成为人们确定的信念,并不在于它们是否真理,而在于它们能否引起人们的行动并在行动中获得预期效果。"只要达到了确定的信念,我们就满足了,至于信念是真是假,那是不相干的。"(5·375)不同的观念如都能引起行动并能导致同样的效果,都应予以肯定。皮尔士在其后期论著中没有像前期那样强调行动的重要性,而更强调"具体的合理性"。但是这种变化只是着重点有所不同。正如杜威指出的,皮尔士后期著作中的具体的合理性,"指的是一种通过行动实现的存在中的变化"①。

皮尔士认为,哲学的使命就是确定信念。一切与确定信念无关、不能引起人们的行动的东西,都不应包含在真正的哲学之内。"思维的整个机能在于引起行为习惯,而与思维相关、但与它们的目的无关的一切,则是思维的累赘,而不是它们的部分。"(5·400)皮尔士实用主义作为一种科学方法论可以说是一种确定信念的方法论。其主要内容就是通过提出和确证假说等探索来摆脱怀疑状态,达到确定信念。探索的过程就是从怀疑到确定信念的过程。皮尔士说:"思维活动是由怀疑所引起的那种刺激所激起的。当达到信念时便终止了。而达到信念是思维的唯一机能。"(5·394)皮尔士的方法论被认为是一种从怀疑到确定信念的探索理论。

皮尔士把怀疑当作其探索理论的起点。但他既不同意休谟把怀疑当作人的认识的最后界限,也不同意笛卡儿把怀疑当作主观的假定。他认为这些都不是人们在现实生活中的怀疑。后者应当看作是缺乏或失去信念、无法采取行动的不平稳状态,是人的行为的停顿或者说受到阻碍的状态,

---

① John Dewey, *The Middle Works Volume 10*, p.77.

第十七章　皮尔士与美国哲学的现代转型

犹豫不决和彷徨不定的状态。而人们之所以缺乏或失去信念，是由于他们面临着新的经验事实或者说出现了新的环境。

皮尔士对作为怀疑的原因的人的行为受阻作了广义的解释。受阻既可以是人的实际行动上的，也可以是理智和心理上的。例如由理论困难所引起的意见冲突、行为的想象的阻碍也可以成为怀疑的原因。这一点与皮尔士对关系逻辑的形式主义解释相关。由怀疑到信念的探索过程在他那里有时表现为符号逻辑的演算过程，不一定与人们的实际行动直接相关。当皮尔士谈论人适应其环境的行动时，也包含了这种逻辑演算行动。

究竟怎样通过探索使人摆脱疑难、确立信念呢？这是皮尔士作为方法论的探索理论所要解决的根本问题。他在这方面的立场超越了近代哲学的界限。这表现在他强调探索要有客观依据，避免主观偏见；他反对脱离实际的直觉主义和独断论，主张尊重经验和科学。他说："哲学在方法上应当仿效成功的科学，只从可以仔细考查的明确的前提出发，依赖它的多种不同的验证，而不是依赖个人的决定。"① 正因为如此，他虽然一再强调作为信念的观念必须是清楚明白的，但不同意笛卡儿和莱布尼茨对此所作的解释。他指责笛卡儿把清楚明白归结为源于反省的心理上的一致性，忽视了那些看来清楚明白的东西实际上可能并不如此。莱布尼茨通过逻辑定义的途径把普遍性和必然性作为清楚明白的标准虽有可取之处，但同笛卡儿一样停留于心灵内部，没有涉及外在的经验事实，实际上仍然无法达到真正的清楚明白。

但是，皮尔士的立场却又存在很大局限性。他在解释事实和经验时往往无视其客观基础。被他当作观念的清楚明白的标准的往往并非客观事实，而是观念对人产生的实际效果。从评价确定信念的方法来说，皮尔士认为重要的不是它们是否符合客观实际，而只是它们能否引起人们的行为习惯，能否产生预期的效果。只要能够做到这样，就意味着可以成为确定信念的方法。他说："只要怀疑最后停止了，不管用什么方法，思考的目的

---

① *The Philosophy of Peirce. Selected Writings*, edited by J. Buchler, New York, 1955, p. 229.

也就达到了。"(7·324)皮尔士的这种说法的主观主义倾向显而易见。

皮尔士的这种矛盾立场突出地表现在他对确定信念的具体方法的论述上。他在《信念的确定》一文中提到确定信念有四种方法：固执的方法、权威的方法（强迫的方法）、先验的方法（倾向性、理性方法）、科学的方法（探索、研究、推理方法）。他倡导科学方法，对前三种为传统哲学所奉行的方法则持批评态度。众多论述皮尔士的论著和教材对这几种方法都有介绍。我们在此只简单提及他的科学方法。

皮尔士认为科学方法是确定信念的最好方法。它既排斥主观偏见，又反对盲目崇拜权威，而只依据不受个人意识影响的外部永恒因素，即现实的或者说实在的事实。它以肯定外部世界的现实存在为前提，肯定探索的任务就在于解释和描绘实在的事物。他说：科学方法的"基本假设"在于："存在着现实事物，它们的特点完全不以我们对它们的意见为转移。这些现实永远按照永恒的规律作用于我们的感官……我们能够通过讨论来确定事物实际上和真正是什么。每一个人只要有充分的经验和思考，就可得出同样真实的结论。"(5·384)

皮尔士还认为，只要依据科学方法，具有不同信念的人最后终将取得一致的意见。他由此强调科学方法的社会性。它的有效性并不在于它对个人的特殊效果，而在于它具有普遍意义，能够获得社会的认同。杜威就皮尔士的这种观点指出，与詹姆士相比，"皮尔士更为明确地肯定社会因素。皮尔士所感兴趣的实质上是从事研究的人都同意利用可为所有的人应用的方法。由于需要有社会的同意，由于没有这种社会的同意固执的方法就会从外部起瓦解作用，这使人类最终不得不越来越广泛地利用科学方法"[1]。

皮尔士科学方法还有一个重要特点，那就是强调进化和进步，反对保守和停滞。达尔文的物种进化理论、莱伊尔[2]的地质结构进化理论对他都

---

[1] John Dewey, *The Middle Works Volume 10*, p.77.
[2] Charles Lyell(1797—1875)，英国地质学家，曾任英国皇家学会主席，提出地球的现状是各种自然力长期、缓慢作用的结果，可以从地球的现状了解其过去。

第十七章　皮尔士与美国哲学的现代转型

产生了重要影响。在哲学上,皮尔士虽然反对黑格尔的思辨形而上学,但肯定了黑格尔辩证法中所包含的关于进步和进化的思想。他在这方面的突出之处是使进化的思想超越特定的领域,肯定整个宇宙都是进化的产物。即使是那些特别稳定、可以称之为自然规律的自然习惯本身也是进化的,可以而且应当成为探索的对象。

皮尔士在科学方法上之强调进步和进化,使他必然反对把科学探索的成果以及这种探索方法凝固化和绝对化,这突出地表现在他由此提出的可错论(fallibilism)上。这一理论认为,用科学方法所得出的任何结论、信念都可能发生错误而被推翻,都处于不断修正和发展的过程中。那些已确立了的真理只能在某种程度上可以被认为是真理,它们的提出必然受到特定的时间和条件的限制,因而往往在很大程度上需要随着所处时间和条件的改变而加以改变。任何一种可以称为真理的假设都需要改进,任何信念的确定性都是相对于其证据而言的。随着新的证据的发现,这些信念也需要改变。任何经验的陈述都不是绝对可靠的最后证实,甚至逻辑和数学的研究也并不排除错误的可能性。皮尔士指出:"存在着三种我们所绝对不能达到的事物……即绝对的确定性、绝对的精确性、绝对的普遍性。"(1·141)正因为如此,皮尔士明确地反对科学研究中的故步自封,要求"不要阻塞探索的道路"。他反对崇拜权威,主张自由讨论和自由研究,以便取得科学研究的不断进步。这使他的可错论与认识论上的悲观主义和怀疑主义毫不相干。他明确指出,任何具有现实意义的问题在原则上都是可以得到解答的。至少不能说它们不能回答。他对于某些形态的独断论和怀疑论还作了种种批判,认为它们是科学探索的主要障碍。(参见5·416)

但是皮尔士在否定绝对确定性、绝对精确性和绝对普遍性时往往走向了另一个极端。他由以往独断论把必然性绝对化、排斥偶然性而走向否定必然性,只承认偶然性。他说:"如果你试图证实任何自然规律,那你就会发现,你的观察越是精确,它们就肯定会表明不正常地偏离了规律……如果尽可能向后追溯它们的原因,你就会不得不承认,它们总是出于任意决定或偶然性。"(6·45)"如果你更深刻地反省,你就会看到,偶然性是我们未知的东西的原因的唯一名称。"(6·54)皮尔士不懂得或者说没有去思考相对与绝对、偶然与必然的辩证关系。他由当时科学发展(特别是他所熟悉的概率论和统计规律)证明了相对性和偶然性的普遍存在,证明了科学结论和信念的暂时性和可错性,把一切都当作纯粹相对的、偶然的东西,而这可能导致他所并不赞成的相对主义和怀疑论。

总的说来,皮尔士的科学方法不仅具有客观因素,其对独断论和怀疑论的批判与对进步和进化的强调,是对近代哲学思维方式的一种超越。这既是他作为一个杰出的科学家对当时自然科学中所实际运用的认识方法的总结和概括,也是他作为一个敏锐的哲学家对西方哲学的现代转型所作的一定揭示。但是他的理论存在很大的局限性。例如他对现实、实在的理解,没有超越当时已相当盛行的实证主义的现象主义的范围。尽管如此,皮尔士的理论对杜威等后起的哲学家进一步实现西方哲学的近代转型仍然提供了重要的启示。

五、意义和真理

皮尔士的科学方法论与其意义理论密切相关。科学方法的任务是确定信念,信念总是以思想、观念、判断的形式存在,它们的意义必须清楚明白。皮尔士的意义理论的主要内容就是澄清思想、观念等的意义。这一理论在皮尔士整个实用主义哲学中具有重要地位。杜威曾谈到,皮尔士把实效主义"这个名词的含义局限于确定诸种名词,或更确切地说,诸种命题的意义。这种理论本身并不是关于试验,或真理,或命题的理论。因此,他最早的论文的标题是'怎样使我们的观念清楚明白'。在他后期的著作中,当他把这个名词当作一种真理论时,他企图用受到更大限制的实效主义来指称他本来的特殊意义"[①]。一些西方哲学家认为,强调意义理论甚于强调真理论是皮尔士实用主义不同于詹姆士等人的主要表现之一。杜威就明

[①] John Dewey, *The Middle Works Volume 10*, p. 72.

第十七章 皮尔士与美国哲学的现代转型

确指出"即使是就命题的意义来说,皮尔士的实效主义与詹姆士等人的实用主义也存在着明显的区别"①。

皮尔士和詹姆士的这种区别主要表现在詹姆士强调命题的意义在于行为的特殊结果。詹姆士在《哲学概念和实际效果》中谈道:"任何哲学命题的有效意义,总是可以见诸某种特殊的后果,见诸我们未来的实践经验中,不管是能动的还是被动的;关键之点在于这种经验必然是特殊的这个事实,而不在它必然是能动的这个事实。"②皮尔士强调的则不是特殊的效果,而是实践和行动,以及由此得出的具有一般意义的命题。在他看来,对命题的断定实际上所预示的必然只是对一切实验现象的一般描述,这不可能只是单纯的现在,而必须引向未来,每一命题的理性的意义在于未来。正如杜威指出的,"皮尔士更加强调实践(或行动),而不是特殊的东西。事实上,他把重点转向了一般。……意义既同一于未来。又同一于一般";皮尔士"把意义同一于习惯的形成,或者说,具有尽可能最大的一般性、可以运用于最广大范围的特殊性的行为方式的形成"③。

皮尔士之强调意义理论甚于强调真理论以及他不把意义的确定局限于获得特殊效果,使他避免了詹姆士等人那种把"有用就是真理"当作根本信条可能存在的庸人习气。

皮尔士的意义理论与其符号学相关。他认为观念、命题或判断的意义都是通过相应的符号表现出来的,并为此制定了一套符号学体系,后者对西方现代哲学中符号学思潮的兴起产生了重要影响。但他在这方面没有明确而一致的论述。本文有限的篇幅无法对其作出具体阐释。

在此需要提到的是:不管皮尔士如何用符号来阐释观念、命题等的意义,如果他仅仅停留于符号关系,那他都无法使其符号具有与其所指对象相适应的意义。为了使意义具有实际内容,必须提出一种实际的意义标

---

① John Dewey, *The Middle Works Volume 10*, p. 72.
② *The Writings of William James*, edited by John. McDermott, 1977, Chicago University Press, p. 349.
③ John Dewey, *The Middle Works Volume 10*, p. 73.

准。皮尔士认为这种意义标准不是它的特殊的实际效果,而是它可能引起的实际效果的总和。为了获得概念的意义,"人们就要考虑从这一概念的真理必然得出什么样的可以设想的实际效果。这些效果的总和将构成这个概念的全部意义"(5·9)。皮尔士的这种观点是他的意义理论的一个根本观点,也正是著名的所谓"皮尔士原则"的根本观点。

皮尔士认为,任何一个名词的意义是由指出一定属性的一个陈述来给予的。这一陈述(逻辑解释)与这一名词等值。但是,由这个陈述所指示的属性不是随便某一种属性,而是可感觉的属性。"我们关于任何事物的观念就是它的感性后果的观念。"(5·401)因此一个名词之具有意义,就在于它可以由描述可感觉的属性的其他名词来确定。例如,"硬"这个名词所以有意义,是因为它等值于"不可为许多其他东西所刺破"(5·403),后者正是一个可感觉的经验命题。皮尔士企图把这种经验证实的原则扩大到一切名词和命题。不仅关于事物的性质和具体事物的名词应当由经验来证实,关于一般(共相)的名词也应由经验证实。总之,可感觉的实际效果是一切名词之是否具有意义的根本标准。

皮尔士没有把对象所产生的实际效果与对象本身区别开来,没有把在认识论上对象相对于主体而存在与本体论上对象具有不依赖于主体的客观内容明确区分开来。他一再宣称关于效果的概念是对象的完整概念。其实,二者是有区别的。引起效果的对象不以人的感觉、意识为转移,而效果则是由人所感知和体验到的,具有很大主观性,即使是皮尔士所强调的那种具有普遍性和一般性的效果的总和也不例外。把对象本身等同于其所引起的效果,对对象的解释往往会产生片面性。

皮尔士的意义理论还有一个重要特点,即他非常强调作为意义标准的可感觉效果应从行动和实践中去把握,感觉效果就是引起行动和实践的效果。这使他的观点带有行动主义特色。他有时干脆把意义标准归结为人们的行为习惯,认为凡是能引起一定的行为习惯的就是有意义的。他说:"习惯就是逻辑解释的本质。"(5·486)"对一个概念的最完备的说明在于对这个概念所必然引起的习惯的描述。"(5·491)"一个事物的意义简单

第十七章 皮尔士与美国哲学的现代转型

说来就是它所涉及的习惯。"(5·400)也正是在这种行动主义的基础上,皮尔士提出了为后来的操作主义者所发挥并作为其理论基础的观点:一个概念或命题的意义在于一套与之相应的操作。就是说,人们不能只是静观地去考察关于某一名词的可感觉的实际效果,而应当通过采取相应的行为、操作,并从这些行为和操作中去感受其实际效果。获得关于某一对象的意义的过程是一系列相应的行为的过程,一套相应的操作过程。

总的说来,皮尔士上述意义理论与个别实用主义者真理观上的主观唯心主义和市侩主义的确有所不同。但是,由于他在对符号、实际效果等的解释上经常陷于混乱,因此他也并未正确地解决概念、命题等的意义问题,有时甚至倒向主观主义方面。

虽然皮尔士对意义理论的强调甚于真理论,但这只意味着他不满意于传统形而上学的真理论及詹姆士等人那种具有庸人习气的真理论,而不意味着他笼统地否定真理论。他的意义理论实际上是对真理论的一种特殊表述,因为它的任务正是澄明被当作真理的概念的意义;而他的科学方法的目标也正在获得实在的知识,达到真理。"逻辑是关于真理、真理的性质及发现真理的方法的学说。"(7·321)

作为一个严肃的自然科学家,皮尔士经常企图对真理问题作出比较客观的回答。他一再强调真理与实在一致,不以个别人或某些人的判断、思想为转移。他对一些露骨的主观主义的真理观还曾加以非议。他的确定信念的方法同时也是确定真理的方法,而他只主张以实在为依据的科学方法。当他像其他实用主义者那样把对人的效用、满足当作真理的标准时,他往往企图用科学方法去加以限制。例如他说:"费迪南·席勒先生告诉我们,他和詹姆士肯定真的纯粹就是满足的。这是没有疑问的。但是,说满足并没有把话说全。满足什么目的呢?"(5·552)皮尔士认为这就是用科学方法排除了怀疑。一种信念如果只是使人在感情上得到满足那还不是真的信念,只有能用科学方法证明才是真的。(参见6·485)

但是,皮尔士对真理的实在性的肯定和主观任意性的否定都没有脱离将可感觉的效果、信念作为观念的意义和真理性的标准这条由他所确立的实用主义的根本原则。他认为真理独立于个别人或某些人的思想,但并不独立于一般思想。真理是通过不断地探索而为大家一致承认的观念。他有时把真理等同于人们对于对象的信念,这种信念既不是体现作为个人的纯粹的主观意识状态,也不是体现主观意识以外的客观条件,而是体现为将二者联系起来的符号。人们在真理问题上的统一性就在于用符号表达的信念上的一致性。除此以外,并不需要其他客观根据。他说:"如果我们的术语'真理'和'虚妄'的意义是指可以根据怀疑和信念给它们下定义……那一切都好;在这种情况下,你所谈的只是关于怀疑和信念。但是如果你所理解的真理和虚妄不是用某种方式根据怀疑和信念来下定义的某种东西,那你说的就是关于实体,关于它们的存在,你一点也不可能知道,应当用奥卡姆剃刀将它们剃光。"(5·416)皮尔士在此把实体当作真理的累赘,把可以表现为可感觉的实际效果的信念当作真理的根本内容。他甚至说:"你无论如何不能不相信的东西严格说来不是错误的观念,换言之,对你说,它是绝对真理。"(5·419)这样,信念就成了区分真理与谬误的标准。

六、形而上学的改造

皮尔士明确否定传统形而上学,认为它的几乎每一个命题,或者是毫无意义的胡言乱语,或者是十足的荒谬。(5·423)他承认在这点上他的实效主义和实证主义一致,但他并不完全排斥形而上学,只是要求将其建立在科学基础上。他一直企图建立一个包括形而上学在内的无所不包的知识体系,但他未能完成。

在皮尔士的知识体系论中,形而上学是一个未作确定解释的模糊概念。他大体上把它分为三支:本体论和宇宙论(一般形而上学)、精神的或宗教的形而上学、物理形而上学(讨论时空、自然规律、物质等的性质问题)。他把以下问题当作典型的形而上学问题:是否有真正的个人存在?怎样解释情感的不同性质及它们同物质、时空的规定性的联系?感觉的各

第十七章 皮尔士与美国哲学的现代转型

种性质体现什么样的外部实在？空间和时间是连续的吗？什么是意识和精神？等等。他认为如果应用科学方法，诸如此类的问题都可以解决。以往形而上学之所以不能令人满意，不是因为形而上学问题本身有不能克服的困难，而是因为被神学家或受其影响的人所摆弄，不是由有科学精神的人去探究。因此问题不在于取消形而上学，而是用科学方法改造形而上学。

究竟怎样改造形而上学呢？皮尔士的回答也不一贯。总的说来，他强调要把逻辑（他本人作出了重要贡献的关系逻辑）当作形而上学的基础，由逻辑结构引出存在结构。（参见 4·187,1·625）他把本体论的基本范畴与他提出的逻辑范畴联系起来，由后者来说明前者。

但与此同时，皮尔士又强调形而上学应以经验的观察和实验为基础。他说："形而上学，即使是坏的形而上学，实际上也是以观察为基础，不管是否意识到了这一点。这一点之所以没有得到普遍承认，仅仅是因为作为它的基础的是这样一些现象，它们渗透于每一个人的经验，从而通常未引人特别注意。"（6·2）正是从这种观点出发，皮尔士从现象学，或者说显象学（phaneroscopy，基本含义类似后来胡塞尔现象学）取得其基本的本体论范畴。办法是在一切经验中探索不可还原的形式因素。这些因素就是本体论的范畴，就是真正的实在。皮尔士由此宣称"形而上学是关于实在的科学"（5·21）。

皮尔士对如何建立形而上学的上述两种回答存在矛盾。但他企图使之调和起来，当他肯定形而上学要建立在经验观察的基础上时，他所指的是现象学和规范科学所进行的经验观察。在他看来，现象学考察经验的方法是从经验中抽取其最一般的、绝对必然的特征，达到普遍范畴的方法。这些范畴同样可以通过逻辑程序而获得。因此二者只是重点不同，结论则一致。经验观察观点着重于形而上学思维的"物质"方面，逻辑观点着重于"形式"方面。皮尔士不懂得由特殊经验得出一般结论的辩证法，实际上无法真正把二者统一起来。他对逻辑范畴的解释往往倾向于形式主义，而对经验的解释归根到底是现象主义。他无法解释普遍适用的逻辑范畴怎样可以从特殊的经验观察中得出,他也因此不能建立始终一贯的形而上学体系。

在皮尔士形而上学体系中,他所提出的所谓偶然论(Tychism)、连续论(Synechism)和爱情论(Agapism)是重要组成部分。

皮尔士的偶然论把宇宙的原始状态看作是一种绝对虚无状态,或者说是一种纯粹的非决定性或偶然状态的状态。在这种状态下,没有事物的区别、没有习惯、没有规律,一切为偶然性(机会)统治。这种偶然性也就是一种自发性、自由和创造性。随着宇宙的进化,偶然性的数量将会减少,但不会消灭。因此偶然性并不是宇宙存在的局部状态,而是存在于整个宇宙发展过程之中。没有偶然性和自发性而完全由规律支配的情况在一种意义上只是一种抽象,一种理想的界限。

皮尔士之所以提出偶然论与他对统计规律性的研究有关。他把统计规律只有或然性没有必然性这一点绝对化,进而否认一切必然性。他的偶然论就是与一切承认必然性的学说、特别是唯物主义学说相对立的。他认为从斯多葛学派以来"必然性和唯物主义,携手并进,亲密无间"(6·36)。只要驳倒了决定论,即必然论,就可以驳倒唯物主义。正如皮尔士的著作选集《机会、爱情与逻辑》(Chance, Love, and Logic)一书的编者莫利士·柯亨(Morris Cohen)在该书的序言中所指出的,皮尔士关于"偶然性第一性的学说自然暗示着精神第一性。正如规律是一种偶然习惯一样,物质是一种惰性的精神"。

但是,皮尔士并未把偶然性仅仅当作单纯的任意性,当作是现象世界中的绝对的间断性。他受了19世纪以来西方哲学中流行的进化论的影响,肯定宇宙处于进化过程中,而进化是以存在的连续性为前提。皮尔士熟悉康托尔的集合论,而集合论与连续性的问题相关。他在康托尔的启示下研究数学的基础并致力于建立自己的基数和序数理论,这导致了他对连续性概念的研究和论证。他肯定时间、空间以及世界的一切均有连续性,从而把连续性概念当作其哲学的主要概念之一,并称他这种理论叫做连续论。他说,连续论是"这样一种哲学倾向,它强调连续性观念在哲学上的极

第十七章　皮尔士与美国哲学的现代转型

端重要性,特别是强调包含真正连续的假设的必要性"(6·169)。连续性概念与绝对的偶然性是不一致的。他把连续性概念看作是每一部分都相同的整体,并把它与规律、一般等概念即他的三位范畴看作是一致的,认为"连续性无非就是关系规律完备的一般性"(6·172)。但是,这种与一般、规律同义的连续性又不是必然性而只有或然性。因此他宣称"连续论不是一种最后的和绝对的形而上学学说,它是逻辑的一种调节的原则"(6·173)。杜威在介绍皮尔士的连续主义观点时引述了皮尔士在鲍德温词典中的词条中如下的话:"几乎每一个人现在都会同意,终极的善隐于以某种方式发生的进化过程中。如果是这样,那它不在处于分离中的那些个体的反应中,而在某种一般和连续的东西中。连续主义建立在这样一个概念的基础上,即结合、连续的变、为规律所支配的变、富有一般观念的变,都无非是合理性的生长的同一过程的不同阶段。这一点首先在逻辑领域由数学的精确性而表现为真,由此在形而上学上同样有效。它与实效主义不相冲突……但包含了这种程序作为一个步骤。"杜威接着指出:"在此我们再一次看到实效主义是一种意义或理性含义寓于习惯或一般化的方法的构成中的学说,一种消失于连续主义的形而上学的学说。"①

皮尔士之肯定世界事物发展中的连续性,这也是他的哲学的合理性的重要表现之一。因为整个世界以及世界上一切事物的发展变化均有连续性。但他的这一理论同样存在着片面性。主要问题是他把连续性与间断性割裂开来了,看不到二者之间的对立统一关系。另外,他用连续性概念来抹杀物质和精神的质的区别,将其归结为精神的特性,并由肯定物质也有连续性而把物质也归结为精神。他声称:"我们称为物质的东西并不完全是死的,而不过是用习惯包着的精神,习惯使它以高度的机械规则性行动。"(6·518)皮尔士公开承认他的连续论必然导致"认为物质不过是特殊化的和局部僵死的精神的谢林式的唯心主义"(6·102)。承认他这种关于宇宙的理论是一种"客观唯心主义的理论"(6·25)。

---

① John Dewey, *The Middle Works Volume 10*, p.74.

皮尔士肯定宇宙处于进化过程中,而"进化正好就是力求达到一个确定的目的"(3·124),即一个终极原因。这个思想使他肯定了爱在宇宙论上的意义的古老观念(至少可以追溯到古希腊哲学家恩培多克勒)。终极目的产生吸引力,而对这种吸引力的反应就是爱或者说受感动。皮尔士把这种吸引和受感动(爱)的关系当作对整个宇宙进化发生作用的精神规律,把世界的进化过程当作是一个受爱的情感支配的精神过程。尽管他不止一次地表示不赞成把哲学和宗教融合起来,但他的这种观点最后必然导致上帝。把上帝当作爱的终极原因。

皮尔士将他关于宇宙的形而上学体系宣称为一种真正的进化哲学。他对数学和逻辑的研究,他的怀疑——信念的探索理论、行动主义、连续论和爱情论等都促使他去建立一种进化的宇宙论。这一理论包含了某些科学因素,但其基本倾向是唯心主义和形而上学的,最后导致宗教神学。他自己公开承认:"真正的进化哲学……绝不与关于人格的创造者的观念相对抗,它实际上与这个观念不可分割。"(6·157)

总的说来,皮尔士的形而上学以及他的整个哲学都是一个复杂和矛盾的体系,其中包含了各种不同的,甚至相互抵触的观点。不同的现代哲学流派均既可从中找到自己所需要的因素,又可发现与自己的理论相抵触的观念。正因为如此,实用主义等许多现代西方哲学流派的思想家对他既有热烈的赞扬,又有尖锐的批评。皮尔士无疑是19世纪下半期以来敢于突破近代哲学思维方式、竭力企图为哲学的发展开辟新的道路的西方伟大哲学家之一,但他也像尼采等人一样未能完全摆脱近代形而上学传统的界限。

第十八章
再论重新评价实用主义

一、对实用主义研究的反思

　　我在1987年写过一篇以《重新评价实用主义》为题的文章。该文以"不能把实用主义归结为帝国主义反动哲学""实用主义不是十足的主观唯心主义""不能把实用主义归结为市侩哲学""不能把实用主义归结为诡辩论"等醒目标题的形式对长期流行的全盘否定实用主义的评价模式全面和公开地提出了质疑。由于这种流行的评价在国内外绝大多数的马克思主义者甚至共产党领导人中已深入人心,在20世纪80年代中期我国学术界保守气氛还相当浓厚、对上述全盘否定的评价模式还无人敢于直接质疑的情况下,我这样不加掩饰地为实用主义"翻案",显然要冒被人加上反马克思主义甚至反党的罪名的。而我之所以敢于这样做,既是出于对以杜威为主的实用主义的实际所是有了较多了解,又是出于对马克思主义的实事求是的原则有坚强信念,认识到以往那种对杜威等人的没有事实和理论根据的批判不是真正的马克思主义态度。使我感到幸运的是:这篇文章发表后并没有招来批判,反而得到了许多同行专家的赞许。正是在这篇文章的促进下,中国现代外国哲学学会于1988年在四川成都举行了全国性的实用主义学术讨论会,与会专家、特别是一些中青年专家就对实用主义和其他现代西方哲学流派的评价提出了更为开放的意见。也正因为这次会议就对实用主义的评价达成了广泛的共识,后来研究实用主义的人大都把这篇文章和这次会议当作我国几十年来对实用主义研究的一个重要转折点。许多从事实用主义研究的专家都对此作了高度的肯定。例如,王元明先生在《哲学动态》2000年第3期的"世纪之交谈哲学发展的"栏目中发表的《实用主义在中国》一文中谈道："1979年党的十一届三中全会以后，我国开始运用马克思主义重新研究实用主义和其他西方思潮。1983年刘放桐著的《实用主义述评》由天津人民出版社出版。特别应当提到的是，刘放桐1987年发表了《重新评价实用主义》一文。这是建国后近40年来第一篇比较客观地评价实用主义的文章。"

当然，一篇重新评价实用主义的文章也只是为重新研究和评价实用主义发出了第一声呐喊，更重要的还是要有众多的学界人士共同在这方面开展深入具体和全面的研究。我个人能做的很是有限。而且，在20世纪80—90年代，除了教学以外，我的主要精力放在修订《现代西方哲学》(1981)上。当时选择研究实用主义并发表重新评价的文章，主要动机也是想试探一下学界和有关部门在重新评价现代西方哲学流派上的态度。《重新评价实用主义》一文得到学界认可使我在评价其他西方哲学流派上也有了较为开放的准备。正因为如此，1990年出版的《现代西方哲学》修订本就大体上抛弃了传统的批判模式，具有较大的客观性和科学性，这对我国学界后来对现代西方哲学流派的客观和科学地研究起了一定促进作用。

在重新评价实用主义取得成功后，除了较客观地修订《现代西方哲学》这部教材外，我的研究的重点转向实用主义等现代西方哲学流派与马克思主义哲学的关系问题。探究在坚持马克思主义的批判原则、特别是划清其与这些西方哲学流派的原则区别的前提下，是否也可以谈论从这些哲学流派中发现某些合理因素？这些哲学流派与马克思主义哲学作为大致处于同一时代的哲学，是否也能在某种程度上体现时代精神的某些方面、从而能与马克思主义哲学具有某些共同之处？这些问题都具有较大政治和意识形态的敏感性，如果对马克思主义哲学和现代西方哲学没有较为全面的合理理解，是难以回答的。我在好几年内潜心从事于这方面的问题的研究，首先是认真研读马克思哲学的原著，力图较为准确地理解其在哲学上的革命变更的根本观点；其次是结合修订《现代西方哲学》教科书的机会，对各个西方现代哲学流派的主要理论观点作了较为全面的梳理，对杜威的

第十八章 再论重新评价实用主义

实用主义更是作了相对系统的研究。在这个基础上,我感到对上面的问题在一定程度上可以作肯定的回答了。于是在1996年发表了《西方哲学的近现代转型与马克思主义哲学和当代中国哲学的发展道路(论纲)》一文,其中提出了如下两个观点:

第一,西方哲学从近代到现代的转化不能简单归结为由唯物主义和辩证法转向唯心主义和形而上学、由进步转向反动,而是西方哲学发展史上一次具有划时代意义的哲学思维方式的转型,主要表现为多数现代西方哲学流派各以自己特有的方式力图超越以主客和心物等二分为出发点、以建立关于世界的本源和本质的理论体系为目标、以基础主义和本质主义等为理论特征的近代哲学思维方式,使哲学研究在不同程度上从抽象化的自在的自然界或绝对化的观念世界返回到人的现实生活世界。他们企图以此摆脱近代哲学思维方式的困境,为哲学的进一步发展开辟新的道路;他们的哲学总的说来更能体现这一时期西方社会各个方面的发展状况,因而具有重要的进步意义,标志着西方哲学发展到了一个新的、更高的阶段。

第二,西方哲学家实现的从近代到现代的哲学转型与马克思在哲学上的革命变更在阶级基础和理论形态上都确有原则区别;但从超越近代哲学思维方式的局限性和片面性、并从而克服其所陷入的困境和危机来说,从建立一种以转向人的现实生活和实践以及发挥人的自主能动性和创造性为特征的新的哲学思维方式、从而更为适应西方社会的变更,或者说更能体现时代精神的要求来说,它们之间又存在着重要的共同之处(或者说张力),可谓殊途同归,都体现了西方哲学由近代到现代变更的历史趋势。

上述两个观点实际上是我重新评价实用主义的观点的进一步发挥,它与国内外学界长期流行的关于马克思主义和现代西方哲学的关系的观点也大不相同,在某些方面甚至恰好相反。而这也是我经过长期准备,等到各方面都较有把握的时候,才敢冒着较大的风险提出的。它在学界也引起了相当强烈的反响。尽管有个别专家至今还激烈反对,但学界中绝大部分人都表示赞许。近20年来,我也一直继续在做这方面的工作。上述两个观点实际上也是我重新评价实用主义的观点的进一步发挥。也正因为如此,这些年来我实际上是把这两方面的工作结合起来进行,二者也是相互促进的。正是对实用主义的重新评价上的成功促使我进一步去重新评价整个现代西方哲学及其与马克思主义哲学的关系,也就是对这两种哲学进行比较研究;而在这种比较研究上的成功又促使我去进一步研究杜威等人的实用主义及其与马克思主义哲学的关系。

二、实践的观点是实用主义哲学的基本观点

实用主义包含了一个广大的家族。其中各个成员的观点互不相同,即使是同一位实用主义哲学家,在其活动的各个时期,观点可能很不一致。其中有的观点严格说来并不能算是实用主义。例如,被公认为是实用主义的创始人的皮尔士在其早期就曾企图建立一个统一各门学科的广泛的理论体系(尽管他未能完成),这与他后来的实用主义思想很不一致。他对关系逻辑、符号学等的研究受到后来的逻辑经验主义者语言分析哲学家、实在论者、甚至现象学家的重视,被当作他们的理论先驱;而这些思想至少不能算是狭义意义上的实用主义。詹姆士作为一个虔诚的宗教徒和著名的心理学家,他的实用主义带有浓厚的心理主义和神秘主义色彩,这与皮尔士有很大不同。更重要的是:詹姆士曾把实用主义当作是一种主张真理就是有用、有用就是真理的真理论而广受指责。为了与这类庸俗的、或者说实利主义的真理论划清界限,皮尔士提出要用实效主义(pragmaticism)来代替曾被人玷污的实用主义(pragmatism)。实用主义的最大代表人物杜威早期是黑格尔主义者,在他转向实用主义以后,他的思想也在不断发展。例如,在相当长的时期内,他称他的哲学为经验自然主义或自然主义的经验主义。后来由于有人说他在他的主要著作《经验与自然》中对经验自然主义的阐释还有形而上学色彩,他便提出他如果重写《经验与自然》一书,他将改称为《文化与自然》。

但是,所有的实用主义者在不同意义上都强调人的实践在哲学上的首要的甚至决定性的作用。这点在皮尔士那里就有所表现。他认为真理的

第十八章　再论重新评价实用主义

目标是适应行为、行动、实践的要求,只能由行为、行动、实践来检验和证实。真理作为一种观念的存在不是静止的存在,而是一个由此及彼的发生过程;真理不是处于人的行动之外,而是处于行动之中,是在人的行动和实践中获得的。总之,一切真理都以人的行为、实践为转移。离开实践来谈论真理,那真理就失去了任何现实意义。"思维的整个机能在于引起行为习惯,而与思维相关、但与它们的目的无关的一切,则是思维的累赘,而不是它们的部分。"(5.400)皮尔士明确反对以笛卡儿为代表的脱离实际的传统形而上学,要求把人的认识和真理看作是一种合乎实际的探索过程。他反对把知识看作个人作为主体的自我确定,而强调应当将其看作是人与人之间的"共同体"中的充满活力的不断商讨的过程,即具有现实性和社会性的实践和探索过程。知识并非确定的、绝对化的和终极的东西,而只能存在于这样的探索过程之中,不断受到否定和批判。也正因为如此,皮尔士的著名的探究(探索)理论在一定程度上具有实践论的意义。

杜威对实践的观点的强调表现得特别突出,以致一再明确地把它当作其整个哲学的基本观点。杜威的哲学有经验自然主义、工具主义、实验主义等不同的名称,也有存在论、真理论、方法论、政治理论、教育理论、美学、伦理学、社会学等各个不同方面的理论。而贯彻于所有这些名称和理论中的则是行动、活动、行为、生活、生命、探究(探索)的决定性作用,而这些都是实践的别称。

例如,杜威的经验自然主义从名称上说的确具有存在论色彩;但是他的这种存在论与传统哲学的存在论有根本性的区别。它的经验不是作为具有实体性存在意义的物质或精神,它的自然不是与人无牵涉的自在的自然界(尽管他并不否定人以外的自然界本身自在地存在,但他认为这样的自然界尚未成为人的对象,尚未具有对人而存在的意义),而是与人的活动、行为、生活直接相关(牵涉)的对象,也只有在与人相关时才具有现实意义。在杜威看来,真正的经验,即现实的和活生生的经验只能是作为有机体的人与作为环境的对象之间的一种交互活动。任何人都不可能孤立地、抽象地存在,他总是生活在一定的环境(自然环境和社会环境)之中,或者说总是处于一定情境之中,受到环境(情境)的制约。而环境也总是由人所处的环境,离开了人,环境就不能作为环境而存在,而只能是抽象的、自在的存在。人所处的环境总要对人产生刺激,而人对环境的刺激也必然要产生反应。这种刺激和反应是不能分开的,总是形成为一个相互作用的过程,而这正是活动、生活、行动、行为,即实践的过程。这种过程是不断延续的。人的生命正是在人与其环境(包括自然环境和作为自然的部分的社会环境)的相互作用中存在并得到延续的。因此,杜威的经验自然主义中的经验与传统哲学的认识论中谈论的经验具有完全不同的意义。它不是指认识论中的某一个环节或者阶段,而是人的整个生命、生存所牵涉的一切。他在晚年之所以想到要用《文化与自然》来代替《经验与自然》,就是因为广义地说人所牵涉的一切都可归属于文化,谈论文化与自然就不再会被认为具有形而上学的意义,只会被当作是人的一切牵涉,而这种牵涉正是与环境(自然)的交互作用,即生活、行动、过程,也就是实践。

又如,杜威的真理论与传统哲学的真理论虽然也有着同样的名称(用同样的词句来指称),但其所指却有完全不同的意义。杜威所谓真理,既不是以往唯物主义者所指的对不以人为转移的客观事实或规律的正确反映,也不是以往唯心主义者所谓绝对精神的体现或人的主观感觉,而是人在探究中得出并使人的生活、行动、行为、实践得以进行的某种观念、方法、措施或者说工具。杜威由此称他的真理论是一种工具主义理论。换言之,杜威所谓作为工具的观念并不是个人主观自生的,而是处于一定环境(包括自然和社会环境)中的人为着适应环境(从既定环境出发,克服因这种环境所加的障碍,使人的行动、实践得以继续进行下去)而探究出的观念(方法)。他认为,人既然总是处于一定环境(境遇、情境)之中,人为了生存和发展,必须探究应付环境的手段和方法。如果这种探究所获得的手段和方法能够帮助我们应付环境,克服环境所加的障碍(困难、问题),使我们得以生存和发展,或者说使人得以有效地行动、生活、实践,那就是经得起实践的检验,那它们就是真理。观念之是否成为真理不在于它们是否符合某种绝对的物质或精神实在,而仅仅在于它们是否经得起实践的检验,即能否有效

第十八章　再论重新评价实用主义

地帮助人们应付环境、克服生存和发展道路上的障碍。人们建立科学和哲学的目的归根到底都是为了探究出使人们得以生存和发展的适当的方法和手段。人的生存和发展都是一个延续的过程,会不断地碰到新的环境,新的问题和困难,需要人们不断地探究出应付环境、解决问题和克服困难的新的工具。杜威由此倡导不断地发展科学,改造哲学,使它们不断地符合人的生存和发展的目的。也正因为如此,杜威在真理问题上坚决反对一切封闭的、静止的、绝对化的观点,肯定对真理的探究是一个开放、多样化、发展的过程。

总的说来,按照杜威的观点,真理的问题是一个理论(观念、方法、措施)与实践的相互关系的问题。理论是从实践中来的(处于一定环境的人遇到环境的障碍,或者说碰到环境的问题),它必须用之于实践(改造环境或者说解决问题),通过实践的检验(在改造环境中是否成功),使人的行动(实践、生活、生存)得以继续,这种行动又不断遇到新的环境,于是又要求探究新的工具(观念方法)来解决新的环境的障碍(或者说提出的问题),而新的工具又需要经受新的行动的检验,于此不断继续下去,以至无穷。而这既是理论与实践不断分离又不断统一的过程,又是人的生存通过不断克服困难继续下去的过程。

应当指出,对杜威关于真理是行为(行动、生活、实践)的工具、真理就是具有效用的观点,可以作出极端利己主义的解释,似乎只要能满足个人的私利,就可把任何荒诞的观念和理论都宣布为真理。过去人们之所以指责杜威等人的实用主义是垄断资产阶级和帝国主义的哲学也正是基于这一点。这种指责不是毫无根据,但是把真理看作是满足个人私利并不符合杜威本人的原意。他在许多著作中都一再指出他所谓有效、有用都是相对于行动、行为、生活、实践本身,而行动、行为、生活、实践并不是仅仅是属于个人的,更重要的是属于社会或者说共同体的。他在《哲学的改造》中曾举例说明:人们费力修建出一条道路来是为了公众行动的方便,不能因为有盗贼走了这条路就说这条路是专门给盗贼修建的。"其实,作为效用的真理,指的是把观念和理论可能做到的用来为经验的改造作出贡献。"①

杜威等实用主义哲学家其他方面的理论同样以生活和实践为中心。例如,杜威的探究方法既不同于传统的经验派和理性派哲学家的方法(例如传统逻辑的经验归纳法和理性演绎法),也不同于现代分析哲学家的逻辑或语言分析方法和现象学家的现象学方法,其根本之点就在杜威把探究过程当作是知和行、认识和实践统一的过程,而这正是行动、生活和实践的过程。如果说皮尔士和詹姆士以及其他一些实用主义哲学家对现实生活和实践的强调大体上只是当作哲学的一般原则的话,杜威哲学的突出特色就是把这一原则贯彻于人类现实生活和实践的各个重要领域。与胡塞尔、海德格尔等人通过曲折的道路才返回生活世界不同,与只关注逻辑和语言的意义分析的分析哲学家更不同,杜威的哲学直接面向现实生活。杜威一生在哲学上所关注的不是去建构庞大的体系,也不是去从事语言和逻辑的意义分析,而是满腔热情地从哲学上去探究人类在现实生活和实践各个领域所面临的各种问题及其解决办法。在杜威的全部论著中,关于政治、社会、文化、教育道德、科学技术、审美和宗教等各个领域的具体问题的论述占了绝大部分。他的哲学的精粹和生命力大都是在这些论述中表现出来。正因为如此,杜威哲学对美国现实生活的一些重要领域都发生了深刻的实际影响。也正因为杜威哲学直接面向现实生活这种特色,当它传入中国后,它对中国的现实影响也远远超出任何其他西方哲学。

三、实用主义的实践转向体现了西方现当代哲学的基本走向

杜威等人的实用主义是西方现当代哲学中最有代表性的派别,因为杜威等人对现实生活和实践的强调在西方哲学从近代到现当代的转向中具有较大的普遍性,在一定程度上可以说它相当突出地体现了西方现当代哲学的基本走向。

---

① John Dewey, *The Middle Works Volume 12*, p. 170.

第十八章　再论重新评价实用主义

在西方哲学史上,哲学的发展经历了大大小小众多的变更。几乎每一种后起的哲学甚至后起的哲学家都会对其先行者的理论作出某些变更,至少会作出某些新的解释。研究这种变更和新的解释当然是有意义的,需要引起哲学家们的关注。但是,最值得哲学家们关注的还是那些往往具有划时代意义的哲学思维方式的根本倾向上的变更,因为它们往往体现了社会历史时代及与之相应的政治、经济以及思想文化体制的变更。杜威等实用主义哲学家在哲学上的变更、或者说他们所提出的哲学理论,与他们的先行者相比,就具有重大的甚至是划时代的意义。这是因为他们的哲学都是以已经陷入困境和危机的西方近代哲学为主要背景,他们所要求建立的哲学是某种在不同程度上能克服近代哲学的困境和危机的哲学,是某种能体现新的时代要求的哲学。

要了解杜威等实用主义哲学家所要建立的哲学的划时代意义,首先就应当了解他们所要取代的近代哲学的时代背景以及近代哲学本身的是非成败的状况、特别是它们的内在矛盾和危机。关于这一点,我在《西方哲学现代转型的历史和理论分析》(《学海》,2000 年第 5 期;《新华文摘》2001 年第 2 期;《中国社会科学文摘》2001 年第 1 期)一文中作了较为详细的分析,在我往后发表的众多有关论著中也都有所阐释,这里只拟简单提及。

作为实用主义等西方现代哲学的先行者的近代哲学,一般是指从笛卡儿(也可前推到文艺复兴)到黑格尔时代的哲学。这是从资本主义在封建社会内部孕育、产生、成长到走向衰落和危机的时代。在政治上是从反封建、与封建势力妥协、到与封建势力相勾结来反对无产阶级的时代,在经济上是由简单商品经济发展到较大规模的市场经济、并实现以工业革命为支撑的现代化然后而又陷入经济危机的时代。从哲学上说,这是在文艺复兴的口号下开展宗教改革和人文主义运动、由此以人所固有的万能的理性代替神的启示作为哲学的中心、并通过所谓认识论的转向逐步建立以心物(主客、思有)分立为出发点,以基础主义、本质主义、主体性形而上学等为特征,以无所不包的体系哲学(思辨形而上学)为目标的时代。在这个时代,在理性主义的旗帜下,在哲学上出现过空前的繁荣,出现过以 17 世纪英国、特别是18世纪法国唯物主义以及19世纪德国更为进步的费尔巴哈的人本学唯物主义,出现过以德国古典哲学、特别是黑格尔哲学为代表的辩证法思潮,至于把哲学和政治、科学等相结合、以反对宗教蒙昧主义和封建专制主义为主要目标的启蒙主义在西方各国都有发生,推动了那里的革命和进步。但是,正如近代西方资本主义存在着在原有体制内不可克服的内在矛盾一样,近代西方哲学同样存在着在原有理论框架内或者说具有划时代性特征的近代哲学思维方式内不可克服的内在矛盾。非常巧合的是:正当19世纪30年代西方资本主义第一次爆发了空前的经济大危机时,作为集近代主体性形而上学,或者说近代思辨形而上学的大成的黑格尔逝世了。随着黑格尔的逝世,黑格尔学派立即解体,它像多米诺骨牌一样推动整个西方近代哲学大厦从整体上趋向倒塌。一个由近代到现代哲学转向的时代到来了。

在从近代哲学到现代哲学转向中,最具有标志意义的是马克思在哲学上的革命变更。关于这一点,我们将在下面提及。这里先要指出的是:与马克思实现哲学上的革命变更大致同一个时代,许多西方哲学家也在试图改变西方哲学发展的方向。早在黑格尔在世,甚至处于其顶峰时期,叔本华、克尔凯郭尔、孔德等人就已在向以黑格尔为最高代表人物的近代哲学发动攻势了,而且他们的攻击的不是近代哲学家的个别论点,而是近代哲学作为一种有较大普遍性的思维方式。至于与马克思同时或稍后的西方哲学家,对近代哲学思维方式加以批判更是成了一种普遍的风尚。叔本华以后的尼采、柏格森,孔德之后的密尔、斯宾塞等人无不向黑格尔发动进攻。即使是那些仍然与康德、黑格尔等有较多思想牵连的哲学家,也大都要用新的时代的精神去对康德、黑格尔的理论加以改造,并由此而被人称为新康德主义、新黑格尔主义。这些人对近代哲学的批判各有特点,我们不可能在此一一列举。但是他们都有一个共同特点,那就是不是凭借某种新的物质或精神实体,而主要是凭借生命、生活、意志、力量、活动、行动、趋势、进化、变化等来重新解释近代哲学所谈论的心物主客思有等一切事物及它们之间的一切关系。换言之,他们要用一种立足于活动、行动、变化、

第十八章 再论重新评价实用主义

趋势等的哲学来克服有着二元论、独断论、怀疑论、绝对论等诸多弊端的传统哲学。他们并没有取消存在论、认识论、方法论、价值论等传统哲学研究过的问题，而只是要求改变研究这些问题的方式，而这就是他们所要求的哲学的转向。西方哲学家们对转向的解释各有不同，但是，由于他们所谓生命、生活、意志、力量、活动、行动、趋势、进化、变化都与实践相关，或者说是实践的不同的表现形态。因此他们所要求实现的转向，可以概括为实践的转向。

关于西方哲学家们19世纪中期以来在哲学上实现的转向有着各种不同的提法。其中影响最大的是语言分析哲学产生以后、特别是罗蒂所编的《语言的转向》(1967)一书出版以后广泛流行的语言的转向。由于不仅分析哲学家把哲学问题归结为语言问题，欧洲大陆现象学、存在哲学、结构主义和解构主义等也在一定意义上把哲学问题归结为语言问题，因而把西方哲学的现当代转向称为语言的转向的倾向可以说已成了一种普遍的、占主导地位的倾向。

我并不否定语言的转向这种提法的意义。但是，从语言总是人所使用的语言，语言的使用既是人的生存和发展（而这实际上也是人的生活、行为、实践）的产物、又是人的生存和发展的条件来说，语言必然是与人的生活、行动、实践分不开的。因此语言的转向实际上没有超越实践的转向。而且单纯地分析语言并不能解决语言所表达的主客、心物、思有的关系等传统和现代哲学都必然要分析的问题（包括认识论问题），因而它实际上也无法真正实现西方哲学从近代到现当代的转化。马克思在哲学上的革命变更是西方哲学从近代到现代的最有标志性的变革，这一点至少在信仰马克思主义的哲学家中是众所公认的。然而马克思却从来没有语言的转向这种提法或类似的提法（如果语言的转向果真是西方哲学从近代到现代的根本性的转向，马克思是不可能视而不见的）。因此我认为，在谈论西方哲学从近代到现代的转向时，与其说它是语言的转向，不如说是实践的转向，只有后者才符合马克思的观点。

要说明的是：我把现当代哲学的转向概括为实践的转向并没有排他

的意义。语言的转向等各种转向的提法都有其成立的理由。问题是把它们的放在什么样的层次和地位上来谈论。

如果实践的转向这种概括的提法能够成立,那我就认为,在马克思以外,在现代西方哲学家中最能体现这种转向的是以杜威为突出代表的实用主义。其他现当代西方哲学流派在这方面的提法也许还不是那么直截了当,甚至还只是在归根到底的意义上是如此。而杜威等人非常明确地把实践的观点当作是他们的哲学的根本观点。这点我们在上面已经简单阐释了。如果我的这种说法能够成立,那么我还认为,以杜威等人为代表的实用主义是西方现当代哲学中最有代表性的派别。

四、实用主义和马克思主义在超越近代哲学、实现实践转向上的殊途同归

我们上面曾提到,在从近代哲学到现代哲学的转向中,最具有标志意义的是马克思在哲学上的革命变更。关于这一点,众多的马克思主义哲学论著已有相当详尽的论述。我个人近些年对此也多次发文作过较具体的阐释。本文也仅简单提及。

马克思和恩格斯对近代哲学的超越突出地表现在他们摈弃了黑格尔的唯心主义和费尔巴哈的形而上学,分别批判地继承了他们的辩证法和唯物主义,并将二者统一成为唯物辩证法或者说辩证唯物主义。这种以往通行的表述当然有理论根据,但还没有充分揭示这一变革的深层意义。还需要进一步追问:他们是怎样实现上述批判继承并将辩证法和唯物主义统一起来的。现在大家都明白,这个变革的决定性环节在于他们批判地总结了近代哲学陷入困境和危机的教训,特别是在于深刻地分析了怎样才能使哲学适应无产阶级的现实生活和实践。他们由此摆脱了抽象思维和感性直观、绝对理性主义和经验主义等的界限,强调了现实生活和实践在哲学中的决定性作用。他们对以物质资料生产的劳动为基础的无产阶级的现实生活和实践的意义的深刻分析使他们对唯物主义和辩证法有了与以往

第十八章 再论重新评价实用主义

哲学家根本不同的认识。这突出地表现在马克思把唯物主义和辩证法都与人的"感性活动"——实践联系起来。

马克思的唯物主义不同于旧唯物主义的根本之点,在于他不是从纯粹的、抽象的物出发,而是从人的现实生活和实践(人的感性活动)出发。相对于旧唯物主义之为自然主义的唯物主义而言,马克思的新唯物主义是一种实践的唯物主义。马克思的辩证法不同于黑格尔等以往辩证法的根本之点同样在于马克思是通过人的现实的感性活动,即客观的实践来理解辩证法的,因而既能揭示主观的辩证法,又能揭示客观的辩证法,并在实践的基础上达到主客观辩证法的统一。正是这种统一使辩证法具有充分的现实性和具体性。在马克思哲学中,通过感性活动、实践对辩证法的揭示与通过感性活动、实践对物质的客观性和先在性的揭示是统一的。因此马克思的辩证法是唯物主义的辩证法,而他的唯物主义则是辩证法的唯物主义。总之,现实生活和实践的观点是整个经典马克思主义哲学的根本观点。它不仅因强调人的实践在认识中的决定作用而具有认识论意义,而且还因强调人的实践使物质、自然的存在成为具有现实意义的存在而具有存在论(生存论)意义。马克思通过把实践的观点当作其哲学的根本观点标志着他在哲学上实现了一次全面的、深刻的变革,这也正是他的实践的转向。

按照传统的观点来看待马克思主义哲学和杜威的实用主义,必然会认为二者是根本对立的。从传统的马克思主义哲学的眼光看,杜威没有肯定物质第一性,也没有肯定主客体(有机体与环境)之间的关系是对立统一关系,因而必然是唯心主义和反辩证法的。以往马克思主义者之所以对杜威等人的实用主义全盘否定,除了政治和意识形态的原因外,还有停留于用近代哲学思维方式来看待马克思主义和实用主义这个认识论的原因。其实,包括杜威在内的许多西方哲学家之批判和否定马克思主义也存在类似情况。由于他们往往忽视了教条主义的马克思主义与马克思哲学本来意义之间的区别,把后者归结为前者,才使他们把马克思主义哲学看成是一种过了时的形而上学,当作是一种教条主义,甚至极权主义哲学。近一个世纪以来,马克思主义哲学家和实用主义哲学家经常处于一种敌对状态,相互批判,这固然因为二者之间的确存在重要区别,但在一些情况下是由于没有超越近代哲学的眼界,彼此既误解了对方,甚至也误解了自己。

然而,如果人们能够超越近代哲学思维方式的眼光,按照马克思主义哲学和实用主义哲学的本来面貌去理解它们,就会发觉这两种哲学之间尽管存在着重要区别,但在把生活、行动和实践的观点当作全部哲学的根本观点、并以此来批判和超越近代哲学的种种局限性和片面性、实现由认识论的转向到实践的转向上有着重要的共同之处。也正是由于这种共同之处,使这两种哲学能够产生任何其他哲学都无法比拟的实际影响。尽管它们的这些实际影响有时也会由于种种误解而被遮蔽甚至被扭曲,但它们终将摆脱遮蔽和扭曲而获得进一步发展。

关于马克思主义产生了比任何其他现代哲学学派更大的实际影响,这并非出于马克思主义者和共产党人的空头宣传,而是见证于马克思主义产生以来一百多年出现的客观历史事实。马克思主义在发展中当然会遇到失败和挫折。但这不是马克思主义本身的失败和挫折,而是一些人背离了马克思主义的本来意义所必然受到的惩罚。其中最突出的例证莫过于苏联的解体。因为解体的真正原因是苏联当局的内外政策尽管打着马克思主义的旗号、却背离了把现实生活和实践当作核心思想的马克思主义的根本原则,以致因内外交困而公开抛弃马克思主义。一些原来由共产党执政的国家之所以陆续遭到挫折原因同样在此。马克思主义在中国的发展也曾历经曲折,其原因也都在一些人有时背离了实践标准这条马克思主义的根本标准;一旦拨乱反正,又能继续取得胜利。因此只要能坚持马克思的实践标准,马克思主义就是无往不胜的。马克思在西方之所以被评为世纪伟人,萨特、德里达等西方最著名的学者之高度评价马克思主义,主要原因也正在此。

至于实用主义可能产生的影响,可以从美国人民在不长的历史时期内几乎从空地上把美国建设成为世界唯一的超级大国来说明。实用主义是美国最有代表性的哲学。现代欧洲各国哲学大都曾传入美国,并在美国占

第十八章 再论重新评价实用主义

有一席之地,有的(例如分析哲学)在特定时期甚至可能在美国哲学讲坛占有支配地位。但它们几乎都毫无例外地被实用主义所同化,成为实用主义的组成部分。就实际影响来说,实用主义在美国哲学中始终占有优势。一些美国哲学家也承认,美国人不管其口头上拥护的是什么样的哲学,但骨子里相信的仍然是实用主义。只有实用主义才是美国建国以来长期形成的一种民族精神的体现。而实用主义的最大特色就是使哲学从玄虚的抽象王国转向人所面对的现实生活世界。实用主义的主旨就在指引人们如何去面对现实生活世界,解决他们所面临的各种疑虑和困扰。实用主义当然具有各种局限性,人们也可以从各种角度去批判,但正是实用主义使美国能在许多方面取得成功,这大概是一个不争的事实。

在美国以外,实用主义也能产生广泛而长远的影响。这在中国可以说是最突出的了。自从实用主义传入中国以来,它的关注现实生活和实践的根本特征使它产生的影响远远超出马克思主义以外的任何其他哲学流派。"五四"时期输入中国的西方哲学流派除了实用主义以外,还有实证主义、生命哲学、马赫主义、新康德主义、逻辑分析哲学等众多流派。当时访问中国的西方著名哲学家,除了杜威以外,还有罗素、杜里舒等人。但他们的影响主要只是在相关学科的少数知识分子中。而杜威及其实用主义的影响则遍及思想文化的众多领域。值得注意的是:无论是当时访问中国的杜威本人还是杜威的中国学生胡适等人,其对实用主义的宣传远远超越所谓纯哲学的领域。他们所作的主要不是教人去研究实用主义的哲学理论体系,而是引导人们去研究如何解决中国所面临的各种现实问题。胡适当时所提倡的"多谈些问题,少谈些主义"是符合实用主义的真谛的。这倒不是说实用主义拒绝任何主义。事实上美国实用主义凝聚了美国建国以来的资产阶级民主主义的一整套原理原则。杜威在谈论各种现实问题时都紧紧依据其实用主义的根本原则。因此我们才说杜威的实用主义与马克思主义有着原则的区别。但杜威不同于其他许多哲学家、特别是近代哲学家,他从不把原则、主义绝对化,而竭力使它们与现实生活和实践联系起来。杜威当时在中国的讲演最吸引人的是关于科学、民主、教育等现实问题的论述,而这些论述都很有现实生活和实践的针对性,正好适应了"五四"时期中国先进分子对科学和民主等的诉求,所以对推动当时的新文化运动起了重要的作用。

实用主义超越纯思辨领域而关注中国的现实问题的特征,也使它卷入了现代中国社会的政治和文化冲突,与马克思主义长期处于对立的地位。它也必然受到在中国占意识形态主导地位的马克思主义者的批判。然而这种涉及政治和文化等领域的现实问题的批判反过来又使这些领域受到实用主义的影响。实用主义所主张的解决现实问题的方法与马克思主义所主张的方法往往发生重叠,以致人们有时难以明察它们之间的区别。毕竟人们在面对现实问题时,除了应当关注一般原则外,还应当关注,甚至首先应当关注解决问题的方法,探究如何使问题的解决既能符合社会和公众发展的利益,又能保障个人的合理要求。例如,在向市场经济体制转向时,应当首先关注的是如何发展市场经济,至于"姓社""姓资"的问题可以暂时搁置,放在市场经济建设的过程中去解决。而在探究解决问题的方法(例如建设市场经济的方法)方面,实用主义与马克思主义之间仿佛存在着一种张力。因为,二者都把现实生活和实践放在首位,都主张一切从实际出发,都反对各种形式的教条主义和主观主义,因而二者之间在解决现实问题上可以殊途同归。其实,即使就原则而言二者并非在一切方面都是针锋相对的。例如,马克思主义的发展观是保障社会和个人的共同利益,而就杜威而论,他的实用主义从来不主张在损害社会、公众利益的条件下去维护个人私利。相反,他一直提倡私利要服从公益,个人和社会应当相得益彰。其实,杜威的社会理想也并不是维护现存有资本主义,而是建立一种能保障社会成员的具有民主和自由的权利、使他们受到平等和公正的对待、获得全面发展的机会的"伟大共同体"(Great Community)①。尽管杜威的这种理想社会在现存资本主义制度下并不能实现。但它仍能获得社会上许多阶层的人的同情,杜威也由此被认为是资本主义制度下的社会改

---

① Cf. *The Later Works of John Dewey*, Volume 2, p. 315-350。

第十八章 再论重新评价实用主义

革家。正因为如此,在中国,在不同程度上接受和利用实用主义的人,并不都是资产阶级庸人和鸡鸣狗盗之徒,也包括许多忧国忧民和务实求真之士。这也就是为什么实用主义在中国会有挥之不去的影响。

中国的马克思主义者当然应当克服从左和右的方面对马克思主义的扭曲,在当代世界和当代中国发展的新形势下丰富和发展马克思主义,并坚持用它来当作一切事业的指导思想。因为这无疑是使中国的各项事业取得更为辉煌的胜利的基本保障。但与此同时,对杜威的实用主义不仅不要简单拒斥,反而应当在防止其消极作用的条件下充分研究其可能发生的积极作用。

关于杜威的实用主义与马克思主义的关系问题是一个值得从各种不同角度和层面上来研究的重要问题。从把生活和实践的观点当作哲学的根本观点来说,二者至少在一定程度上可以说殊途同归。它们在一般哲学理论上是否也有共同之处呢?这是中外学者已在开始探讨的问题。一谈到将马克思的哲学与杜威的实用主义作比较,人们总是想到杜威对马克思的态度以及杜威的实用主义理论与马克思的唯物辩证法是否有相通之处。但从事这种比较往往会遇到较大困难。生活在19世纪的马克思不可能预见到20世纪才进入盛期的杜威,而杜威也由于种种原因没有原本地研读过马克思本人的著作。因此,很难从他们的论著中找到直接相互印证的材料。但是,如果将马克思的学说与杜威的学说都体现了西方哲学从近代到现代发展的趋势、都是对近代哲学思维方式的扬弃和超越来说,仍然可以找到他们之间的重要的共同之处。例如,杜威的经验自然主义所谈论的自然界实际上就是马克思所强调的那个人化的世界;杜威在肯定自然界不以人的存在为转移而自在地存在的前提下提出的关于主客(有机体和环境)相互制约、主体的创造性和能动性的理论与马克思所阐释的辩证法至少是不直接抵触的;杜威的"伟大共同体"虽然不同于马克思的共产主义,但至少他自己把它当作是超越现存资本主义的一种理想。这里的关键仍然是我们应当怎样看待马克思的哲学和杜威的实用主义哲学的根本意义。如果按照被教条化的马克思主义哲学论著的结构来理解马克思的哲学、按照近代哲学的眼光去看待杜威的哲学,则二者除了对立以外很难还有其他。但如果按照马克思的哲学的根本意义去理解马克思的哲学,按照实用主义的根本意义去理解实用主义,那这两种哲学作为体现同时代哲学发展趋势的哲学,在一些重要方面可以说殊途同归。

五、马克思主义与实用主义的对立统一是当代哲学发展的主要趋势

苏东事变后,随着冷战的结束,世界形势发生了很大变化。这种变化在哲学上必然得到反映。马克思主义哲学在它过去的重要根据地苏联被公开地抛弃了,在跟随苏联的那些国家以及跟随苏联马克思主义哲学模式的那些马克思主义哲学家中也产生了多米诺效应,世界马克思主义运动由此落入低潮。但中国马克思主义者在中国共产党领导下,特别是在党的改革开放方针的指引下,不仅坚定地抵制住了这种效应,对苏联模式的马克思主义作了必要的反思,探究其失败的症结;同时还适应当代社会发展的新形势,特别是建设中国特色社会主义的形势,对马克思主义在当代的发展道路,特别是使马克思主义中国化的道路进行了深入、全面和系统的探索,取得了极其重大的成果,使马克思主义哲学重新焕发出了其灿烂的光彩,特别是促进了中国特色社会主义建设实践的大发展,使中国在很短的历史时期内发展成了世界第二大经济体。其他国家的许多忠诚的马克思主义者同样在根据他们各自的社会政治和文化背景在探索有他们自己特色的马克思主义发展道路,同样取得了可喜的成果。因此,尽管出现过低潮,马克思主义由于适应社会历史的发展规律,不仅不会长期衰落下去,反而会在新的形势下获得新的发展。改革开放以来中国马克思主义发展所取得的重大成就以及国外马克思主义者在更为困难的条件下所取得的成就都是最好的明证。随着科学技术的飞速发展和社会和思想文化的新的变更的出现,马克思主义哲学必然要在某些方面改变自己的形态,但马克思主义哲学的根本精神不会改变。细察当前,展望未来,我们完全可以相

信,马克思主义哲学仍是最能经得起各种考验和检验、并持续获得发展的哲学,是最能体现当代时代精神的精华的哲学。

至于现当代西方哲学,我们也不能像以往那样简单地用矛盾重重、危机四伏等全盘否定的话语来形容。只要西方资本主义制度还能在较长时期内存在下去,与之相适应的西方哲学也仍然有存在的土壤。由于西方资本主义国家发展的不平衡性和不稳定性以及各种复杂的政治、经济和文化发展中的变故,各种具体的哲学流派的兴衰起落随时可能发生。但19世纪中期西方哲学的近现代转型发生以来一直存在的那些主要思潮还会以新的形态出现,因为它们除了与社会政治等易变的因素相关外,还与文化传统、特别是哲学本身的传统等不易变化的因素相联系。例如存在哲学对存在的研究、语言哲学对语言的研究都有很大的持久性,不会随着一些易变的因素的变化在而发生大的变化。

自19世纪中期西方哲学出现具有划时代意义的哲学思维方式的转向以来,最为经久不衰的西方哲学流派莫过于实用主义了。这是因为实用主义在众多的现当代西方哲学流派中最能体现西方哲学从近代到现代的转向,即我们在上面已作较多论证的实践的转向。这里需要补充的是:杜威等美国实用主义的经久性还在于它的包容性和开放性。

美国建国的历史不长。它的哲学和文化,特别是那些影响较大的哲学和文化大都是从欧洲传入的,但它们传入美国后又必然与美国本土哲学和文化,特别是和实用主义这种在美国影响最大的哲学和文化融合起来。发源于欧洲的分析哲学、现象学、存在哲学、结构主义和解构主义(后现代主义)本来主要是在一部分上层的知识分子中流传的,影响范围有限。但当它们传入美国并与在公众中广泛流行的实用主义融合后,很快也成了影响范围广大的哲学派别。与此相关,一批从事现象学、存在哲学、分析哲学研究的欧洲哲学家也只有到了美国短期或长期讲学、得到美国学界的认可后,才能成为享有世界声誉的哲学家,他们的哲学也才能产生较大的现实影响。这些都标志着美国事实上成了现当代西方哲学的大本营。这既与美国在政治、经济、军事、文化等方面成为西方世界的超级大国相关,显然也与美国实用主义能够包容各种不同哲学的开放性相关。

如果我上述的论点能够成立,那么以杜威为最大代表的美国实用主义就成了当今西方世界流传最广、影响最深的哲学流派。马克思主义者与西方哲学的关系主要表现为与实用主义的关系。这当然不是看轻现象学、存在哲学、分析哲学这些在上层哲学界的显学地位,而只是说这些哲学的影响只有传入美国,并与美国实用主义相融合后才能成为影响范围更大的显学。在当今美国甚至西方世界,实际上只有实用主义才是广大范围的民众最易接受、也最愿意接受的哲学。马克思主义者无论是要划清与西方现当代哲学的界限或者批判地吸取西方现当代哲学可能包含的合理因素,最应当作的是深入和持久地研究最能与众多西方哲学流派相融合的实用主义。

当今的世界是多极并存的世界,表现在哲学上是多种哲学并存。但在多极中起主导作用的是中美两极。美国是最大的发达国家,中国是最大的发展中国家。中美关系在世界的多元格局中起着主导作用。而在哲学上,在中国得到创造性发展的马克思主义哲学与美国奉行的实用主义哲学的关系也是当代哲学发展中最突出、最值得关注和正确处理的关系。换言之,实用主义与发展着的马克思主义哲学的关系是当代资本主义与发展着的社会主义的关系在哲学理论上最集中的体现。在改革开放时代,我们在经济、政治上仍然必须的划清与美国政治和经济体制的界限,但又要与他们展开平等对话,寻找共同的空间,促进互利合作。与此相适,在哲学等意识形态上,我们必须严格划清马克思主义哲学与实用主义等资产阶级哲学的界限,但这不能是简单地去进行空洞的口号式的斗争,而是在真正把握马克思主义哲学的根本原则和深入研究对方的理论的基础上去和对方展开对话,既注意揭露和批判对方的错误和片面性,也注意发觉并批判地吸取对方理论中与现代科学和社会发展相适应的合理因素。应当看到,作为资本主义意识形态的实用主义与作为无产阶级意识形态的马克思主义哲学之间,不仅仅是对立,而可能因种种原因而在某些节点上存在着彼此相通的张力。因此我们应当学会善于把西方敌对势力对我们实行西化和自由化的企图和西方哲学(包括倡导民主和自由的西方政治哲学)中的确存在的积极因素严格区别开来,使我们的西方现当代哲学的研究对我们建设中国特色社会主义和实现中国梦起到一定的促进作用。这意味着马克思主义哲学与实用主义等西方哲学流派的关系是既对立、又统一的关系。这两种哲学的对立统一是当代世界哲学发展的主要趋势。

图书在版编目(CIP)数据

实用主义的研究历程/刘放桐著.—上海：复旦大学出版社,2018.3
(实用主义与美国思想文化研究/刘放桐,陈亚军主编)
ISBN 978-7-309-13260-1

Ⅰ.实… Ⅱ.刘… Ⅲ.实用主义-研究-美国 Ⅳ.B712.51

中国版本图书馆 CIP 数据核字(2017)第 228277 号

实用主义的研究历程
刘放桐 著
责任编辑/方尚芹

复旦大学出版社有限公司出版发行
上海市国权路 579 号 邮编：200433
网址：fupnet@fudanpress.com http://www.fudanpress.com
门市零售：86-21-65642857 团体订购：86-21-65118853
外埠邮购：86-21-65109143 出版部电话：86-21-65642845
上海市崇明县裕安印刷厂

开本 787×960 1/16 印张 28.25 字数 372 千
2018 年 3 月第 1 版第 1 次印刷

ISBN 978-7-309-13260-1/B·641
定价：68.00 元

如有印装质量问题，请向复旦大学出版社有限公司出版部调换。
版权所有 侵权必究